Olaf Rönnau

Oberst Franz Weller

(1901-1994)

vom

Kadettenkorps zur Bundeswehr – Soldat in drei Armeen

Erinnerungen an den ersten Kommandeur
Infanterieschule Hammelburg (1956-1957)

Oberst Franz Weller
(1901-1994)

Vom
Kadettenkorps zur Bundeswehr
–
Soldat in drei Armeen

Erinnerungen an den ersten Kommandeur
Infanterieschule Hammelburg (1956-1957)

Olaf Rönnau

2025

Carola Hartmann Miles-Verlag Berlin

Bibliografische Information der Deutschen Nationalbibliothek
Die Deutsche Nationalbibliothek verzeichnet diese Publikation in der Deutschen Nationalbibliografie; detaillierte bibliografische Daten sind im Internet über www.dnb.de abrufbar.

George-Caylay-Str. 38, 14089 Berlin
www.miles-verlag.jimdo.com
E-Mail: miles-verlag@t-online.de

Herstellung: Libri Plureos GmbH, Friedensallee 273, 22763 Hamburg

Zweite, ergänzte Auflage

Printed in Germany

ISBN 978-3-96776-073-6

Inhaltsverzeichnis

Gewidmet
meinem lieben Vater
Hans-Peter Rönnau

(1939-2023)

Geleitwort
Generalmajor a.D. Friedrich Freiherr von Senden

Das Leben der Menschen in Deutschland wurde im 20. Jahrhundert von tiefgreifenden politischen, sozialen und gesellschaftlichen Veränderungen geprägt. Vom Kaiserreich und dem I. Weltkrieg, der Revolution 1918 und Gründung der Weimarer Republik, dem Aufstieg des verbrecherischen Nationalsozialismus, dem II. Weltkrieg, der mit der bedingungslosen Kapitulation des Deutschen Reiches im Mai 1945 als politische, moralische und menschliche Katastrophe endete. Die Aufteilung Deutschlands in vier Besatzungszonen und die Vertreibung der deutschen Bevölkerung aus den Gebieten östlich der Oder-Neiße, die Aufnahme von mehr als zwölf Millionen dieser Flüchtlinge, schließlich aber auch der sehr erfolgreiche Wiederaufbau in Westdeutschland und die Gründung der Bundesrepublik Deutschland mit der Unterzeichnung des Grundgesetzes am 23. Mai 1949. Im selben Jahr wurde in der Sowjetischen Besatzungszone, unter russischer Kontrolle und im Zeichen des wachsenden Ost-West-Konfliktes, die Deutsche Demokratische Republik gegründet. Zwei unterschiedliche deutsche Staaten auf deutschem Boden im Zeichen des „*Kalten Krieges*"bis zur Wiedervereinigung am 3. Oktober 1990.

Die Frage der Wiederbewaffnung war in der jungen Bundesrepublik Deutschland umstritten. Nach dem II. Weltkrieg wurde alles Militärische von vielen Deutschen abgelehnt. Die Konfrontation zwischen dem freien Westen und der Sowjetunion machte aber die politische Positionierung für einen deutschen Beitrag zur Verteidigung des freien Westens unverzichtbar. Ein wichtiger Schritt zur Wiederbewaffnung in der Bundesrepublik Deutschland war die Unterzeichnung der Pariser Verträge im Oktober 1954. Damit endete das Besatzungsstatut für die

Bundesrepublik Deutschland und der Weg für eine Mitgliedschaft in der Allianz von europäischen und nordamerikanischen Ländern, der NATO (North Atlantic Treaty Organization) als Verteidigungsbündnis wurde frei. Im Mai 1955 trat die Bundesrepublik Deutschland diesem politischen Verteidigungsbündnis bei und stellte eigene deutsche Streitkräfte auf. So wurde der „*Kalte Krieg*" zum politischen Geburtshelfer der Bundeswehr 1955.

Im Jahr 2025 wird die Bundeswehr 70 Jahre alt. Trotz vieler Probleme und Herausforderungen hat sich die Bundeswehr in der Bundesrepublik Deutschland etabliert, sie wird bei unserer Bevölkerung mehrheitlich hoch anerkannt und bei unseren 31 NATO-Bündnispartnern wertgeschätzt. Zutreffend spricht Detlef Bald in diesem Zusammenhang vor allem von drei prägenden Konstanten: Geschichtsbezug, Internationalisierung und Demokratie, die in unterschiedlicher Gewichtung die Entwicklung der Bundeswehr bis heute bestimmt und die Debatten geprägt haben. Die teilweise politisch kontroversen Diskussionen um die Sinnhaftigkeit von Auslandseinsätzen (z. B. Afghanistan, Mali), der Traditionserlass der Bundeswehr von 2018 oder die neue, aber notwendige Konzentration der Streitkräfte auf die Landes- und Bündnisverteidigung und die Frage der Wiedereinführung der „*Allgemeinen Wehrpflicht*", vor dem Hintergrund des russischen Angriffs auf die Ukraine am 24. Februar 2022, zeigen Bezüge zu den genannten Konstanten.

Die erste Soldatengeneration, die den demokratischen und wirtschaftlichen Wiederaufbau der noch jungen Bundesrepublik Deutschland als „*Pionierarbeit*" und die Wiederaufstellung von deutschen Streitkräften leistete, spielte eine herausragende Rolle. Viele dieser Männer trugen noch die Auswirkungen von zwei für Deutschland verlorenen Weltkriegen als Erfahrung mit sich. Dennoch wagten sie einen Neuanfang und stellten sich mit 13.438 ehemaligen Offizieren der Wehrmacht erneut in den Dienst unseres Landes.

Einer von ihnen war der 1901 geborene Berliner Franz Weller, der 1914 seine erste Prägung als königlich-preußischer Kadett in der Kadettenvoranstalt in Oranienstein bei Diez erfuhr. 1917 setzte er seine Ausbildung in der Hauptkadettenanstalt (HKA) in Berlin-Lichterfelde fort. Schwerpunkt der Erziehung in dieser Anstalt war es, den Charakter zu prägen und eine verlässliche Lebensauffassung zu entwickeln. Die Kadettenausbildung war prägend. Für Franz Weller auch Grundlage und beste Vorbereitung für den Beruf als Offizier. Nach dem II. Weltkrieg auch eine solide Grundlage für Erfolge im Zivilberuf und ab 1956 für seinen Dienst in der Bundeswehr. Die Schulausbildung an der Hauptkadettenanstalt, insbesondere in der Oberprima mit Abitur, war, heute fast vergessen, so ausgezeichnet, dass viele Kadetten auf dieser Grundlage sich später in zivilen Berufen bewähren konnten. Viele ehemalige Kadetten wurden erfolgreiche Geschäftsführer und Vorstände in der Wirtschaft, aber auch Anwälte, Richter, Journalisten, Universitätsprofessoren, Theologen und in weiteren Berufen. Pflicht und Gehorsam waren selbstverständlich. Aber der Gehorsam hatte auch seine Grenzen. Ein Portalspruch in der HKA in Berlin-Lichterfelde lautete.

„Der preußische Gehorsam ist der einer freien Entscheidung, nicht der einer unterwürfigen Dienstwilligkeit."

Auch Clausewitz erkannte und verlangte:

„Militärisches Führertum beruht nicht auf rationalem Kalkül, spezialisiertem Fachwissen und technischer Routine, sondern auf hoher Geistigkeit, vereint mit Charakter und Seelenstärke."

Franz Wellers Prägung in der Kadettenzeit, seine Führungserfahrungen in der Reichswehr und seine Führungs- und Kampferfahrungen im II. Weltkrieg waren Grundlage für seinen Dienst in der Bundeswehr. Weller gehörte nicht zur ersten und prominenten Reihe der Generale bzw. Stabsoffiziere, die für den Aufbau der Bundeswehr verantwortlich waren. Zu ihnen zählten Persönlichkeiten wie Adolf Heusinger (1897-1982), Hans Speidel (1897-1984) oder Wolf Graf v. Baudissin (1907-1993), der gerne als *„Vater der Inneren Führung"* bezeichnet wird. Über diese *„Erste Garde"* ist schon viel geforscht und geschrieben worden.

Nun liegen die Erinnerungen an Franz Weller, den ersten Kommandeur der Infanterieschule des Heeres der Bundeswehr in Hammelburg vor.

Am 4. Dezember 1944 schrieb sein Divisionskommandeur über Oberst Franz Weller, Kommandeur Jäger-Regiment 54:

„Klare, ausgeglichene, reife Persönlichkeit mit starker Konzentrationsfähigkeit und bedingungsloser Einsatzbereitschaft, entschlusskräftig, beispielhaft, mutig und

tapfer. Vor dem Feinde als Rgt.Kdr hervorragend bewährt. Sehr gute taktische Veranlagung, gepaart mit sehr guten soliden dienstlichen Kenntnissen. Genießt das bedingungslose, feste Vertrauen, seiner Offiziere und Männer. Geistig und körperlich sehr gut veranlagt. Beliebter Kamerad.

<u>Starke Seiten</u>: Draufgänger, sehr gute, taktische Veranlagung.

<u>Schwache Seiten</u>: Nicht in Erscheinung getreten."

Die vorliegende Arbeit von Olaf Rönnau würdigt in hervorragender Weise das Leben dieses Menschen und Soldaten, der dieses Jahrhundert der totalen Brüche erlebte. Eine charakterstarke, tapfere und herausragende Persönlichkeit, ein vorbildlicher Soldat in der Reichswehr bis 1935, in der Wehrmacht bis 1945 und in seinem Dienst in den Aufbaujahren der Bundeswehr, als erster Kommandeur der Infanterieschule des Heeres. Der neue Traditionserlass der Bundeswehr von 2018 bietet die Möglichkeit, nach geeigneten Vorbildern in der deutschen Militärgeschichte zu suchen. Oberst Franz Weller ist traditionswürdig.

Friedrich Freiherr von Senden
Generalmajor a.D.

„Ich möchte, daß die Fakten bekannt und moralisch bewertet werden. Aber man schneidet sich den Erfolg völlig ab, wenn man die Kinder von 18 Millionen glauben läßt, ihre Eltern seien die Schuldigen und man selbst sei nun aufgeklärt, moralisch in Ordnung und wäre – hätte man damals gelebt – Widerstandskämpfer geworden."

Helmut Schmidt (1918-2015)

Hinweise zur zweiten und erweiterten Auflage

Im April 2024 erhielt ich überraschend einen Brief von Franz Wellers ältester Tochter Inge. Sie hatte zuvor über Umwege meine Veröffentlichung über die Geschichte ihres Vaters vom Kadettenkorps zur Bundeswehr erhalten und zeigte sich gegenüber meinem Buchprojekt sehr erfreut und hilfsbereit. Das war für mich ein Glücksfall, bekam meine Arbeit und Recherche dadurch eine ganz persönliche und menschliche Note, die es mir noch eingehender ermöglichte, Franz Weller als Offizier, Familienvater und Kind seiner Zeit zu verstehen und in die Geschichte des 20. Jahrhunderts einzuordnen. Nachfolgend kam ich überdies mit Inges Schwester Karin in Briefkontakt. Beiden Damen möchte ich an dieser Stelle für ihre Offenheit und das gezeigte große Vertrauen herzlich danken.

Bei einer persönlichen Begegnung durfte ich den erhaltenen militärischen Nachlass von Oberst Franz Weller sichten und auswerten, der in Ergänzung meiner ersten Veröffentlichung einen wertvollen Quellenbestand darstellt. So wurde eine aktualisierte Neuauflage nahezu unerlässlich. Viele Kapitel konnten inhaltlich vertieft und mit neuem Bildmaterial bereichert und vervollkommnet werden. Unter anderem bot die Fülle und Qualität der Dokumente Anlass, ein gänzlich neues Kapitel über die Zeit der Kriegsgefangenschaft im Lager Eselheide der Britischen Rheinarmee bei Paderborn zu verfassen.

Damit konnte nunmehr auch für die unmittelbare Nachkriegszeit ab 1945 belegt werden, wie verantwortungsvoll Franz Weller mit seinen Mitmenschen und Nächsten umging.

Die Beschreibung seiner Menschenführung in der Chronik des Jäger-Regiments 54 – verfasst von Kameraden und Untergebenen – spricht für sich:

„Seine gelassen-souveräne Führungstechnik auch in heikelsten Situationen, die Art an der langen Leine zu führen, mehr vertrauensvoll beratend als befehlend, nachsichtig gegen allzu menschliches Versagen, und nicht zuletzt eine unauffällige, aber unermüdliche Fürsorge bei eigener größter Bescheidenheit und Anspruchslosigkeit, das sind wohl die Komponenten seiner Persönlichkeit, die eine Basis bedingungslosen Vertrauens geschaffen haben.

In hohem Maße ist hier die Forderung erfüllt, die einst Prinz Eugen an seine Offiziere stellte, Vorbild sein zu können, auch in der größten Gefahr, aber in so leichter und heiterer Weise, daß das Beispiel nicht zum Vorwurf wird.
Darin liegt wohl in der Tat die Weisheit der Menschenführung. Und Truppenführung ist nicht zum geringsten Teil Menschenführung."[1]

Olaf Rönnau | Dresden, im Dezember 2024

---

[1] Traditionsgemeinschaft I.R. 54 (Hrsg.): Der Weg des Infanterie- und Jäger-Regiments 54. o.O. 1980. S. 237.

1 Ausgangslage und Fragestellungen

Als die Bundeswehr 1955/56 aufgestellt wurde,[2] geschah dies nicht überraschend und unvorbereitet. Die neu geschaffenen westdeutschen Streitkräfte waren vielmehr das Ergebnis einer zehnjährigen, unmittelbar nach 1945 einsetzenden Entwicklung. So existierten bereits Formationen wie der Bundesgrenzschutz (BGS) oder die alliierten Dienstgruppen, Institutionen wie die *„Zentrale für Heimatdienst/Dienststelle Schwerin"*,[3] das *„Amt Blank"* oder verschiedene andere mehr oder weniger offizielle sicherheitspolitische Zirkel, deren Mitglieder unterschiedlichen Soldatenverbänden angehörten und sich intensiv mit der Wiederbewaffnung Westdeutschlands beschäftigten.[4]

Die Redewendung *„wie Phönix aus der Asche"* erscheint in Bezug auf die Entstehungs- und Aufbaujahre der Bundeswehr zumindest nach mehrjähriger Vorbereitungszeit dennoch ein Stück weit zutreffend. Denn nach der Niederlage des Deutschen Reiches, die im Mai 1945 mit der bedingungslosen Kapitulation der deutschen Wehrmacht besiegelt

---

[2] Siehe hierzu auch Marcks, Otto: Die Bundeswehr im Aufbau. Bonn 1957. S. 55-92. Für das **Heer** wurde im Endziel eine Stärke von etwa **368.000 Mann** vorgesehen. Für **1956/57** war die Aufstellung von vier Panzer- und sechs Grenadierdivisionen, einer Luftlandebrigade und einer Gebirgsbrigade geplant. Das Heer sollte über Heeresfliegerverbände mit rund **500** Flugzeugen für Aufklärung, Verbindung, Feuerleitung und ähnlichen Aufgaben verfügen.

[3] Seit Beginn des Koreakrieges am 25. Juni 1950 war den westlichen Besatzungsmächten spätestens klar, dass ein sowjetisch kontrolliertes Gesamtdeutschland nur durch eine stabile Westbindung der Bundesrepublik – auch auf der militärischen Ebene – zu verhindern war. Der militärisch unkundige Kanzler Adenauer (1876-1967) suchte daher einen anerkannten militärischen Experten mit nachgewiesener Fachkompetenz und operativer Führungserfahrung. Die Wahl fiel auf General a.D. Gerhard Graf von Schwerin (1899-1980). Die ***„Zentrale für Heimatdienst/Dienststelle Schwerin 1950"*** **(ZfH)** wurde unter dem Dach des Bundeskanzleramtes aufgebaut. Der Tarnname war notwendig, da aufgrund des *„Gesetzes der Alliierten Hohen Kommission zur Ausschaltung des deutschen Militarismus"* vom 16. Dezember 1949 Überlegungen/Planungen bezüglich einer Wiederbewaffnung Deutschlands offiziell nicht erlaubt waren. Vgl. hierzu Molt, Matthias: Von der Wehrmacht zur Bundeswehr. Personelle Kontinuität und Diskontinuität beim Aufbau der deutschen Streitkräfte 1955-1966. Heidelberg 2007. S. 73-84.

[4] Vgl. Hammerich, Helmut R./Schlaffer, Rudolf J. (Hrsg.): Militärische Aufbaugenerationen der Bundeswehr 1955 bis 1970. Ausgewählte Biografien. München 2011. S. 1ff.

wurde, konnte zunächst von einem Neuanfang deutscher Streitkräfte aus nachvollziehbaren Gründen überhaupt noch keine Rede sein. Am 5. Juni 1945 übernahmen die vier Siegermächte die oberste Regierungsgewalt in Deutschland. Es entstanden vier Besatzungszonen und Berlin wurde gleichfalls in vier Sektoren aufgeteilt. Die alliierten Besatzungsmächte waren entschlossen, ihre Deutschlandpläne entsprechend ihren jeweiligen divergierenden Vorstellungen zu realisieren. Im Vordergrund standen zunächst die praktische Umsetzung der Entnazifizierung, die Demilitarisierung sowie Reparationsfragen und Forderungen nach wirtschaftlicher Demontage. Gleichzeitig wurde der Neuaufbau der politischen, wirtschaftlichen und sozialen Ordnung sowie die Demokratisierung Deutschlands in den Besatzungszonen vorangetrieben. Spätestens ab 1947 zeichnete sich zwischen den Westmächten auf der einen und der Sowjetunion auf der anderen Seite ein Konflikt der beiden Militärblöcke ab, deren erster spürbarer Höhepunkt in der Berlin-Blockade 1948/1949 sichtbaren Ausdruck fand, als die Sowjetunion die Zugangswege nach West-Berlin sperrte.

Der als „*Kalter Krieg*" bezeichnete Gegensatz zwischen der Führungsmacht des Westens, den Vereinigten Staaten von Amerika, und des Ostblocks unter der Sowjetunion – eine Systemkonfrontation zwischen Kapitalismus und Kommunismus – sollte über Jahrzehnte bis 1989/90 die Außen- und Sicherheitspolitik prägen. Über die organisatorische, strukturelle und personelle Aufbauphase der Bundeswehr in den Jahren 1955-1970 liegen mittlerweile einige wertvolle Forschungsergebnisse vor.[5] Die Beiträge verdeutlichen, mit welchen Herausforderungen die politischen Verantwortungsträger damals zu tun hatten, z.B. in Fragen der Rekrutierung von Offizieren und Unteroffizieren für die neue Bundeswehr.

„Die Rekrutierung der Offiziere und Unteroffiziere der Bundeswehr hat in der Zeit der Demokratisierung seit dem Anfang der Bundesrepublik Deutschland große Bedeutung gefunden. Dabei wandte sich das Interesse den militärischen

[5] Siehe z.B. die Reihe Sicherheitspolitik und Streitkräfte der Bundesrepublik Deutschland des Militärgeschichtlichen Forschungsamtes bzw. seit 2013 Zentrum für Militärgeschichte und Sozialwissenschaften der Bundeswehr (ZMSBw) oder Molt, Matthias: Von der Wehrmacht zur Bundeswehr. Personelle Kontinuität und Diskontinuität beim Aufbau der deutschen Streitkräfte 1955-1966. Heidelberg 2007.

Führungsgruppen zu, um näheren Aufschluss über das Verhältnis von Militär und Gesellschaft zu gewinnen. Obwohl die politische Leitung im Jahr 1955 vor dem Bundestag sich gezwungen sah, die Einstellung beziehungsweise Übernahme der Offiziere aus der Wehrmacht durch das besondere Kontrollrecht und die ausdrückliche Zustimmung des Personalgutachterausschusses legitimieren zu lassen.“[6]

Als Franz Weller im Mai 1945 in Tangermünde in amerikanische Kriegsgefangenschaft geriet, war der 43-Jährige ein hochdekorierter Oberst der deutschen Wehrmacht. Seit seinem Eintritt in das königlich-preußische Kadettenkorps 1914 trug er Uniform, das prägte ihn Zeit seines Lebens. Er hatte das Kaiserreich, die Republik von Weimar und das Dritte Reich als Soldat und Offizier erlebt.

Der inhaltliche Schwerpunkt dieser Arbeit liegt im militärischen Werdegang Wellers vor dem Hintergrund der Aufbaujahre der Bundeswehr 1955 bis zu seinem Ruhestand 1962. Seine militärische Biographie, persönliche Erfahrungen und Erlebnisse sind in einen größeren gesellschaftspolitischen Hintergrund eingebunden worden. Dazu war es notwendig, alle militärischen und zivilen Lebensstationen einzubeziehen und einzuordnen. Nur so können seine Ansichten und Beweggründe – im Kontext der jeweiligen Zeit betrachtet – nachvollzogen werden.

Die Fragen, die sich als *„Soldat in drei Armeen“* aus heutiger Perspektive in Bezug auf Oberst Franz Weller ergeben, sind vielschichtig: Im Blickpunkt stehen unter anderem Wellers Motive zum Eintritt in die Bundeswehr und Fragen der *„Inneren Führung“*. Dabei wird auch der Themenkomplex *„Partisanenkampf und Kriegsverbrechen“* des Zweiten Weltkriegs betrachtet.

Maßgebend ist schließlich die Frage, inwiefern die Persönlichkeit und das Wirken Franz Wellers in Reichswehr, Wehrmacht und Bundeswehr gemessen am aktuellen Traditionserlass von 2018 traditionswürdig sein können.

---

[6] Bald, Detlef: Vom Kaiserherr zur Bundeswehr. Sozialstruktur des Militärs: Politik der Rekrutierung von Offizieren und Unteroffizieren. Frankfurt a. M. 1981. S. i.

2 Kindheit und Jugend in Berlin

Abb. 2: Frühes Erinnerungsbild von Franz Weller.

Als Franz Weller am 5. Dezember 1901 als Sohn des Ministerialamtmanns Franz Weller und seiner Ehefrau Margarethe, geborene Schade, in Berlin geboren wurde, neigte sich ein ereignisreiches Jahr dem Ende zu. Das Jahr 1901 steht für wissenschaftlich-technische sowie gesellschaftliche Innovationen, die uns bis heute bewegen und aufgrund ihrer nachhaltigen Bedeutung in Erinnerung geblieben sind. Zum ersten Mal wurden die Nobelpreise vergeben, und es waren gleich zwei deutsche Wissenschaftler, die diese Auszeichnung für ihre herausragenden

Leistungen erhielten: der Physiknobelpreis ging an Wilhelm Conrad Röntgen (1845-1923), der für die bahnbrechende Entdeckung der Röntgenstrahlung geehrt wurde. Emil v. Behring (1854-1917) erhielt den Nobelpreis in Physiologie oder Medizin für seine Forschungsergebnisse auf dem Feld der Diphterie.[7] Er war der Begründer der passiven antitoxischen Schutzimpfung, der Blutserumtherapie. Für die Entwicklung eines Antitoxins gegen Wundstarrkrampf (Tetanus) wurde er in der Presse als *„Retter der Kinder"* gefeiert. Während des Ersten Weltkrieges kam das Tetanusheilserum insbesondere den verwundeten Soldaten zugute. Beachtenswert war des Weiteren 1901 die Verleihung des Friedensnobelpreises an den Schweizer Henry Dunant (1828-1910), der sich als Initiator der Rotkreuz-Bewegung und Mitbegründer des Internationalen Komitees vom Roten Kreuz (IKRK) verdient gemacht hatte. Auch der französische Parlamentarier und Humanist Frédéric Passy (1822-1912) erhielt im gleichen Jahr den Friedensnobelpreis für sein international anerkanntes Engagement zur Förderung des Friedens. Im Deutschen Reich sorgte darüber hinaus die Gründung der *„Gesellschaft für soziale Reform"*, am 7. Januar 1901, zur Erweiterung des Arbeiterschutzes für öffentliche Aufmerksamkeit. Ins Leben gerufen wurde diese Vereinigung durch den Politiker und preußischen Minister Hans Hermann Freiherr von Berlepsch (1843-1926), der als geachteter Sozialreformer im Königreich Preußen in die Geschichte einging. Neben den zahlreichen Ereignissen des Jahres sollte ebenfalls die im Fach Psychologie von Sigmund Freud (1856-1939) veröffentlichte Arbeit *„Zur Psychopathologie des Alltagslebens"* Erwähnung finden. Zuletzt sei auf den am 26. Februar 1901 von Thomas Mann (1875-1955) veröffentlichten Gesellschaftsroman in zwei Bänden *„Buddenbrooks – Verfall einer Familie"* hingewiesen.

---

[7] Unter **Diphterie** ist eine Infektionskrankheit zu verstehen, die durch toxinbildende Stämme des Bakteriums Corynebacterium diphteriae (C. diphteriae) hervorgerufen wird und zu schweren Entzündungen des Rachens mit grauweißlichen Belägen führen kann.

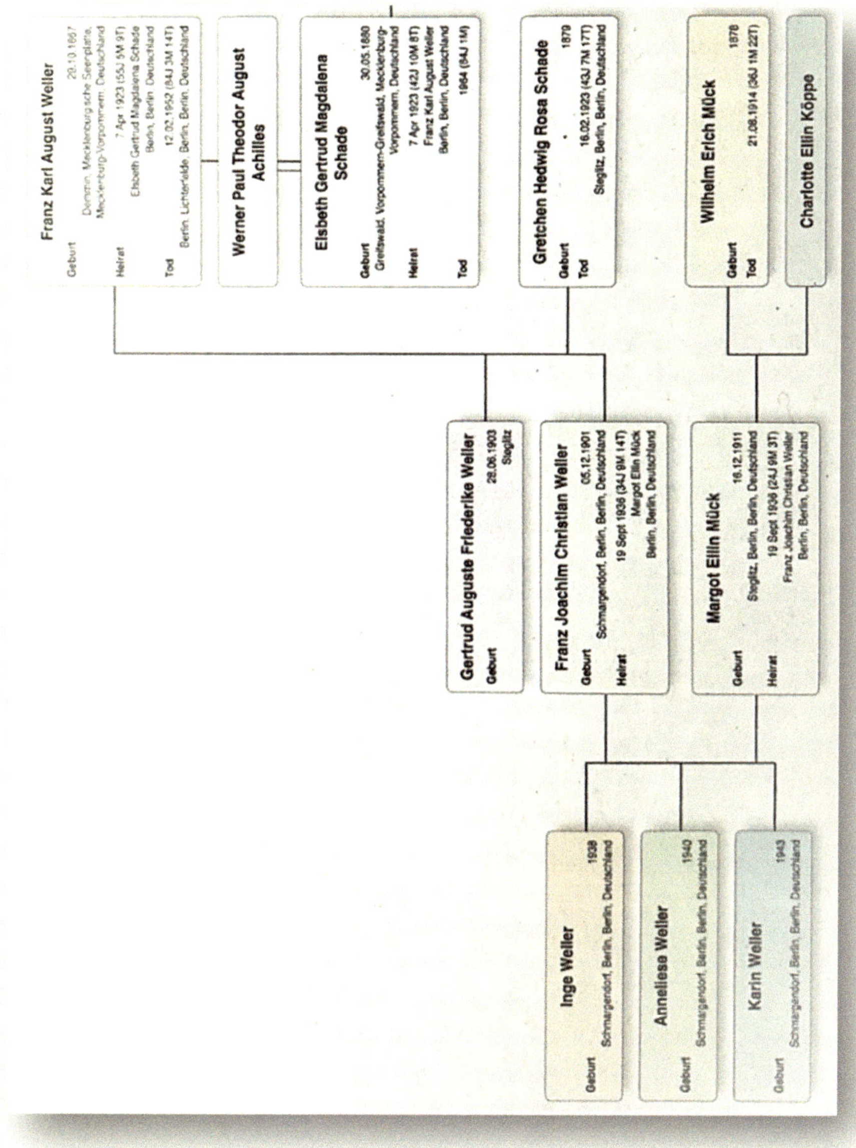

Abb. 3: Stammtafel der Familie Franz Weller.

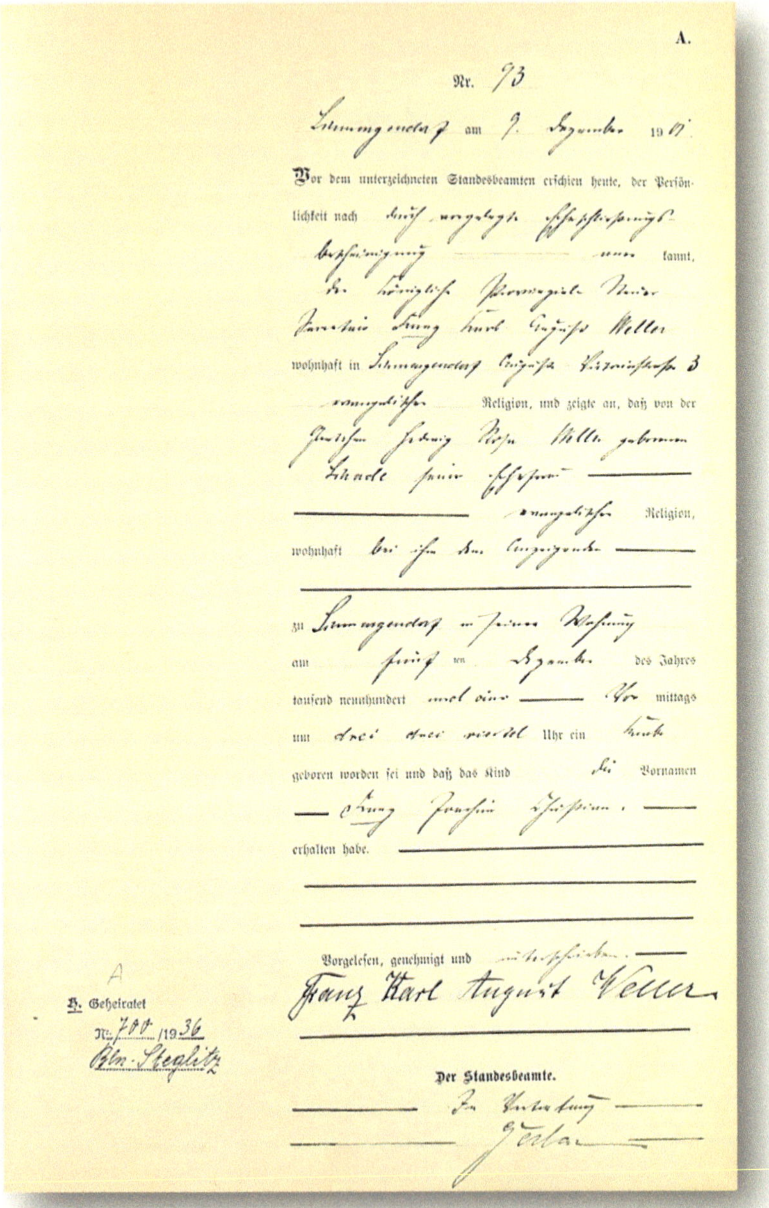

A.

Nr. 93

Schmargendorf am 9. Dezember 1901.

Vor dem unterzeichneten Standesbeamten erschien heute, der Persönlichkeit nach [illegible] kannt,

Franz Karl August Weller

wohnhaft in Schmargendorf [illegible]

evangelischer Religion, und zeigte an, daß von der [illegible] Hedwig Rosa Weller geborene Schade seiner Ehefrau

evangelischer Religion,

wohnhaft bei ihm [illegible]

zu Schmargendorf in seiner Wohnung

am fünften Dezember des Jahres tausend neunhundert und eins Vor mittags

um drei drei viertel Uhr ein Knabe

geboren worden sei und daß das Kind die Vornamen

Franz Joachim Christian

erhalten habe.

Vorgelesen, genehmigt und unterschrieben

Franz Karl August Weller

Der Standesbeamte.

In Vertretung

[illegible]

A

H. Geheiratet

Nr. 700/1936

Bln.-Steglitz

Abb. 4: Standesamtlicher Nachweis zur Geburt von Franz Weller am 5.12.1901.

Franz Weller wurde durch seine Eltern im evangelischen Glauben erzogen. In seinem Lebenslauf vom 24.10.1954 gibt er ferner an, bis 1914 – da war er fast dreizehn Jahre alt – die Oberrealschule in Berlin-Steglitz besucht zu haben. Im Deutschen Kaiserreich war die Oberrealschule eine weiterführende Schulform, die als Alternative zu den humanistischen, altsprachlichen Gymnasien entstanden war. Viele Oberrealschulen entwickelten sich aus Realschulen oder Gewerbeschulen und waren neunklassig, das heißt, die niedrigste Klasse war die 5. Klasse, mit Abschluss der 13. Klasse endete der Schulbesuch. Die Oberrealschule vermittelte vergleichbar mit dem Realgymnasium in erster Linie die sogenannten *„Realien“*. Darunter waren die modernen Fremdsprachen[8] sowie Mathematik und Naturwissenschaften zu verstehen. Im Gegensatz zum Realgymnasium wurde an der Oberrealschule auf das Pflichtfach Latein gänzlich verzichtet. Der Abschluss der Oberrealschule qualifizierte zum Studium an einer Technischen Hochschule, seit 1891 auch für mathematische, naturwissenschaftliche, bergbauliche und forstwirtschaftliche Studiengänge.[9] Das sogenannte *„Hamburger Abkommen“* zwischen den Ländern der Bundesrepublik zur Vereinheitlichung auf den Gebieten des Schulwesens führte schließlich 1965 zur Abschaffung der Oberrealschule als einer eigenständigen Schulform. Bestehende Einrichtungen wurden zumeist in Gymnasien umgewandelt.

---

[8] Die von Franz Weller in seinem Lebenslauf angegebenen Schulkenntnisse in Englisch und Französisch gehen ursprünglich auf seine Schulzeit an der Oberrealschule in Berlin-Steglitz im Zeitraum von 1908-1914 zurück.

[9] Vgl. Geißler, Gert: *Schulgeschichte in Deutschland.* Frankfurt am Main 2013. S. 185ff.

3 Königlich-Preußischer Kadett und Freikorpssoldat (1914-1919)

3.1 Kadett in der Voranstalt Oranienstein 1914

„Das aufkommende Bürgertum, das sich in wesentlichen gesellschaftlichen Bereichen einen bedeutenden ökonomischen Anteil gesichert hatte, verlangte eine qualifizierte Mitbeteiligung an der politischen Macht und somit vor allem auch an den staatlichen Institutionen."[10]

Abb. 5: Kadett Franz Weller in Oranienstein 1914.

---

[10] Zabel, Jürgen-K.: *Das preußische Kadettenkorps.* Frankfurt am Main 1978. S. 223.

Ab Ostern 1914 kam Franz Weller als mittlerweile dreizehnjähriger Junge in die Kadetten-Voranstalt nach Schloss Oranienstein am Stadtrande von Diez a. d. Lahn. Es handelte sich um die zweite Voranstalt, die 1868 ihre Tore geöffnet hatte. Die Voranstalt in Oranienstein umfasste die Klassen von Sexta bis Untertertia, also die 5. bis 8. Klasse. Das Bildungsniveau entsprach in etwa dem eines Realgymnasiums, mit Latein ab Sexta, Französisch ab Quarta und Englisch ab Obertertia. Der älteste Jahrgang jeder Kadetten-Voranstalt wechselte mit Beginn des neuen Schuljahres, das war am 1. April, zur Hauptkadettenanstalt (HKA) nach Berlin-Lichterfelde. Doch wo lag der Sinn der preußischen Kadettenausbildung, welche Ziele wurden gesteckt? Dazu der Dichter und Schriftsteller Friedrich Franz v. Unruh (1893-1986):

„Das Ziel war nicht nur, junge Menschen als Nachwuchs des Offizierkorps von früh an soldatisch zu schulen. Der Sinn der Erziehung war, den Charakter zu prägen und eine verläßliche Lebens- und Staatsauffassung zu wecken. Das Ethos der Pflicht galt als höchstes Gesetz, das dem Kadetten eingeimpft wurde. Zum Dienst, den man Volk und Vaterland schuldete, wurde der Grund gelegt. Gehorsam, nicht sklavisch verstanden, Rechtssinn, Ehrgefühl, Opferbereitschaft und Patriotismus waren so selbstverständlich wie die Treue zum König, der sich, vorbildlich in Preußen, als erster Diener des Staates und Bürgen für den sittlichen Imperativ, wie ihn Kant formuliert hat, bekannte.“[11]

Für Franz Weller bedeutete dieser Umzug von Berlin ins etwa 560 km entfernte Diez im heutigen Rheinland-Pfalz eine gewaltige Zäsur, die sein Leben erheblich veränderte. Der erste Lebensabschnitt in seiner Geburtsstadt Berlin war damit beendet, viele Eindrücke und neue Herausforderungen und Aufgaben wollten bewältigt werden. Auch wenn Franz Weller die Uniform gerne anzog, um endlich Kadett zu werden, fiel ihm der Wechsel nach Oranienstein und der Abschied von seiner Familie und seinem bisherigen Umfeld sicher nicht leicht. Es gibt eine

---

[11] v. Unruh, Friedrich Franz: Zum Geleit. In: Freiherr von Brand, Karl-Hermann/Eckert, Helmut: Kadetten. Aus 300 Jahren Kadettenkorps. Band I. München 1981. S. 7.

Reihe von autobiographischen Aufzeichnungen ehemaliger Kadetten,[12] die eindrucksvoll die Gefühlswelt schildern, die nicht selten von Trennungsschmerz und Heimweh dominiert wurde.

„'Gib deiner alten Mutter noch einen Kuß zum Abschied,' sagte sie, und wir standen noch vor dem Kommandeurgebäude, und mein Bruder grinste unverschämt, […]. Und gab mir einen Knuff und sagte: ‚Los, krummer Sack, zum Flaz, einkleiden.' Da lief ich los, so schnell ich konnte, und sah mich nicht mehr um."[13]

Abb. 6: Eingangstor zum Schlosshof Oranienstein, 2023.

---

[12] Siehe hierzu von Wiese, Leopold: Kadettenjahre. Ebenhausen bei München 1978. S. 24ff.

[13] von Salomon, Ernst: Die Kadetten. Berlin 1933, S. 25.

Abb. 7: Gedenktafel zur Erinnerung der gefallenen Kadetten.

Der Bau von Schloss Oranienstein geht auf das Jahr 1671 zurück und wurde von der verwitweten Fürstin Albertine Agnes von Nassau-Diez (1634-1696), aus dem Haus Oranien, angeordnet. Sie war eine Schwägerin des Großen Kurfürsten, Friedrich Wilhelm (1620-1688) aus dem Hause Hohenzollern, der seit 1640 Kurfürst von Brandenburg und Herzog in Preußen war. Zur Kadettenunterkunft wurde das Schloss erstmalig im Jahre 1867, nachdem es 1861 Nassauer Staatseigentum und so 1866 zum preußischen Besitz wurde.[14] Die Nutzung als

[14] Vgl. Freiherr von Brand, Karl-Hermann/Eckert, Helmut: Kadetten. Aus 300 Jahren Kadettenkorps. Band I. München 1981. S. 305-306.

Kadettenanstalt machte einige Umbauten erforderlich, wobei das zuletzt als Jagdschloss genutzte Gebäude erheblich umgestaltet und dabei offensichtlich wenig Rücksicht auf Fragen der Denkmalspflege gelegt wurde. So wurden Stuckdecken zerstört, Trennwände in Räume gezogen und aus ehemaligen Festsälen wurden Treppenhäuser gebaut. Praktischer Nutzen und Zweckmäßigkeit standen bei allen baulichen Veränderungen im Vordergrund. Der junge Kadett Franz Weller hatte die so beschriebene Infrastruktur ab 1914 noch alltäglich erlebt. Erst 1932 wurden die Kompaniegebäude, vermutlich aus ästhetischen Gründen, wieder abgerissen.

Als Franz Weller nach Oranienstein kam, war eine neue Zeit angebrochen. Der Ausbruch des Ersten Weltkrieges, Ende Juli 1914, ereignete sich nur wenige Monate nach seinem Dienstantritt in der Voranstalt. Der Krieg hatte Auswirkungen auf den Kadettenalltag, dessen Folgen mit Fortdauer der Auseinandersetzung an Intensität noch zunahmen. Die Kadetten verfolgten täglich mit großer Neugierde und Begeisterung die Truppenbewegungen, Frontverläufe und errungenen Siege des deutschen Heeres. Jeder Offizier sah es als seine selbstverständliche Pflicht und Ehre an, schnellstmöglich eine Frontverwendung zu erhalten, um sich im Einsatz bewähren zu können. Manchen trieb gar die Sorge um, nicht mehr rechtzeitig vor Kriegsende ins Gefecht zu kommen. Das traf natürlich auch auf die jungen Offiziere zu, die damals für die Ausbildung und Erziehung verantwortlich waren. Es gab nun regelmäßig Personalveränderungen, weil Versetzungen kriegsbedingt notwendig wurden. Hin und wieder erreichten die Kadetten auch Todesnachrichten von ehemaligen Kameraden oder Vorgesetzten der Anstalt. Dann wurde den Jungen die Ernsthaftigkeit des Soldatenberufes unmittelbar deutlich und viele suchten und fanden Halt in der Kameradschaft, die diese schweren Zeiten zu überstehen half. Die Kriegslage bedingte zugleich auch in erheblichem Maße die allgemeine Versorgung – auch die Kadetteneinrichtungen bildeten diesbezüglich keine Ausnahme. Besonders zum Ende des Krieges wurde der Hunger bei knappen Tagesrationen zum ständigen Begleiter. Gleichwohl hatte das Kadettenleben in jenen Tagen auch fröhliche und ausgelassene Seiten. Trotz ernsthafter Ausbildung und strenger Erziehung erlebten die Kadetten selbstverständlich auch Phasen, in denen sie Freude und

Ausgelassenheit bei Sport und Spiel erleben konnten. Das nachfolgende Foto ist ein Beispiel für solche Momente.

Abb. 8: 1. u. 2. Kompanie der Kadettenvoranstalt Oranienstein beim Rodeln 1916.

Nach dem Waffenstillstand im November 1918 besiegelte der Arbeiter- und Soldatenrat der Garnison Diez das vorläufige Ende der Kadettenvoranstalt Oranienstein. Die Offiziere und Kadetten wurden fortgeschickt, der Betrieb der Einrichtung wurde eingestellt.[15] Im Mai 1919 wurden die zum Teil in anderen Vorkorps untergebrachten Kadetten zum 24. Mai wieder nach Oranienstein einberufen. Dazu durften die Kadetten allerdings nur die Litewka ohne Abzeichen tragen. Zugleich mussten die Biesen von den Hosen entfernt und die Mütze ohne Kokarde und Besatz getragen werden. Mitte Juli 1919 mussten die Erzieher, Lehrer und Kadetten Oranienstein schließlich endgültig verlassen,

---

[15] Zu dieser Zeit war Franz Weller längst Kadett an der Hauptkadettenanstalt (HKA) Berlin-Großlichterfelde und bereitete sich auf seine Reifeprüfung vor.

da die französische Armee bis 1927 das Schloss zur Unterbringung ihrer Besatzungstruppen nutzte.[16]

3.2 Kadett in der Hauptkadettenanstalt Berlin-Groß-Lichterfelde (1917-1918) – das Ende der alten Ordnung

Als Franz Weller zur HKA nach Berlin-Groß-Lichterfelde versetzt wurde, um dort mit dem Abiturexamen abzuschließen, was im Wesentlichen dem Schulabschluss eines Realgymnasiums entsprach, existierte diese Einrichtung bereits seit dem Jahr 1878.[17] Kadett Weller war froh, kein *„Vorkorpsknabe"* mehr zu sein, sondern nunmehr zu den erfahrenen, älteren Kadetten gezählt zu werden. In nahezu 40 Jahren wurden *„in den roten Mauern"* von Groß-Lichterfelde Jahr für Jahr tausende Kadetten unterrichtet, ausgebildet und erzogen, nachdem am 15. August 1878 die ersten 800 bis 1000 Jungen in die Anstalt eingezogen waren. Die HKA verfügte über die Klassen Untersekunda bis Oberprima, das entsprach den Klassenstufen 10 bis 13. Zusätzlich gab es noch die Selekta, deren besonders ausgewählte Kadetten sich mit *„den Allerhöchsten Vorschriften"* beschäftigten und *„die gründlichste Ausbildung in den militärischen Berufswissenschaften"* genossen, um sich gezielt auf die Prüfung zum Offizier vorzubereiten.[18] Im Herbst 1918 wurde die HKA – so wurde noch von ehemaligen Kadetten 1981 berichtet – wegen einer Grippeepidemie geschlossen, erst im Februar 1919 wurden die Kadetten dann wieder einberufen.[19] Doch inzwischen zerbrach die alte Wilhelminische Gesellschaftsordnung, der Kaiser hatte abgedankt und war nach Holland[20] ins Exil gegangen. Königin Wilhelmina (1880-1962) gewährte

---

[16] Freiherr von Brand, Karl-Hermann/Eckert, Helmut: Kadetten. S. 316.

[17] Siehe hierzu auch von Senden, Eberhard Freiherr/von Senden, Friedrich Freiherr: Der Erste Weltkrieg 1913-1918. Erlebnisse eines jungen Leutnants. Ostfront – Patrouillen an der Spitze im Bewegungskrieg. Westfront – Kämpfen, Durchhalten, Überleben im Stellungskrieg. Berlin 2020. S. 14-34.

[18] Vgl. Rönnau, Olaf: Eine totale Institution als Zwischenspiel. Berlin 2022. S. 37-38.

[19] Vgl. Freiherr von Brand, Karl-Hermann/Eckert, Helmut: Kadetten. München 1981. S. 200ff.

[20] Doorn (Utrechtse Heuvelrug)

ihm Asyl und lehnte 1919 die verlangte Auslieferung seiner Person als Kriegsverbrecher an die Entente-Mächte strikt ab.

Abb. 9: Front der Hauptkadetten-Anstalt in Berlin-Groß-Lichterfelde 1907.

Vom 5. bis 15. Januar 1919 ereignete sich der sogenannte *„Spartakusaufstand"*,[21] Massendemonstrationen mit Generalstreik und zum Teil bürgerkriegsähnlichen Zuständen, die in Berlin ausgetragen wurden. Der Aufstand richtete sich gegen die provisorische Regierung, den *„Rat der Volksbeauftragten"*. Träger der Aktion war vor allem der ursprünglich in der SPD angesiedelte äußerst linke Flügel, der *„Spartakusbund"*. Ziel war eine radikale sozialistische Republik mit einer Räteverfassung, die aber im Unterschied zur Konzeption Lenins auf eine kommunistische Partei, in der ein Höchstmaß innerparteilicher Demokratie herrschen sollte, aufbaute.[22] Mit dem *„Spartakusaufstand"* sollte die Wahl zur

---

[21] In der Literatur wird vielfach auch vom ***„Januaraufstand"*** gesprochen.

[22] Zum Jahreswechsel 1918/1919 gründete der Spartakusbund mit anderen linken Gruppen die **Kommunistische Partei Deutschlands (KPD)**, deren Parteivorsitzende die Politiker **Karl Liebknecht** (1871-1919) und **Rosa Luxemburg** (1870-

Weimarer Nationalversammlung verhindert werden. Die von der SPD geführte Regierung unter Friedrich Ebert (1871-1925) verbündete sich in dieser bedrohlichen Lage mit der Obersten Heeresleitung und ließ den Aufstand mit Hilfe von Freikorps blutig niederschlagen. Viele Arbeiter wurden durch dieses Vorgehen zu Feinden der Republik.[23]

„Die Niederschlagung dieses Aufstandes ist nicht zu Unrecht auch als „Marneschlacht der Revolution" bezeichnet worden. Ähnlich wie 1914, als die deutschen Truppen an der Marne gescheitert waren, hätten hier die mit der Revolution verbundenen Hoffnungen endgültig begraben werden müssen. Besonders fatal sei die damit verbundene tiefe Spaltung der Arbeiterschaft gewesen."[24]

Zahlreiche Kadetten der HKA schlossen sich in dieser Situation ihnen bekannten Truppenteilen[25] oder den überall entstehenden Freikorps an, um sich für den Erhalt der alten Ordnung einzusetzen. Sicherlich waren sich viele Kadetten der Gefahren nicht bewusst, denen sie zum Beispiel in den Straßenkämpfen ausgesetzt waren. Und so gab es unter den jungen Kadetten auch Tote und Verwundete. Nach Niederschlagung des Aufstands erhielten einige Kadetten drei Tage Arrest, wegen unerlaubten Verlassens der Kadettenanstalt. Andere konnten die Erlaubnis der Eltern zur Teilnahme an den Kämpfen vorweisen. Jedoch konnte auch das wohlmeinende Zeugnis des Regimentskommandeurs, der gebeten hatte, von einer Strafe abzusehen, da sich die Kadetten *„in des Vaterlandes höchster Not der guten Sache zu Verfügung gestellt hätten"*, die „Sünder" nicht vor Bestrafung bewahren. Deutlich wird an diesen Erinnerungen, wie sehr die Angehörigen des Kadettenkorps gewillt waren, ihre preußische Kadettenwelt zu erhalten. Auch der Unterricht wurde an der HKA noch das ganze Jahr 1919 weitgehend unverändert

---

1919) wurden. Beide wurden nach ihrer Festnahme durch Freikorpsoffiziere aus politischen Motiven am 15. Januar 1919 ermordet, was in ganz Deutschland zu gewalttätigen Unruhen führte.

23 Siehe hierzu auch Neitzel, Sönke: Weltkrieg und Revolution. 1914-1918/19. Berlin 2008. S. 161.

24 Epkenhans, Michael/Hagemann, Frank (Hrsg.): Militärgeschichte. Braunschweig 2021. S. 251-252.

25 Zahlreiche Kadetten meldeten sich beim **4. Garderegiment zu Fuß**, das zunächst in Spandau, später ab 1893 in Berlin, Ortsteil Moabit stationiert war. Vgl. hierzu Freiherr von Brand, Karl-Hermann/ Eckert, Helmut: Kadetten. S. 200ff.

fortgesetzt. Am 25. Januar 1920 erließ der Kommandeur des Kadettenkorps, Generalleutnant v. Bardeleben (1862-1931), ein Rundschreiben, das *„der Fortbestand der bisherigen Preußischen Kadettenanstalten bis auf weiteres"* gesichert sei. Allerdings war das nur die halbe Wahrheit, denn nun wurde die Leitung der Anstalten auf das Preußische Ministerium für Wissenschaft, Kunst und Volksbildung übertragen und die militärischen Kadettenanstalten wurden als Zivilanstalten wie Realgymnasien weitergeführt. Es entstanden die neuen *„Staatlichen Bildungsanstalten"*.[26] Den Bestimmungen des Versailler Vertrages entsprechend erfolgte die Auflösung des Königlich-Preußischen Kadettenkorps im März 1920. Die Umwandlung der früheren Kadettenanstalten zu Lichterfelde, Potsdam, Köslin, Wahlstatt, Plön und Naumburg in *„Staatliche Bildungsanstalten"*, kurz Stabila, wurde per Erlass der Regierung in Berlin vom 30. März 1920 verfügt. Für die ehemaligen Kadetten war das eine gute Entscheidung, konnten sie damit zumindest ihre Reifeprüfung ablegen. Die letzten alten Kadettenklassen legten ihr Abitur noch zu Ostern 1926 ab.[27]

Doch nun zurück zu unserem Protagonisten, dem Kadetten Franz Weller. Wie erlebte er diese schwierige, von Gewalt und wirtschaftlicher Not geprägte Zeit voller Umbrüche und Herausforderungen?

3.3 Freikorps *„von Klewitz"* 1919 – Schutz der Republik oder rechter Terror?

Franz Weller erlebte das Ende des Ersten Weltkrieges noch als Kadett an der HKA in Groß-Lichterfelde, als die deutsche Abordnung unter Leitung von Matthias Erzberger (1875-1921) im Wald von Compiègne nördlich von Paris am 11. November 1918 den Waffenstillstand unterzeichnete. Wie viele andere seiner Kadettenkameraden wollte er in dieser Zeit gravierender Veränderungen nicht passiv bleiben, sondern fühlte sich verpflichtet, sich für den Erhalt der alten Ordnung einzusetzen. Sicher waren gruppendynamische Prozesse, echte patriotische Überzeugungen und wohl auch Sorgen vor den sich abzeichnenden neuen politischen Verhältnissen aus der Perspektive der Kadetten

---

26 Vgl. Ebenda. S. 201-203.

27 Vgl. Ebenda. S. 339 und 350.

nachvollziehbare Gründe, sich den zahlreichen Freikorps[28] anzuschließen. In Absprache mit der Obersten Heeresleitung (OHL) bildeten sich seit November 1918 aus ehemaligen Frontsoldaten zahlreiche Freikorps. Die Gesamtstärke der Freikorps nach dem Ersten Weltkrieg betrug bis zu 400.000 Mann, die sich in rund 120 namentlich nachweisbaren Freikorps organisierten. Die Stärke der Freikorps betrug zwischen 2.000 bis 10.000 Mann. Bewaffnet waren sie im Allgemeinen mit Karabinern, die Infanterie- und Kavallerieeinheiten verfügten zudem über schwere Maschinengewehre und Minenwerfer.[29] Franz Weller traf die Entscheidung, dem Freikorps *„von Klewitz"* beizutreten.

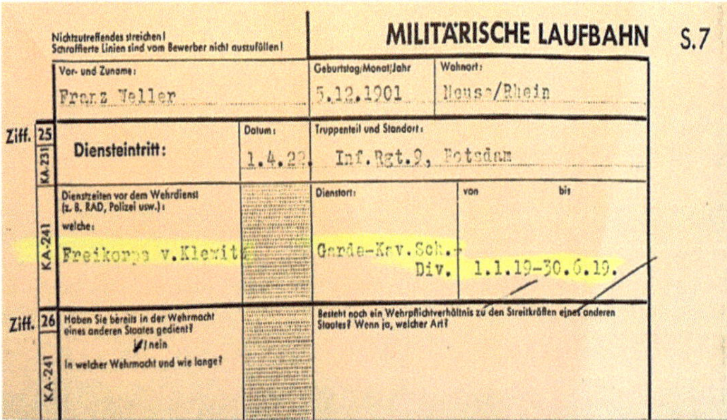

Nichtzutreffendes streichen!
Schraffierte Linien sind vom Bewerber nicht auszufüllen!

MILITÄRISCHE LAUFBAHN S.7

Vor- und Zuname: Franz Weller
Geburtstag/Monat/Jahr: 5.12.1901
Wohnort: Neuss/Rhein

Ziff. 25 KA-231 Diensteintritt: Datum: 1.4.22. Truppenteil und Standort: Inf.Rgt.9, Potsdam

KA-241 Dienstzeiten vor dem Wehrdienst (z. B. RAD, Polizei usw.): welche: Freikorps v.Klewitz
Dienstort: Garde-Kav.Sch.-Div.
von bis: 1.1.19–30.6.19.

Ziff. 26 KA-241 Haben Sie bereits in der Wehrmacht eines anderen Staates gedient? ja/nein
In welcher Wehrmacht und wie lange?
Besteht noch ein Wehrpflichtverhältnis zu den Streitkräften eines anderen Staates? Wenn ja, welcher Art?

Abb. 10: Angaben aus den Einstellungsunterlagen der Bundeswehr vom 22.6.1956.

28 **Freikorps / Freiwilligenkorps**: von französisch *„corps"*, *Körper(schaft);* aus lateinisch *„corpus"* „Körper" wurden bis zum Anfang des 20. Jahrhunderts **paramilitärische** Einheiten unabhängig von ihrer nationalen Herkunft benannt. Im deutschen Sprachraum wurden erstmals im 18. Jahrhundert *„Freikorps"* bzw. *„Frei-Regimenter"* aus einheimischen Freiwilligen, gegnerischen Überläufern, Deserteuren und Straffälligen gebildet. Freikorps entstanden vor allem im Siebenjährigen Krieg (1756-1763), in den Französischen Revolutions- sowie Koalitionskriegen (1792-1815) zwischen Frankreich und den europäischen Mächten und natürlich in großer Zahl und politischer Bandbreite während der Weimarer Republik (1918-1933). Siehe hierzu auch: Thoms, Robert/Pochanke, Stefan: Handbuch zur Geschichte der deutschen Freikorps. Bad Soden-Salmünster 2001.

29 Vgl. Koch, Hannsjoachim W.: Der deutsche Bürgerkrieg. Eine Geschichte der deutschen und österreichischen Freikorps 1918-1923. Schnellroda 2002.

Abb. 11/12/13: Oberst v. Klewitz mit dem Orden „*Pour le mérite*“ und (re) Angehörige seines Freikorps auf einer Privataufnahme mit dem extra geschaffenen Abzeichen auf dem linken Ärmel. Unten: das Ärmelabzeichen stammte von der Freiwilligen Offizier-Abteilung **L**öschebrand, aus der sich später das Freikorps Klewitz entwickelte.[30]

---

[30] Vgl. Siehr, Jürgen: Verwundet gefangen. In: von Salomon, Ernst (Hrsg.): Das Buch vom deutschen Freikorpskämpfer. Berlin 1938. S. 49.

Dieser Eintrag (Abb. 10) aus der Personalakte bestätigt Wellers Zugehörigkeit zum Freikorps *„von Klewitz"* im Zeitraum vom 1.1. bis 30.6.1919. Folgerichtig stellt sich die Frage, welcher Art und Zielsetzung dieses Freikorps entsprach. Und welche Rolle spielte Franz Weller in dieser Zeit?

Das Freikorps *„von Klewitz"* wurde im April 1919 in Berlin aufgestellt und nach seinem Gründer und Führer, Wilhelm *„Willi"* v. Klewitz (1872-1928), benannt.

Wilhelm v. Klewitz hatte am Ende des Ersten Weltkrieges den Rang eines Obersten. Zwischen 1914 und 1918 wurden nur insgesamt 687 Soldaten mit dem Orden *„Pour le mérite"* ausgezeichnet. Er erhielt diese hohe Auszeichnung als Oberstleutnant und Chef des Generalstabes des 11. Armeekorps am 6. August 1917; am 26. August 1918 erhielt er darüber hinaus sogar das Eichenlaub zum *„Pour le mérite."*[31] Dass ein derart hochdekorierter militärischer Führer insbesondere bei den jungen Kadetten als Vorbild betrachtet wurde und schnell nach Aufstellung des Freikorps Anhängerschaft finden konnte, ist durchaus nachvollziehbar. Die Gründung des Freikorps *„v. Klewitz"* wird mit dem 22. April 1919 in Berlin datiert. Der Ersatz kam aus dem Freikorps *„Löschebrand"*, I. Bataillon.

Das Freikorps *„v. Klewitz"* war dem Garde-Kavallerie-Schützen-Korps unterstellt und gliederte sich während seiner kurzen Geschichte bis Oktober 1919 folgendermaßen:

Stärke:

Offiziere	43	
Unteroffiziere	134	
Mannschaften	686	= insgesamt **863 Mann**[32]
Pferde	107	

[31] Vgl. Brinkmann, Jürgen: Die Ritter des Ordens „Pour le Mérite" 1914-1918. Bückeburg 1982. S. 79.

[32] Edgar v. Schmidt-Pauli lässt offen, wann genau das Freikorps *„von Klewitz"* die angegebene Personalstärke hatte. Es ist davon auszugehen, dass die Zahl besonders während der Kämpfe täglich schwankte.

Gliederung:

8 Infanterie-Kompanien
2 Maschinengewehr-Kompanien
1 Minenwerfer-Kompanie
1 Nachrichtenzug[33]

Das Freikorps *„v. Klewitz"* kam im Großraum Berlin, namentlich in den Orten Grünau, Neu Zittau, Adlershof, Gosen und Niederschönweide sowie in Sachsen, und zwar in Chemnitz, zum Einsatz. Darüber hinaus wurden die Freiwilligen auch zum Grenzschutz in Oberschlesien verwendet.[34] Es ist heute nicht mehr nachweisbar, welche Rolle Franz Weller in seiner kurzen Freikorpszeit gespielt hat, bzw. wo und wann er zum Einsatz kam. Fest steht allerdings, dass er zumindest der Papierlage nach von Januar bis einschließlich Juni 1919 dem Freikorps angehörte und vermutlich auch in seiner Heimatstadt Berlin eingesetzt wurde.

Bereits seit Anfang Oktober 1918 wurde in der OHL der Einsatz von Freiwilligen diskutiert, um kurz danach die sozialdemokratische Regierung unter Reichskanzler Friedrich Ebert (1871-1925) in der schwierigen Aufgabe zu unterstützen, Sicherheit und Ordnung im revolutionären Chaos zu gewährleisten.[35] Schließlich überließ man es einzelnen Truppenführern verschiedenster Dienstgrade, Freiwilligeneinheiten zu gründen und zu führen.

„Der Erste Generalquartiermeister bot Ebert Unterstützung der Regierung an, wenn diese bereit sei, Ordnung und Disziplin im Heer wiederherzustellen sowie den „Bolschewismus" zu bekämpfen. Das inhaltliche Dilemma dieses Angebots offenbarte sich spätestens im Dezember 1918, als es am Weihnachtsabend zu

---

[33] Vgl. v. Schmidt-Pauli, Edgar: Geschichte der Freikorps 1918-1924. Stuttgart 1936. S. 359.

[34] Vgl. Thoms, Robert/Pochanke, Stefan: Handbuch zur Geschichte der deutschen Freikorps. Berlin 2001. S. 88.

[35] Zwischen 1919 bis 1923 ließ Ebert mehrere Aufstände von revolutionären Sozialisten mit Waffengewalt niederschlagen, wobei er auch gegen Putschversuche von rechts zwischen 1920 und 1923 entschieden vorging.

Auseinandersetzungen kam, in die Einheiten der alten regulären Armee und die sog. Volksmarinedivision verwickelt waren.“[36]

Die Berliner „*Weihnachtskämpfe*“, der Versuch der Regierung, das von der sogenannten „*Volksmarinedivision*“ besetzte Berliner Stadtschloss sowie den Marstall stürmen zu lassen, endete in einem Debakel, weil die Regierungstruppen von Arbeitern und revolutionären Matrosen entwaffnet und zersprengt wurden. Es zeigte sich damit, dass die SPD-/USPD-Regierung noch nicht einmal in der Hauptstadt handlungs- und durchsetzungsfähig war. Mit der Ernennung des SPD-Politikers Gustav Noske (1868-1946) zum „*Volksbeauftragten für Heer und Marine*“ hatte sich Regierungschef Ebert dann für eine harte Linie gegenüber der radikalen Linken entschieden. Anfang Januar 1919 ließ er um das weitgehend von „*Spartakisten*“ kontrollierte Berlin Freikorps zusammenziehen, wozu auch Franz Wellers Freikorps „*von Klewitz*“ zählte. Den Schritt zum offenen Bürgerkrieg vollzogen Unabhängige Sozialdemokraten und Kommunisten, die die Regierung Ebert für abgesetzt erklärten und das Regierungsviertel sowie Berliner Kasernen gewaltsam zu stürmen versuchten. Daraufhin entbrannten in den folgenden Tagen in ganz Berlin schwere Kämpfe. Am 13. Januar 1919 ließ Noske[37] die um Berlin bereitstehenden Freikorps zum Einsatz bringen. Es waren Freikorpsoffiziere, die am 15. Januar an der Ermordung von Rosa Luxemburg und Karl Liebknecht beteiligt waren.[38]

Ab Mitte Januar 1919 entwickelte sich die Lage in der Hauptstadt zunehmend unübersichtlich und untragbar, umso mehr, als für den 19. Januar die Wahlen zur Nationalversammlung angesetzt worden waren. Die Ergebnisse der Wahlen schienen die Gewähr dafür zu bieten, dass, ausgehend von der Hauptstadt Berlin, nun endlich Ruhe und Stabilität in ganz Deutschland einkehren würden. Die Wähler erteilten dem linken Radikalismus eine klare Absage und votierten für die Bildung einer Koalitionsregierung aus MSPD, Deutscher Demokratischer Partei

---

[36] Thoms, Robert/Pochanke, Stefan: Handbuch zur Geschichte der deutschen Freikorps. S. 23/24.

[37] „*Einer muss der Bluthund sein*“, so Noske über seine Rolle. Zitiert nach Ebenda. S. 15.

[38] Vgl. Bergien, Rüdiger: Republikschützer oder Terroristen? Die Freikorpsbewegung in Deutschland nach dem Ersten Weltkrieg. In: Militärgeschichte. Zeitschrift für historische Bildung. Ausgabe 3/2008. S. 15.

sowie der Deutschen Zentrumspartei.[39] Die Bilanz der Niederschlagung des *„Spartakus-Aufstandes"* war für die Seite der Linksradikalen verheerend: fielen auf Seiten der Freikorps acht Mann, standen diesen Verlusten 200 getötete Aufständische gegenüber. Doch noch erheblich blutiger verliefen die Berliner Märzkämpfe, auch die *„Berliner Blutwoche"* genannt, als auf Seiten der Freikorps neben Artillerie sogar Flugzeuge, Panzerkampfwagen und Minenwerfer zum Einsatz kamen. Dementsprechend hoch waren die Verluste: etwa 1.200 Arbeiter und Revolutionäre starben, 75 Freikorps-Kämpfer fielen den Kämpfen auf der anderen Seite zum Opfer.[40] Evident ist das extreme Missverhältnis von getöteten Freikorps-Soldaten auf der einen und aufständischen Arbeitern auf der anderen Seite. Die den Bürgerkriegen eigene Neigung zu extremer Gewalt,[41] die sich in signifikanter Weise in Gräueltaten wie Misshandlungen oder Verstümmelungen von Gefangenen zeigte, ist auf beiden Seiten festzustellen. Die Geschichtswissenschaft hat dieses Phänomen auf ein besonders kompromissloses Freund-Feind-Denken zurückgeführt.[42] Dennoch muss an dieser Stelle differenziert werden: die Mehrzahl der Freikorps-Soldaten leistete einen, soweit die Umstände dies zuließen, „normalen" Militärdienst. Sie waren zuweilen stärker durch die Aussicht auf geregelten Lohn als durch ihre radikalnationalistischen Überzeugungen motiviert.[43] Auch wenn die Freikorps als reaktionär und antidemokratisch galten, leisteten sie doch einen unverzichtbaren Dienst, indem sie die noch junge Republik gegen innere und äußere Feinde verteidigten und damit letztendlich Stabilität und Sicherheit im Reich gewährleisteten.

„[…], denn die Freikorps waren keineswegs nur die protofaschistischen Kampfbünde, zu denen sie später gemacht wurden. 1919 waren viele ihrer rund 400.000 Mitglieder wohl schlicht aus ökonomischen Gründen bei der Fahne, viele waren

---

39 Vgl. Thoms, Robert/Pochanke, Stefan: Handbuch zur Geschichte der deutschen Freikorps. S. 25-29.

40 Vgl. Bergien, Rüdiger: Republikschützer oder Terroristen? Die Freikorpsbewegung in Deutschland nach dem Ersten Weltkrieg. In: Militärgeschichte. Zeitschrift für historische Bildung. Ausgabe 3/2008. S. 16.

41 Siehe hierzu auch von Salomon, Ernst: Freikorps. Die Geächteten. Salenstein 2011. S. 269ff.

42 Vgl. Bergien, Rüdiger. S. 16.

43 Vgl. Ebenda. S. 16.

nicht Veteranen des Weltkrieges, sondern Ungediente und Freiwillige, und es gab auch liberale und sozialdemokratisch orientierte Milizen und Bürgerwehren. […] Bis November 1923 schlugen diese Regierungstruppen zahlreiche Aufstände von bewaffneten Spartakisten und streikenden Arbeitern nieder, kämpften in Posen und Oberschlesien gegen polnische Verbände, im Baltikum auf Bitten Großbritanniens gegen die Rote Armee und stellten sich schließlich auch gegen den Hitler-Putsch in München."[44]

Das Freikorps *„von Klewitz"* wurde offiziell am 6. Oktober 1919 aufgelöst, als der Verband zunächst in die Reichswehr-Infanterie-Regimenter 17 und 18 der Vorläufigen Reichswehr und schließlich in das 6. Infanterie-Regiment der Reichswehr überführt wurde.[45]

---

[44] Neitzel, Sönke: Deutsche Krieger. Vom Kaiserreich zur Berliner Republik – eine Militärgeschichte. Berlin 2020. S. 84.
[45] Vgl. Thoms, Robert/Pochanke, Stefan. S. 88.

4 Staatliche Bildungsanstalt in Berlin-Lichterfelde 1922 – zur Reifeprüfung durch Vaters Hilfe

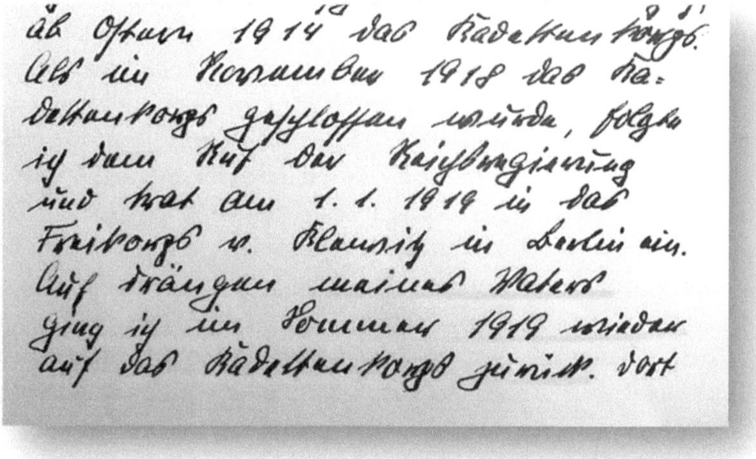
ab Ostern 1914 das Kadettenkorps.
Als im November 1918 das Ka-
dettenkorps geschlossen wurde, folgte
ich dem Ruf der Reichsregierung
und trat am 1.1.1919 in das
Freikorps v. Klewitz in Berlin ein.
Auf Drängen meines Vaters
ging ich im Sommer 1919 wieder
auf das Kadettenkorps zurück. dort

Abb. 14: Lebenslauf vom 24.11.1955.

Als sich das Freikorps *„von Klewitz"* offiziell Anfang Oktober 1919 auflöste, war Franz Weller längst ein Schüler auf dem Weg zur Reifeprüfung. Wie Weller in seinem handschriftlichen Lebenslauf vom 24.11.1955 zu Protokoll gibt, spielte sein Vater für seine Rückkehr auf den Weg zum Schulabschluss mit Abitur eine wesentliche Rolle. Im Lebenslauf heißt es dazu:

„Auf Drängen meines Vaters ging ich im Sommer 1919 wieder auf das Kadettenkorps zurück."[46]

Der pflichtbewusste Ministerialamtmann hatte offenbar erkannt, wie wichtig das Zeugnis der Reife für die Zukunft seines Sohnes sein würde. Außerdem zeichnete sich bereits im Frühjahr 1919 ab, dass die Zeit der Freikorps bald ein Ende haben würde. Einen sicheren Platz in

---

[46] BA-MA. PERS1-2462-A. Lebenslauf Franz Weller vom 24.11.1955.

zukünftigen deutschen Streitkräften zu erlangen, war für einen ehemaligen Kadetten ohne Abschluss mehr als fraglich. Wie Franz Weller auf die Maßnahme seines Vaters, seine Freikorpszeit zu beenden, reagierte, ist nicht bekannt. Sicher ist aber, dass der Vater vorausschauend handelte, vielleicht auch gewillt war, seinen Jungen aus den Freikorpskämpfen und den chaotischen Zuständen, besonders im umkämpften Berlin, herauszuhalten. Als Franz Weller in das Kadettenkorps zurückkam, war am 28. Juni 1919 der Friedensvertrag von Versailles zwischen dem Deutschen Reich einerseits und Frankreich, Großbritannien, den Vereinigten Staaten und ihren Verbündeten andererseits geschlossen worden. Die Mehrheit der Deutschen empfand den Friedensvertrag von Versailles aufgrund seiner harten Bedingungen sowie der Art seines Zustandekommens als ungerechtes und demütigendes *„Siegerdiktat.“* Die alliierten Friedensbedingungen hatten gravierende Konsequenzen für das deutsche Militär. Die Auswirkungen auf die militärische Ausbildung waren erheblich.[47] Im Kapitel III. (Heeresergänzung und militärische Ausbildung) wurde dazu die folgende Formulierung im Artikel 176 festgelegt:

„Nach Ablauf von zwei Monaten nach Inkrafttreten des gegenwärtigen Vertrags darf in Deutschland nur noch die Zahl von militärischen Schulen bestehen, die für den Offiziersersatz der zugelassenen Einheiten unumgänglich nötig ist. […] Infolgedessen werden in der oben festgelegten Frist alle Kriegsakademien oder ähnlichen deutschen Einrichtungen, ebenso wie die verschiedenen Militärschulen für Offiziere, Offiziersaspiranten, Kadetten, Unteroffiziere oder Unteroffizierschüler, abgesehen von den oben erwähnten Schulen, aufgehoben.“[48]

Damit war auch das über zwei Jahrhunderte alte Königlich-Preußische Kadettenkorps, das 1717 unter König Friedrich Wilhelm I. (1688-1740) begründet worden war, zur Auflösung verpflichtet. Ein Erlass der Regierung in Berlin verfügte die Umwandlung der früheren Kadettenanstalten ab 30. März 1920 in *„Staatliche Bildungsanstalten“* (Stabila). Betroffen waren die bisherigen Kadettenanstalten in Berlin-Lichterfelde,

---

[47] Vgl. Rönnau, Olaf. S. 53ff.

[48] Friedensvertrag von Versailles. Artikel 176. Bestimmungen über das Landheer, Seemacht und Luftfahrt (28. Juni 1919). In: documentArchiv.de (Hrsg.): URL: http://www.documentArchiv.de/wr/vv05.html. Stand: 03.01.2004.

Potsdam, Köslin, Wahlstatt, Plön und Naumburg/Saale. Nach der Umorganisation und mit Eröffnung der Stabila, die auch als *„Staatliche Heimschulen"* bezeichnet wurden, begann nunmehr ein neues Kapitel der vormaligen Kadettenanstalten. Daher entfielen fortan auch alle militärischen Ausbildungsanteile. Ein wesentlicher Schritt zur Einordnung der früheren Kadettenanstalten in die preußische Unterrichtsverwaltung erfolgte am 6. Juli 1922, als das Kultusministerium die neuen *„vorläufigen Aufnahmebedingungen"* für alle sechs Stabila veröffentlichte und damit zugleich die alten Aufnahmebedingungen von März 1920 außer Kraft setzte. Der neue Erlass vom Juli 1922 legte fest, dass alle Anstalten zu Realgymnasien und Vollanstalten ausgebaut werden sollten.[49] Aufschlussreich sind die Aufnahmebedingungen, die dazu festgelegt wurden:

„Die Staatlichen Bildungsanstalten dienen der Erziehung und Ausbildung von Schülern, deren Persönlichkeit, Befähigung und wirtschaftliche Lage die Aufwendung öffentlicher Mittel rechtfertigen. Als Heimschüler können ohne Unterschied des Bekenntnisses und des Standes der Eltern zur Aufnahme zugelassen werden in erster Linie Söhne von Gefallenen oder schwerbeschädigten Kriegsteilnehmern, in zweiter Linie Söhne von Auslandsdeutschen und Eltern deutschen Stammes in den abgetretenen Gebieten, schließlich soweit noch Plätze verfügbar sind, andere Schüler, in erster Linie Söhne von Minderbemittelten.[50] Söhne von Eltern, an deren Wohnort eine ausreichende Bildungsmöglichkeit vorhanden ist, dürfen als Heimschüler nur dann aufgenommen werden, wenn die besonderen häuslichen oder wirtschaftlichen Verhältnisse dies rechtfertigen."[51]

Der Text macht die wirtschaftliche Not der frühen zwanziger Jahre überdeutlich. Auch Franz Weller war vermutlich froh, an seine *„alte Wirkungsstätte"* zurückkehren zu können, um weiter zur Schule zu gehen und sein Abitur zu machen.

---

[49] Vgl. Rönnau, Olaf. S. 56.

[50] Vgl. Schmidt, Erwin/Kasdorf, Hans (Hrsg.). 1968. S. 82: Unter den Aufnahmebedingungen für die Stabila von 1920 wird die Übernahme von Zöglingen aus den bisherigen Kadettenanstalten sogar an erster Stelle genannt.

[51] Aufnahmebedingungen für die Staatlichen Bildungsanstalten von 1920. Zitiert nach von Zedlitz und Neukirch, Conrad-Dieter Frhr. 1989. S. 72.

Am 9. März 1920 fand ein letzter Appell vor Schließung der bisherigen Anstalt gemäß dem Versailler Vertrag statt. Franz Weller hat diesen historischen Moment vermutlich miterlebt. Die Umwandlung der Einrichtung in der heutigen Finckensteinallee in Berlin-Lichterfelde in eine Stabila (Realgymnasium) erfolgte schließlich am 30. März 1920 – damit ging eine Ära endgültig zu Ende.

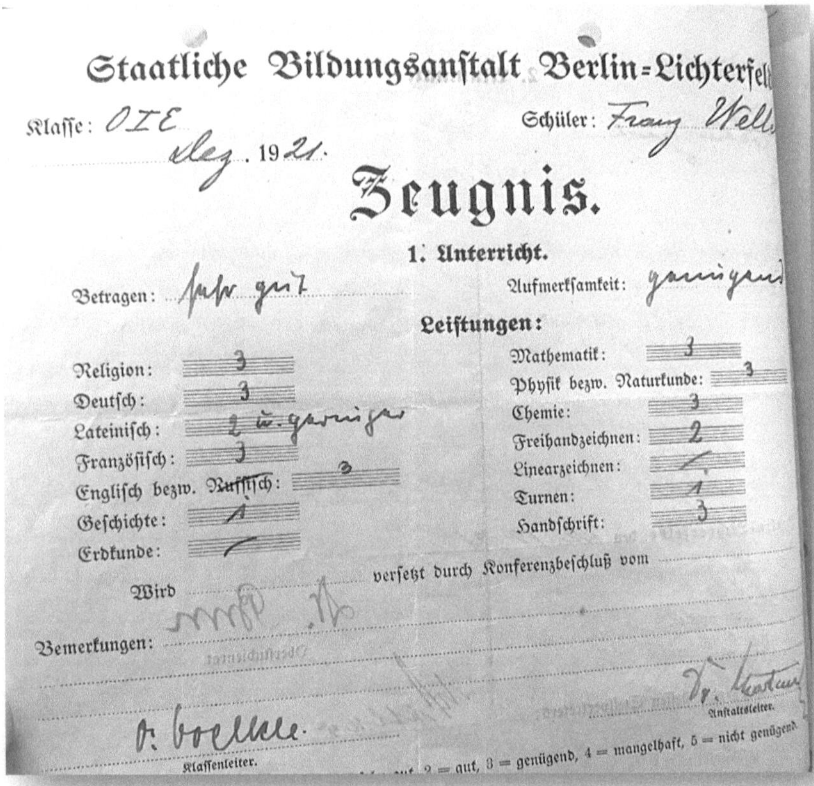

Staatliche Bildungsanstalt Berlin-Lichterfe[lde]

Klasse: OIE — Schüler: Franz Well[er]

Dez. 1921.

Zeugnis.

1. Unterricht.

Betragen: sehr gut — Aufmerksamkeit: genügend

Leistungen:

Religion:	3	Mathematik:	3
Deutsch:	3	Physik bezw. Naturkunde:	3
Lateinisch:	2 [illegible]	Chemie:	3
Französisch:	3	Freihandzeichnen:	2
Englisch bezw. ~~Russisch~~:	3	Linearzeichnen:	1
Geschichte:	1	Turnen:	1
Erdkunde:	1	Handschrift:	3

Wird ... versetzt durch Konferenzbeschluß vom ...

Bemerkungen: ...

Klassenleiter. — Anstaltsleiter.

... 2 = gut, 3 = genügend, 4 = mangelhaft, 5 = nicht genügend.

Abb. 15: Franz Wellers Zeugnis von Dezember 1921.

Franz Weller ging gemäß Aktenlage noch einmal, frühestens ab Juli 1919, vermutlich jedoch ab Frühjahr 1920 bis zum Ablegen der Reifeprüfung am 23. März 1922 wieder zur Schule. Aus seinem „*Zeugnis der*

Reife", *das* in den Personalunterlagen des Bundesarchivs vorliegt,[52] können neben der damals unterrichteten Fächerauswahl auch Charaktereigenschaften, Persönlichkeitsmerkmale und besondere Stärken/Schwächen herausgelesen werden:

„Staatl. Bildungsanstalt (Realgymnasium) zu Berlin-Lichterfelde.

<u>Zeugnis der Reife.</u>

Der Oberprimaner <u>Franz</u> Joachim Christian Weller, geboren den 5. Dezember 1901 zu Berlin-Schmargendorf, evangelisch, Sohn des Ministerialamtmanns Weller in Berlin-Steglitz, gehörte 2 Jahre der früheren Hauptkadettenanstalt und 2 Jahre der Staatlichen Bildungsanstalt an, die Prima besuchte er 2 Jahre.[53]

I. Betragen: *Lobenswert*
Fleiss: *Genügend*

II. Kenntnisse und Fertigkeiten.
Religionslehre: *Genügend*
Deutsch: *Die Klassenleistungen waren genügend, die Prüfungsarbeit genügte nicht. Genügend*
Lateinisch: *Die Klassenleistungen waren genügend, die Prüfungsarbeit gut. Gut*
Französisch: *Die Leistungen in der Klasse und in der mündlichen Prüfung waren genügend, die Prüfungsarbeit genügte nicht. Genügend*

Englisch: *Genügend*
Geschichte und Erdkunde: *Sehr gut*
Mathematik: *Genügend*
Physik: *Genügend*
Chemie: *Genügend*

52 Siehe BA-MA. PERS1-2462-A. S. 8.

53 Das ist vermutlich den schwierigen Zeiten des Umbruchs und den besonderen sowohl wirtschaftlichen als auch sozialen Umstände in Berlin so unmittelbar nach dem Ersten Weltkrieg geschuldet.

Freihandzeichnen: | *Gut*
Turnen: | *Sehr gut*
Singen: | *Befreit*

Die unterzeichnete Prüfungskommission hat ihm demnach, da er jetzt die Anstalt verlässt, um Offizier zu werden, das Zeugnis „der Reife" zuerkannt und entlässt ihn mit den besten Wünschen für seine Zukunft.

Berlin-Lichterfelde, den 23. März 1922

Prüfungskommission.

Gez. Unterschrift — *gez. Unterschrift*
Oberstudiendirektor — *Regierungs-Kommissar*

Stempel des Proschulkollegium Berlin
Kommissionssiegel"[54]

Das vorliegende „*Zeugnis der Reife*", mit Datum 23.3.1922, ist aus heutiger Sicht eine wertvolle Quelle, die einerseits viel über die inhaltliche Ausrichtung der Abschlussklasse der Staatlichen Bildungsanstalt (Stabila) Berlin-Lichterfelde, andererseits etwas über die Stärken und Schwächen des Schülers Franz Weller aussagt. Im Abschlusszeugnis der Stabila lassen sich bereits einige Charakterzüge Wellers ablesen, die ihn später auszeichnen werden. In jedem Fall müssen die zeitbedingten Umstände, die in jenen Tagen herrschten, als Weller in Berlin sein Abitur „*baute*", Berücksichtigung finden. Sein Betragen war „*lobenswert*", in Puncto Fleiss konnte er jedoch nur ein „*Genügend*" erlangen. Die Prüfungsarbeiten in den Fächern Deutsch und Französisch genügten nicht, dafür konnte er die Prüfungsarbeit in Latein mit „*Gut*" abschließen, obwohl seine Klassenleistungen ansonsten nur „*genügend*" waren. Franz Weller war ein praktisch veranlagter Charakter, dessen besondere Stärken in den Fächern Geschichte und Erdkunde lagen. Beide Fächer konnte er mit „*Sehr gut*" abschließen. Auch im Freihandzeichnen

[54] BA-MA. PERS1-2462-A. S. 8

konnte er mit der Note *„Gut"* überzeugen. Dass er ein guter Sportler war, belegte seine *„sehr gute"* Bewertung im Fach Turnen. Hier zahlten sich offensichtlich die regelmäßigen Turnstunden der Kadettenzeit für ihn positiv aus.[55] Warum er vom Singen befreit wurde, wird wohl aus heutiger Sicht ein Geheimnis bleiben. Doch die Kadettenzeit war nun endgültig vorbei. Bemerkenswert ist mit Blick auf Wellers Reifezeugnis der abschließende Satz:

„Die unterzeichnete Prüfungskommission hat ihm demnach, da er jetzt die Anstalt verlässt, **um Offizier zu werden**, *das Zeugnis ‚der Reife' zuerkannt und entlässt ihn mit den besten Wünschen für seine Zukunft."*[56]

Franz Weller wollte Offizier werden – die Voraussetzung dafür hatte er nun mit dem Reifezeugnis in der Tasche.

---

55 Unter alten Kadetten wurde in diesem Zusammenhang gerne vom ***„I.C."*** gesprochen. Das war der sogenannte ***„Idioten-Club"***, dazu zählten jene Kadetten, die mangels Schulleistungen eine Klasse wiederholen mussten, aber dafür im Fach Turnen oft ein *„Sehr gut"* verbuchen konnten. Siehe hierzu auch die humorvolle Beschreibung bei: Wentscher, Gerhard/ Lorentzen, Victor (Hrsg.): Also sprach der Kadett: Ein ganz kleines Kadettenwörterbuch. S. 20. Dort heißt es:

„I.C., der Idioten Club, war die Bezeichnung für die Ober-Tertia der HKA, deren Insassen nach ein- oder mehrmaligem Klebenbleiben fürs Vorkorps überaltert waren und sich daher schon dort zu rasieren pflegten. – Berkun erzählt von einem diesbezüglichen, ehemals sehr beliebten Scherz: Man malte mit dicker weicher Kreide in die Hand in Spiegelschrift die Buchstaben IC, schlug den Urlauber am Tor freundschaftlich „mit besten Wünschen" auf den Rücken und ließ ihn in Richtung Wannseebahn mit dem IC auf dem Puckel durch Lichterfelde West und Berlin marschieren."

56 BA-MA. PERS1-2462-A. S. 8

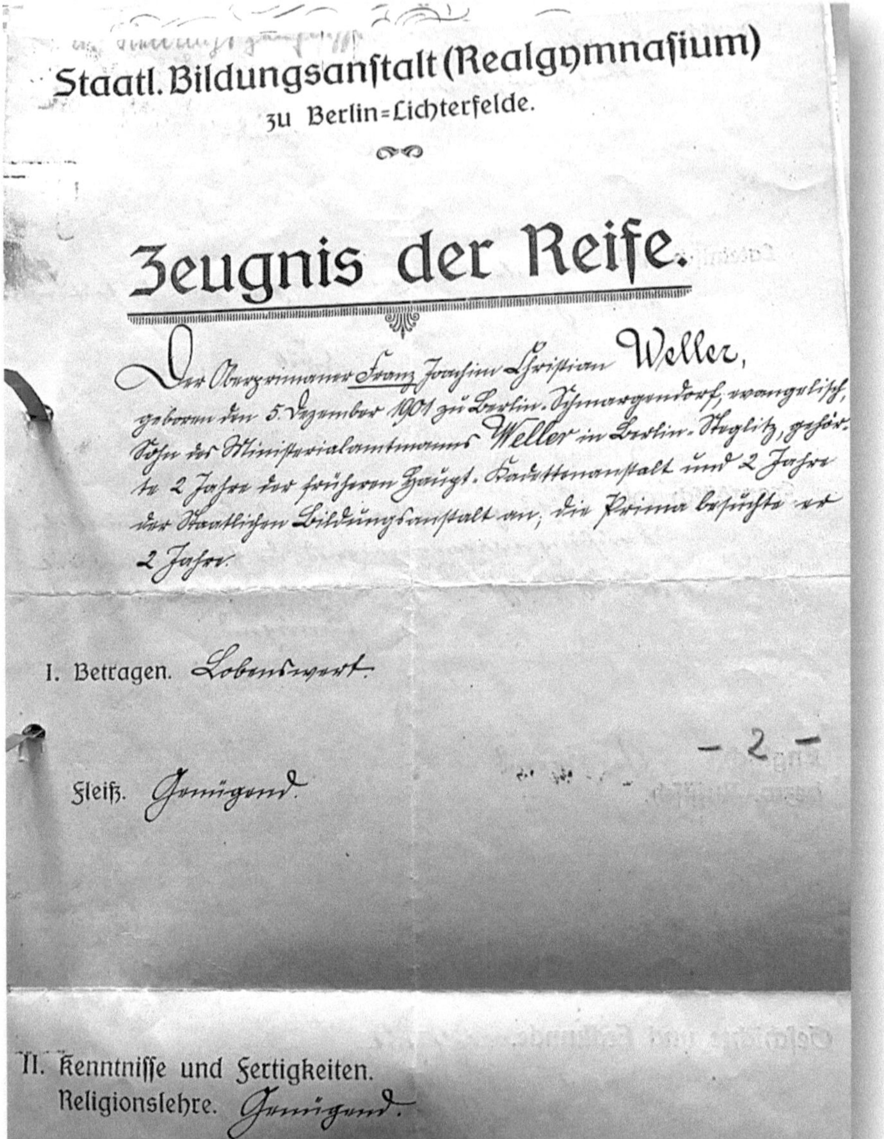

Staatl. Bildungsanstalt (Realgymnasium)
zu Berlin=Lichterfelde.

Zeugnis der Reife.

Der Oberprimaner Franz Joachim Christian Weller, geboren den 5. Dezember 1901 zu Berlin-Schmargendorf, evangelisch, Sohn des Ministerialamtmanns Weller in Berlin-Steglitz, gehörte 2 Jahre der früheren Haupt-Kadettenanstalt und 2 Jahre der staatlichen Bildungsanstalt an, die Prima besuchte er 2 Jahre.

I. Betragen. Lobenswert.

– 2 –

Fleiß. Genügend.

II. Kenntnisse und Fertigkeiten.
Religionslehre. Genügend.

Abb. 16: Zeugnis der Reife der Staatl. Bildungsanstalt zu Berlin-Lichterfelde.

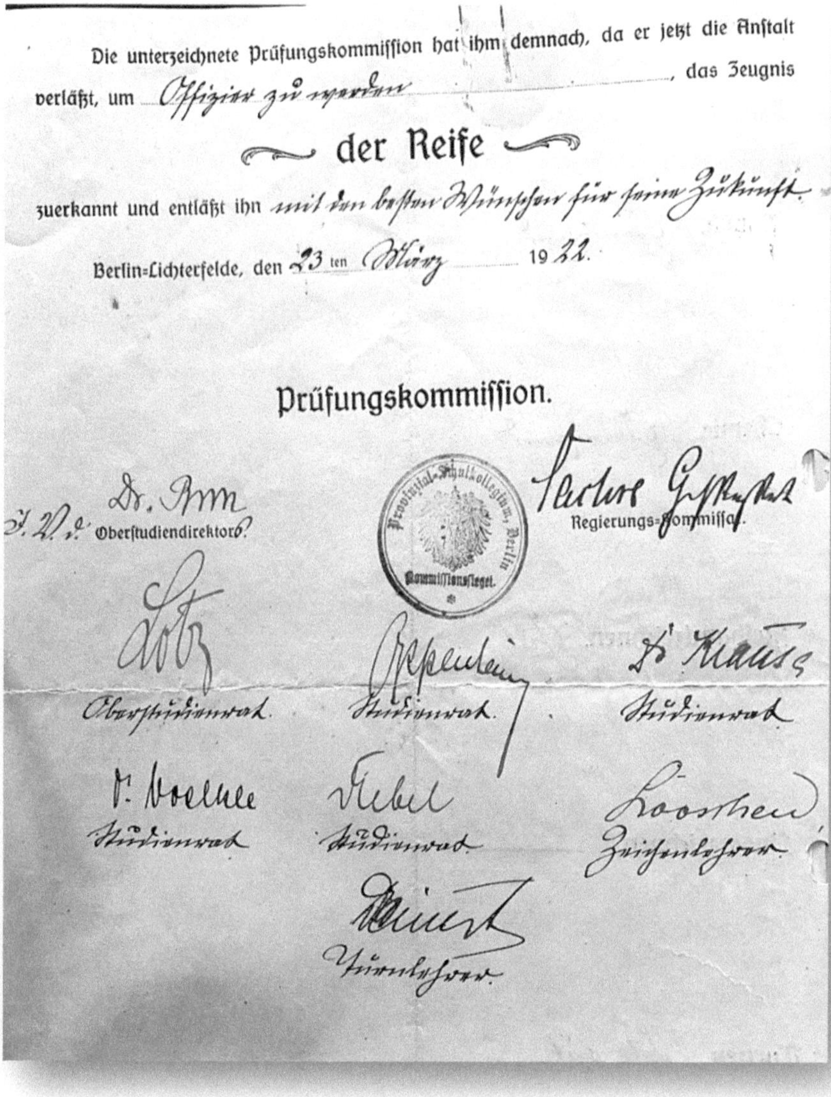

Die unterzeichnete Prüfungskommission hat ihm demnach, da er jetzt die Anstalt verläßt, um Offizier zu werden, das Zeugnis

der Reife

zuerkannt und entläßt ihn mit den besten Wünschen für seine Zukunft.

Berlin-Lichterfelde, den 23ten März 1922.

Prüfungskommission.

Oberstudiendirektor.

Provinzial-Schulkollegium, Berlin

Kommissionssiegel.

Regierungs-Kommissar.

Oberstudienrat. Studienrat. Studienrat.

Studienrat. Studienrat. Zeichenlehrer.

Turnlehrer.

Abb. 17: Folgerichtig wollte der ehemalige Preußische Kadett Offizier werden.

5. Übernahme in die Reichswehr (1922-1933) – Soldat in der Weimarer Republik

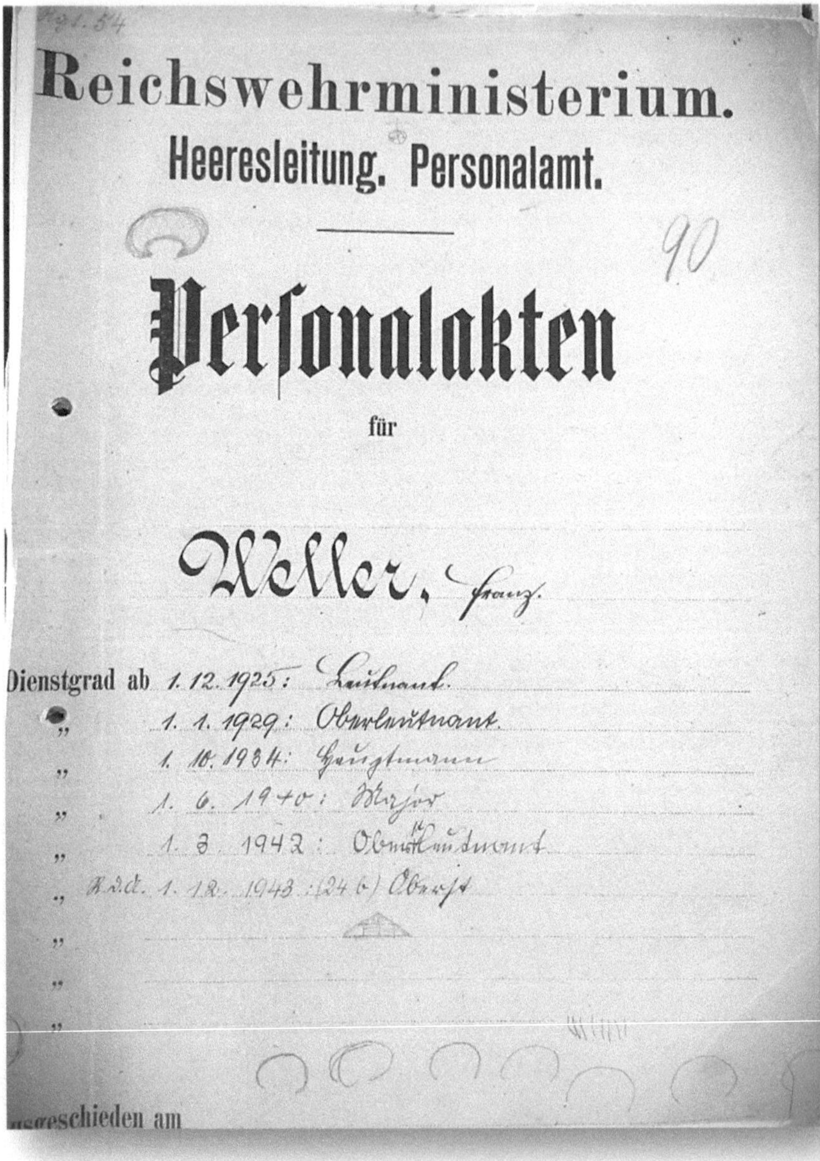

Reichswehrministerium.
Heeresleitung. Personalamt.

90

Personalakten

für

Weller, Franz.

Dienstgrad ab 1. 12. 1925: Leutnant
" 1. 1. 1929: Oberleutnant
" 1. 10. 1934: Hauptmann
" 1. 6. 1940: Major
" 1. 3. 1942: Oberstleutnant
" R.D.A. 1. 12. 1943 (24b) Oberst
"
"
"

...geschieden am

Abb. 18: Personalakte der Reichswehr.

„Die Republik ist die Fortsetzung des Kaiserreiches mit anderen Mittel."[57]

Der am 28.6.1919 unterzeichnete Friedensvertrag von Versailles schrieb den künftigen Streitkräften des Deutschen Reiches bis in kleinste Einzelheiten einschneidende Bedingungen vor. Im Teil V des Vertrages wurden Stärke, Ausrüstung und Bewaffnung nach Zahl und Art der Waffen und sogar der Munition sowie die Dienstverhältnisse detailliert geregelt. Das Heer der künftigen Reichswehr war *„nur für die Erhaltung der Ordnung innerhalb des deutschen Gebietes und zur Grenzpolizei"* bestimmt und erhielt damit eine nur sehr begrenzte Aufgabe zugebilligt. Die neuen Streitkräfte durften nur aus Freiwilligen bestehen, die sich für eine längere Dienstzeit verpflichten mussten. Verboten wurde die allgemeine Wehrpflicht, die Bildung von Reserven sowie der Beurlaubten Stand. Gänzlich untersagt wurden zudem bestimmte moderne Waffen und Waffengattungen, wie Panzerkampfwagen, schwere Artillerie, Luftstreitkräfte und Unterseeboote. Hinzu kamen Bestimmungen über den Abzug aller Truppen in einer entmilitarisierten Zone beiderseits des Rheins, die bis zu 50 km ostwärts des Rheins reichte und die außerdem die Schleifung nahezu aller Befestigungen vorsah. Eine Interalliierte Kontrollkommission überwachte die Einhaltung dieser Bestimmungen noch bis 1927. Wie gestaltete sich unter diesen Vorgaben nun die neu aufgebaute deutsche Armee?

Die Reichswehr bestand aus dem Reichsheer und der Reichsmarine, sie setzte sich aus Soldaten der alten Armee, der Kaiserlichen Marine sowie aus Freiwilligen zusammen. Als Höchststärken wurden für das Reichsheer 100.000 Mann, einschließlich 4.000 Offiziere, für die Reichsmarine 15.000 Mann, einschließlich 1.500 Offiziere, vorgeschrieben. Die jährliche Entlassungsquote wurde auf nicht höher als 5% der Gesamtstärke begrenzt. Das Reichsheer wurde in zwei Gruppenkommandos mit sieben Infanteriedivisionen und drei Kavalleriedivisionen zusammengefasst. Da die Zahl der Freiwilligenmeldungen stets sehr hoch war und die Zahl der Einzustellenden um ein Vielfaches übertraf, blieben die Auswahlbedingungen der Offiziere, Unteroffiziere und Mannschaften kontinuierlich sehr streng. Auf diese Weise konnte ein hoher

[57] Aus einer republikanischen Zeitschrift 1925. Zitiert nach Schüddekopf, Otto-Ernst: Das Heer und die Republik. Quellen zur Politik der Reichswehrführung 1918 bis 1933. Hannover 1955. S. 194.

Maßstab für die Auswahl angelegt werden, der nachhaltig eine hohe Qualität des Ausbildungs- und Leistungsstands der Soldaten garantierte.

„Offenbar wurde darauf geachtet, Offiziere mit möglichst vielseitiger Erfahrung auszuwählen. Auffallend ist nämlich, dass die meisten neben ihrer Zeit an der Front auch Kenntnisse der Stabsarbeit zumindest auf der unteren Ebene mitbrachten. […] Von jenen Offizieren, die mit dem höchsten preußischen Orden Pour le Mérite ausgezeichnet worden waren, fanden rund zehn Prozent ihren Weg in die Reichswehr. […] Diese Zahlen zeigen, dass einige der erfahrensten Krieger durchaus übernommen, aber bei der Auswahl nicht unbedingt gezielt bevorzugt wurden. […] Die Auslese bei Beförderungen war streng, weshalb die Reichswehroffiziere und -unteroffiziere handwerklich ein exzellentes Niveau aufwiesen.“[58]

Zu Recht stellen Schlicht und Angolia fest, dass die fachlich große Qualität als auch der besondere Korpsgeist unter den Soldaten der Reichswehr den späteren schnellen Aufbau der Wehrmacht ab 1935 erleichtert, wenn nicht gar erst ermöglicht haben. Bemerkenswert ist der Anfang der 1920er Jahre häufig verwendete Sprachgebrauch bezüglich der Reichswehr. Denn in den Jahren 1919/1920 wurde unter *„Reichswehr“* stets nur das Heer verstanden. Als *„Reichswehr“* galt nach dem *„Gesetz über die Bildung der vorläufigen Reichswehr“* vom 6.3.1919[59] sowie nach dem oben angeführten Gesetz vom 21.8.1920 nur das Heer – ohne die Marine. Schließlich wurde durch das Wehrgesetz vom 23.3.1921[60] in §1 hierzu eindeutig festgelegt: *„Die Wehrmacht der Deutschen Republik ist die Reichswehr. Sie wird gebildet aus dem Reichsheer und der Reichsmarine.“* Dieser klaren Regelung zum Trotz wurde umgangssprachlich und in zahlreichen Veröffentlichungen häufig noch immer unter der *„Reichswehr“* fast

58 Neitzel, Sönke: Deutsche Krieger. S. 101ff.
59 Siehe hierzu auch: RGBl. I 1919. S. 57.
60 Siehe hierzu auch: HV 21. Nr. 209.

allgemein nur das Reichsheer[61] verstanden.[62] Man kann ferner festhalten, dass es in der Weimarer Gesellschaft einen breiten Wehrkonsens gab. Dieser ermöglichte die geheime Mobilisierung von Grenzschutzmilizen im Osten ebenso wie geheime Rüstungsprojekte, etwa mit der Sowjetunion. Und die SPD, die auf Reichs- und Länderebene in Regierungsverantwortung stand, trug das alles mit und wusste dabei eine Mehrheit der Deutschen hinter sich. Ein *„Staat im Staate"* war die Reichswehr also nicht, auch wenn die Armee der Republik von Weimar eher distanziert gegenüberstand. Auch gab es wohl kaum Demokraten im Offiziersrock, und dennoch waren die Streitkräfte vor allem dem Reichspräsidenten gegenüber loyal.[63] Gegen das Staatsoberhaupt zu handeln, kam für die Reichswehr nicht infrage, weder gegen Friedrich Ebert 1923/24 noch gegen Paul von Hindenburg in den Jahren 1932/33.[64]

Zurück zu Franz Weller, er schaffte den Sprung in die Reichswehr und strebte den Beruf des Offiziers an. Seinen Dienstantritt als **Schütze** erlebte Franz Weller am 1. April 1922 in der 15./I.R. 9 in Wünsdorf.[65]

---

61 ***„Reichsheer"***: als Bezeichnung für Landstreitkräfte erschien der Begriff erstmals 1919, konnte sich aber zunächst – wie beschrieben – nicht durchsetzen. Eine eindeutige Festlegung erfolgte erst am 23.3.1921 im Wehrgesetz, wonach die Bezeichnung *„Reichsheer"* nun amtlich lediglich für das Heer verwendet wurde. Es ist historisch interessant, dass bereits in der Verfassung des Deutschen Reiches vom 16.4.1871, Art. 59, die Bezeichnung *„Reichsheer"* für das gesamte deutsche Heer verwendet wurde, allerdings ohne in den Sprachgebrauch eingegangen zu sein.

62 Vgl. Schlicht, Adolf/Angolia, John R.: Die deutsche Wehrmacht. S. 16.

63 Die Beteiligung von Angehörigen der Infanterieschule am Hitlerputsch am 8./9. November 1923 in München steht nicht stellvertretend für die Haltung der Reichswehr. Das Verhalten der Putschisten in Uniform hatte ein Nachspiel. Der Kommandeur und verschiedene Offiziere wurden entlassen, andere Offiziere wurden disziplinarisch gemaßregelt und zwei Lehrgangsteilnehmer wurden wegen Hochverrat vor Gericht gestellt.

64 Vgl. Neitzel, Sönke: Deutsche Krieger. S. 108-109.

65 **Wünsdorf** ist ein Ortsteil der Stadt Zossen im Landkreis Teltow-Fläming im Land Brandenburg. In der Zeit des Zweiten Weltkrieges (1939-1945) hatte sich Wünsdorf die Bezeichnung *„Nervensystem der Wehrmacht"* erworben. Siehe hierzu: Maak, Niklas: Die Waldstadt Wünsdorf. faz.net. 19. August 2015.

Abb. 19:
Ein frühes Bild nach Eintritt in die Reichswehr ca. 1922.

Die nachfolgende Tabelle[66] stammt aus der Personalakte Wellers und beschreibt den Werdegang bis zum Offizier der Reichswehr. Die dargestellten Stationen sind obligatorisch und stellen keine Besonderheit dar.

Lfd. Nr.	Datum	Dienstgrad	Truppenteil	Inhalt der Verfügung, Art der Veränderung usw.
1.	1.4.1922	**Schütze**	15./I.R. 9 (Wünsdorf)	Eintritt
2.	7.4.1922		s.o.	Vereidigung
3.	1.10.1922		1./I.R. 9	Versetzung

66 Alle Bezeichnungen sowie die verwendeten Abkürzungen sind der handschriftlichen Übersicht der Personalakte entnommen.

4.	5.-7.7. 1923		s.o.	Offiz. Anw.-Prüfung
5.	1.8.1923	**Gefreiter**	s.o.	Beförderung
6.	3.8.1923	Offiz.Anw.		Ernennung
7.	1.9.-12.11. 1923		Kriegsschule (München)	Infanterieschule 1. Lehrgang (mit Unterbrechung)
8.	13.11.1923-31.3.1924	Gefreiter u. Korpsch.Fhr.[67]	1./I.R. 9	
9.	27.2.1924	**Unteroffizier**	s.o.	Beförderung
10.	1.4.-15.10. 1924		Kriegsschule (Ohrdruf)[68]	Lehrgang
11.	1.10.1924	**Fähnrich**	s.o.	Beförderung
12.	1.4.1924-15.10.1925		Kriegsschule (Ohrdruf)	Infanterieschule 2. Lehrgang
13.	1.10.1925	**Oberfähnrich**	s.o.	Beförderung
14.	1.11.-30.11. 1925	Rekruten-offizier	15./I.R. 9	
15.	19.12.1925	**Leutnant**	s.o.	Beförderung mit Wirkung vom **1.12.1925** (114)

Quelle: Personalakte. BA-MA. PERS1-2462-E. S. 2 und PERS1-2462-A. S. 7.

---

[67] Hier handelt es sich um einen wörtlichen Eintrag in die Personalakte. Gemeint ist in diesem Fall der Korporalschaftsführer. Mehrere Korporalschaften bzw. Beritte bildeten einen Zug oder Offizierberitt. Der Korporal rangierte zwischen dem Gefreiten und dem Sergeanten bzw. dem Feldwebel; er war der niederste Unteroffiziersdienstgrad.

[68] Der Truppenübungsplatz (TrÜbPl) **Ohrdruf** liegt in Thüringen und wurde bereits 1906 angelegt und seitdem fast ununterbrochen als militärisches Übungsgebiet genutzt. Seit Ende 2013 ist der Platz nicht mehr als TrÜbPl in Nutzung, sondern nur noch ein sogenannter Standortübungsplatz des in Gotha stationierten Verbandes der Bundeswehr, dem Aufklärungsbataillon 13 der Panzergrenadierbrigade 37.

Neben allen dienstlichen Herausforderungen musste Franz Weller als Anfang Zwanzigjähriger mit dem frühen und überraschenden Tod seiner Mutter umgehen. Gemäß Eintrag Nr. 104 vom 17. Februar 1923 des Standesbeamten in Berlin-Steglitz geht aus dem Sterbebuch hervor, dass die Mutter, Magarethe Weller, geborene Schade, im Alter von nur 44 Jahren am 16. Februar 1923 gestorben ist. Das hat den jungen Offizieranwärter sicherlich hart getroffen.

Im Zeitraum 1. September bis 12. November 1923 war Franz Weller als Lehrgangsteilnehmer im Dienstgrad Gefreiter an der Infanterieschule München stationiert. Wie er diese politisch aufgeladenen Zeiten um den Hitlerputsch am 9. November als Infanterieschüler erlebte, ist heute nicht mehr im Detail nachvollziehbar. Die jüngste Veröffentlichung über den Hitlerputsch 1923 des Historikers Peter Tauber beleuchtet sehr anschaulich, welche Rolle die jungen Infanterieschüler damals vermutlich spielten. Dazu schreibt Tauber:

„Es sind unruhige Zeiten. Die jungen Männer sind national gesinnt, sie diskutieren die politischen Fragen der Zeit. In der Armee sehen sie ein Symbol der Einheit der Nation. […] Über die politischen Verhältnisse in München oder gar die Ziele der Nationalsozialisten wissen die jungen Leute wenig bis nichts. […].

Als Ludendorff[69] schließlich befahl, einen erneuten Versuch zu unternehmen, das Generalsstaatskommissariat in der Maximilianstraße zu besetzen, ließ Roßbach[70] die Infanterieschüler zwar auf Lastwagen aufsitzen und fuhr mit ihnen zum Regierungspräsidium von Oberbayern, in dem das Generalstaatskommissariat untergebracht war, doch das Gebäude war bereits von der Landespolizei gesichert. Beide Gruppen standen sich gegenüber, die Landespolizei verweigerte die Übergabe. Kurz

---

[69] **Erich Ludendorff** (1865-1937) war während des Ersten Weltkrieges Erster Generalquartiermeister und später Chef der dritten Obersten Heeresleitung (OHL). In dieser Funktion hatte er bestimmenden Einfluss auf die deutsche Kriegführung und Politik. Nach dem Krieg zählte er zu den Befürwortern der Dolchstoßlegende und beteiligte sich 1920 am Kapp-Putsch sowie 1923 am Hitlerputsch.

[70] **Gerhard Roßbach** (1893-1967) war ein deutscher Freikorpsführer, der u.a. im Baltikum sowie in Oberschlesien an den Kämpfen beteiligt war. Seine bis etwa 1.000-Mann starke Truppe nahm 1920 am Kapp-Putsch teil und kämpfte ebenfalls für die Niederschlagung des Ruhraufstandes der Roten Ruhrarmee u.a. im Zusammenwirken mit Einheiten der Reichswehr.

bevor es zum Angriff auf das Gebäude kam, erhielt Roßbach einen neuen Befehl und trat den Rückzug an.“[71]

Diese Schilderung der Ereignisse am 9. November 1923 entspricht im Wesentlichen den Tagebuchnotizen des Fahnenjunker-Gefreiten Franz Schraml des 19. (bayer.) Infanterie-Regiments, der sich an seine Infanterieschulzeit wie folgt erinnerte:

„9.11.: Um 1/2 Uhr marschiert die Infanterieschule vom Bürgerbräukeller ab: beim Max-Monument, am Anfang Thierschstraße, liegen wir, schon sehr müde, auf dem Pflaster herum, wissen nicht, was los ist. Bald geht es in das Regierungsgebäude in der Maximilianstraße, dessen Haupteingang in breiter Front in den gleichen Augenblicken von der Polizei abgesperrt wird. So stehen wir, mit geladenen Gewehren beiderseits, dicht einander gegenüber; ein höchst ungemütlicher Zustand, denn jeden Augenblick konnte ein Handgemenge und Blutbad entstehen. Die beiderseitigen Führer streiten laut miteinander, […].
Die Polizei aber, auf Regierungsseite bleibend, ist entschlossen, es zu verteidigen. Schließlich rücken wir (ab) und marschieren in unsere Schule zurück. […].
Von Rossbach kommt der Befehl: „Wir schießen nicht auf Reichswehr. Wir gehen denselben Weg zurück, den wir gekommen sind.“ […].
Da der Putsch ja nun gescheitert ist, läßt man uns, mit Waffen natürlich, weitermarschieren, zurück in unser Schulgebäude.
Hptm Zahn schreibt alle auf, die dabei waren, die Munition wird abgegeben.“[72]

Deutlich wird an dieser Beschreibung die passive, ausgesprochen unbedeutende Rolle der Infanterieschüler an den Ereignissen des Tages. Sie wurden von entschlossenen Bayerischen Landespolizisten abgeriegelt und zu belanglosen Statisten herabgestuft.[73]
Inwieweit Franz Weller am Hitler-Ludendorff-Putsch beteiligt war, ist heute nicht exakt belegbar. Da er auf mehreren Fotos mit dem

---

[71] Tauber, Peter: Der Hitlerputsch 1923. Stuttgart 2023. S. 7ff. und S. 108.
[72] Schraml, Franz: Aus unserer Infanterieschulzeit 1923. Tagebuchnotizen d. Fhj.-Gefr. F. Schraml, 19. (bayer.) Inf.Rgt. S. 10-12.
[73] Siehe hierzu auch: Niess, Wolfgang: Der Hitlerputsch 1923. Nur die Spitze des Eisbergs. In: Sabrow, Martin (Hrsg.): Gewalt gegen Weimar. Zerreißproben der frühen Republik 1918-1923. Göttingen 2024. S. 205-220.

Ordensband des Ehrenzeichens des 9. November 1923 an der rechten Brusttasche abgebildet ist, ist davon auszugehen, dass ihm der sogenannte „Blutorden“ verliehen wurde. Vermutlich gehörte er zur Kategorie 1 der Beliehenen, bei denen eine direkte Teilnahme auch dann angenommen wurde, wenn der Träger in Marsch gesetzt wurde, aber nicht an den Kampfhandlungen teilgenommen hatte. Die Zahl der Medaillen-Träger dieser Kategorie 1 wird mit etwa 1.500 Personen bemessen, 34% gehörten Freikorps an und nur 50% von ihnen waren tatsächlich Mitglieder der NSDAP.[74]

Nachdem es den Putschisten am 8. November gelang, den Kommandeur der Infanterieschule, Generalmajor Hans Tieschowitz von Tieschowa (1872-1952), festzunehmen, und sich insgesamt 20 Offiziere sowie 80 Infanterieschüler (Offizieranwärter) – wie geschildert – im Rahmen der sogenannten *„Sturmkolonne Ludendorff“* an den Vorgängen beteiligt hatten, gab es ein Nachspiel: der Kommandeur und mehrere Offiziere mussten ihren Abschied nehmen, andere wurden disziplinarisch bestraft. Von den beteiligten Infanterieschülern wurden zwei wegen Hochverrats vor Gericht gestellt.[75] Zeitweilig wurde die Infanterieschule zunächst auf den Truppenübungsplatz Ohrdruf in Thüringen, später in die Dresdner Albertstadt verlegt.

Franz Weller war von diesen Maßnahmen offensichtlich nicht betroffen, denn seine Ausbildung wurde planmäßig mit allen Beförderungen fortgesetzt. Der Offizierslaufbahn entsprechend wurde Franz Weller am 1. Oktober 1924 zum **Fähnrich** befördert.

Aus der Ausbildungszeit vom Schützen bis zum Leutnant der Infanterie ist ein einziges Lehrgangszeugnis, das *„Abgangszeugnis der Infanterieschule 2. Lehrgang“* in Ohrdruf vom 14. Oktober 1925, erhalten geblieben. Dieses verdient eine eingehendere Betrachtung.

Franz Weller legte im September 1925 an der Infanterieschule 2 in Ohrdruf/Thüringen mit Erfolg die Offiziersprüfung ab. Das vorliegende Abgangszeugnis dokumentiert die große Bandbreite der ausgebildeten Fächer. Insgesamt wurden 15 Fächer gelehrt und bewertet.

---

[74] Vgl. Patzwall, Klaus D.: Der Blutorden der NSDAP. Hamburg 1985. Es ist auffällig, dass eine Verleihung in den Personalakten Wellers aus der Zeit des Dritten Reiches nicht nachweisbar ist.

[75] Vgl. Tapken, Kai-Uwe: Die Reichswehr in Bayern von 1919 bis 1924. Hamburg 2002. S. 399.

Die Ausbildungsinhalte wurden durch die Erfahrungen des unlängst vergangenen Ersten Weltkrieges bestimmt: Taktik, Kriegsgeschichte, Geländekunde sowie Waffenlehre hatten offensichtlich die größte Bedeutung. Deutlich wird, dass die neuen technischen Entwicklungen, wie sie der industrielle Massenkrieg mit sich brachte, Eingang in die Ausbildung der jungen Fähnriche gefunden hatte. Denn nun standen auch Themen wie *„Luftschutz und Tarnung"* und *„Kraftfahrwesen" („wissenschaftlich* und *„kraftfahrtechnisch")* oder auch die Ausbildung am MG oder dem Minenwerfer auf dem Dienstplan. Zugleich spielte das Unterrichtsfach *„Reiten und Fahren"* bei der Infanterie selbstverständlich noch immer eine wichtige Rolle. Franz Weller hatte in den Fächern *„Kriegsgeschichte"* und *„Leibesübungen"* mit *„gut"* die besten Noten. Das entsprach auch seinen Interessen und Neigungen der Schulzeit. Die bewiesenen Kenntnisse und Leistungen wurden im Ganzen mit *„ziemlich gute"* bewertet. Franz Weller lag insgesamt im Vergleich seiner Kameraden im guten Mittelfeld. Damit hatte er den Weg zum Offizier erfolgreich gemeistert: am 1. Oktober 1925 wurde er zum **Oberfähnrich** befördert.

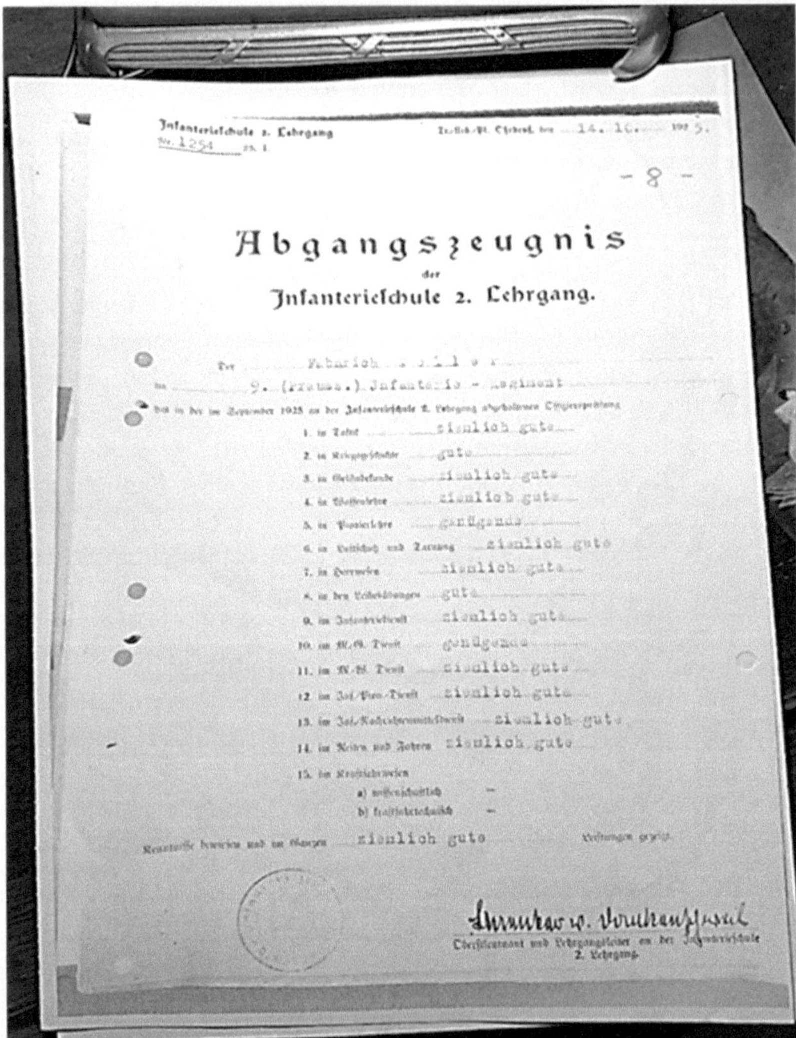

Infanterieschule 2. Lehrgang
Nr. 1254

Dresden, den 14. 10. 1925.

– 8 –

Abgangszeugnis

der

Infanterieschule 2. Lehrgang.

Der Fahnrich [illegible]

im 9. (Preuss.) Infanterie - Regiment

hat in der im September 1925 an der Infanterieschule 2. Lehrgang abgehaltenen Offiziersprüfung

1. im Taktik ziemlich gute
2. in Kriegsgeschichte gute
3. in Geländekunde ziemlich gute
4. in Waffenlehre ziemlich gute
5. in Pionierlehre genügende
6. in Luftschutz und Tarnung ziemlich gute
7. in Heerwesen ziemlich gute
8. in den Leibesübungen gute
9. im Infanteriedienst ziemlich gute
10. im M.G. Dienst genügende
11. im M.W. Dienst ziemlich gute
12. im Inf./Pion.-Dienst ziemlich gute
13. im Inf./Nachrichtendienst ziemlich gute
14. im Reiten und Fahren ziemlich gute
15. im Kraftfahrwesen
   a) wissenschaftlich –
   b) kraftfahrtechnisch –

Kenntnisse bewiesen und im Ganzen ziemlich gute Leistungen gezeigt.

[illegible]
Oberstleutnant und Lehrgangsleiter an der Infanterieschule 2. Lehrgang.

Abb. 20: Abgangszeugnis der Infanterieschule 2.

Am 10. Dezember 1925 erlebte er die langersehnte Beförderung und erhielt das Patent als **Leutnant**.[76] Die Beförderung erfolgte rückwirkend zum 01.12.1925 (114).[77]

Das Zeugnis trägt die Unterschrift von Richard Waenker von Dankenschweil (1876-1937)[78] der als Oberstleutnant und Lehrgangsleiter an der Infanterieschule 2 für den Lehrgang verantwortlich zeichnete.

---

[76] Siehe hierzu auch: Schlicht, Adolf/Kraus, Jürgen: Die deutsche Reichswehr. Die Uniformierung und Ausrüstung des deutschen Reichsheeres von 1919 bis 1932. VI. Die Bekleidung des Reichsheeres. S. 141ff.

[77] Ab 1923 hatte das Heer reichseinheitliche **Ranglisten**, die den Stand vom April/Mai eines jeden Jahres wiedergeben. Herausgeber war das Kriegsministerium, in der Rangliste wurden alle Offiziere mit deren Stellung, Dienstrang, Beförderungen sowie Orden und Ehrenzeichen geführt. Franz Weller wurde erstmalig in der Rangliste 1926 geführt. Vgl. BA-MA. PERS1-2462-A. Dienstlaufbahn-Bescheinigung vom 30.01.1953. S. 10.

[78] **Richard Waenker von Dankenschweil** (1876-1937) wurde am 1. August 1919 als Major in das Reichsheer übernommen und leistete zunächst seinen Dienst im Reichswehrministerium in Berlin. Im September 1921 wurde er Kommandeur des III. (Jäger) Bataillons in Konstanz, 1922 zum Oberstleutnant befördert, wurde er am 1. April 1924 als Leiter des II. Lehrgangs an die Infanterieschule nach Ohrdruf versetzt und damit zum Vorgesetzten von Fähnrich Franz Weller. Später machte er eine beachtliche Karriere, wurde am 1. Juni 1929 zum Generalmajor befördert und war zum Ende seiner militärischen Laufbahn Landeskommandant in Baden. Am 31. Oktober 1930 wurde er aus dem aktiven Dienst der Reichswehr verabschiedet, ihm wurde sodann der Charakter eines Generalleutnants verliehen. Am 22. Januar 1937 verstarb Generalleutnant Waenker v. Dankenschweil in Inzigkofen im heutigen Baden-Württemberg.

Abb. 21: Richard Waenker von Dankenschweil als Generalstabsoffizier der 37. Div. (Allenstein) 1915.

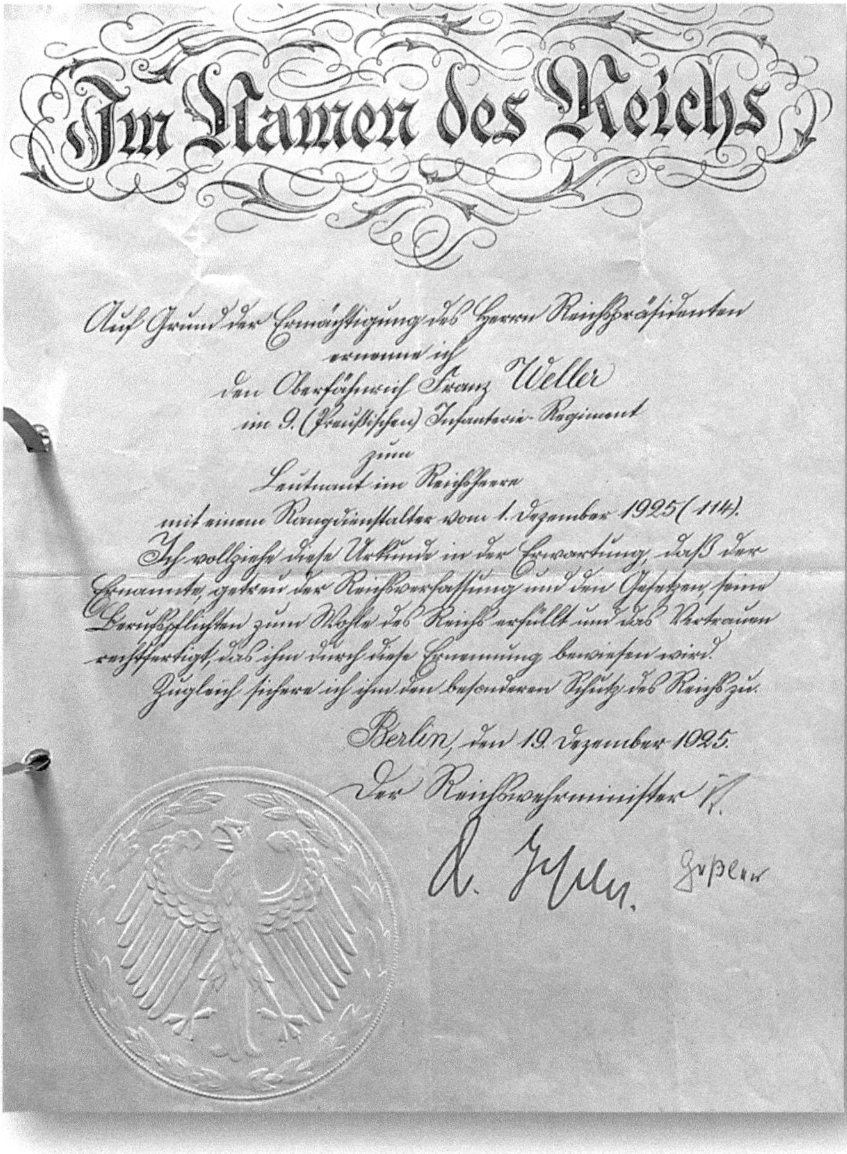

Im Namen des Reichs

Auf Grund der Ermächtigung des Herrn Reichspräsidenten
ernenne ich
den Oberfähnrich Franz Weller
im 9. (Preußischen) Infanterie-Regiment
zum
Leutnant im Reichsheer
mit einem Rangdienstalter vom 1. Dezember 1925 (114).
Ich vollziehe diese Urkunde in der Erwartung, daß der Ernannte getreu der Reichsverfassung und den Gesetzen seine Berufspflichten zum Wohle des Reichs erfüllt und das Vertrauen rechtfertigt, das ihm durch diese Ernennung bewiesen wird.
Zugleich sichere ich ihm den besonderen Schutz des Reichs zu.

Berlin, den 19. Dezember 1925.
Der Reichswehrminister I. V.
Geßler

Abb. 22: Beförderungsurkunde zum Leutnant mit der Unterschrift von Reichswehrminister Otto Geßler (1875-1955).

Abb. 23: Leutnant Franz Weller.

Da Wellers Personalakte aus der Reichswehrzeit nur lückenhaft archiviert werden konnte, liegen aus den Jahren von 1925 bis 1933 leider keine Beurteilungen vor, die seinen weiteren militärischen Werdegang dokumentieren könnten. Er diente noch bis zum 30.8.1927 in der 15./I.R. 9 als Leutnant und Rekrutenoffizier. Die verantwortliche Führung, Erziehung und Ausbildung von jungen Menschen war demnach in dieser Zeit sein tägliches Brot. Zum 1. September 1927 wurde er in die 3./I.R. 9 nach Potsdam versetzt, um dort Zugführer (ZgFhr) zu werden. Damit war er der Gliederung eines Infanteriezuges entsprechend für 40 bis 50 Männer samt Material und Waffen verantwortlich. Diese Aufgabe war mit mancher Herausforderung verbunden:

„Wie für alle Offiziere gab es […] das Problem der Erziehung langgedienter Berufssoldaten. Junge Unteroffiziere mußten vor der Front der älteren Leute, deren Dienstzeit zwölf Jahre betrug, als Lehrer, Erzieher und Ausbilder auftreten können. War früher durch höheres Dienstalter und größere Diensterfahrung die Autorität des Unteroffiziers zum Teil verbürgt, so konnte sie sich nunmehr ausschließlich nur noch auf Mehrwissen, Mehrkönnen und Mehrleisten stützen. Vieles, was später in der Bundeswehr „Innere Führung" genannt wurde, hat es schon im Reichsheer als zwingende Notwendigkeit gegeben."[79]

In die Zugführerzeit bei der 3./I.R. 9 fiel auch die verdiente und ersehnte Beförderung zum **Oberleutnant** (10) am 1. Januar 1929. Besser konnte das Jahr für den jungen Offizier sicher nicht anfangen. Die Aufgabe eines Zugführers erfüllte Weller noch bis einschließlich Juni 1931, dann wurde er zu einem dreimonatigen Nachrichtenlehrgang an die Artillerieschule nach Jüterbog/Brandenburg kommandiert.[80] Anschließend wurde er in die 4./I.R. 9 versetzt, wo er von Oktober 1931 bis 30. September 1932 auf dem Dienstposten eines MGK[81]-Zugführers wirken konnte. Es folgte sodann die Verwendung als Nachrichtenoffizier im Stab des III. /I.R. 9 in Berlin. Als Nachrichten-ZgFhr wurde er gemäß der Personalunterlagen vom 1. Oktober 1932 bis zum 30. September 1934 eingesetzt. Eindrucksvoll dokumentiert die Personalakte aus Reichswehrtagen das breite inhaltliche Spektrum an Lehrgängen, für die auch OLt Weller abkommandiert wurde. So absolvierte er u.a. einen Lehrgang für Leibesübungen in Wünsdorf (16.4.-16.5.1929) sowie den Schießlehrgang B für schwere Infanteriewaffen in Döberitz. Auch wenn sich der militärische Werdegang Franz Wellers vom Ende der Weimarer Republik bis in die frühe NS-Zeit in der Personalakte wie ein

---

[79] Bradley, Dermot: Walther Wenck. General der Panzertruppe. Osnabrück 1981. S. 59.

[80] Die **Jüterboger Artillerieschule** existierte auch während der Weimarer Republik, die Schießschule wurde für die Reichswehr um die Minenwerfer- und die Nachrichtenschule erweitert.

[81] **MGK**: Maschinengewehrkompanie

nahtloser Übergang liest – was die meisten Soldaten damals so empfunden haben[82] –, muss auf die gravierenden politischen Veränderungen eingegangen werden, die nach der Ernennung Adolf Hitlers (1889-1945) zum Reichskanzler am 30. Januar 1933 durch den Reichspräsidenten von Hindenburg (1847-1934) stetig und gezielt umgesetzt wurden. Hindenburg hatte sich lange geweigert, diesen Schritt zu gehen und wurde nur durch den Hinweis beruhigt, dass ein von einer konservativen Kabinettsmehrheit *„eingerahmter"* NSDAP-Führer nur wenig Schaden werde anrichten können. Bereits am 3. Februar 1933 hielt Hitler eine erste Ansprache vor Befehlshabern der Reichswehr. Darin formulierte er sein außenpolitisches Ziel, nämlich Lebensraum im Osten erobern zu wollen, das sich mit einer rücksichtslosen Germanisierungspolitik (*„Liebmann-Aufzeichnung"*)[83] verbinden sollte. Dazu der Historiker Michael Salewski:

„Entscheidend aber war, daß Hitler mit seiner Ansprache vom 3. Februar 1933 das von Blomberg behauptete Prinzip der „Überparteilichkeit" bereits gebrochen hatte. Da die Spitzen der Wehrmacht keine grundsätzlichen Einwände erhoben, war von nun an davon auszugehen, daß sie Hitlers Programm prinzipiell billigten. Drei Tage hatten genügt, um die Reichswehr aus dem ‚apologetischen' Raum in das

---

[82] Die **Weimarer Republik** existierte von 1919 bis 1933. In diesem verhältnismäßig überschaubaren Zeitraum wurden beginnend mit dem Kabinett Scheidemann bis zum Kabinett Hitler insgesamt **21 Regierungen** gebildet. Für die Soldaten der Reichswehr war eine neu gebildete Regierung also zunächst nichts Ungewöhnliches. Nicht unerwähnt sollte ebenfalls bleiben, dass alle 28 Parteien, die 1932 zur Wahl standen, das Ziel hatten, die als ungerecht empfundenen Bestimmungen des Versailler Vertrages zu beseitigen. Siehe hierzu auch: Hinze, Rolf: Löwendivision. Meerbusch 1997. S. 14ff.

[83] Der Name geht auf **GenLt Curt Liebmann** (1881-1960) zurück, der in zahlreichen Befehlshaberbesprechungen Notizen anfertigte. Die überlieferten Äußerungen Hitlers offenbarten erstmals in erstaunlich ungeschminkter Weise seine weitgesteckten, ideologisch begründeten, politisch ungeheuerlichen und zugleich verbrecherischen Ziele. Die *„Liebmann-Aufzeichnungen"* wurden erst 1954 veröffentlicht. Liebmann erinnerte sich daran, dass die anwesenden Generäle Hitlers Verlautbarungen offenbar wenig ernst nahmen. Das wiederum widerspricht der vielfach in der Nachkriegsliteratur vertretenen Auffassung, die Reichswehr habe sich von Anfang an auf Hitlers Expansionspläne willig eingelassen.

Vorfeld eines Bündnisses mit Hitlers System zu führen. Es blieb die Frage, ob dieser Annäherungsprozess bis zur Komplizenschaft führen würde."[84]

Wie Oberleutnant Weller über die Machtergreifung durch die Nationalsozialisten und bezüglich Hitlers Kriegsziele dachte, ist aus den einschlägigen Quellen nicht bekannt. Das Offizierkorps stand den neuen Verhältnissen in Staat und Armee überwiegend aufgeschlossen, aber eher abwartend gegenüber. Teils noch kaiserlich gesinnt oder deutschnational eingestellt, erhofften sich viele Reichswehroffiziere eine „*nationale Erneuerung*". Einigkeit herrschte in dem Wunsch, die „*Fesseln von Versailles*" nun endlich abschütteln zu können. Nicht wenige träumten von der Wiedereinführung der Allgemeinen Wehrpflicht. Mancher Offizier, begründet durch die Heeresvermehrungen, erhoffte sich einen persönlichen Aufstieg mit ganz neuen Berufschancen. Andere waren von Anfang an skeptisch, weil sie in der Hitlerbewegung mit ihren zahlreichen paramilitärischen Verbänden eine ernste Rivalität zum Heer sahen.[85] Ein Regimentskamerad Wellers äußerte sich über die neuen Zeiten folgendermaßen:

„*In meinem Regiment war ich in der allerbesten soldatischen Kinderstube. Da hatten wir jungen Leute es einfach und problemlos, uns im festgefügten Kreis unseres Regiments verwurzelt zu sehen, das alles gab einem die Unabhängigkeit desjenigen Menschen, der sich nicht fürchtet, der mit Mut und Gottvertrauen auch vorwärtsblicken kann, ohne sich ducken zu müssen. Das gab uns auch das unüberwindliche Mißtrauen gegen zwielichtige Menschen, gegen Maßlosigkeit und Gemeinheit. Dieses Abwehrgefühl gegen Unechtes und Unwahres erzeugte dann schon frühzeitig die starke Ablehnung der Lebensäußerungen der Nazis. Alles was von diesen ausging, erschien mir fraglich, gemein und einfach unverständlich. Ich konnte mich gar nicht hineindenken in ihre verquere Gedankenwelt.*"[86]

---

84 Salewski, Michael: Die bewaffnete Macht im Dritten Reich 1933-1939. In: Wehrmacht und Nationalsozialismus. München 1983. S. 21-24.

85 Vgl. Hartmann, Werner: Geist und Haltung des deutschen Soldaten im Wandel der Gesellschaft. Vom Kaiserheer zur Bundeswehr – Eine Dokumentation – Limburg a. d. Lahn 1998. S. 112-113.

86 Paul, Wolfgang: Das Potsdamer Inf.Rgt 9 von 1918-1945. Osnabrück 1983.

Das war der Geist, in dem Franz Weller aufwuchs und militärisch sozialisiert wurde. Offenbar bewährte er sich als junger Offizier und Vorgesetzter. Er nahm die geforderten Aufgaben verantwortlich und fürsorglich wahr. Seine militärischen Leistungen und die Ausbildungsergebnisse der ihm unterstellten Soldaten waren dementsprechend erfreulich ausgefallen. Im Vergleich zu späteren Phasen des Zweiten Weltkrieges war der zeitliche Ausbildungsrahmen großzügig bemessen. Die zu diesem Zeitpunkt qualitativ hochwertige Ausbildung, prägte und förderte auch Wellers charakterliche Fähigkeiten im Umgang mit Menschen nachhaltig.

6 Offizier unter Hitler (1933-1945) – vom Polenfeldzug bis zur Kapitulation der 12. Armee („*Armee Wenck*“) an der Elbe

„Der Nationalsozialismus nahm aus den Massen, nicht aus den mit preußischer Tradition getränkten Klassen seinen Aufstieg.“[87]

6.1 Hauptmann – Kriegsakademie und Kompaniechef im Infanterie-Regiment 54

Von der guten Ausbildung und den gemachten Erfahrungen sollte Weller in kritischen Situationen, besonders in Kriegszeiten, immer wieder profitieren. Doch zunächst hatte er seinen Dienst an der Kriegsakademie in Berlin anzutreten und wurde mit Wirkung vom 1. Oktober 1934 zum **Hauptmann** (58) befördert. Damit war sein nächstes Zwischenziel genommen, und es standen nun neue fordernde Aufgaben an. Der für ein Jahr ausgeplante Lehrgang (1.10.1934 bis 30.9.1935) hatte den Anspruch, die Lehrgangsteilnehmer zweckmäßig und ernsthaft auf die bevorstehenden Aufgaben kriegstüchtig vorzubereiten.[88] Da es gemäß Artikel 160 des Versailler Vertrags[89] dem Deutschen Reich untersagt war, eine Kriegsakademie zu unterhalten, umging die Reichswehr dieses Verbot, indem sie stattdessen die sogenannte *„Führergehilfenausbildung“*[90] dezentral durch die Wehrkreise organisierte und durchführte. Die Ausbildung erfolgte in den bestehenden Stäben und zum Teil auch an zivilen Bildungseinrichtungen.

---

[87] **Friedrich August von Hayek** (1899-1992), Ökonom und Sozialphilosoph.

[88] Es ging im Schwerpunkt darum, besonders befähigte Stabsoffiziere in Bezug auf politische, führungs- und verwaltungstechnische Inhalte mit Blick auf zukünftige Verwendungen in höchsten Spitzendienstposten zielgerichtet vorzubereiten.

[89] **Artikel 160** des Versailler Vertrags: „Der deutsche Generalstab und alle ähnlichen Formationen werden aufgelöst und dürfen unter keiner Gestalt neu gebildet werden.“

[90] ***„Führergehilfenausbildung“*** war die Bezeichnung der Reichswehr für die getarnte ab 1919 durchgeführte Ausbildung von Generalstabsoffizieren. Das Truppenamt im Reichswehrministerium, die beiden Gruppenkommandos in Berlin sowie Kassel als auch die zehn Divisionen bildeten einen *„Führerstab“*. Siehe hierzu auch: Dupuy, Trevor Nevitt: Der Genius des Krieges. Das deutsche Heer und der Generalstab 1807-1945. Graz 2009.

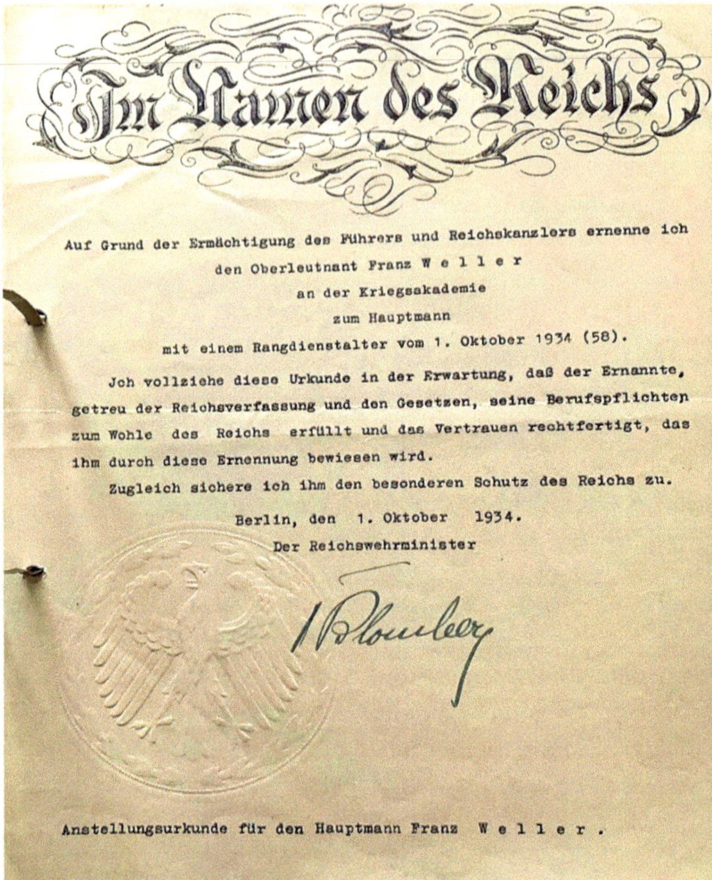

Im Namen des Reichs

Auf Grund der Ermächtigung des Führers und Reichskanzlers ernenne ich

den Oberleutnant Franz W e l l e r

an der Kriegsakademie

zum Hauptmann

mit einem Rangdienstalter vom 1. Oktober 1934 (58).

Joh vollziehe diese Urkunde in der Erwartung, daß der Ernannte, getreu der Reichsverfassung und den Gesetzen, seine Berufspflichten zum Wohle des Reichs erfüllt und das Vertrauen rechtfertigt, das ihm durch diese Ernennung bewiesen wird.

Zugleich sichere ich ihm den besonderen Schutz des Reichs zu.

Berlin, den 1. Oktober 1934.

Der Reichswehrminister

Anstellungsurkunde für den Hauptmann Franz W e l l e r .

Abb. 24: Beförderungsurkunde zum Hauptmann mit der Unterschrift des Reichswehrministers Werner von Blomberg (1878-1946). Ab 1935 Reichskriegsminister und 1936 erster Generalfeldmarschall der Wehrmacht.

Die erfolgreichen Absolventen dieser Lehrgänge wurden als *„Führerstabsoffizier“* statt wie bisher *„Offizier i.G.“* bezeichnet. In der Reichswehr standen nur etwa 250-300 Dienstposten für ausgebildete *„Führerstabsoffiziere“* zur Verfügung. Völlig zu Recht war Franz Weller Zeit seines Lebens stolz darauf, diese Ausbildung erfolgreich gemeistert zu haben.

In Stellungsnahmen und Lebensläufen hat er sich wiederholt diesbezüglich geäußert.

Von der Kriegsakademie Berlin erfolgte am 1. Oktober 1935 die Versetzung als Kompaniechef (KpChef) zur 12. (MGK) I.R. 54 nach Freystadt in Niederschlesien. An der Spitze dieser Einheit sollte Hauptmann Weller nur wenige Jahre später den Kriegsbeginn im Polen- sowie im Frankreichfeldzug erleben. Doch zurück in das Jahr 1936. Es war das Jahr der Olympischen Sommerspiele, die vom 1. bis zum 16. August in Wellers Heimatstadt Berlin, auf dem Reichssportfeld und im Olympiastadion als zentraler Arena ausgetragen wurden. Man kann gut verstehen, dass der talentierte Sportler Franz Weller stolz und begeistert war. Die Spiele der XI. Olympiade brachen sämtliche Rekorde: mit 49 teilnehmenden Nationen und insgesamt 3.961 Athleten hatte es zuvor noch nie so viele Sportler gegeben. Auch die Besucherzahlen der Spiele übertrafen alle Erwartungen. Für das Deutsche Reich bedeuteten die Spiele einen großen Prestigeerfolg, Berlin hatte sich als Austragungsort hervorragend bewährt, und auch das neue Medium Fernsehen wurde mit beachtlichem Erfolg zur Übertragung ausgewählter Wettkämpfe erstmalig eingesetzt. Die Welt war begeistert und ließ sich nur allzu gern in diesen zwei Wochen von den Schattenseiten des NS-Regimes ablenken. Auch privat waren diese Tage für Franz Weller von großer Bedeutung und hoffnungsvoller Freude geprägt, denn am 12. August 1936 stellte der junge Hauptmann einen *„Antrag auf Erteilung der Heiratserlaubnis“*:[91]

[91] **Wehrgesetz vom 21. Mai 1935 unter § 27**: „Heiratserlaubnis §27: Die Angehörigen der Wehrmacht bedürfen zur Heirat der Erlaubnis ihrer Vorgesetzten.“ Das Gesetz wurde präzisiert in der Heiratsordnung, u.a. im Erlass des OKW vom 7. Mai 1941 Nr. 2720/41. In Ziff. 7 des Erlasses wurde die Heirat mit Ausländerinnen grundsätzlich verboten. Als Ausnahmen war die „...Eheschließung mit rassisch verwandten Personen der germanischen Nachbarvölker Holland, Norwegen, Dänemark und Schweden...“ genannt. In: Oertzer Taschenkalender für die Offiziere des Heeres, 63. Ausgabe. 1943. S. 342ff.

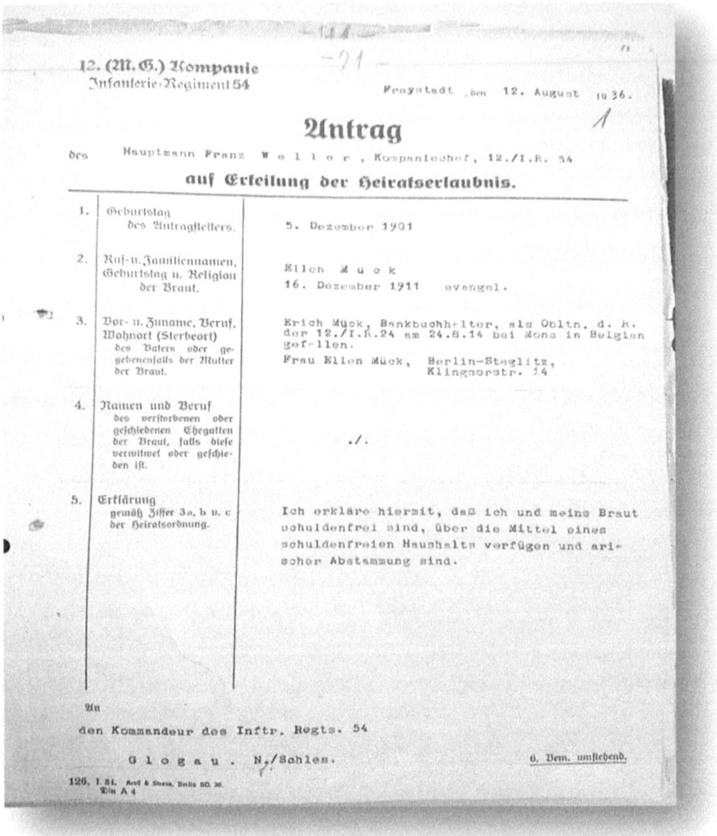

12. (M.G.) Kompanie
Infanterie-Regiment 54

Freystadt, den 12. August 1936.

Antrag

des Hauptmann Franz W e l l e r, Kompaniechef, 12./I.R. 54

auf Erteilung der Heiratserlaubnis.

1.	Geburtstag des Antragstellers.	5. Dezember 1901
2.	Ruf- u. Familiennamen, Geburtstag u. Religion der Braut.	Ellen M ü c k 16. Dezember 1911 evangel.
3.	Vor- u. Zuname, Beruf, Wohnort (Sterbeort) des Vaters oder gegebenenfalls der Mutter der Braut.	Erich Mück, Bankbuchhalter, als Obltn. d. R. der 12./I.R.24 am 24.8.14 bei Mons in Belgien gefallen. Frau Ellen Mück, Berlin-Steglitz, Klingsorstr. 14
4.	Namen und Beruf des verstorbenen oder geschiedenen Ehegatten der Braut, falls diese verwitwet oder geschieden ist.	./.
5.	Erklärung gemäß Ziffer 3a, b u. c der Heiratsordnung.	Ich erkläre hiermit, daß ich und meine Braut schuldenfrei sind, über die Mittel eines schuldenfreien Haushalts verfügen und arischer Abstammung sind.

An
den Kommandeur des Inftr. Regts. 54
G l o g a u . N./Schles.

6. Bem. umstehend.

126. I. 81. Arnd & Sternz, Berlin SO. 36. Din A 4

Abb. 25: Antrag auf Erteilung der Heiratserlaubnis.

Bereits in der Preußischen Armee und ab 1871 im Deutschen Heer des Kaiserreiches musste für die Eheschließung die durch den Vorgesetzten erteilte Heiratserlaubnis vorliegen. Historisch gehen die Ursprünge der Heiratserlaubnis bis ins Mittelalter und zum Teil sogar bis in die Zeit des Römischen Reiches zurück. Hintergrund der Erlaubnis zur Heirat war für die Feudalherrscher sowie andere Dienstherren die Verdeutlichung der Hierarchie einerseits, andererseits die Wahrung der Qualität des Berufsstandes. Bis in die jüngste Vergangenheit war in diesem Zusammenhang die Frage entscheidend, ob und inwiefern der Heiratswillige vermögend genug war, um mit seinem Einkommen und finanziellen Mitteln eine Familie gründen und ernähren zu können.[92] Die Heiratserlaubnis hatte also auch einen Aspekt der Fürsorge des Vorgesetzten gegenüber seinem Untergebenen. Bemerkenswert ist aus heutiger Sicht, dass es die Heiratserlaubnis noch in der Bundesrepublik gegeben hat. Nach dem damaligen Bundesgrenzschutzbeamtengesetz war Beamten die Eheschließung erst nach sechs Dienstjahren und dem Erreichen des 27. Lebensjahres möglich. Da dieses Gesetz Widerspruch hervorrief, wurde es am 28. September 1953 dahingehend gelockert, dass der Vorgesetzte eine Heiratserlaubnis erteilen konnte.

Auch in der Bundeswehr wurde im Jahre 1958 per Erlass geregelt, was seitens des Vorgesetzten sowie des Untergebenen bei Heiratsabsicht zu beachten war.[93] Die Regelung wurde erst 1974 aufgehoben, findet aber zumindest bei traditionell eingestellten Offizieren bis in die heutige Zeit eine gewisse Beachtung, indem diese ihrem Kommandeur ihre Heiratsabsicht mitteilen und den Vorgesetzten zugleich bitten, als Trauzeuge zu fungieren. Jedenfalls wurde der Antrag von Hauptmann Weller am 22. August 1936 von der 18. Division in Liegnitz, Abt. IIa, Az: 13h dem Generalkommando VIII. Armeekorps in Breslau vorgelegt. Nach eingehender Prüfung wurde der Antrag befürwortet – nun Stand der Hochzeit nichts mehr im Wege. Am 19. September 1936 heirateten Franz Weller und Ellen Mück.[94] Es dauerte noch bis zum 28. August 1938, als mit der Geburt ihrer ältesten Tochter Inge das Familienglück der Eheleute Weller komplett werden sollte.

Hauptmann Weller blieb bis einschließlich 22.5.1940 in der Funktion des KpChef 12./I.R. 54. Mit der bislang erfolgreich absolvierten Offizierslaufbahn mit Kriegsschulausbildung hatte er bei weiterer Bewährung gute Chancen, noch weitere Schritte auf der Karriereleiter zu

---

[92] Siehe hierzu Abb. 14: Antrag auf Erteilung der Heiratserlaubnis. 5. Erklärung zur Schuldenfreiheit des Haushalts.

[93] Erlaß vom 10. Januar 1958 – Fü B I 4 – Az 35-05-01 (Veröffentlicht in VMBl 1958 S. 95 unter *„Führung und Ausbildung – Heirat von Soldaten"*). Gemäß dem Erlass (Ziff. 4a) hatte *„[…] ein Soldat, der zu heiraten beabsichtigt, dieses spätestens vier Wochen vor Bestellung des Aufgebots seinem nächsten Disziplinarvorgesetzten zu melden […]. In der Meldung sind die Personalien der Braut und der beabsichtigte Termin der Heirat anzugeben.*" In Ziff. 5 wurde *„Über die Heirat von Soldaten mit Ausländerinnen…*" ein besonderer Erlass angekündigt. Erlass wurde aufgehoben mit VMBl 1974, S. 162 unter *„Innerer Führung"*.

[94] BA-MA. PERS1-2462-E. Heiratsurkunde Registernummer 700/36 vom 21. September 1936. S. 4.

gehen. Jedenfalls offenbart ein Blick in die Beurteilung vom 2. August 1939 begründeten Anlass, optimistisch in die Zukunft zu sehen.

Franz Weller war zunächst noch nicht mit seiner Kompanie am Kriegsgeschehen beteiligt. Stattdessen bildete er sich mit zahlreichen Lehrgängen weiter und führte seine Kompanie. In der Beurteilung vom 2.8.1939 befindet sich unter körperlicher Eignung die Eintragung: *„Groß, kräftig, schneidiger Reiter, betätigt sich sportlich, Skiläufer. Dienstfähig."*[95] Das entsprach durchaus den Erwartungen, die an einen Hauptmann der Infanterie gestellt wurden. Seine wirtschaftlichen Verhältnisse wurden als *„geordnet, lebt vom Gehalt"* bescheinigt. Nachfolgende Sonderausbildungen wurden dokumentiert:

- Leibesübungen,
- Nachrichtenlehrgang,
- Nachrichten-Offizier,
- 1 Jahr Kriegsakademie,
- Schießlehrgang für schwere Infanterie-Waffen,
- Reichssportabzeichen in Bronze,
- Prüfschein der D.L.R.G.,
- Wehrmacht Führerschein, Klasse 3.

Im 3. Teil der Beurteilung *(„Allgemeines Urteil")* verdichten sich Wellers Stärken, die wir schon aus der Schul- und Kadettenzeit erfahren haben:

[95] Ebenda. S. 9.

„Gereifte, ausgeglichene Persönlichkeit von sehr ruhigem Temperament. Gesunde, eigene Ansichten; bescheiden und taktvoll. Hat Interesse an Geschichte. Zeigt bei Übungen und Kriegsspielen einen guten taktischen Blick. Im Gelände sehr umsichtig, hat er die Ausbildung seiner M.G.-Kompanie auf eine hohe Stufe gebracht. Besonderes Verständnis in der Behandlung seiner Untergebenen, die ihn hochschätzen. Organisatorisch befähigt. Besitzt Lehrtalent. Beliebter, lebensfroher Kamerad. Ist zum Bataillonskommandeur uneingeschränkt geeignet.

gez. von Wülcknitz[96]
Oberstleutnant und Kdr. III./I.R. 54

Die Eigenschaften, die in diesem *„Allgemeinen Urteil"* beschrieben werden, waren für Franz Wellers Dienst- und Lebensweg charakteristisch. Die in der Personalakte erhaltene Abschrift der Beurteilung von August 1939, unmittelbar vor Ausbruch des Zweiten Weltkrieges, wurde schließlich *„für die Richtigkeit"* von Oberst Hermann Recknagel (1892-1945),[97] dem Regimentskommandeur I.R. 54, unterzeichnet.

---

[96] Als Oberst nahm sich von Wülcknitz am 8. August 1941 auf seinem Gefechtstand das Leben. Vgl. Sanft, Wolfgang: Teil II: Im Rußlandfeldzug 1941 und 1942. Weiden 1992.

[97] **Hermann Recknagel (1892-1945)** war ein hochdekorierter General der Infanterie im Zweiten Weltkrieg. Er wurde am 18.7.1892 in Strauchmühle/Hofgeismar in Hessen geboren. Als Oberst und Kdr I.R. 54 wurde ihm am 5. August 1940 das Ritterkreuz des Eisernen Kreuzes verliehen. Als Generalleutnant und Kdr 111. I.D. wurde er mit dem 319. Eichenlaub am 6. November 1943 ausgezeichnet. Am 23. Oktober 1944 wurde er als General der Infanterie, KG XXXXII. AK, bei den Rückzugskämpfen auf dem Balkan mit den 104. Schwertern zum Ritterkreuz des Eisernen Kreuzes belohnt. Sein Korps war im Winter 1944/1945 Teil der 17. Armee und mit der Heeresgruppe A an den Abwehrkämpfen gegen die Rote Armee beteiligt. Das Korps wurde beim Zusammenbruch der Heeresgruppe im Januar 1945 im Weichselbogen in Ostpolen eingekesselt und bis zum 23. Januar zum größten Teil vernichtet. Er wurde schließlich am 23. Januar 1945 von Partisanen zwischen Petrikau und Tomaszów Mazowiecki hingerichtet. Vgl. Scherzer, Veit: Die Ritterkreuzträger. Bayreuth 2021. S. 618.

Abb. 26: Oberst Hermann Recknagel (1892-1945) als Kommandeur I.R. 54.

6.2 Polenfeldzug

Für das Deutsche Reich begann der Zweite Weltkrieg mit dem Feldzug gegen Polen am 1. September 1939. Die sowjetische Besetzung Ostpolens begann mit dem Einmarsch der Roten Armee am 17. Oktober 1939. Zu diesem Zeitpunkt hatte die deutsche Wehrmacht die polnischen Hauptkräfte bereits erfolgreich bei Kutno eingekesselt. Es folgte die Eingliederung Ostpolens in die Sowjetunion und die Rückgabe des Wilna-Gebietes an Litauen. In Wellers Lebenslauf von 1954 heißt es dazu nur lapidar:

„Als Kompanie-Chef der 12. (MGK)/I.R. 54 ging ich 1939 in den Polen- und Frankreichfeldzug."[98]

Dass diese Zeit keinesfalls beiläufig verging, wie die kurze Bemerkung im Lebenslauf anzudeuten scheint, dokumentiert die Personalakte. Es geht daraus hervor, dass Franz Weller folgende Einsatzzeiten an der Front anerkannt wurden, und er für *„Tapferkeit vor dem Feinde"* ausgezeichnet wurde.

Einsatzzeit an der Front in **Polen**: 1.9.1939 bis 27.9.1939.[99]

In Anbetracht der im späteren Verlauf des Krieges erfolgreich überstandenen zahlreichen Operationen erschienen ihm die kurzen Einsätze in Polen und in Frankreich zumindest aus der Perspektive des Jahres 1954 wohl eher unbedeutend gewesen zu sein, was den kurzen Satz im Lebenslauf erklären kann. Dennoch ist ein Blick auf den Einsatz des I.R. 54 im September 1939, an dem Weller noch als Hauptmann teilnahm, interessant und aufschlussreich. Abgesehen von Wellers kurzem Ausflug in das Freikorps *„von Klewitz"* war er nun erstmalig als Offizier verantwortlich im *„scharfen"* Kriegseinsatz. Am 24.8.1939 traf der Mob-Befehl in Glogau ein, das Regiment wurde am folgenden

---

98 BA-MA. PERS1-2462-A.

99 BA-MA-PERS1-2462-E. Vorschlag für vorzugsweise Beförderung (100. Jäger-Division) vom 26.11.1943. Personalakte S. 73.

Tag verladen und in den Raum Kreuzburg (O.S.)[100] verlegt. Es bezog Ortsbiwak um die Ortschaft Nassadel. Die Tage vom 27. bis zum 30. August wurden laut Regimentschronik dafür genutzt, um den Prosna-Abschitt[101] zu erkunden.

„Der Angriffsbefehl traf am 31.8.1939 ein. Nun war es soweit; es wurde ernst. Im guten Glauben für eine gerechte Sache und das Wohl des Vaterlandes zu kämpfen, trat das Regiment befehlsgemäß am 1.9.1939, 4.45 Uhr, zum Angriff über die Prosna mit begrenztem Ziel zur Sicherung der linken Flanke der 18. Division an. […]"[102]

Das vorangestellte Zitat aus der Regimentsgeschichte des I.R. 54 stammt aus dem Jahre 1980 und verdeutlicht, wie die meisten Soldaten über den Kriegsbeginn am 1. September 1939 gedacht haben. Im Einklang mit dem überwiegenden Anteil der deutschen Bevölkerung glaubten viele, einer gerechten Sache zu dienen und hielten es dementsprechend für längst fällig, die als ungerecht empfundenen Bestimmungen des Versailler Vertrages zu korrigieren. Zudem konnten den deutschen Soldaten die Vorgänge des angeblichen Überfalls auf den Sender Gleiwitz am 31. August 1939 nur aus der Perspektive der NS-Propaganda bekannt sein. Viele Deutsche empfanden daher zum Zeitpunkt des Einmarsches in Polen überwiegend Genugtuung und Gerechtigkeit für ihr Handeln. Für die meisten Kriegsteilnehmer offenbarten sich die tatsächlichen Umstände erst nach dem Krieg, sofern sie diese zur Kenntnis nehmen wollten.[103]

---

[100] Die bis 1945 oberschlesische Stadt **Kreuzburg** heißt heute Kluczbork und gehört zur Woiwodschaft Opole. Heute leben hier mehr als 36.000 Einwohner.

[101] Die **Prosna** ist ein linksseitiger Nebenfluss der Warthe in Westpolen. Entlang der Prosna verlief die deutsch-russische Grenze von Landsberg bis zur Mündung in die Warthe 1871-1920 (zuvor auch die preußisch-russische Grenze seit dem Wiener Kongress 1815).

[102] Traditionsgemeinschaft I.R. 54 (Hrsg.): Der Weg des Infanterie- und Jäger-Regiments 54. Selbstverlag 1980. S. 25ff.

[103] Es gilt heute als erwiesen, dass Hitler einen konkreten Kriegsgrund brauchte und daher verkleidete SS-Männer am 31. August 1939 die Rundfunkstation Gleiwitz stürmen ließ. Die Propaganda gelang – der inszenierte Handstreich lieferte den gewünschten Vorwand zum Angriff auf Polen. Es war der Auftakt zum Zweiten Weltkrieg.

Ulrich de Maizière (1912-2006), vierter Generalinspekteur der Bundeswehr von 1966 bis 1972 und einer der Gründungsväter der Bundeswehr, hat den Kriegsbeginn 1939 wie viele andere Offiziere seiner Generation wie folgt erlebt:

„Im Gegensatz zu 1914 zog niemand mit Begeisterung in den nun beginnenden Krieg. Es gab keinen ‚Hurra-Patriotismus', eher Nüchternheit und großen Ernst. Wir waren zwar überzeugt, die uns gestellte Aufgabe gegen Polen erfüllen zu können, wir hofften auf die Rückkehr Danzigs in das Reich und auf einen freien, von Polen nicht kontrollierten Zugang zur Provinz Ostpreußen. Aber wir waren nicht glücklich, daß Hitler sich entschlossen hatte, zur Lösung dieser Fragen militärische Gewalt anzuwenden. Wir fragten uns, ob es möglich sein würde, den Konflikt begrenzt zu halten. Als wir am 3. September nach zwei erfolgreichen Tagen des Vormarsches im Radio hörten, daß England und Frankreich in Erfüllung ihres den Polen gegebenen Garantieversprechens dem Deutschen Reich den Krieg erklärt hatten, sagte Oberst Kretzschmer zu der kleinen Gruppe der um den Rundfunkempfänger stehenden Soldaten: ‚Damit ist der Krieg verloren.' Ich hielt dies zwar für eine allzu pessimistische Bemerkung eines noch von der Niederlage im Ersten Weltkrieg geprägten Frontoffiziers, aber die Worte meines Kommandeurs machten mich doch nachdenklich und besorgt."[104]

In der Zeit vom 1. bis zum 27.9.1939 marschierte das I.R. 54 kämpfend von Kreuzburg bis vor die polnische Hauptstadt Warschau. Das war eine Marschleistung von insgesamt 290 km. Das III. Bataillon, OTL v. Wülcknitz, dem Franz Weller angehörte, wird in der Regimentschronik häufig genannt. Der Vormarsch verlief am 2.9. über den Warthe-Abschnitt, am 3.9. konnte ein Brückenkopf gebildet werden, und am 5.9. wurde zur Sicherung der Nordflanke der Division das III. Bataillon abends im Raum Scercow eingesetzt. Wellers Verband löste noch in der Nacht das I.R. 51 ab und drang bis Theresien vor, wo erneut ein Brückenkopf gebildet wurde, dieses Mal nördlich Kluki. Am 7.9. kam es zu Gefechten mit polnischen Kampfgruppen durch das III. Btl. bei Dlutow. Am 9.9./10.9. marschierte das Regiment über Brzeziny, Jezow und Rawa bei großer Hitze nach Babsk und wurde dann erst wieder am 11.9. bei Studzienice in Gefechte verwickelt. Diese sind für die

---

104 de Maizière, Ulrich: In der Pflicht. Lebensbericht eines deutschen Soldaten im 20. Jahrhundert. Hamburg 1997. S. 52.

deutsche Seite erfolgreich verlaufen, denn die Regimentschronik erwähnt an dieser Stelle die Gefangennahme von 400 polnischen Soldaten und die Erbeutung von 300 Pferden. Am 12.9. drehte das I.R. 54 auf Nieborow ab, sodann bahnte sich die sogenannte ***„Bzura-Schlacht“*** an, die zusammengefasst folgende Lagen ergab:

14. Sept. 1939	Nächtliche Abwehr starker fdl. Angriffe durch I. Btl unter Zurücknahme der auf dem Nordufer der Bzura befindlichen Teile auf das Südufer. Heftige Durchbruchsversuche der Polen, besonders vor dem I. Btl, sind erfolglos. Der Feind wird im Gegenangriff über die Bzura zurückgeworfen. II. Btl Gefecht bei Josianna, III. Btl kämpft bei Karolew. Die Stellung des Regiments in Breite von **9,5 km** wird gehalten. Schwerer Abwehrkampf der ganzen Division während des ganzen Tages. Neugliederung des Regiments: II. Btl rechts, III. Btl links, I. Btl Reserve.
15. Sept. 1939	II. Btl greift links neben 19. Division über die Bzura an und bildet einen Brückenkopf bei Patoki. I. Btl geht über die Bzura und setzt sich rechts neben II. Btl und schließt die Lücke zur 19. Division. Starkes fdl. Feuer auf alle Btl.
16. Sept. 1939	Fdl. Gegenangriff auf der ganzen Front des Regiments. II. Btl hält seine Stellung nördlich Patoki, III. Btl seine ungünstige Stellung bei Kompina. I. Btl verhindert einen Durchstoß an der Nahtstelle zwischen 18. und 19. Division. Vorübergehende Unterstellung des I.R. 51 unter das Regiment. Gegen Mittag macht sich eine Entlastung durch den Angriff des Panzerkorps bemerkbar, das über die 19. Division hinaus angreift. Die sehr heftigen Durchbruchsversuche der Polen werden auf der ganzen Front des Regiments abgewiesen. II. und später I. Btl stoßen bei Nachlassen der Feindangriffe sofort weiter nach und erreichen die Straße Kompina-Gagolin.
17. Sept. 1939	Das Regiment stellt sich auf dem Nordufer der Bzura zum Angriff in westliche Richtung links neben I.R. 51

	bereit. – Nachtmarsch – Um 9.00 Uhr steht das Regiment zum Angriff bereit. Da wird die 18. Division Armee-Reserve.[105]

Es folgte am 18.9. ein Ruhetag, dann wurde das I.R. 54 am 19. und 20.9. der 1. Division im Raum Koczargie Nowa und Mosciska unterstellt. Teile von Wellers III. Btl mussten zur Abwehr polnischer Angriffe eingesetzt werden. Schließlich wurde das Regiment am 21.9. wieder der 18. Division zurück unterstellt. Für das nächste Angriffsziel – den Weichselbogen – stellte sich das Regiment folgendermaßen bereit: zum Angriff nach Norden mit dem II. Btl rechts und dem III. Btl links. Bei Bukarow entstand eine zeitweilige Krise, das III. Btl stand derweil bei Pomerz, und Teile des II. Btl konnten bereits bis zur Weichsel vorstoßen. Am 22.9. wurde die linke Flanke des Regiments durch einen polnischen Angriff vor das I.R. 30 gefährdet. Gleichwohl erreichten das II. und III. Btl im Laufe des Nachmittags mit dem Gros die Weichsel. Am 23.9. wurde der Weichselbogen gegen Norden von schwachen feindlichen Abteilungen gesäubert und am 24.9. nahm das III. Btl[106] Front gegen Warschau. Am nachfolgenden Tag, am 25.9. um 16.30 Uhr, wurde das Fort I durch das III. Btl im Handstreich genommen und anschließend die Truppe für den Einsatz im Häuserkampf in Warschau vorbereitet. Am 26.9. um 09.17 Uhr erreichte das I.R. 54 die Nachricht, dass Warschau bedingungslos kapituliert habe. Allerdings zogen sich die Kämpfe an der Sportschule bei Bielany noch bis mittags hin. Am 26. September 1939 wurde Hptm Franz Weller zu guter Letzt mit dem Eisernen Kreuz 2. Klasse ausgezeichnet.[107]

---

[105] Vgl. Traditionsgemeinschaft I.R. 54 (Hrsg.): Der Weg des Infanterie- und Jäger-Regiments 54. S. 27-28.

[106] Das II. Btl war in Bereitschaft.

[107] Das Eiserne Kreuz (1939) wurde verliehen *„ausschließlich für besondere Tapferkeit vor dem Feinde und für hervorragende Verdienste in der Truppenführung. […]*. Verleihungsbefugt waren Vorgesetzte ab Divisionskommandeur (oder Kommandeure in entsprechender Dienststellung). Die Verleihungszahlen (nur Heer, Waffen-SS, Polizei am 28.2.1945) sahen wie folgt aus: Eisernes Kreuz 2. Klasse (EK 2): 2.277.729; Spange 1939 zum EK 2 (1914): 33.370; EK 1: 264.567; Spange 1939 zum EK 1 (1914): 5.929; hinzurechnen muss man die Verleihungen für Angehörige der Luftwaffe und der Kriegsmarine. Vgl. Scherzer, Veit: Das Auszeichnungssystem der Wehrmacht. S. 38. Volker A. Behr gibt die Gesamtzahl der Verleihungen für das EK 2 mit unbekannt,

Abb. 27: Franz Wellers Ordensspange, v.l.n.r. EK. 2. Klasse, Dienstauszeichnung WH Wehrmacht Heer für 12 und 4 Jahre Dienstzeit sowie die Medaille zur Erinnerung an den 1. Oktober 1938 („*Sudetenland-Medaille*").

Für den Infanterieoffizier war dies der Lohn für erwiesene Tapferkeit während des Polenfeldzugs. Am 2. Oktober 1939 marschierte das Regiment schließlich im Verband der 18. Division in Warschau ein. Die polnischen Soldaten hatten ihre Heimat aufopferungsvoll verteidigt, die Verluste des I.R. 54 waren dementsprechend hoch: der Polenfeldzug im September 1939 forderte **185 Gefallene** und **580 Verwundete**.[108]

Die Aufzeichnungen, Berichte und Dokumente der Regimentsgeschichte „*Der Weg des Infanterie- und Jäger-Regiments 54*" aus dem Jahre 1980 sind sachlich und detailliert gehalten. Für die von Sönke Neitzel

---

etwa 3.000.000 (geschätzt) an. Für die Spange 1939 zum EK 2 veranschlagt er etwa 70.000 (geschätzt). Auch die Zahl der zur Verleihung gekommenen EK 1 ist unbekannt, die geschätzte Zahl wird mit 450.000 angegeben. Die Spange 1939 zum EK 1 von 1914 erhielten rund 30.000 Soldaten. Allerdings ist auch in diesem Fall eine eindeutige Verleihungszahl nicht mehr zu verifizieren. Vgl. Behr, Volker A.: Deutsche Auszeichnungen. S. 39-48.

108 Vgl. Traditionsgemeinschaft I.R. 54 (Hrsg.): Der Weg des Infanterie- und Jäger-Regiments 54. S. 28.

formulierte Aussage, dass die von der Wehrmacht in Polen begangenen Verbrechen eine spezifische Gewaltkultur erkennen lassen,[109] finden sich in der Regimentschronik keine Hinweise. Allerdings werden darin auch keine Vorfälle – etwa im Umgang mit aufgegriffenen Freischärlern – beschrieben. Das kann zwei Gründe haben: erstens ist es möglich, dass das I.R. 54 im September 1939 tatsächlich völkerrechtskonform gekämpft hat oder zweitens, dem Grundsatz der sozialen Erwünschtheit folgend, bei der Niederschrift um 1980 bereits fragwürdige Passagen/Inhalte abgeschwächt oder gleich ganz herausgelassen wurden, um die Nachwelt nicht zu schockieren und sich selbst „rein" zu halten. Was in diesem Fall zutreffend ist, lässt sich nicht mehr eindeutig klären. Es kann aber festgehalten werden, dass die hier untersuchten Quellen keine Rückschlüsse darüber geben, dass Angehörige des I.R. 54 in dem beschriebenen Zeitfenster (1.-27.9.1939) Kriegsverbrechen begangen haben.

---

[109] Vgl. Neitzel, Sönke: Deutsche Krieger. S. 216-217.

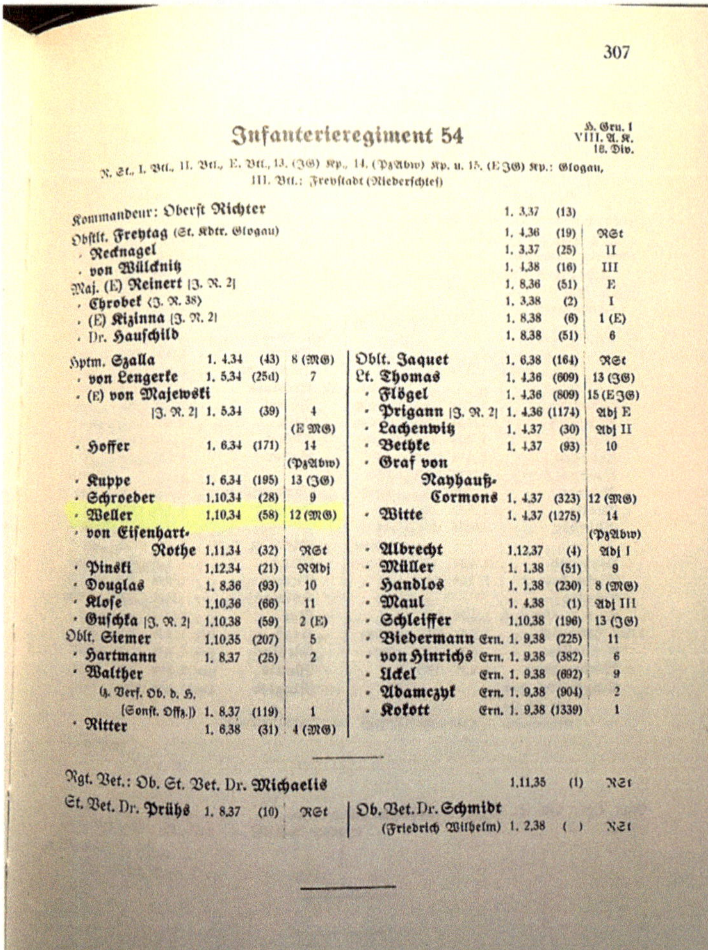

307

Infanterieregiment 54

H. Gru. 1
VIII. A. K.
18. Div.

R. St., I. Btl., II. Btl., E. Btl., 13. (JG) Kp., 14. (PzAbw) Kp. u. 15. (E JG) Kp.: Glogau,
III. Btl.: Freystadt (Niederschlesien)

Kommandeur: Oberst **Richter**	1. 3.37	(13)	
Obstlt. **Freytag** (St. Kdtr. Glogau)	1. 4.36	(19)	RSt
„ **Recknagel**	1. 3.37	(25)	II
„ von **Wülcknitz**	1. 4.38	(16)	III
Maj. (E) **Reinert** [J. R. 2]	1. 8.36	(51)	E
„ **Chrobek** (J. R. 38)	1. 3.38	(2)	I
„ (E) **Kizinna** [J. R. 2]	1. 8.38	(6)	1 (E)
„ Dr. **Hauschild**	1. 8.38	(51)	6

Hptm. **Szalla**	1. 4.34	(43)	8 (MG)
„ von **Lengerke**	1. 5.34	(25d)	7
„ (E) von **Majewski** [J. R. 2]	1. 5.34	(39)	4 (E MG)
„ **Hoffer**	1. 6.34	(171)	14 (PzAbw)
„ **Kuppe**	1. 6.34	(195)	13 (JG)
„ **Schroeder**	1.10.34	(28)	9
„ **Weller**	1.10.34	(58)	12 (MG)
„ von **Eisenhart-Rothe**	1.11.34	(32)	RSt
„ **Pinski**	1.12.34	(21)	RAdj
„ **Douglas**	1. 8.36	(93)	10
„ **Klose**	1.10.36	(66)	11
„ **Guschka** [J. R. 2]	1.10.38	(59)	2 (E)
Oblt. **Siemer**	1.10.35	(207)	5
„ **Hartmann**	1. 8.37	(25)	2
„ **Walther** (z. Verf. Ob. d. H. [Sonst. Offz.])	1. 8.37	(119)	1
„ **Ritter**	1. 6.38	(31)	4 (MG)

Oblt. **Jaquet**	1. 6.38	(164)	RSt
Lt. **Thomas**	1. 4.36	(609)	13 (JG)
„ **Flögel**	1. 4.36	(809)	15 (E JG)
„ **Prigann** [J. R. 2]	1. 4.36	(1174)	Adj E
„ **Lachenwitz**	1. 4.37	(30)	Adj II
„ **Bethke**	1. 4.37	(93)	10
„ **Graf von Nayhauß-Cormons**	1. 4.37	(323)	12 (MG)
„ **Witte**	1. 4.37	(1275)	14 (PzAbw)
„ **Albrecht**	1.12.37	(4)	Adj I
„ **Müller**	1. 1.38	(51)	9
„ **Handlos**	1. 1.38	(230)	8 (MG)
„ **Maul**	1. 4.38	(1)	Adj III
„ **Schleiffer**	1.10.38	(196)	13 (JG)
„ **Biedermann** Ern.	1. 9.38	(225)	11
„ von **Hinrichs** Ern.	1. 9.38	(382)	6
„ **Uckel** Ern.	1. 9.38	(692)	9
„ **Adamczyk** Ern.	1. 9.38	(904)	2
„ **Kokott** Ern.	1. 9.38	(1339)	1

Rgt. Vet.: Ob. St. Vet. Dr. **Michaelis**	1.11.35	(1)	RSt
St. Vet. Dr. **Prühs**	1. 8.37	(10)	RSt
Ob. Vet. Dr. **Schmidt** (Friedrich Wilhelm)	1. 2.38	( )	RSt

Abb. 28: Stellenbesetzung Infanterieregiment 54, Stand 3. Januar 1939.

6.3 Sitzkrieg an der Westgrenze und Frankreichfeldzug

Unmittelbar nach den fordernden und zugleich bewegenden Tagen des Polenfeldzugs erfolgte die Verlegung für ein halbes Jahr in rheinische Privatquartiere, zur Sicherung der deutschen Westgrenze. Dieser

Einsatz an der Front ohne Kampfhandlung dauerte vom 28. September 1939 bis zum 9. Mai 1940. Das I.R. 54 wurde mit der 18. Division in den westlichen Teil des Rheinlandes in die Erftniederung um Harff transportiert. Nach den verlustreichen Tagen in Polen waren viele Soldaten froh, wieder in der Heimat zu sein. Es verging kein Tag, der nicht mit Ausbildungen und Übungen genutzt wurde, um die Einsatzbereitschaft weiter zu erhöhen. Es gab regelmäßig Alarmübungen, die zum Leidwesen der betroffenen Soldaten sogar an einem Sonntagabend ausgelöst wurden, wie die Regimentschronik zu berichten weiß.[110] Dennoch war allen in Bürgerquartieren stationierten Soldaten klar, wie angenehm die Zeit in Ortschaften wie Grimlinghausen, Hochneukirch, Gohr oder Frimmersdorf war:

„Allmählich setzte an freien Tagen ein reger Verkehr zu Fuß und Rad zu den alten Quartiersleuten ein. Manches goldene Ringlein wurde zwischen rheinischen Mädchen und schlesischen Kriegern ausgetauscht, mancher Ausflug in das nahegelegene Siebengebirge unternommen. Vielen fiel die Wahl schwer, ob sie ihren Weihnachts-, Neujahrs- oder Osterurlaub daheim oder in der Umgebung von Grevenbroich verbringen sollten."[111]

Dieses Zitat verdeutlicht, dass der retrospektive Blick auf die Kriegszeit stets die menschliche Neigung zur Verklärung und Romantisierung der Ereignisse mit sich bringen kann. Franz Weller hatte keine derartigen Herausforderungen zu meistern, mit der Geburt seiner zweiten Tochter Anneliese, am 11. März 1940, war sein familiäres Glück erneut vergrößert worden. Was die Zukunft bringen sollte, war ungewiss – wohl instinktiv nutzen die Infanteristen diese kurze Zeit zum Durchatmen. Am Nachmittag des 9. Mai 1940 traf der Marschbefehl ein, der die Zeit des *„Sitzkrieges"*[112] an der Westfront endgültig beenden sollte. Der

---

[110] Vgl. Traditionsgemeinschaft I.R. 54 (Hrsg.): Der Weg des Infanterie- und Jäger-Regiments 54. S. 36.

[111] Ebenda. S. 36.

[112] ***„Sitzkrieg"***, auch *„Seltsamer Krieg"* (französisch *„Drôle de guerre" – „komischer, seltsamer Krieg"*; englisch *„phoney war"*. Zustand an der Westfront zwischen der Kriegserklärung Großbritanniens und Frankreichs an das Deutsche Reich am 3. September 1939 und dem Beginn des Westfeldzugs am 10. Mai 1940, als beide Seiten militärisch weitgehend passiv blieben.

Westfeldzug stand bevor, Franz Weller und seine Kameraden verlegten in den rund 70 km entfernten befohlenen Bereitstellungsraum seines Regiments nach Frelenberg, 3 km südwestlich von Geilenkirchen.[113] Zunächst war das I.R. 54 als Divisionsreserve vorgesehen. Nun war es jedermann klar, dass der Angriffsbeginn im Westen unmittelbar bevorstand:

„In den frühen Morgenstunden des 10.5.1940 griff unsere 1. Kompanie unter Lt Ordoj, im Verband der Vorausabteilung Gleininger, holländische Gegner am Juliana-Kanal und an der Maas an und stieß trotz heftiger Gegenwehr über den Juliana-Kanal, die Maas und den Hertogenbusch-Kanal zur Bildung eines Brückenkopfes vor, wobei bei der Niederkämpfung der Bunker besonders die Panzerjäger gut gewirkt haben. Leider gelang es den Holländern trotz der Schnelligkeit unseres Vorgehens alle Brücken im Divisions-Abschnitt zu sprengen."[114]

Bis zum 4. Juni 1940 kämpfte Weller mit seinem Regiment in den Niederlanden und Belgien. Immer wieder wurde er namentlich in der Geschichte des I.R. 54 genannt. Als Divisionsreserve überschritt das Regiment am 10.5.40 um 8.15 Uhr die deutsch-holländische Grenze mit dem Auftrag, den Albert-Kanal bei Munsterbilsen zu gewinnen. Es gelang schließlich am 12.5.40 um 17.00 Uhr, den Albert-Kanal zu überschreiten. Am Westufer waren noch die Spuren des Kampfes und der Absetzbewegungen der belgischen Streitkräfte zu sehen. Weller konnte sich als militärischer Führer in diesen Tagen bewähren und profilierte sich als Offizier, so wurde ihm immer wieder das III. Btl anvertraut:

„Das I. Btl wurde von Oblt Thomas und das III. Btl von Hptm Weller nachgeführt. Mit Hilfe eines Meldereiters des Regimentsreiterzuges, nach manchem Hin und Her und etwas Soldatenglück, wurde aber doch bis zur Dämmerung von Hptm Weller der Btl-Kdr und das abzulösende Btl gefunden. [...]"[115]

---

[113] Vgl. Traditionsgemeinschaft I.R. 54 (Hrsg.): Der Weg des Infanterie- und Jäger-Regiments 54. S. 36.
[114] Ebenda. S. 43.
[115] Ebenda. S. 44.

Am 14.5.40 früh, um 8.00 Uhr wurde ohne Feindwiderstand die *„Grote Gete“*[116] überschritten und die Verfolgung des Feindes in Richtung Dyle bis Bruyeres fortgesetzt. Am 15.5.40, gegen 9.00 Uhr, war die Bereitstellung des Regiments zum Angriff über die Dyle in Richtung Ottignies beendet. Aufgrund des energischen feindlichen Widerstands musste der geplante Angriff auf den 16.5.40 verschoben werden, als eigene schwere Artillerie herangeführt wurde. Noch am gleichen Tag setzte ein gemeinsamer Angriff des ganzen Korps ein. Doch der Feind hatte inzwischen seine Stellungen geräumt, und es begann die Verfolgung seiner Kräfte in Richtung Ronquieres. Über den ganzen Tag setzte der Feind starkes Artilleriefeuer gegen das I.R. 54 ein. Der 16.5.40 sollte als besonderer Tag in die Kriegsgeschichte der 18. Division eingehen. Denn noch während des Häuserkampfes bei Wisterzee an der Dyle erhielt der linke Nachbar, das I.R. 30, den Befehl, mit allem Nachdruck in Richtung Nivelles vorzustoßen, um den linken französischen Flügel nach SW abzudrängen. In einem Waldstück, ca. 5 km westlich Ottignies, am Rande des Schlachtfeldes von *„Belle-Alliance“* 1815, wurde gegen 16.00 Uhr in Vorausahnung der dramatischen Entwicklung folgender Divisions-Befehl mündlich gegeben:

„Die Engländer ins Meer, die Franzosen nach Frankreich! – Vorwärts mit allen Mitteln Richtung Ronquieres! – Die Division kann berufen sein, die Engländer und Franzosen zu trennen. Es kann das Ende des Krieges in Belgien bedeuten!“[117]

Am Abend des 16.5.40 hatte das III. Btl die Vorausabteilung eingeholt, die sich vor einigen feindlichen Widerstandsnestern festgelaufen hatte. Schließlich gelang es dem III. Btl mit Verstärkung durch die 5. Kp., den Feind beiderseits der Vormarschstraße zu werfen und gegen 3.00 Uhr nachts das Dorf Bois Seigneur Isaak zu nehmen. Es gelang dabei u.a. 30 große Beiwagenmaschinen mit laufendem Motor zu erbeuten. Das Regiment gewann am Morgen des 17.5.40 die Senette. Ohne stärkere Artillerieunterstützung erschien ein erfolgreicher Übergangsversuch nicht möglich sein; daher stellte sich die Division im Laufe des Tages am Ostufer zum Angriff bereit. Nach einem erfolgreich vorgetragenen

---

[116] ***„Grote Gete“*** (französisch: *„Gette“*) ist ein Fluss in Flandern, Belgien.

[117] Traditionsgemeinschaft I.R. 54 (Hrsg.): Der Weg des Infanterie- und Jäger-Regiments 54. S. 54.

Stuka[118]-Angriff bei Nivelles räumte der Feind seine Stellungen in der Nacht. Das III. Btl nahm daraufhin in den frühen Morgenstunden des 18.5.40 die Verfolgung der gegnerischen Kräfte auf. Dabei gelang es immer wieder, Franzosen und Marokkaner gefangen zu nehmen. In der Nacht vom 18. auf den 19.5.40 biwakierte das Regiment an der Vormarschstraße mit den vordersten Teilen 3 km vor Ath an der Dendre. Am 20.5.40 hatte das Regiment den Auftrag, um 8.00 Uhr antretend, bei Calonne den Übergang zu erzwingen und mit einer Halbrechtsschwenkung in nordwestliche Richtung den Anschluss nach rechts zum I. Btl zu suchen. Der Angriff sollte auf breiter Front über den Schelde-Kanal vorgetragen werden. Vorderste Teile hatten um 10.00 Uhr die Schelde erreicht und kämpften dort mit den Engländern, die sich sehr geschickt in den vielen Gesteinsfabriken verteidigten.[119] Die Beurteilung der Lage führte zum Entschluss, zunächst den Kampf an dieser Stelle abzubrechen und in Richtung Nordwesten abzudrehen. Spähtrupps erkundeten nun Annäherungsmöglichkeiten an die Schelde. Gegen 14.00 traf der Regimentsbefehl für die Bereitstellung zum Übergang über die Schelde ein, demzufolge das I. Btl rechts und das III. Btl links anzusetzen hatten. Die Kommandeure erkundeten höchstpersönlich den sichersten und damit besten Anmarschweg ihres Btl für den neuen Bereitstellungsraum. Es wurde befohlen, sich einzugraben. Artillerie-Beobachter der III/A.R. 18 suchten sich ihre neuen Ziele aus. Im Laufe der Nacht wurden die Pioniere nach vorn gezogen, um die Übersetz- und Steggeräte für den Einsatz vorzubereiten. Der Angriffsbeginn wurde auf den 21.5.40 um 7.30 Uhr festgelegt. Am 21.5.40, um 7.10 Uhr, setzte starkes eigenes Artilleriefeuer auf Calonne ein, um den Gegner zu zermürben, und um 7.30 Uhr griffen die ersten Teile an. Die Hauptlast trug zunächst das III. Btl mit der 9. Kompanie. Der frontal gegenüberliegende Feind konnte niedergekämpft werden, jedoch gelang es nicht, einige flankierende Feind-MGs auszuschalten.

---

118 **Stuka** = das deutsche Sturzkampfflugzeug vom Typ **Junkers Ju 87**, ein einmotoriges Kampfflugzeug mit Knickflügeln, starrem Fahrgestell und zwei Mann Besatzung. Sein Zweck waren präzise Bombenangriffe bei Tage. Spätere Varianten der D-Serie wurden vorwiegend als Erdkampfflugzeuge eingesetzt. Insgesamt blieb die produzierte Stückzahl unter 6.000 Maschinen.

119 Vgl. Traditionsgemeinschaft I.R. 54 (Hrsg.): Der Weg des Infanterie- und Jäger-Regiments 54. S. 56-58.

Dennoch konnte der Übergang an zwei Stellen erzwungen werden, obwohl von der Uferhöhe aus die zum Übersetzen abgezählten Soldaten mit ihrem Gerät im Sprung einen ungedeckten Steilhang von etwa 10 m im feindlichen MG-Feuer herunterspringen mussten. Vorerst war es ausgeschlossen, schwere Floßsäcke nach vorne zu bringen. Obwohl der Feind sehr zäh verteidigte, wurden die ersten Gefangenen gemacht. Mit der 10. Kompanie war auch Hauptmann Weller übergesetzt worden. Seine Kompanie hatte zu diesem Zeitpunkt nur zwei Granatwerfer einsatzbereit, um das Gelände für den Einsatz schwerer Waffen zu erkunden. Gegen 11.00 Uhr gingen der BtlKdr und Teile des Stabes auf das Westufer über, danach folgten weitere Kompanien. Nach wie vor lag schweres feindliches Artilleriefeuer auf allen Übergangsstellen. Gegen 12.00 Uhr kamen dringende Hilferufe von vorne:

„Engländer versucht Gegenangriff! Munition nach vorne!“[120]

Mittlerweile hatten sich eigene Infanteriekräfte an den Westrand von Calonne vorgearbeitet, so dass der Gegenangriff der Engländer im zusammengefassten Feuer zusammenbrach. Sodann kam der Befehl, dass der eigene Angriff in der erreichten Linie einzustellen sei und man sich einzugraben habe. Bei diesen Kämpfen gab es viele Ausfälle durch Tod und Verwundung, die Einheiten wurden durch die besonderen Umstände der Gefechte stark durcheinandergewürfelt, und nicht wenige Zugführer und Unteroffiziere waren nicht mehr einsatzfähig.[121] Bei der Lektüre der Regimentschronik des I.R. 54 fällt auf, dass Franz Weller immer wieder namentlich Erwähnung findet. So auch auf S. 60, dort heißt es wörtlich:

„Es war eine Zeitlang nicht möglich festzustellen, wo der Kdr geblieben war. Um alle Kräfte zusammenzufassen, übernahm Hptm Weller den rechten Abschnitt und [...] den linken Abschnitt des Btls. Allen wurde eingehämmert, daß sich das Btl hier verteidigt. Nach wie vor lag starkes fdl Artilleriefeuer auf Calonne.“[122]

---

[120] Ebenda: S. 59.
[121] Vgl. Ebenda. S. 60.
[122] Ebenda. S. 60.

Als am Nachmittag die erschütternde Nachricht durch Melder bekannt wurde, dass der Kdr des III. Btl und sein Ordonnanz-Offizier durch Granatvolltreffer gefallen waren, übernahm Hptm Weller die Führung des Bataillons. Während das I. Btl wegen des starken Feindfeuers am Ostufer der Schelde blieb, setzte am frühen Nachmittag das II. Btl über, um rechts neben das III. Btl in Stellung zu gehen und damit den Brückenkopf zu erweitern. Dadurch wurde eine erhebliche Entlastung geschaffen und notwendige Umgliederungen konnten nunmehr vollzogen werden. Am 22.5.40, früh um 2.00 Uhr, erhielt das Regiment Befehl, das Gefecht abzubrechen, sich vom Feind zu lösen und auf das Ostufer zurückzugehen.[123] Die Umsetzung dieses Befehls ist weit anspruchsvoller und komplexer, als es für den militärischen Laien zunächst klingen mag. Denn der Vorgang des Lösens vom Feind hat nach Möglichkeit für den Feind unerkannt, ohne Hast, aber dennoch rasch zu geschehen. Dabei ist es stets eine wichtige Aufgabe, sich ohne eigene Verluste und selbstverständlich unter Mitnahme der verwundeten Kameraden vom Feind zu lösen. Die Zusammenarbeit der Bataillone gelang vorbildlich, Ärzte und Sanitätspersonal arbeiteten in aufopfernder Weise. Das III. Btl wurde auf dem Ostufer der Schelde von Teilen I.R. 34 ersetzt. Nun konnte das I.R. 54 in nördliche Richtung verlegt werden, um Ortsbiwak 10 km nordostwärts von Tournai zu beziehen.

Für seine mehrfach bewiesene Tapferkeit sowie Führungs- und Entschlusskraft wurde Hptm Franz Weller mit Datum 22.5.1940 mit dem Eisernen Kreuz (EK) 1. Klasse ausgezeichnet. Am selben Tag erlitt er eine Verwundung, als er von Granatsplittern im Arm getroffen wurde.[124]

---

123 Siehe hierzu von Hammerstein-Equord, Kurt Freiherr: H.Dv. 300/1. Truppenführung (T.F.), I. Teil. Berlin 1936: Kap. IX. *Abbrechen des Gefechts. Rückzug.* S. 209. Dort heißt es: (Nr. 503) *„Ein Gefecht kann abgebrochen werden, wenn sein Zweck erreicht ist, wenn die Umstände die Verwendung der Truppe an anderer Stelle erfordern oder vorteilhafter erscheinen lassen, wenn die Fortsetzung des Gefechts keine Aussicht auf Erfolg bietet oder nur durch sein Abbrechen eine Niederlage vermieden wird.“* (Nr. 506) *„Das Abbrechen des Gefechts ist umso leichter, je mehr es verschleiert werden kann, umso schwieriger, je weiter die Gefechtshandlung vorgeschritten ist.“*

124 BA-MA. PERS1-2462-E. S. 74.

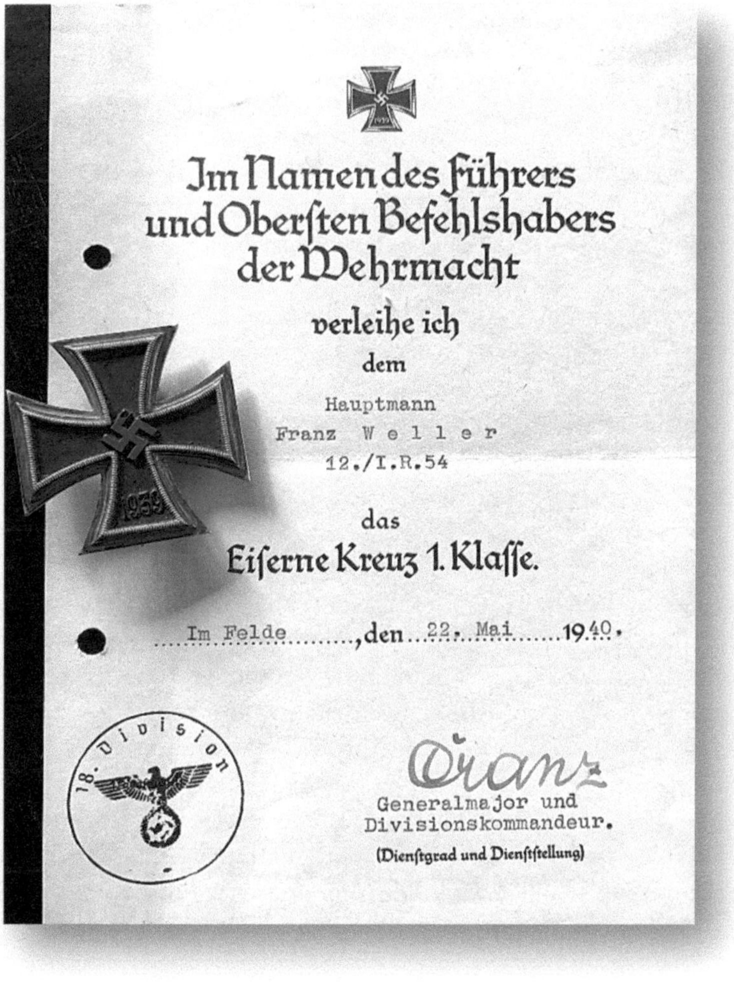

Im Namen des Führers
und Obersten Befehlshabers
der Wehrmacht

verleihe ich

dem

Hauptmann
Franz Weller
12./I.R.54

das

Eiserne Kreuz 1. Klasse.

Im Felde, den 22. Mai 1940.

18. Division

Generalmajor und
Divisionskommandeur.
(Dienstgrad und Dienststellung)

Abb. 29: Das Eisernes Kreuz (EK) 1. Klasse 1939.

Für Franz Weller endete die Zeit als Kompaniechef am 22. Mai 1940, fortan wurde er als Bataillonsführer-Reserve I.R. 54 verwendet. Hier war er verantwortlich für die Ausbildung der Offizieranwärter des Regiments. Das war besonders in Kriegszeiten eine sehr wichtige Aufgabe. Frühzeitig hatten seine Vorgesetzten erkannt, welche Fähigkeiten ihn besonders in puncto Menschenführung, Erziehung und Ausbildung auszeichneten. Mit vorbildlicher sozialer und fachlicher

Kompetenz sowie einem niemals versiegenden Humor erreichte Hauptmann Weller bei seinen Untergebenen große Gefolgschaft und bei Vorgesetzten Anerkennung und Wertschätzung.

Die Einsatzzeit an der Front dauerte zunächst noch bis einschließlich 4. Juni 1940. Ausführlich dokumentiert die Regimentschronik auf der Grundlage des Kriegstagebuches (KTB) die Ereignisse dieser Tage: weitere Meilensteine waren die Fortsetzung des Vormarsches am 23.5.40 in Richtung Courtrai – Celles sowie am 24.5.40 das Überschreiten der Schelde bei Eskanaffle. Am 25.5.40 wurde der Vormarsch bis Heule fortgesetzt, am 26.5.40, um 3.00 Uhr morgens, erfolgte der Weitermarsch in Richtung Ypern. Am 27.5.40 wurde der Feind,[125] der sich in alten Weltkriegsbunkern geschickt festgesetzt hatte, vom I. und II. Btl in Zusammenarbeit mit dem III. A.R. 18 zurückgedrängt. Noch am gleichen Tag abends streckte das belgische Heer die Waffen. In der Nacht zum 28.5.40 gelang es dem I. Btl, das gegenüberliegende Ufer zu nehmen. Damit konnte der Brückenkopf bei Hollebeke gebildet werden. Sogleich wurde das III. Btl nach vorn gezogen und setzte sich kämpfend links neben das I. Btl – auch das II. Btl überschritt den Kanal und nahm die Gegend bei Eloi. Bei diesen Kämpfen gegen tapfere Engländer wurden zahlreiche Gefangene gemacht. Material, mehrere Lkw sowie aussagekräftige Rückzugsbefehle des Feindes konnten erbeutet werden. Am Abend des 28.5.40 war der Widerstand gebrochen. In den frühen Morgenstunden des 29.5.40 war die Einnahme von Ypern erfolgreich abgeschlossen worden, nun setzte die Verfolgung zunächst in breiter Formation und später lediglich auf der Straße in Richtung Westoutre ein. Dazu die Schilderung der Chronik I.R. 54:

„Es wurde eine Verfolgung im wahrsten Sinne. Auf den Straßen standen Tausende hastig verlassene Lkw, Panzer, Flak-Geschütze und ganze Batterien aller Kaliber. Sie mußten erst beiseite geräumt werden, bevor es weiter ging. […] Kurz vor der französischen Grenze in Westoutre dreht das Regiment nach Norden in Richtung Poperinghe ab. Hier trafen konzentrisch 4 Aufklärungsabteilungen und 6 Divisionen der Korps zusammen, die die Einschließung des feindlichen Millionenheeres durch den siegreichen Vorstoß auf Abbeville vollendet hatten. […].“[126]

---

125 Engländer des Royal Scotch Füsilier-Regiments.

126 Traditionsgemeinschaft I.R. 54 (Hrsg.): Der Weg des Infanterie- und Jäger-Regiments 54. S. 66ff.

Noch am 29.5.40 konnte das Regiment Poperinghe und danach Roesbrügge gewinnen. In den Abendstunden des 31.5.40 wurden die Infanteristen alarmiert und erhielten den Auftrag, das Regiment *Groß-Deutschland* abzulösen. Die belgisch-französische Grenze konnte gegen 20.00 Uhr überschritten werden. In der Nacht zum 1.6.40 war die Ablösung des Regiments *Groß-Deutschland* vollzogen, und das I.R. 54 stand mit vordersten Teilen an der Straße Warhem – Hoymille, parallel zum Kanal de la Basse Colme für den weiteren Angriff bereit.

Am 1. Juni 1940, um 11.00 Uhr, trat die Division zum Angriff auf Dünkirchen an. Das I.R. 54 hatte Befehl, nördlich Bentie Meulen und Hoymille einen Brückenkopf zu bilden, was erst nach schwerem Kampf gelang. Bis zum Abend des 1.6.40 gewann der Angriff des II. Btl gegen Les Moeres nur langsam an Boden. Sowohl vom III. Btl als auch vom II. Btl kamen etwas später dringende *„Hilferufe"*, das auf den vorderen Teilen der Kompanien liegende eigene Artilleriefeuer der schweren Geschütze einzustellen, um eigene Verluste zu vermeiden. Der Kommandeur der Artillerie wurde daraufhin aufgefordert, vorgeschobene Beobachter nach vorne zu entsenden, um durch geleitetes Feuer spürbare Entlastung zu erreichen. Sofort wurden feindliche MG, Granatwerfer- und Infanteriestellungen bekämpft. Die Hoffnungen der Infanteristen klammerten sich zunehmend an den Einsatz der Stukas, die zumindest zeitweise in der Lage waren, das feindliche Artilleriefeuer zum Schweigen zu bringen. Gegen Abend kam es zum Feuerkampf mit feindlichen Panzerwagen, die sich bis auf etwa 300 m vor die eigenen Stellungen bewegten. Trotz starker eigener Verluste gelang es den Panzerjägern schließlich, den Feind erfolgreich abzuwehren. So konnte das II. Btl etwa 130 Gefangene[127] machen. Trotzdem misslang es dem I.R. 54 aufgrund des wirkungsvollen feindlichen Artilleriestörfeuer, das zum Teil aus Schiffsgeschützen genährt wurde, den Angriff erfolgreich fortzusetzen. Auch führten feindliche Flieger zu Unordnung und geringen eigenen Verlusten. Als der Angriff des Regiments auch am 2.6.40 kaum an Boden gewinnen konnte, schlug der Regimentskommandeur zunächst die Ausschaltung der Flankenbedrohung durch Wegnahme der Festung Bergues vor. Nach einem Stuka-Angriff auf die Festung Bergues trat das Nachbarregiment, I.R. 51, zum schließlich erfolgreichen Angriff an – das Angriffsziel wurde im

---

[127] Es handelte sich um aktive Soldaten des französischen I.R. 137.

Handstreich genommen, etwa 800 Mann der Besatzung und nach kurzem Kampf an anderer Stelle noch einmal 200 Mann gingen in deutsche Gefangenschaft. Dadurch erhielt das I.R. 54 die notwendige Entlastung, um weiter in Richtung der Orte Neiges und Boomkens vorzugehen.

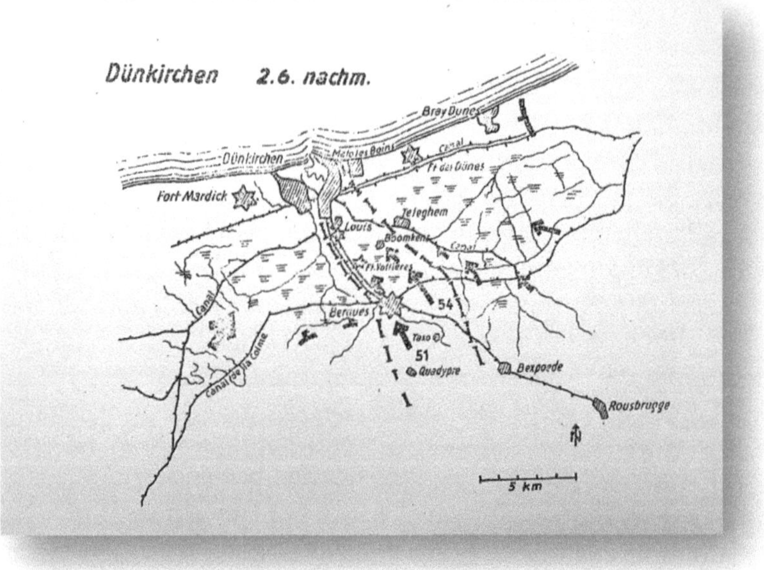

Abb. 30: Lage Dünkirchen, am 2.6.40, nachmittags.

Als das Schwesterregiment, I.R. 51, noch vor dem Fort Louis festlag,[128] sorgte erneut ein gezielter Stuka-Angriff dafür, dass das I.R. 51 bis auf Höhe I.R. 54 vorstoßen konnte. Der Angriff in Richtung Dünkirchen war hart erkämpft und durch viele bittere Verluste gekennzeichnet. Auch die vom Grundsatz her eher positiv verfassten Erinnerungen der Angehörigen des I.R. 54 schildern deutlich, wie kritisch die Lage damals war.[129]

Am Morgen des 4.6.40, um 9.00 Uhr, wurde der Angriff auf Dünkirchen befohlen. Für Franz Weller war dies der letzte Einsatztag an der

---

[128] Siehe Abb. 17.

[129] Vgl. Traditionsgemeinschaft I.R. 54 (Hrsg.): Der Weg des Infanterie- und Jäger-Regiments 54. S. 73ff.

Front in Frankreich. Es sollte nicht nur für ihn ein langer und denkwürdiger Tag werden.[130] Bereits im Morgengrauen stellten Spähtrupps fest, dass der Stadtrand vom Feind unbesetzt war. Die Infanteristen des I. Btl, geführt von Leutnant Odoj, entschlossen sich daher, im Sinne der Auftragstaktik, rasch weiter vorzustoßen. Erste Kräfte konnten um 6.15 Uhr kampflos in die Stadt Dünkirchen eindringen. Zum Teil konnten die deutschen Soldaten ihren Angriffsschwung Richtung Meer fortsetzen, indem sie die zahllosen von den Briten stehengelassenen Lkw schnell fahrbereit machten und, derart motorisiert, zügig in den Stadtkern vorstießen. Trotzdem blieb die Lage angespannt und unklar; viele fragten sich, wo der gestern noch hartnäckig verteidigende Feind geblieben war. In Dünkirchen kämpften zu diesem Zeitpunkt Briten und Franzosen. Aus den brennenden Häusern ergaben sich überwiegend französische Soldaten, nur sehr wenige Briten fielen den Infanteristen des I.R. 54 in die Hand. Bis zum Nachmittag vergrößerte sich die Zahl der Gefangenen auf insgesamt ca. 20.000 Mann. Sämtliches Kriegsmaterial zurücklassend, hatte sich das britische Korps über den Kanal abgesetzt. Um 11.00 Uhr konnte auf dem Rathausturm von Dünkirchen die deutsche Fahne gehisst werden, wie der Regimentsgeschichte des I.R. 54 zu entnehmen ist. Nicht ohne Stolz wurde ferner berichtet, dass das Regiment am 8.6.40 im Wehrmachtsbericht genannt wurde.[131] Es ist bemerkenswert und zugleich ein Zeichen der Fairness und Versöhnung mit den ehemaligen westalliierten Kriegsgegnern, dass die Verfasser der Chronik des I.R. 54 unter der Überschrift *„Dünkirchen 1940"* einen persönlichen Rückblick aus dem Jahre 1965 des britischen Offiziers und Brigadiers Cyril Nelson Barclay (1896-1979) in der Regimentsgeschichte veröffentlichte.[132] Darin schildert er seine Erlebnisse in Dünkirchen sowie seine Stellungnahme zum Westfeldzug mit

---

130 BA-MA-PERS1-2462-E. Vorschlag für vorzugsweise Beförderung (100. Jäger-Division) vom 26.11.1943. Personalakte S. 73.

131 Die **Nennung im Wehrmachtsbericht** erfolgte um die Mittagszeit und galt als besondere Auszeichnung. Der Wehrmachtsbericht wurde vom Oberkommando der Wehrmacht (OKW), der Abteilung für Wehrmachtspropaganda (WPr) im Wehrmachtsführungsstab des OKW herausgegeben. Inhalt war eine Zusammenfassung der Kampfhandlungen, die vom ersten Tag des Krieges bis zur Kapitulation der Deutschen Wehrmacht im Großdeutschen Rundfunk nahezu täglich ausgestrahlt wurden.

132 Siehe hierzu Traditionsgemeinschaft I.R. 54 (Hrsg.): Der Weg des Infanterie- und Jäger-Regiments 54. S. 87- 95.

strategischem Plan und Fazit. Der Text ist analytisch-sachlich gehalten und zeigt Vor- und Nachteile sowie militärisch fehlerhaftes und richtiges Verhalten aller beteiligten Kriegsparteien auf:

„Die Folgen hätte man voraussehen müssen: als die Front einmal durchbrochen war und die Operationen in Bewegung kamen, waren die nur langsam beweglichen Armeen den deutschen Panzerdivisionen nicht mehr gewachsen.“[133]

Ganz sicher kann die Übernahme dieses Beitrags eines ehemaligen Gegners auch als ein Indiz der neuen Partnerschaft im Zuge der von Bundeskanzler Konrad Adenauer (1876-1967) begonnenen Westintegration gesehen werden. Die ehemaligen Kriegsgegner waren mittlerweile NATO-Partner und standen gemeinsam der militärischen Bedrohung aus dem Osten während des Kalten Krieges gegenüber.

Mit dem Fall von Dünkirchen waren im Westfeldzug die Kampftage für das I.R. 54 beendet.[134] Die Division gehörte ab dem 5.6.40 zur Reserve der Armee Reichenau.[135] Das I.R. 54 hatte in der Zeit vom 10.5. bis zum 4.6.40 Gesamtverluste von insgesamt: 838 (27) zu verzeichnen.

Gesamtverluste:[136]	
Gefallen:	191 (10)
Verwundet:	628 (16)
Vermisst:	19 (1)
Insgesamt:	**838 (27)**[137]

Das Fazit von Sönke Neitzel aus dem Blickwinkel der heutigen Geschichtsschreibung sieht für die deutsche Wehrmacht deutlich

---

[133] Barclay, C. N.: Dünkirchen 1940. In: Traditionsgemeinschaft I.R. 54 (Hrsg.): Der Weg des Infanterie- und Jäger-Regiments 54. S. 94.

[134] Im Zeitraum vom 5.6.40 bis 30.9.40 wurde das I.R. 54 zur Besatzungstruppe in Frankreich und war nicht mehr an Kampfhandlungen beteiligt.

[135] Vgl. Traditionsgemeinschaft I.R. 54 (Hrsg.): Der Weg des Infanterie- und Jäger-Regiments 54. S. 86.

[136] Ebenda. S. 102.

[137] Die Zahlen in (…) sind Offiziere.

kritischer aus. Er konstatiert, dass es den Alliierten noch in letzter Minute gelang, 338.000 Soldaten über See zu evakuieren, weil die deutschen Panzerverbände vor Dünkirchen angehalten wurden.

Als der Frankreichfeldzug am 4. Juni 1940 für Franz Weller endete, begann die zweite Phase des Feldzugs. Die deutschen Divisionen durchbrachen nach schweren Gefechten die französischen Verteidigungsstellungen an der Somme. Daraufhin gab es für die motorisierten deutschen Verbände erneut kein Halten mehr und die Hauptstadt Paris fiel am 14.6.40, Brest in der Bretagne vier Tage später. Am 22.6.40 unterzeichnete die französische Regierung den Waffenstillstandsvertrag – es war der deutschen Wehrmacht gelungen, innerhalb von nur sechs Wochen die Westmächte militärisch niederzuringen: 1,9 Millionen Gefangene und eine unübersehbare Beute an Waffen, Kriegsmaterial sowie Wirtschaftsgütern waren nun in deutscher Hand. Frankreich reduzierte sich auf den Rumpfstaat von Vichy und seine Kolonien. Das britische Expeditionskorps wurde praktisch ohne seine Ausrüstung vom Kontinent vertrieben.[138] Dennoch hatte die Wehrmacht insgesamt 49.000 Gefallene, über 110.000 Verwundete, 1.500 Flugzeuge und 700 Panzer verloren – das waren empfindliche Einbußen. Eine kritische Aufarbeitung und Analyse des Westfeldzugs seitens der deutschen Führung hat es nicht gegeben. Eigenmächtigkeiten deutscher Panzergeneräle, z.B. durch General Heinz Guderian, waren für den schnellen Erfolg in Frankreich entscheidend, allerdings kümmerten sich einige Generäle schon bald nicht mehr um Anweisungen höherer Stellen, sondern handelten lagebezogen nach eigenem Ermessen. Generalmajor Erwin Rommel (1891-1944) trieb dieses Verhalten auf die Spitze, denn als Kommandeur der 7. Panzerdivision (PD)[139] führte er wie ein Stoßtruppführer immer von vorn, wobei seine Vorgesetzten und übergeordneten Stäbe nicht selten über seinen Standort im Unklaren waren.[140] Neitzel resümiert den Westfeldzug 1940 wie folgt:

---

138 Vgl. Neitzel, Sönke: Deutsche Krieger. S. 136ff.

139 Die 7. P.D. brachte es auf eine Tageshöchstleistung von 340 km.

140 Vgl. Neitzel, Sönke: Deutsche Krieger. S. 137.

„Im Mai 1940 waren die selbstständig agierenden Truppenführer die eigentlichen Sieger. […] Die Deutschen siegten also nicht wegen, sondern trotz ihrer höheren Führung.“[141]

Im Großen und Ganzen wurde der Westfeldzug soldatisch-fair geführt. Ausschreitungen, Verstöße gegen das Völkerrecht und Kriegsverbrechen, hat es im sechswöchigen Frankreichfeldzug zwar gegeben, sie waren jedoch eher die Ausnahme als die Regel. Es gab in dieser Zeit immer noch Beispiele für Ritterlichkeit und Achtung des geschlagenen Gegners, die dem traditionellen Geist des alten Heeres entsprachen. Als die Franzosen Ende Mai in Lille kapitulieren mussten, durften sie mit geschulterten Waffen und aufgepflanzten Bajonetten in die Gefangenschaft marschieren. Die deutschen Truppen mit angetretener Ehrenkompanie sowie ihrem Kommandierenden General an der Spitze nahmen den französischen Vorbeimarsch salutierend ab. Die Unterzeichnung des Waffenstillstands zwischen dem Deutschen Reich und Frankreich fand am 22. Juni 1940 in demselben Eisenbahnwaggon (*„Waggon von Compiègne“*) wie im November 1918 statt.[142]

[141] Ebenda. S. 138.

[142] Vgl. Koch, Hannsjoachim W.: Die deutschen Armeen im 19. und 20. Jahrhundert. S. 517.

Abb. 31: Französische Truppen marschieren Ende Mai 1940 bei Lille in die Kriegsgefangenschaft. Die deutschen Truppen ehren ihren tapferen Gegner, indem sie den Abzug unter Waffen, aufgepflanztem Bajonett und mit einer Ehrenkompanie grüßend abnehmen.

Hauptmann Weller wollte seinem Vaterland dienen und war als Vorgesetzter und militärischer Führer erfolgreich und angesehen. In der Funktion als Reserve-Ausbilder der Offizieranwärter wurde er noch bis zum 30.6.1940 im Stab verwendet.[143] Seit dem 1. Juni 1940 wurde Franz Weller zum Stabsoffizier, also zum Major (34) befördert. Damit hatte er die nächste Hürde seiner Laufbahn mit Erfolg gemeistert. Offiziell wurde Weller noch bis zum 30. September 1940 zur deutschen Besatzungstruppe in Frankreich gerechnet. Dass diese Zeit nicht ohne Weiterbildungen und Laufbahnlehrgänge verstrich, war selbstverständlich. Nahezu lückenlos kann der Personalakte entnommen werden, welche zusätzlichen Ausbildungen und Weiterqualifizierungen für den knapp vierzig-jährigen Stabsoffizier zu absolvieren waren.

---

[143] In der Personalakte Wellers wird der Zeitraum 22.5.40 bis 30.06.40 mit der Funktion *„Bataillonsführer, Reserve Ausbilder Offizier-Anwärter"*, im I.R. 54 beschrieben. Vgl. BA-MA. PERS1-2261. S. 7.

Abb. 32: Major Franz Weller.

6.4 Major und Bataillonskommandeur im Infanterie- und Jäger-Regiment 54 – Krieg mit der Sowjetunion

Major Weller absolvierte im Zeitraum vom 1.7.40 bis zum 13.8.40 gemäß *„Vorschlag für vorzugsweise Beförderung“* vom 26. November 1943[144]

[144] Siehe BA-MA. PERS1-2462-E. S. 73.

den Lehrgang: „*Lehrgangsleiter O.A. Lehrg.*", der in Neuhammer,[145] Niederschlesien, durchgeführt wurde. Der erfolgreich bestandene Lehrgang war die Grundlage, dass Weller vom 14.8.40 bis 30.9.40 als Lehroffizier im Stab Infanterie-Ersatz-Regiment 213 (I.E.R.) verwendet werden konnte. Dieses Regiment war am 28. August 1939 in Glogau, Wehrkreis VIII, aufgestellt worden. Der Wehrkreis VIII bestand aus dem Wehrersatzbezirk Breslau, Liegnitz und Kattowitz und umfasste die Regierungsbezirke Breslau, Troppau, Liegnitz, Aussig, Kattowitz und Oppeln. Das Regiment bildete den Stab für die Ersatz-Bataillone der 213. Infanterie-Division und unterstand ab dem 8. Dezember 1939 der 158. Division. Anfang 1940 waren dem Stab die Infanterie-Ersatz-Bataillone 54, 354 und 472 unterstellt. Ab dem 1. Oktober 1940 wurde Weller für wenige Wochen (bis zum 25.10.40) Kommandeur des Infanterie-Ersatzbataillons 354.[146] Im militärischen Werdegang Wellers ist vom 26.10.40 bis 13.12.40 eine Stabsverwendung als „*Major b. Stab I.R. 54*" verzeichnet. Die Kenntnisse und Erfahrungen, die er hierbei erwarb, waren erforderlich, um später höhere Verwendungen meistern zu können. Die Stabsarbeit war und ist weit mehr als nur die Kenntnis der Stabsdienstordnung. In einem militärischen Stab sind die Unterstützungsteile des militärischen Führers zur Führung von unterstellten Kräften zusammengefasst. Dabei unterstützt der Stab mit seinen Abteilungen den militärischen Führer in allen Aufgaben der Truppenführung. Militärische Stabsarbeit ist Führungstätigkeit, um den militär-

---

[145] Die Geschichte des Truppenübungsplatzes Neuhammer begann 1898. 1905 umfasste er eine Fläche von etwa 5.000 ha. Im Zuge der Aufrüstung der deutschen Wehrmacht wurde der TrÜbPl massiv erweitert und zählte zu Beginn des Zweiten Weltkrieges zu einem der größten Übungsplätze im Deutschen Reich. Auf ihm konnten Großverbände mit 60.-70.000 Soldaten das Gefecht der verbundenen Waffen üben. Tragische Bekanntheit erhielt der TrÜbPl Neuhammer im Sommer 1939, als sich dort, am 15. August, das „*Stuka-Unglück von Neuhammer*" ereignete. Der Flugunfall wurde bei einer Vorführung von 13 Sturzkampfbombern vom Typ Ju-87 der I./StG 76 durch eine Wolkenbank im Zielgebiet verursacht. Durch eine fehlerhafte Meldung des Flugwetterdienstes wurde die Wolkenuntergrenze bei 900 m mit guter Erdsicht darunter gemeldet. Tatsächlich lag sie zum Zeitpunkt des Anflugs bei ca. 100 m. Elf Maschinen konnten den Sturzflug nicht mehr abfangen und stürzten in die Tiefe – 26 Besatzungsmitglieder kamen dabei ums Leben.
Von 1945 bis 1955 wurde der TrübPl Neuhammer durch die Rote Armee genutzt. Seit 1992 verwaltet die polnische Armee das Areal (TrÜbPl Żagań) mit einer Gesamtfläche von 34.000 ha.

[146] Vgl. BA-MA. PERS1-2462-E. S. 31.

ischen Führer, den Kommandeur, zu beraten und im jeweiligen Fachgebiet bestmöglich zu unterstützen. Dafür ist die bereits erwähnte Geschäfts- oder Stabsdienstordnung eine unverzichtbare Grundlage. Zugleich bedarf es zur erfolgreichen Arbeit eines erfahrenen *„Chef des Stabes"*, der die Stabsarbeit koordiniert und dafür sorgt, dass der militärische Führungsprozess[147] strukturiert, möglichst reibungslos und zielführend abläuft.

Die Führungsabteilung eines Stabes (Infanterie-Division) der Wehrmacht war 1939/40 folgendermaßen organisiert:

I a – Erster Generalstabsoffizier der Division (*„Chef des Stabes"*): Verantwortlich für Einsatz und Führung der Division. Leiter der Stabsarbeit im Divisionsstab.

O 1 – Erster Ordonnanzoffizier (Organisation): Führung von Karten, Kriegstagebuch und anderer Führungsunterlagen.

I c – Dritter Generalstabsoffizier der Division: Verantwortlich für Feindlage und Abwehrdienst.[148]

O 3 – Dritter Ordonnanzoffizier: Unterstützung des I c.

Derart umfangreich in militärischer Theorie und Praxis geschult und erfahren, konnte Franz Weller seiner nächsten Verwendung mit Selbstvertrauen und Zuversicht entgegenblicken. Mit Wirkung vom 14. Dezember 1940 wurde er Bataillonskommandeur (BtlKdr) des I./I.R. 54.

---

[147] Der **militärische Führungsprozess** besteht aus den Phasen: Lagefeststellung – Planung – Befehlsgebung und Kontrolle.

[148] Der **I b** war der Quartiermeisterabteilung zugeordnet und war als zweiter Generalstabsoffizier der Division *„Quartiermeister"*. Er war verantwortlich für die gesamte Versorgung der Division. Dazu gehörten auch der Abschub von Verwundeten, Gefangenen, Schadmaterial, die Verkehrsführung und der Luftschutz im rückwärtigen Divisionsgebiet.

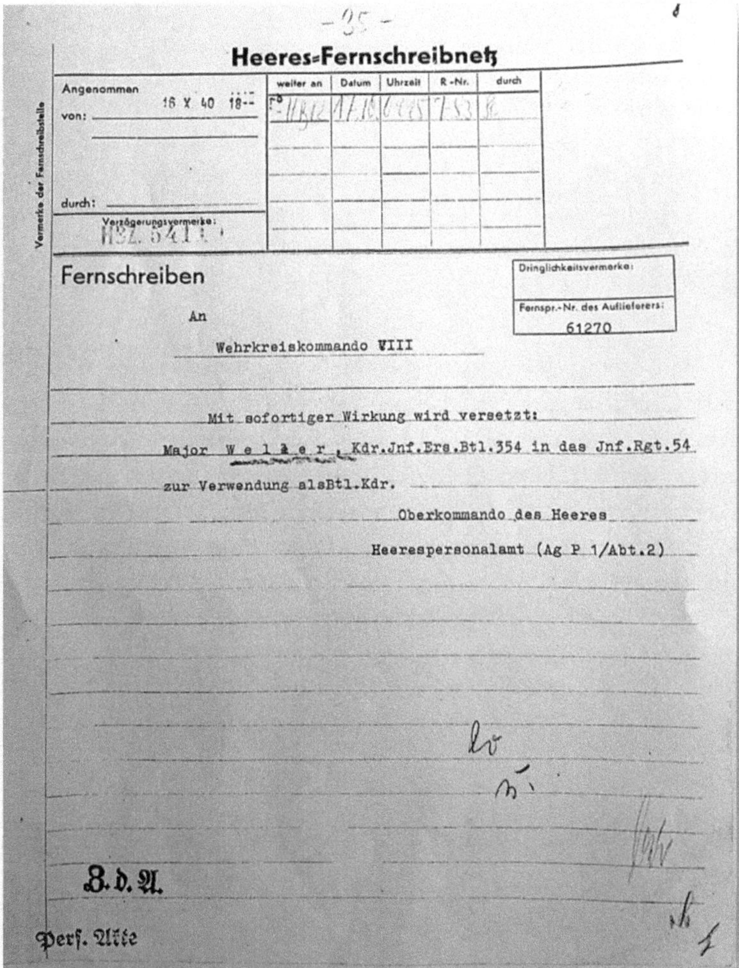

Heeres-Fernschreibnetz

Angenommen	weiter an	Datum	Uhrzeit	R.-Nr.	durch
16 X 40 18--					

von:

durch:

Verzögerungsvermerke:

Fernschreiben

Dringlichkeitsvermerke:

Fernspr.-Nr. des Auflieferers: 61270

An

Wehrkreiskommando VIII

Mit sofortiger Wirkung wird versetzt:

Major W e l l e r , Kdr.Jnf.Ers.Btl.354 in das Jnf.Rgt.54

zur Verwendung alsBtl.Kdr.

Oberkommando des Heeres

Heerespersonalamt (Ag P 1/Abt.2)

Z.d.A.

Pers. Akte

Abb. 33: Fernschreiben vom 16.10.1940.

Ab dem 1. Oktober 1940 war Franz Weller – wie dargestellt – in verschiedenen Verwendungen im sogenannten *„Heimatkriegsgebiet"* eingesetzt. Das sollte noch bis zum 30. Mai 1941 der Fall sein.

Als das Unternehmen *„Barbarossa"* – der Angriff der deutschen Wehrmacht auf die Sowjetunion – am 22. Juni 1941 begann, war Major Franz Weller BtlKdr im I.R. 54.

Dazu aus dem Wehrmachtsbericht:

„Osten: Zwischen 3.05 Uhr und 3.30 Uhr treten die Heeresgruppen Süd (ohne 11. Armee), Mitte und Nord planmäßig zum überraschenden Angriff gegen Rußland an. Im Laufe des Vormittags verstärkt sich der Eindruck, daß die Überraschung in allen Abschnitten gelungen ist. Der Gegner setzt dem Angriff zunächst nur schwachen Widerstand entgegen. An der ganzen Front gelingt es, schon in den Morgenstunden 4-5 km tief vorzustoßen und in die feindl. Grenzverteidigung einzubrechen. […].[149]

Am 22. Juni 1941 begann der Angriff auf die Sowjetunion ohne Kriegserklärung. Hitler hatte bereits im Dezember 1940 die grundlegenden Weisungen für den *„Fall Barbarossa"* an das Oberkommando der Wehrmacht ausgegeben. Viele Menschen in Deutschland hielten nicht für möglich, dass Hitler nun auch die Sowjetunion angreifen wollte, zumal erst zwei Jahre zuvor ein Nichtangriffspakt zwischen beiden Staaten abgeschlossen worden war. Besonders bei vielen älteren Offizieren, die schon den Ersten Weltkrieg erlebt hatten, kamen Bedenken bezüglich eines erneuten Zweifrontenkrieges hinzu.[150]

---

[149] Schramm, Percy Ernst (Hrsg.): Kriegstagebuch des Oberkommandos der Wehrmacht 1940-1941. Teilband II. München 1982. S. 417.

[150] Vgl. Hartmann, Werner: Geist und Haltung des deutschen Soldaten im Wandel der Gesellschaft. Vom Kaiserheer zur Bundeswehr. Eine Dokumentation. Limburg a. d. Lahn 1998. S. 162.

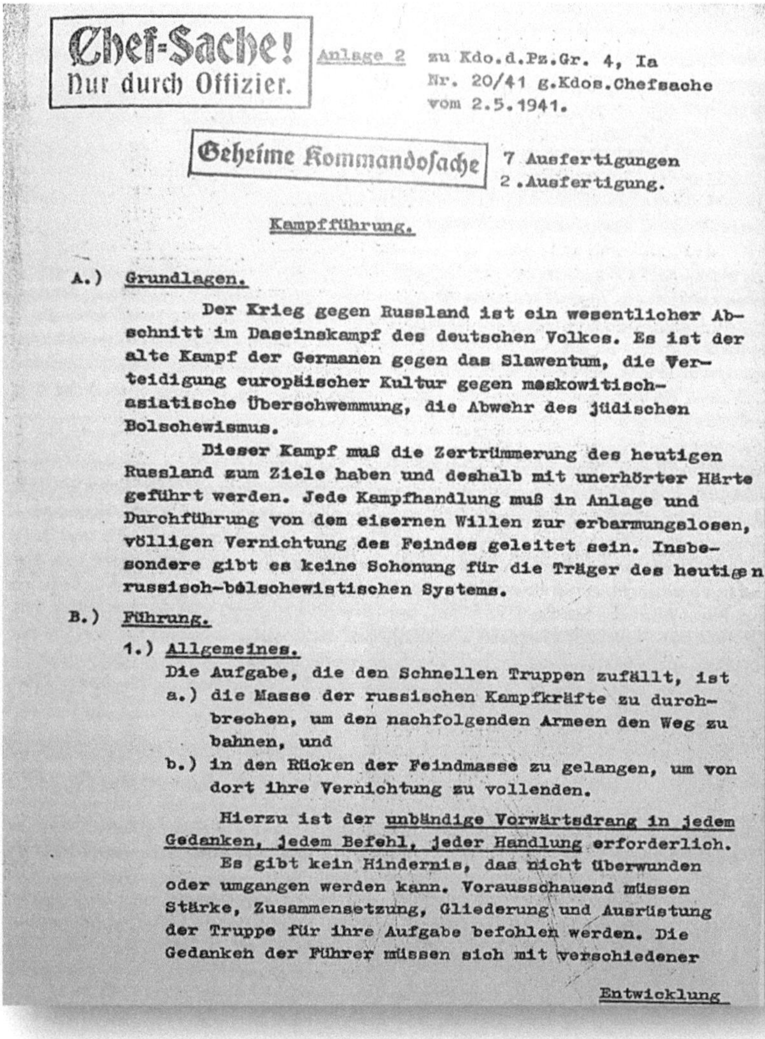

Chef-Sache!
Nur durch Offizier.

Anlage 2 zu Kdo.d.Pz.Gr. 4, Ia
Nr. 20/41 g.Kdos.Chefsache
vom 2.5.1941.

Geheime Kommandosache

7 Ausfertigungen
2 .Ausfertigung.

Kampfführung.

A.) Grundlagen.

Der Krieg gegen Russland ist ein wesentlicher Abschnitt im Daseinskampf des deutschen Volkes. Es ist der alte Kampf der Germanen gegen das Slawentum, die Verteidigung europäischer Kultur gegen moskowitisch-asiatische Überschwemmung, die Abwehr des jüdischen Bolschewismus.

Dieser Kampf muß die Zertrümmerung des heutigen Russland zum Ziele haben und deshalb mit unerhörter Härte geführt werden. Jede Kampfhandlung muß in Anlage und Durchführung von dem eisernen Willen zur erbarmungslosen, völligen Vernichtung des Feindes geleitet sein. Insbesondere gibt es keine Schonung für die Träger des heutigen russisch-bolschewistischen Systems.

B.) Führung.

1.) Allgemeines.

Die Aufgabe, die den Schnellen Truppen zufällt, ist

a.) die Masse der russischen Kampfkräfte zu durchbrechen, um den nachfolgenden Armeen den Weg zu bahnen, und

b.) in den Rücken der Feindmasse zu gelangen, um von dort ihre Vernichtung zu vollenden.

Hierzu ist der unbändige Vorwärtsdrang in jedem Gedanken, jedem Befehl, jeder Handlung erforderlich.

Es gibt kein Hindernis, das nicht überwunden oder umgangen werden kann. Vorausschauend müssen Stärke, Zusammensetzung, Gliederung und Ausrüstung der Truppe für ihre Aufgabe befohlen werden. Die Gedanken der Führer müssen sich mit verschiedener

Entwicklung

Abb. 34: Anlage Nr. 2 zur Aufmarsch- und Kampfanweisung *„Barbarossa“* der Panzergruppe 4, General Erich Hoepner (1886-1944) vom 2.5.1941.

Es ist mittlerweile gut erforscht, wie Hitler die Wehrmacht auf diesen Vernichtungskrieg im Osten vorbereitete und einschwor. Nach Sönke Neitzel machte sich die Generalität der Wehrmacht die exzessive

Gewalt zur eigenen Sache und ergriff diesbezüglich entweder selbst die Initiative oder führte Hitlers Anordnungen willig aus.[151]

„Dabei war die Wehrmacht meistens der Haupttäter, manchmal Unterstützer, selten nur Zuschauer; die Grenzen waren fließend. So wurde der Holocaust vor allem von den Einsatzgruppen der SS und ihren lokalen Helfern durchgeführt. Die Wehrmacht unterstützte ihn vor allem logistisch und brachte selbst etwa 50.000 Juden um.

Das größte Verbrechen der Wehrmacht war der Massenmord an sowjetischen Kriegsgefangenen. Zwischen 2,5 und 3,3 Millionen von ihnen (44-58 Prozent) kamen in deutschem Gewahrsam ums Leben."[152]

Von Franz Weller liegt ein umfangreicher schriftlicher Bericht über seine Erfahrungen im Krieg mit der Sowjetunion vor.[153] Diese persönlichen Aufzeichnungen sind eine bemerkenswerte und aussagekräftige Quelle, die Hinweise über Wellers Weg an der Ostfront geben kann. Als der Krieg für ihn an der Ostfront begann, war er bereits über ein halbes Jahr in der Verwendung eines Bataillonskommandeurs. Das heißt, er war eingearbeitet und mit Aufgaben und Personal gut vertraut.

Das I.R. 54 bildete zunächst die Reserve. Am 23. Juni 1941 überschritt es unweit von Radymno den Fluss San, der die polnisch-russische Grenze markierte. Kämpfend konnte das Regiment am 25.6.41 Mosciska gewinnen. Von Anfang an war der Feldzug in der Sowjetunion für die Soldaten des I.R. 54 von großen Verlusten geprägt. Der Kommandeur I.R. 54, Oberst Recknagel, musste für kurze Zeit die Führung der 101. leichten (le) Infanterie-Division (I.D.) übernehmen, weil deren Kdr schwer verwundet wurde.[154] Zunächst wurde er von Major Mohr in der Führung des Regiments vertreten. Als dieser nur wenige Tage später am 30.6.41 bei Komarno ebenfalls verwundet ausfiel, rückte Franz Weller nach und wurde erstmalig für kurze Zeit mit der Führung des I.R. 54 beauftragt. Bei einem schweren Gefecht, das

---

151 Vgl. Neitzel, Sönke: Deutsche Krieger. S. 225ff.

152 Ebenda. S. 226.

153 Vgl. Neidhardt, Hanns: Mit Tanne und Eichenlaub. Kriegschronik der 100. Jäger-Division vormals 100. leichte Infanterie-Division. Graz-Stuttgart 1981. S. 455.

154 Generalleutnant Erich Marcks (1891-1944) wurde schwer verwundet – er verlor sein linkes Bein.

als Nachtangriff vorgetragen wurde, konnte der Feindwiderstand unter Wellers Führung erfolgreich gebrochen werden. Dabei wurden 120 sowjetische Gefangene gemacht und mehrere Geschütze erbeutet. Anfang Juli 1941 stieß das I.R. 54 weiter über Chodorow und Zagorce weiter in ostwärtige Richtung nach Czortkoy vor, das am 6.7.41 genommen werden konnte. In einer späteren Beurteilung Wellers durch die 100. Jäger-Division wurde ihm offiziell die Zeit vom 7.7. bis 8.8.41 als Regimentsführer I.R. 54 angerechnet.[155] Das Regiment kämpfte sich über Daszkowce bis zur Stalinlinie, einer stark ausgebauten Bunkerlinie, vor. Das Gelände war für die deutschen Infanteristen ungünstig, weil der Angriff nur aus einer Sumpfenge heraus erfolgen konnte. Dennoch gelang das Vorhaben, da die Bereitstellung der Kräfte unerkannt in der Dämmerung vollzogen werden konnte und der überraschend vorgetragene Angriff mit der Einnahme von mehreren Bunkern sogleich einen motivierenden Anfang nahm.[156] Der Gefechtsbericht aus der Chronik des I.R. 54 wurde 1980 intern für die ehemaligen Angehörigen des Regiments im Eigenverlag veröffentlicht. Viele Ehemalige, vor allem Offiziere, haben ihre Einsatzerfahrungen verschriftlicht und beigesteuert. Es fällt auf, dass der sowjetische Gegner umgangssprachlich als *„Iwan“* bezeichnet wird und ihm vielfach Respekt für seine Robust- und Entschlossenheit gezollt wird.

„Den ganzen 13. und 14.7. störte der Iwan durch Artilleriefeuer und Fliegerangriffe die Bereitstellung.“[157]

Als Oberst Recknagel zu Angriffsbeginn am 15.7.41 verwundet wurde, rückte Weller nach und übernahm die Führung des Regiments. Sein detaillierter Gefechtsbericht über diesen Angriff liegt in der Originalfassung vor. Dazu Franz Weller wörtlich:

„Bei Übernahme der Führung des Regiments nach Verwundung des Oberst Recknagel gegen 7.00 Uhr ergab sich folgendes Bild der Lage:

---

155 Vgl. BA-MA. PERS1-2462-E. S. 73.

156 Vgl. Traditionsgemeinschaft I.R. 54 (Hrsg.): Der Weg des Infanterie- und Jäger-Regiments 54. S. 116.

157 Ebenda. S. 116.

Rechts 7. Kp., durch das Beispiel von Oberst Hartmann (Artl.-Fhr.) und dem Kp.-Fhr. Lt. Müller, mitgerissen, im flott fortschreitenden Angriff in Richtung Höhe 365, 8. Kp. scheinbar durch flankierendes Feuer von rechts und Bunkerbekämpfung festgehalten, wird halbrechts abgezogen.

Links, nach Aussprache durch Fernsprecher mit Btl.-Fhr. Hptm. Jaquet zügiges Fortschreiten des Angriffs in Richtung Borschtschi unter Wegnahme mehrerer Bunker. Die ersten Maßnahmen waren:

1. *Vorziehen des I. Btl. an den Nordostrand Koserowka,*
2. *Verbindungsaufnahme mit Artillerie-Kdr. Oberst Hartmann und*
3. *persönliche Einblicknahme in das Angriffsgelände.“*[158]

Das Bild unten zeigt Major Weller beim Kartenstudium im Juli 1941 in der Führung des I.R. 54.

Abb. 35: Kartenstudium. Links: General von Briesen (1886-1941), zum Sommerbeginn 1941 das Generalkommando im Ostfeldzug beim Angriff auf Südrussland führte, Mitte: Major Henkel, der Ia der 100. le I.D. sowie rechts: Major Franz Weller.

---

[158] Weller, Franz. In: Traditionsgemeinschaft I.R. 54 (Hrsg.): Der Weg des Infanterie- und Jäger-Regiments 54. S. 116.

Im Gefechtsbericht Wellers berichtet er zum Angriff am 15. Juli 1941 weiter wie folgt:

„Ich entschloss mich, zurückzufahren und sofort die noch verfügbare 1. Kp. hier zum Flankenschutz einzusetzen, um den Angriff im jetzigen Schwerpunkt in Fluß zu halten, damit er nicht auch hier sich durch Flankierung festläuft. […] III. Btl. meldet harten Häuserkampf in Borschtschi, Angriff scheint sich auch hier zu verlangsamen. Die zweite Krise ist da. Endlich wird von mir bei Einweisung der 1. Kp. das Sturmgeschütz gefunden. Ich setze mich oben auf und sofort geht es los zum III. Btl. Ich will unbedingt bis Borschtschi durchfahren und alles wieder in Fluß bringen. Wieder tritt eine Panne ein. Der Sturmpanzer bleibt im Sumpf stecken. […] Ich muß herunter und allein zu Fuß weiter. […] Nach über 500 m stoße ich durch Zufall auf den Btl.Gef.St., III. Btl. […] Hier erfahre ich auch Näheres über den Gegenangriff der Russen, der hauptsächlich die 12. Kp. getroffen hat. […]

Ich lasse mir einen Melder geben und gehe selbst nach vorn, mich rechts haltend in der Hoffnung, die neugebildete Angriffsgruppe Schulze (6. und 3. Kp.) zu finden. […] Beide Kompanien konnten von dort aus mithelfen, den Gegenstoß auf Flanke und Rücken der 12. Kp. mit M.G.- und Gew.-Feuer abzuwehren.

Da Artl.-B.-Stellen in Richtung 365 gute Sicht haben, ist Artl.-Unterstützung ohne direkte Verbindung gewährleistet. Der Widerstand des Gegners war erlahmt. In zügigem Vorgehen, 11. u. 13. Kp. mit vorreißend, wurde das Angriffsziel Höhe 365 gegen 14.00 Uhr genommen, bis an den Ostrand von Regentowka vorgestoßen und dabei sofort die Verbände neu geordnet. […] Gegen 20.00 Uhr war der Auftrag durchgeführt.

Bei zähem Feindwiderstand und teilweise stärkstem fdl. Artl.-Feuer war es trotz mancher Krisen durch den restlosen Einsatz Aller gelungen, das befohlene Angriffsziel zu erreichen. Der Durchbruch durch die Stalinlinie war geglückt, 18 Bunker und viele Feldstellungen genommen. Alle Schwesterwaffen haben uns dabei in vorbildlicher Weise geholfen.“[459]

[159] Ebenda. S.125.

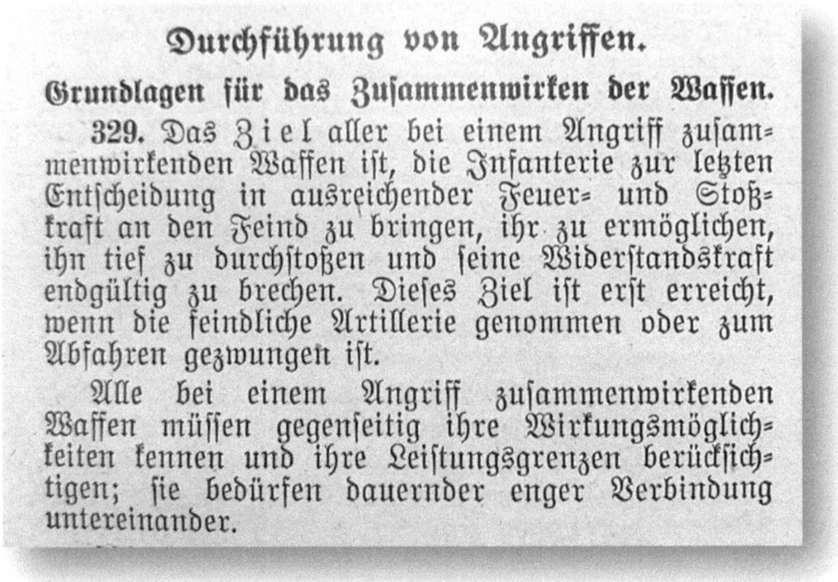

Durchführung von Angriffen.

Grundlagen für das Zusammenwirken der Waffen.

329. Das Ziel aller bei einem Angriff zusammenwirkenden Waffen ist, die Infanterie zur letzten Entscheidung in ausreichender Feuer- und Stoßkraft an den Feind zu bringen, ihr zu ermöglichen, ihn tief zu durchstoßen und seine Widerstandskraft endgültig zu brechen. Dieses Ziel ist erst erreicht, wenn die feindliche Artillerie genommen oder zum Abfahren gezwungen ist.

Alle bei einem Angriff zusammenwirkenden Waffen müssen gegenseitig ihre Wirkungsmöglichkeiten kennen und ihre Leistungsgrenzen berücksichtigen; sie bedürfen dauernder enger Verbindung untereinander.

Abb. 36: Gefecht der verbundenen Waffen.[160]

Im vorliegenden Gefechtsbericht führt Franz Weller den Erfolg des Angriffs vom 15. Juli 1941 auf das erfolgreiche Zusammenwirken aller beteiligten Waffen zurück. Der genauen Beschreibung des Gefechts hat er ergänzend eine handschriftliche Skizze angehängt. Darin sind der zeitliche Ablauf und das Vorgehen bis zum erfolgreichen Durchbruch durch die Stalinlinie verzeichnet:

[160] H.Dv. 300/1. von Hammerstein-Equord, Kurt Freiherr (Hrsg.): Truppenführung (T.F.), I. Teil. Berlin 1936. S. 127. Nr. 329.

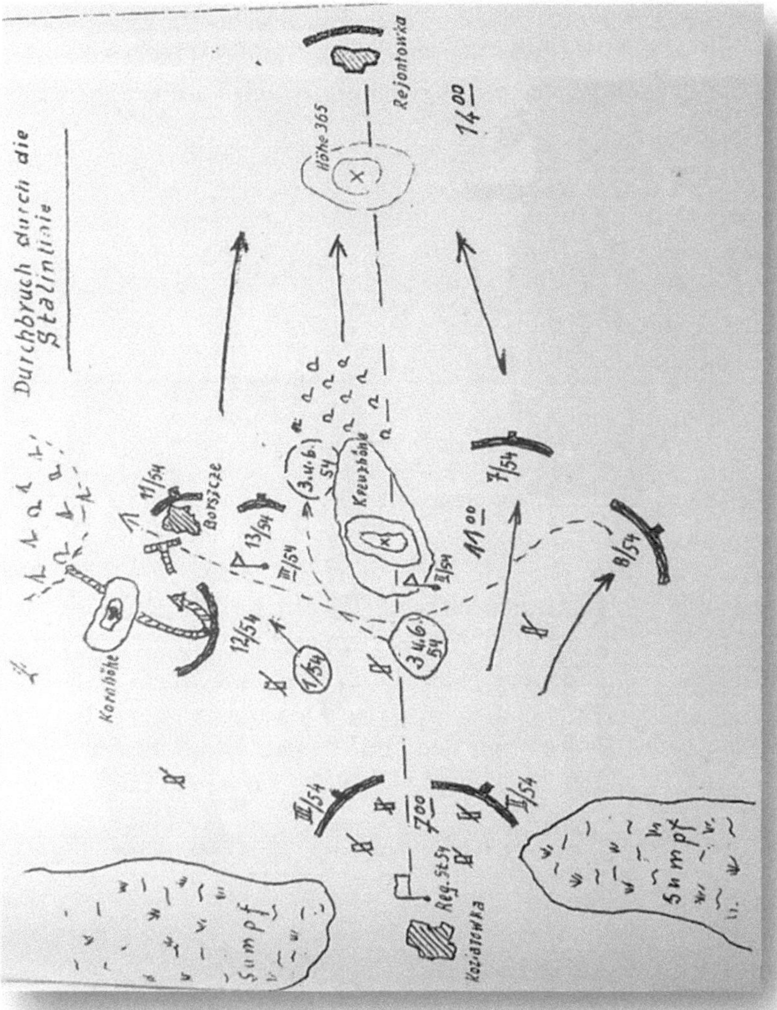

Abb. 37: Durchbruch durch die Stalinlinie am 15. Juli 1941. Weller, Franz. In: Traditionsgemeinschaft I.R. 54 (Hrsg.): Der Weg des Infanterie- und Jäger-Regiments 54. S. 128.

Für sein selbständiges und überaus entschlussfreudiges Verhalten in der Führung des I.R. 54 beim Angriff zum Durchbruch durch die Stalinlinie wurde Major Franz Weller für das Ritterkreuz des Eisernen Kreuzes vorgeschlagen. Das Ritterkreuz wurde verliehen für einmalige außergewöhnliche Tapferkeitstaten, die sich durch selbständigen Entschluss, hervorragende persönliche Tapferkeit und ausschlaggebenden Erfolg für die weitere Kampfführung auszeichneten. Die Anzahl der insgesamt 7.356 nachgewiesenen Verleihungen wird folgendermaßen differenziert:

➢	Heer:	4.784
➢	Luftwaffe:	1.751
➢	Waffen-SS:	460
➢	Kriegsmarine	318
➢	Ausländer	43
Gesamt		**7.356**[161]

Die nachfolgende Ausfertigung eines „*Vorläufigen Besitzzeugnis*" für das Ritterkreuz des Eisernen Kreuzes wurde am 4. September 1941 vom Oberbefehlshaber des Heeres, Generalfeldmarschall Walther von Brauchitsch (1881-1948), unterzeichnet. Das hier vorliegende Besitzzeugnis Major Wellers stellt die zweite Variante des frühen Typ I dar. Nach Beförderung des OB des Heeres von Brauchitsch zum Generalfeldmarschall am 19. Juli 1940 wurde das Dokument gegenüber der ersten Variante geändert und der neue Dienstgrad vorgedruckt.[162]

161 Vgl. Behr, Volker A.: Deutsche Auszeichnungen. Orden und Ehrenzeichen der Wehrmacht 1936-1945. Stuttgart 2012. S. 49-52.

162 Vgl. Maerz, Dietrich: The Knight Cross of the Iron Cross and higher grades. Volume II. Richmond (USA) 2023. S. 648.

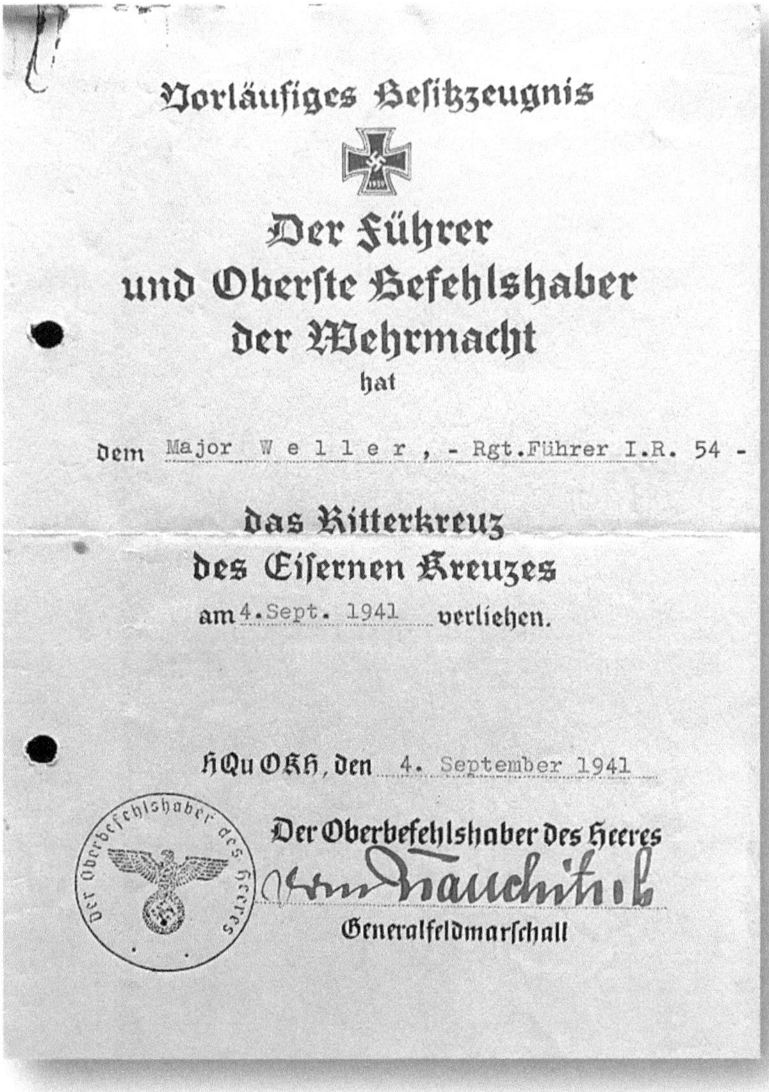

Vorläufiges Besitzzeugnis

Der Führer
und Oberste Befehlshaber
der Wehrmacht
hat

dem Major W e l l e r , - Rgt.Führer I.R. 54 -

das Ritterkreuz
des Eisernen Kreuzes
am 4.Sept. 1941 verliehen.

HQu OKH, den 4. September 1941

Der Oberbefehlshaber des Heeres
von Brauchitsch
Generalfeldmarschall

Der Oberbefehlshaber des Heeres

Abb. 38: Vorläufiges Besitzzeugnis des Ritterkreuzes mit der Unterschrift des Oberbefehlshabers des Heeres, Generalfeldmarschall von Brauchitsch (1881-1948), vom 4. September 1941.[163]

---

[163] Siehe hierzu auch Scherzer, Veit: Die Ritterkreuzträger. Die Inhaber des Ritterkreuzes des Eisernen Kreuzes 1939 von Heer, Luftwaffe, Kriegsmarine, Waffen-SS,

Das Heerespersonalamt, Ref. P 5a 1. Staffel, erhielt den Verleihungsvorschlag der Truppe, der mit einer Stellungnahme des Zwischenvorgesetzten weitergeleitet wurde. Nach eingehender Prüfung wurde die Verleihung bzw. Ablehnung durch Fernschreiben oder Funkspruch bekanntgegeben. Das *„Vorläufige Besitzzeugnis“* wurde anschließend auf dem Kurierweg übersandt (Siehe Abb. 38).[164]

Abb. 39: Major Franz Weller als Ritterkreuzträger.

Volkssturm sowie mit Deutschland verbündeter Streitkräfte nach den Unterlagen des Bundesarchivs. Bayreuth 2021. S. 779.

[164] Vgl. Scherzer, Veit: Die Ritterkreuzträger. S. 37.

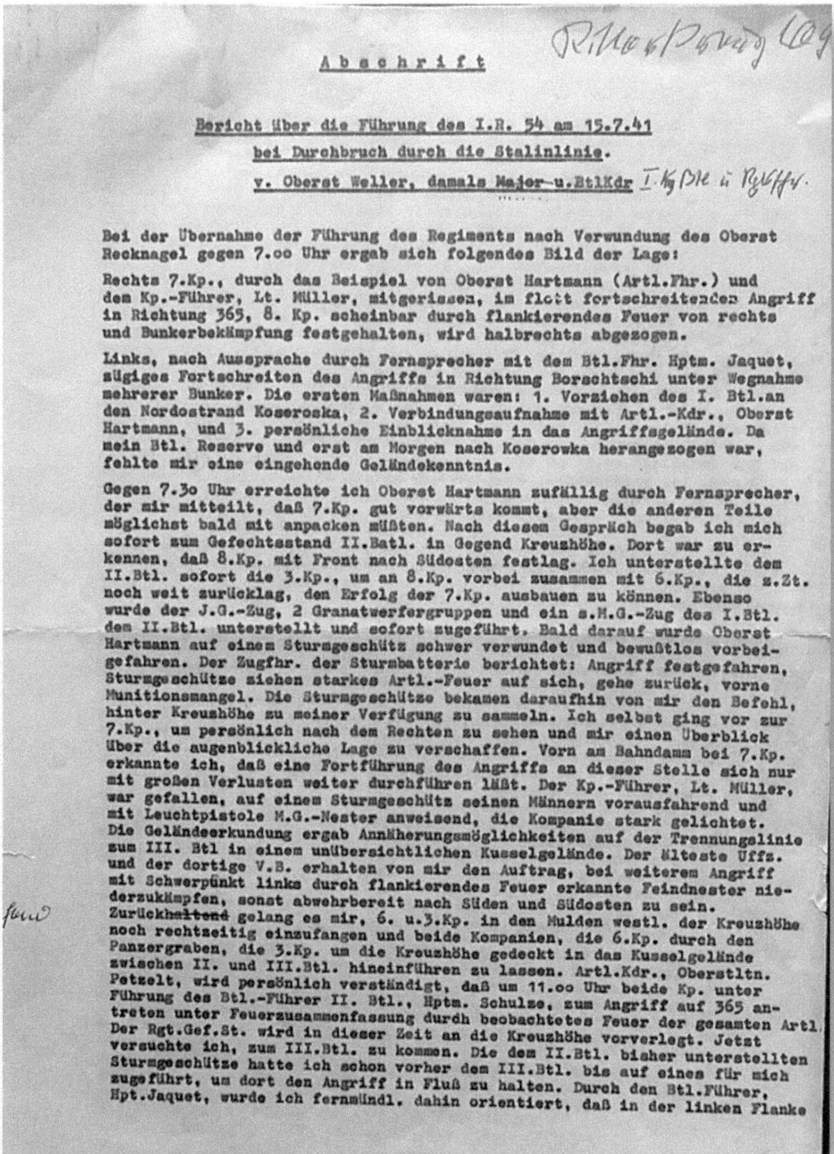

Abschrift

Bericht über die Führung des I.R. 54 am 15.7.41
bei Durchbruch durch die Stalinlinie.
v. Oberst Weller, damals Major u.BtlKdr

Bei der Übernahme der Führung des Regiments nach Verwundung des Oberst Recknagel gegen 7.oo Uhr ergab sich folgendes Bild der Lage:

Rechts 7.Kp., durch das Beispiel von Oberst Hartmann (Artl.Fhr.) und dem Kp.-Führer, Lt. Müller, mitgerissen, im flott fortschreitenden Angriff in Richtung 365, 8. Kp. scheinbar durch flankierendes Feuer von rechts und Bunkerbekämpfung festgehalten, wird halbrechts abgezogen.

Links, nach Aussprache durch Fernsprecher mit dem Btl.Fhr. Hptm. Jaquet, zügiges Fortschreiten des Angriffs in Richtung Borschtschi unter Wegnahme mehrerer Bunker. Die ersten Maßnahmen waren: 1. Vorziehen des I. Btl.an den Nordostrand Koseroska, 2. Verbindungsaufnahme mit Artl.-Kdr., Oberst Hartmann, und 3. persönliche Einblicknahme in das Angriffsgelände. Da mein Btl. Reserve und erst am Morgen nach Koserowka herangezogen war, fehlte mir eine eingehende Geländekenntnis.

Gegen 7.3o Uhr erreichte ich Oberst Hartmann zufällig durch Fernsprecher, der mir mitteilt, daß 7.Kp. gut vorwärts kommt, aber die anderen Teile möglichst bald mit anpacken müßten. Nach diesem Gespräch begab ich mich sofort zum Gefechtsstand II.Batl. in Gegend Kreuzhöhe. Dort war zu erkennen, daß 8.Kp. mit Front nach Südosten festlag. Ich unterstellte dem II.Btl. sofort die 3.Kp., um an 8.Kp. vorbei zusammen mit 6.Kp., die z.Zt. noch weit zurücklag, den Erfolg der 7.Kp. ausbauen zu können. Ebenso wurde der J.G.-Zug, 2 Granatwerfergruppen und ein s.M.G.-Zug des I.Btl. dem II.Btl. unterstellt und sofort zugeführt. Bald darauf wurde Oberst Hartmann auf einem Sturmgeschütz schwer verwundet und bewußtlos vorbeigefahren. Der Zugfhr. der Sturmbatterie berichtet: Angriff festgefahren, Sturmgeschütze ziehen starkes Artl.-Feuer auf sich, gehe zurück, vorne Munitionsmangel. Die Sturmgeschütze bekamen daraufhin von mir den Befehl, hinter Kreuzhöhe zu meiner Verfügung zu sammeln. Ich selbst ging vor zur 7.Kp., um persönlich nach dem Rechten zu sehen und mir einen Überblick über die augenblickliche Lage zu verschaffen. Vorn am Bahndamm bei 7.Kp. erkannte ich, daß eine Fortführung des Angriffs an dieser Stelle sich nur mit großen Verlusten weiter durchführen läßt. Der Kp.-Führer, Lt. Müller, war gefallen, auf einem Sturmgeschütz seinen Männern vorausfahrend und mit Leuchtpistole M.G.-Nester anweisend, die Kompanie stark gelichtet. Die Geländeerkundung ergab Annäherungsmöglichkeiten auf der Trennungslinie zum III. Btl in einem unübersichtlichen Kusselgelände. Der älteste Uffz. und der dortige V.B. erhalten von mir den Auftrag, bei weiterem Angriff mit Schwerpünkt links durch flankierendes Feuer erkannte Feindnester niederzukämpfen, sonst abwehrbereit nach Süden und Südosten zu sein. Zurück~~haltend~~ gelang es mir, 6. u.3.Kp. in den Mulden westl. der Kreuzhöhe noch rechtzeitig einzufangen und beide Kompanien, die 6.Kp. durch den Panzergraben, die 3.Kp. um die Kreuzhöhe gedeckt in das Kusselgelände zwischen II. und III.Btl. hineinführen zu lassen. Artl.Kdr., Oberstltn. Petzelt, wird persönlich verständigt, daß um 11.oo Uhr beide Kp. unter Führung des Btl.-Führer II. Btl., Hptm. Schulze, zum Angriff auf 365 antreten unter Feuerzusammenfassung durch beobachtetes Feuer der gesamten Artl. Der Rgt.Gef.St. wird in dieser Zeit an die Kreuzhöhe vorverlegt. Jetzt versuchte ich, zum III.Btl. zu kommen. Die dem II.Btl. bisher unterstellten Sturmgeschütze hatte ich schon vorher dem III.Btl. bis auf eines für mich zugeführt, um dort den Angriff in Fluß zu halten. Durch den Btl.Führer, Hpt.Jaquet, wurde ich fernmündl. dahin orientiert, daß in der linken Flanke

Abb. 40: Bericht zur Ritterkreuztat (1).

- 2 -

aus dem nordwestl. Borschtschi befindlichen Wald Flankenfeuer das
Vorgehen behindert, zur Säuberung aber keine Kräfte mehr zur Verfügung
stehen. Zur Flankensicherung links gab ich jetzt der inzwischen zuge-
führten Entgiftungskompanie (Raketen) den Auftrag, auf der Kornfeldhöhe
vor dem Wald in Stellung zu gehen und erkannten Feind auszuräuchern.
Da das für mich zurückgehaltene Sturmgeschütz nicht zu finden ist, fahre
ich mit dem ~~Kübel~~ des Kp.-Führers der EntgiftungsKp. in ziemlich heftigem
Artl.-Feuer in den Streifen des III.Btl. Mit dem ~~Kübel~~ in dem dort sehr
sumpfigen Gelände quer Beet zu fahren, war aussichtslos, zu Fuß der Weg
zu zeitraubend. Wir hielten in Deckung bei den an dem Wege nach Borschtschi
befindlichen Artl.-B.-Stellen der I./A.R.83 und erfahren dort, daß gerade
ein heftiger Gegenangriff der Russen auf Flanke und Rücken des III.Btl.
im zusammengefaßten Feuer aller Waffen zusammengebrochen war. Der auf der
Kornfeldhöhe sichernde Pakzug Lt. v. Bernuth war überrannt, der Zugführer
gefallen. Der Btl.Gef.St. konnte mir von der Artl.-B.-Stelle nicht gezeigt
werden. Ich entschloß mich, zurückzufahren und sofort die noch verfügbare
1.Kp. hierzum Flankenschutz einzusetzen, um den Angriff im jetzigen Schwer-
punkt in Fluß zu halten, damit er nicht auch hier sich durch Flankierung
festläuft. Für die Artillerie waren aber keine nennenswerten Ziele auszu-
machen. Auf den Rgt.Gef.St. zurückgekehrt, war es 11.oo Uhr durch und vom
Angriff der 6. u.3.Kp. nichts zu spüren. Nachr.-Verbindung war auch noch
nicht vorhanden, die beiden Kompanien unauffindbar. III.Btl. meldet harten
Häuserkampf in Borschtschi, Angriff scheint sich auch hier zu verlangsamen.
Die zweite Krise ist da. Endlich wird von mir bei Einweisung der 1.Kp. das
Sturmgeschütz gefunden. Ich setze mich oben auf und sofort geht es los zum
III.Btl. Ich will unbedingt bis Borschtschi durchfahren und alles wieder
in Fluß bringen. Wieder tritt eine Panne ein. Der Sturmpanzer bleibt im
Sumpf stecken. Alles Exerzieren im Artl.Feuer hilft nichts. Ich muß herunter
und allein zu Fuß weiter. Unbedingt muß das III.Btl.erreicht werden. Nach
über 500 m stoße ich durch Zufall auf den Btl.Gef.St. III.Btl. Die Lage
wird geklärt, Heranführen der 1.Kp. angekündigt und ein Spähtrupp nach 6.
u. 3.Kp. ausgeschickt. Hier erfahre ich auch Näheres über den Gegenangriff
der Russen, der hauptsächlich die 12. Kp. getroffen hat. Zu allem Unglück kom
men noch die Sturmgeschütze zurück, die keinen Sprit mehr haben und auf-
tanken müssen. Ich lasse mir einen Melder gebeh und gehe selbst nach vorn,
mich rechts haltend in der Hoffnung, die neugebildete Angriffsgruppe Schulze
(6.u.3.Kp.) zu finden. Nach 300 m sehe ich in den Kusseln rechts Stahlhelme
und zu meiner Freude stelle ich fest, daß es die 6. u.3.Kp ist. Beide Kompa-
nien konnten von dort aus mithelfen, den Gegenstoß auf Flanke und Rücken
der 12.Kp. mit M.G.- und Gew.-Feuer abzuwehren. Ein Stopp, verursacht durch
Hitze, Durst und Übermüdung, war jetzt eingetreten. Beide Kompanien wurden
sofort in Richtung 365, dem entscheidenden Geländepunkt, angesetzt. 6.Kp.
voraus, 3.Kp. rechts rückwärts gestaffelt. Da Artl.-B.-Stellen in Richtung
365 gute Sicht haben, ist Artl.-Unterstützung ohne direkte Verbindung gewähr-
leistet. Der Widerstand des Gegners ~~war~~ erlahmtg. In zügigem Vorgehen, 11.
u. 13.Kp. mit vorreißend, wurde das Angriffsziel Höhe 365 gegen 14.oo Uhr
genommen, bis an den Ostrand von Regentonka vorgestoßen und dabei sofort
die Verbände neu geordnet. I. Btl. wurde rechts, III.Btl. links gestaffelt
eingesetzt, die Aufnahme der Verbindung mit 227 eingeleitet und Aufklärung
angesetzt. Das II.Btl. sammelt zu meiner Verfügung in Boschtschi.Die Ent-
wirrung der Verbände ging überraschend schnell. Schon vorher war nach dem
Einsatz von 227 rechts vom I.R.54 die 8.Kp. herausgenommen mit dem Auftrag,
den Wald nordwestl. Borschtschi von Russen zu säubern und dann am Nordwest-
rand in nordostw. Richtung zu sichern. Gegen 20.oo Uhr war der Auftrag
durchgeführt.
Trotz zähem Feindwiderstand und teilweise stärkstem fdl. Artl.-Feuer war
es trotz mancher Krisen durch den restlosen Einsatz aller gelungen, das
befohlene Angriffsziel zu erreichen. Der Durchbruch durch die Stalinlinie
war geglückt, 18 Bunker und viele Feldstellungen genommen. Alle Schwester-
waffen haben uns dabei in vorbildlicher Weise geholfen.

Abb. 41: Bericht zur Ritterkreuztat (2).

Abb. 42: Zahlreiche Glückwünsche erreichten den Ausgezeichneten.

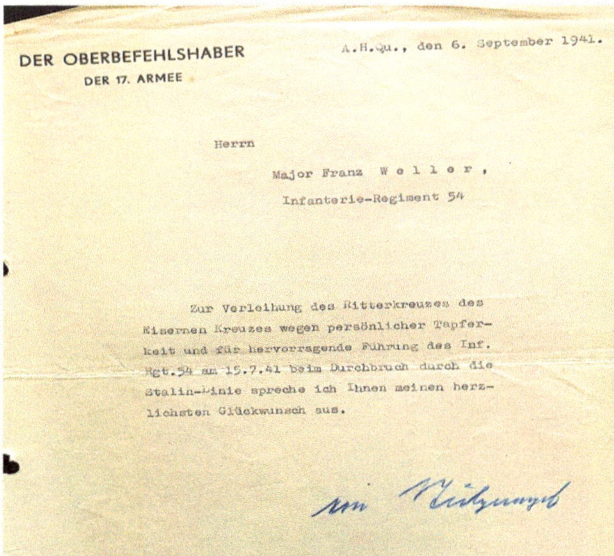

DER OBERBEFEHLSHABER
DER 17. ARMEE

A.H.Qu., den 6. September 1941.

Herrn

Major Franz W e l l e r ,

Infanterie-Regiment 54

Zur Verleihung des Ritterkreuzes des Eisernen Kreuzes wegen persönlicher Tapferkeit und für hervorragende Führung des Inf. Rgt.54 am 15.7.41 beim Durchbruch durch die Stalin-Linie spreche ich Ihnen meinen herzlichsten Glückwunsch aus.

von Stülpnagel

Abb. 43: Der OB der 17. Armee, General der Infanterie Carl-Heinrich von Stülpnagel (1886-1944), gratuliert.

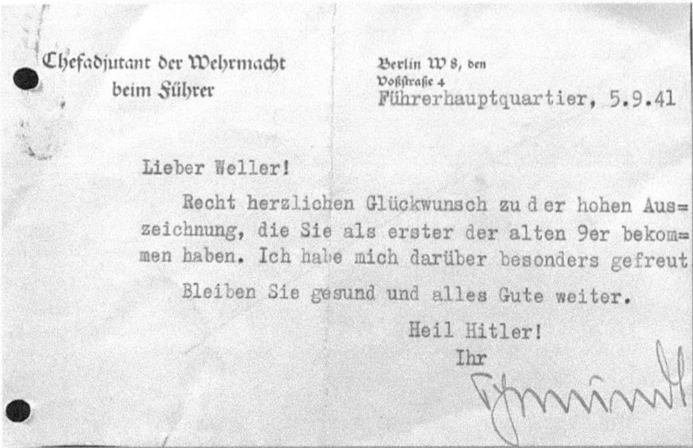

Chefadjutant der Wehrmacht
beim Führer

Berlin W 8, den
Voßstraße 4
Führerhauptquartier, 5.9.41

Lieber Weller!

Recht herzlichen Glückwunsch zu der hohen Auszeichnung, die Sie als erster der alten 9er bekommen haben. Ich habe mich darüber besonders gefreut

Bleiben Sie gesund und alles Gute weiter.

Heil Hitler!
Ihr

Abb. 44: Glückwunschschreiben von Oberst Rudolf Schmundt (1896-1944), Chefadjutant der Wehrmacht beim Führer.

Abb. 45: Kurt von Briesen, KG LII. AK, hier noch als Generalleutnant 1940 in Paris, wurde von seinen Soldaten hochachtungsvoll *„Papa Briesen"* genannt.

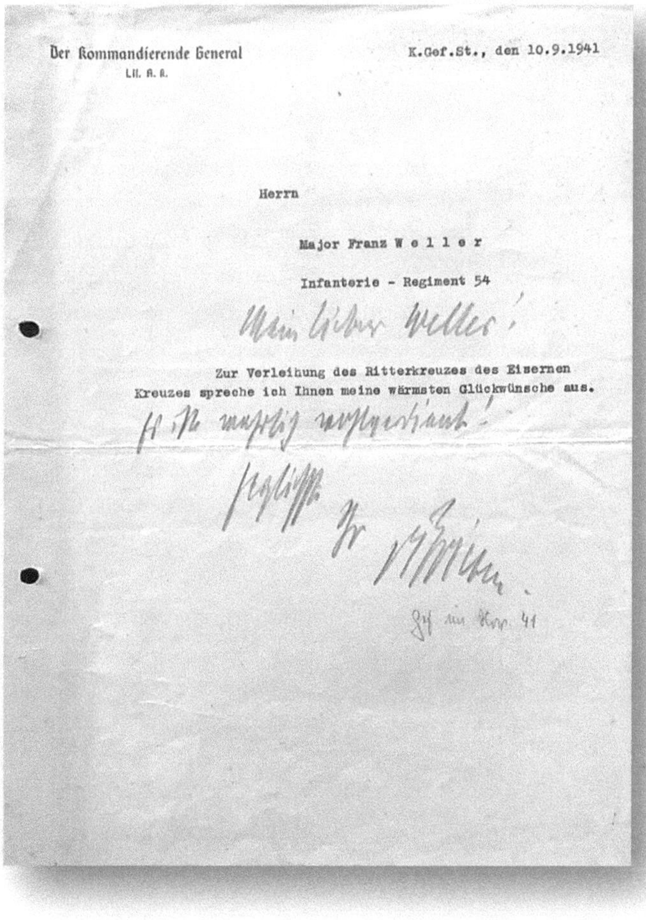

Der Kommandierende General
LII. A. K.

K.Gef.St., den 10.9.1941

Herrn

Major Franz W e l l e r

Infanterie - Regiment 54

Mein lieber Weller!

Zur Verleihung des Ritterkreuzes des Eisernen Kreuzes spreche ich Ihnen meine wärmsten Glückwünsche aus.

Abb. 46: Mit diesem Schreiben gratulierte General der Infanterie Kurt von Briesen[165] (1883-1941), KG LII. AK, zur Ritterkreuzverleihung.

Der Durchbruch durch die Stalinlinie hatte einen hohen Preis. Die im Gefechtsbericht von Weller genannte 12. Kp. hatte bei Koserowka-

165 **General der Infanterie Kurt von Briesen** (1883-1941) fiel nur wenige Wochen später am 20. November 1941 durch feindlichen Fliegerangriff. Zu Ehren dieses großen und tapferen Soldaten wurde die *„Briesen-Kaserne"* der Bundeswehr in Flensburg-Weiche von 1967 bis zur Auflösung der Kaserne 1997 nach ihm benannt.

Borschtschi am 15. Juli 1941 die höchsten Verluste zu verzeichnen.[166] Dabei war die 12. Kp. keinesfalls ein „zusammengewürfelter Haufen", sondern eine gut ausgebildete und schlagkräftige Kompanie mit großer Kampfkraft. Der letztendlich erfolgreiche Angriff verdeutlicht aus der Perspektive der 12. Kp. die große Effektivität beim Zusammenwirken verschiedener Waffen. Im Verantwortungsbereich der 12. Kp. spielten neben der Artillerie auch zwei 8,8 cm Flakgeschütze sowie die Unterstützung von mehreren Sturmgeschützen eine wesentliche Rolle. Die Kompanie hatte den Auftrag, in einem Stoßtruppunternehmen die sowjetischen Bunker in der Stalinlinie anzugreifen. Sie wurde dabei von Pionieren mit Flammenwerfern wirkungsvoll unterstützt – ein weiteres Beispiel für den Wert des Gefechts der verbundenen Waffen.

Abb. 47: Franz Weller als Ritterkreuzträger 1941.

---

[166] Die 12. Kp. verlor 2 Offiziere, 10 Unteroffiziere und 80 Mannschaften. Vgl. Hansel, Max. In: Traditionsgemeinschaft I.R. 54 (Hrsg.): Der Weg des Infanterie- und Jäger-Regiments 54. S. 131.

Eine Analyse der vorliegenden Gefechtsberichte, bezogen auf den Angriff des I.R. 54 am 15. Juli 1941, wirft die Frage auf, was mit den immer wieder zahlreich eingebrachten sowjetischen Kriegsgefangenen geschah. Der Chronist der 12. Kp. schreibt u.a.:

„Ungefähr drei Dutzend Gefangene und aufschlußreiches Kartenmaterial über die Befestigungsanlagen des ganzen Abschnittes fielen dabei in unsere Hände.“[167]

Für Franz Weller gehörte die Vernehmung von Kriegsgefangenen naturgemäß zu den Aufgaben eines Offiziers in Kriegszeiten, ohne dass die Chronik auf dieses Thema näher eingeht:

Abb. 48: Vernehmung eines Kriegsgefangenen durch Major Weller.[168]

Die Zeitzeugenberichte über den Angriff zum Durchbruch durch die Stalinlinie lassen das weitere Schicksal der sowjetischen Kriegs-

---

[167] Hansel, Max. In: Traditionsgemeinschaft I.R. 54 (Hrsg.): Der Weg des Infanterie- und Jäger-Regiments 54. S. 129.

[168] Im Kreise seiner Regimentskameraden hatte Franz Weller den Spitznamen *„Pampel“*. Im thüringischen-obersächsischen Sprachgebrauch versteht man darunter jemanden, der die Arbeit macht, die Aufgaben, die kein anderer machen will; jemand, der den Dummen macht. Weller hat seinen Spitznamen aber keinesfalls abwertend empfunden, sondern im Kreise seiner Regimentskameraden gerne auch mit *„P. Weller“* unterschrieben.

gefangenen offen; sie dokumentieren jedoch eindringlich die Brutalität auch der Gegenseite im Umgang mit gefangenen Wehrmachtssoldaten:[169]

„Hier hatte das Regiment zum erstenmale am eigenen Leibe erfahren, daß der Iwan keine Gefangenen machte und sogar Verwundete noch auf bestialische Weise abschlachtete."[170]

Das bestätigt die These von Christian Streit, wonach die Behandlung der sowjetischen Kriegsgefangenen durch die Wehrmacht zumeist totgeschwiegen wurde.[171] Oft spielte in der Behandlung der Kriegsgefangenen der Aspekt der Vergeltung eine wichtige Rolle. Die UdSSR hatte das Genfer Kriegsgefangenenabkommen von 1929 nicht ratifiziert, und die politische und teilweise auch die Wehrmachtsführung ignorierte dabei ganz bewusst, dass Deutschland dennoch an das allgemeine Kriegsvölkerrecht gebunden war. So war eine menschliche Behandlung von Kriegsgefangenen rechtlich auch dann gefordert, wenn keine konkreten Vereinbarungen bestanden. Nicht zu vergessen ist zudem, dass die UdSSR ebenso wie das Deutsche Reich das Genfer Verwundetenabkommen von 1929 ratifiziert hatten. Die Wehrmacht war damit eindeutig verpflichtet, verwundete und kranke Gefangene nach den Regeln dieser Konvention zu behandeln.[172] Der Umgang mit dem kriegsgefangenen Gegner sollte schon bald zeigen, dass dieser Krieg eine weltanschauliche Auseinandersetzung zweier gegensätzlicher und verfeindeter politischer Überzeugungen war. Der von beiden

---

169 Nach Sönke Neitzel sind in der Sowjetunion anfangs die meisten deutschen Gefangenen umgebracht worden. Die Zahl der ermordeten Wehrmachtssoldaten ist bis heute unklar. 360.000 lassen sich sicher nachweisen, es könnten aber auch eine Million gewesen sein. Vgl. Neitzel, Sönke: Deutsche Krieger. S. 236.

170 Hansel, Max. In: Traditionsgemeinschaft I.R. 54 (Hrsg.): Der Weg des Infanterie- und Jäger-Regiments 54. S. 131.

171 Die Überlebenschancen sowjetischer Kriegsgefangenen waren gering: etwa 3,3 der 5,7 Millionen kamen um. Siehe hierzu auch Streit, Christian: Das Schicksal der verwundeten sowjetischen Kriegsgefangenen. In: Heer, Hannes/Naumann, Klaus (Hrsg.): Vernichtungskrieg. Verbrechen der Wehrmacht 1941 bis 1944. Hamburg 1995. S. 78-91.

172 Vgl. Streit, Christian: Das Schicksal der verwundeten sowjetischen Kriegsgefangenen. In: Heer, Hannes/Naumann, Klaus (Hrsg.): Vernichtungskrieg. Verbrechen der Wehrmacht 1941 bis 1944. S. 78.

Kriegsparteien ideologisch geführte Krieg, der von deutscher Seite von Anfang an als Vernichtungskrieg konzipiert worden war, ließ die Gewalt schnell eskalieren. Das heißt aber nicht, dass die an der Ostfront im Einsatz stehenden Verbände der Wehrmacht grundsätzlich an Kriegsverbrechen beteiligt waren und damit Schuld auf sich geladen haben.

Auch die Befolgung des *„Kommissarbefehls“*[173] kann nicht pauschal allen deutschen Truppenteilen im Osten zur Last gelegt werden. Denn die in den Akten vorgefundenen Eintragungen zur Umsetzung des *„Kommissarbefehls“* sind in Menge, Form und Inhalt recht heterogen. So sind viele Lücken und eine stark schwankende Dichte der Eintragungen in die Kriegstagebücher festzustellen. Es ist dennoch unstrittig, dass Tötungen gefangener Politfunktionäre auf das Konto der Truppe gingen. Zudem deuten viele Fakten darauf hin, dass die Behauptung, die Richtlinien des *„Kommissarbefehls“* seien gar nicht, unregelmäßig oder nur widerwillig befolgt worden, aufgrund der gegebenen Aktenlage heute nicht mehr haltbar ist. Als symptomatisch kann in diesem Zusammenhang die Auffassung vieler Generale der Wehrmacht zum *„Kommissarbefehl“* am Beispiel eines späteren Vorgesetzten von Franz Weller in der Bundeswehr – Generalmajor Curt Siewert[174] – beschrieben werden:

„Als Beispiel dafür möchten wir nur den ebenso bekannten wie berüchtigten ‚Kommissarbefehl‘ herausgreifen. An seiner Behandlung durch die militärische Führung läßt sich überzeugend nachweisen, wie sehr sie die hier zum Ausdruck kommenden

---

[173] Die im allgemeinen Sprachgebrauch als *„Kommissarbefehl“* bekannten Richtlinien von Juni 1941 forderten von den deutschen Verbänden, die Politischen Kommissare der Roten Armee – mit wenigen Ausnahmen – unmittelbar zu liquidieren.

[174] **Generalmajor Curt Siewert** (1899-1983): 1916 Eintritt in das Grenadierregiment 5. 1918 Leutnant. 1919 in die Reichswehr übernommen. 1920-1930 Zugführer. 1930-1932 Wehrkreisausbildung. 1932/33 Generalstabsausbildung anschließend Ia op des Wehrkreiskommandos III. 1935/36 KpChef im I.R. 50. 1936 Ia im Stab des Oberbefehlshabers des Heeres (ObdH). Ab Anfang 1941 als Oberst Chef des Generalstabes (ChdGenSt) des XXXVIII. Armeekorps. 1943-44 Kdr 58. I.D. als GM und ab 1944 GL. RK am 29.2.1944. Britische Kriegsgefangenschaft bis 1948. 1956 als GM in die Bw übernommen. Führte bis April 1957 ad interim das I. Korps. Bis Ende 1957 stellvertretender KG des III. Korps in Koblenz. Bis zur Verabschiedung am 30.9.1960 Befehlshaber des WBK II in Hannover. Siehe hierzu auch Hammerich, Helmut R. u.a. (Hrsg.): Das Heer 1950 bis 1970. Konzeption, Organisation, Aufstellung. München 2006. S. 718.

Tendenzen nationalsozialistischer Kriegsführung mißbilligte, und wie sie sich bemühte, diesen Befehl unwirksam zu machen. [...]

Dieser Befehl stieß auf einmütige Ablehnung der Generale. Der Oberbefehlshaber des Heeres, damals noch Brauchitsch, weigerte sich sogar, ihn weiterzugeben. [...], wurde er von den meisten überhaupt nicht weitergereicht, teilweise wurde er in einer Weise abgeschwächt, daß er die beabsichtigte Wirkung verlor. Der Oberbefehlshaber des Heeres schränkte diesen Befehl außerdem dadurch ein, daß er durch seinen eigenen Zusatzbefehl der Truppe ein soldatisch korrektes Verhalten in Feindesland nachdrücklich zur Pflicht machte. Damit rückte er ostentativ von allen Gedanken an Ausrottung oder Vernichtung ab. Jeder General, der Brauchitsch Befehl las, erkannte seine Bedeutung. Den Oberbefehlshabern der Heeresgruppen und Armeen wurde damit zur Gewißheit, daß der Oberbefehlshaber des Heeres als ihr unmittelbarer Disziplinarvorgesetzter die Nichtausführung des Kommissarbefehls billigte. [...] Sie haben vielmehr die Aufhebung dieses jeder soldatischen Denkungsart widersprechenden Befehls in mündlichen Vorträgen und schriftlichen Eingaben immer wieder gefordert. So gelang es später dem Chef des Generalstabes des Heeres, Generaloberst Zeitzler, durch wiederholte energische Vorstellungen auch die nominelle Aufhebung des Kommissarbefehls durchzusetzen.“[175]

Vielsagend ist zu diesem Themenkomplex darüber hinaus die Aussage von General Dr. Hans Speidel (1897-1984), der 1955 als Generalleutnant in die Bundeswehr übernommen und zum Chef der Abteilung Streitkräfte im BMVg ernannt wurde. Er wurde am 1.4.1957 OB der NATO-Landstreitkräfte in Mitteleuropa, im Juni 1957 erfolgte seine Ernennung zum (Viersterne-) General. 1963 wurde er Sonderbeauftragter der Bundesregierung für Fragen der atlantischen Verteidigung. Er schied am 31.3.1964 aus dem aktiven Dienst aus.[176] Speidel führt zum „*Kommissarbefehl*“ und dessen Umsetzung in der Truppe seine persönlichen Erfahrungen aus:

„Bei Angriffsbeginn wurden wir aufs Neue auf den Kommissarbefehl Hitlers hingewiesen, der die Liquidierung aller sowjetischen Partei-Funktionäre an der Front befahl. Der kommandierende General des V. Korps verbot die Weitergabe des

---

175 Siewert, Curt: Schuldig? Die Generale unter Hitler. Bad Nauheim 1968. S. 163-164.

176 Vgl. Hammerich, Helmut R. u.a. (Hrsg.): Das Heer 1950 bis 1970. Konzeption, Organisation, Aufstellung. München 2006. S. 703.

Befehls und wies mündlich die Divisionskommandeure an, diesen Befehl nicht zu befolgen. Dies verlangte damals Mut und war nicht so selbstverständlich, wie es in der Nachkriegszeit von den ‚Neunmalweisen', denen eine Beurteilung an Ort und Stelle versagt geblieben war, angesehen wurde.“[177]

Es gibt nach Auswertung der vorhandenen Quellen für das I.R. 54 keinen Hinweis darauf, dass vorschriftenwidrig mit Kriegsgefangenen verfahren wurde. In der relevanten Vorschrift heißt es dazu:

„Gefangene sind nach kurzer Vernehmung, die sich auf die augenblickliche Gefechtslage beschränken soll, erbeutete Papiere nach kurzer Einsichtnahme den Kommandobehörden auf schnellstem Wege zuzuleiten. Geschickte und rasche Einzelvernehmung der Gefangenen ist von großer Bedeutung. Sie hat sich zu erstrecken auf Feststellung ihrer Truppenteile, benachbarter Truppen, größerer Verbände, der Namen ihrer Führer, der letzten Unterkünfte, der Märsche und Transporte, des Zustandes, der Stimmung, der Aufträge ihrer Truppenteile sowie des Vorhandenseins besonderer Kampfmittel. Anwenden von Zwangsmitteln ist völkerrechtlich nicht erlaubt. Papiere, mit Ausnahme von Schriftstücken militärischen Inhalts, sind nach Durchsicht den Gefangenen zurückzugeben. […]“[178]

Dieses Zitat zeigt, dass der inhaltliche Ausgangspunkt der Truppenführung, der H.Dv. 300/1, bereits in der Reichswehrzeit und ohne den Einfluss nationalsozialistischer Weltanschauung konzipiert wurden. Für Franz Weller stand nun eine neue dienstliche Herausforderung an, denn er sollte Kommandeur der Vorausabteilung der 100. Jäger-Division werden.

„Am 8.8. übernahm der schon seit langem angekündigte neue Kdr., Oberstlt. Seifert, die Führung des Regiments. Das hieß zugleich Abschied von Major Weller, der jetzt die Vorausabteilung der Division übernehmen mußte. Lieber wäre er bei seinem von ihm aufgestellten I. Btl. geblieben.[179]

---

[177] Speidel, Hans: Aus unserer Zeit. Erinnerungen. Berlin 1977. S. 127.
[178] H.Dv. 300/1 – Truppenführung (T.F.) I. Teil. Berlin 1936. S. 63. Nr. 188.
[179] Hansel, Max: In: Traditionsgemeinschaft I.R. 54 (Hrsg.): Der Weg des Infanterie- und Jäger-Regiments 54. S. 132.

Das Zitat unterstreicht die gegenseitige, menschliche Verbundenheit und Kameradschaft, die zwischen den Soldaten des I.R. 54 und ihrem Vorgesetzten, Major Weller, in gemeinsam überstandenen Gefahren und Krisen des Krieges gewachsen war. Der Personalakte kann entnommen werden, dass Weller als Führer bzw. Kommandeur der Vorausabteilung der 100. Jg.-Div. vom 9.8.41 bis zum 10.2.42 an der Ostfront in den Einsatz kam.[180] Anzahl sowie Intensität militärischer Operationen, die in diesem halben Jahr von deutscher Seite durchgeführt wurden, waren indes gewaltig. Nach erfolgreichem Abschluss der Kesselschlacht bei Uman[181] (15.7.-8.8.1941) vollzog sich die Verfolgung der Sowjets bis zum Dnepr. Dabei ergaben sich für die von Weller geführte Vorausabteilung (VA.) klassische Aufträge:

„Die VA. war schon um 4.00 Uhr angetreten und sollte für die nächste Zeit der Division jeweils um eine Tagesetappe voraus, in einem etwa 15 Kilometer breiten Streifen beiderseits der Vormarschstraße aufklären, die Wege erkunden, nötigenfalls (insbesondere Brücken) ausbessern, die Vormarschstraße ausschildern und geeignete Unterkünfte für die Marschgruppen im Raum der Tagesziele erkunden. Die Tagesetappen waren mit etwa 30 bis 40 Kilometer angesetzt.[182]

Am 12. August 1941 trat die Division ihren Vormarsch in den nachfolgenden acht Tagen bis zum Dnepr an. Aus dem Kriegstagebuch des Divisionsstabes geht hervor, dass die Marschbewegung durch das Ausbleiben der feindlichen Fliegertätigkeit begünstigt wurde. Unter der großen Hitze und Trockenheit jener Tage litten besonders die Pferde. Aufgrund der nur unzureichenden Tränkmöglichkeiten entstanden zum Teil erhebliche Marschverzögerungen. Auch war ein am 16. August eingeschobener Rasttag notwendig, um die Durchhaltefähigkeit von „Mensch und Tier“ zu erhalten. Ab dem 17.8.41 wurde aus Gründen der Tarnung nur bei Nacht marschiert. Am 20.8.41 fuhr der

---

180 Vgl. BA-MA. PERS1-2462-E. S. 73.

181 Die verbündeten deutschen, ungarischen und rumänischen Streitkräfte waren in der **„Kesselschlacht von Uman“** militärisch siegreich und konnten insgesamt 20 sowjetische Divisionen zerschlagen, etwa 103.000 sowjetische Soldaten gerieten dabei in Kriegsgefangenschaft. Damit war für die Wehrmacht der erste Schritt zur Eroberung des wirtschaftlich bedeutenden Donbass-Gebiets erreicht.

182 Neidhardt, Hanns: Mit Tanne und Eichenlaub. Kriegschronik der 100. Jäger-Division vormals 100. Leichte Infanterie-Division. Graz-Stuttgart 1981. S. 77.

DivKdr, General Sanne (1889-1952),[183] frühmorgens zur Erkundung an den Dnepr.[184]

Abb. 49: Major Weller, der Kdr VA., auf dem Marsch zum Dnepr. Links: erbeutete sowjetische Fahne.

Der Angriff über den Dnepr begann am 31.8.41 um 4.15 Uhr frühmorgens und erfolgte im Rahmen der Gesamtoperation „*Kesselschlacht bei Kiew*". Als erstes Angriffsziel des I.R. 54 wurde eine mitten im Dnepr liegende Insel festgelegt. Nur durch das konzentrierte Zusammenwirken aller Kräfte und Waffen, besonders der Pioniere, konnte das befohlene Zwischenziel gegen Mittag schließlich genommen werden. Die Landung schwerer Waffen gestaltete sich aufgrund des sandigen Uferbereichs überaus schwierig. Zudem hatte das Regiment Verluste durch feindliche Bomber. Am späten Nachmittag des 31. August 1941 gelang es den vordersten Teilen dennoch, am gegenüberliegenden Ufer einen Brückenkopf zu bilden. Das ermöglichte die Einrichtung eines Fährbetriebs, der den ganzen Tag aufrechterhalten werden konnte, obwohl er

---

183 **Generalmajor Werner Sanne** war vom 10.12.40 bis 31.1.42 Kdr der 100. le I.D./Jg.-Div. Das RK des EK wurde ihm am 22.2.42 verliehen. Er wurde am 1. April 1942 zum Generalleutnant befördert und nahm an der Schlacht von Stalingrad teil, wo er sich als einer der letzten Offiziere im dortigen Kaufhaus „*Univermag*" den sowjetischen Streitkräften ergab. Er starb 1952 in sowjetischer Kriegsgefangenschaft.

184 Vgl. Neidhardt, Hanns: Mit Tanne und Eichenlaub. S. 77ff.

regelmäßig durch feindliche Bomber angegriffen wurde. Allein der Regimentsstab hatte beim Übersetzen fünf Tote zu beklagen. Ein Anfang September vorgetragener massiver feindlicher Gegenangriff konnte durch zusammengefasstes Feuer sowie mit Unterstützung von Stukas abgewehrt und am 3.9. mehrere sowjetische Panzer vernichtet werden. Das war die Voraussetzung, um am folgenden Tag den Brückenkopf bis Motrino auszudehnen. Später konnte dieser sogar noch seitlich erweitert werden.[185] Im Kriegstagebuch (KTB) wird Weller zu diesem Zeitpunkt wie folgt erwähnt:

„Die VA. unter Major Weller mit der AA., den beiden Infanterie-Radfahr-Kompanien und einer Panzerjägerkompanie hatte dabei mit dem linken Flügel des I.R. 227 mitzugehen, die Nordflanke zu sichern und aufzuklären."[186]

Die Aufklärung ergab bei Motrino Feind in Regimentsstärke mit zwanzig Panzern sowie reger Lkw-Verkehr im Ort. Auch wenn ein geplanter Stuka-Einsatz wegen Schlechtwetter verhindert wurde, erfolgte der Angriff unterstützt durch Artilleriefeuer sowie eine Sturmgeschützbatterie mit neun Wagen. Die I.R. 227 und 54 drängten nach kurzem Kampf den Feind nach Norden und nahmen ihre Angriffsziele – u.a. wurde Motrino besetzt. Zudem betrug die Zahl der Gefangenen über 200, vier Geschütze wurden erbeutet, und am Ende des Tages wurden darüber hinaus mehr als 300 gefallene Rotarmisten gezählt.[187] Offen bleibt in der Kriegschronik der 100. Jäger-Division die Frage, wie in diesem Fall mit den Kriegsgefangenen verfahren wurde. Dass die gebotene Versorgung in dieser Situation eine logistische Herausforderung bedeutete, ist einleuchtend.

Bei mehreren hartnäckigen Angriffen der sowjetischen Soldaten bis zum 13. September 1941 mussten sich die deutschen Infanteristen immer wieder verteidigen. Genau an diesem Tag wurde im Regimentsgefechtstand des I.R. 54 die Verbesserung des Rangdienstalters (R.D.A.) für Major Weller vorgeschlagen. Dabei ging es um die vorzugsweise Beförderung von aktiven Truppenoffizieren. Die Begründungen des

---

[185] Vgl. Traditionsgemeinschaft I.R. 54 (Hrsg.): Der Weg des Infanterie- und Jäger-Regiments 54. S. 136.

[186] Neidhardt, Hanns: Mit Tanne und Eichenlaub. S. 92-93.

[187] Vgl. Ebenda. S. 93.

Regimentsführers sowie des Divisionskommandeurs sind der folgenden Abbildung zu entnehmen:

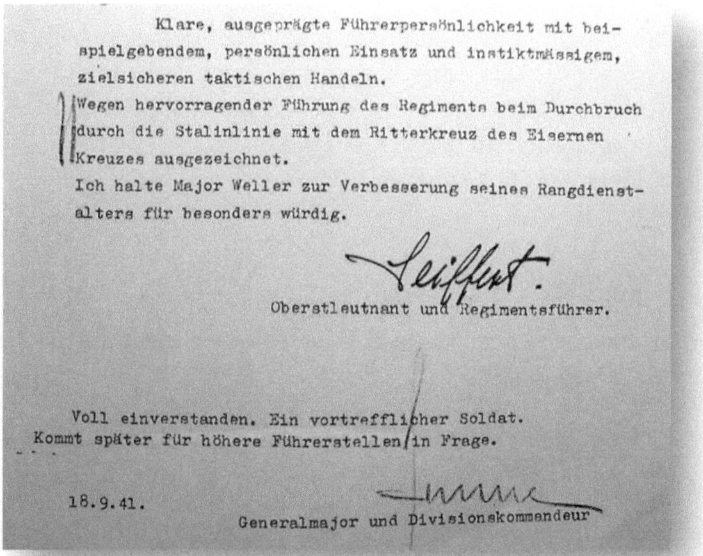

Klare, ausgeprägte Führerpersönlichkeit mit beispielgebendem, persönlichen Einsatz und instiktmässigem, zielsicheren taktischen Handeln.
Wegen hervorragender Führung des Regiments beim Durchbruch durch die Stalinlinie mit dem Ritterkreuz des Eisernen Kreuzes ausgezeichnet.
Ich halte Major Weller zur Verbesserung seines Rangdienstalters für besonders würdig.

Seiffert.
Oberstleutnant und Regimentsführer.

Voll einverstanden. Ein vortrefflicher Soldat.
Kommt später für höhere Führerstellen in Frage.

18.9.41.

Generalmajor und Divisionskommandeur

Abb. 50: Vorschlag zur Verbesserung des R.D.A. vom 13.9.1941.

Abschließend hatte Oberst Recknagel als Regimentskommandeur und sogenannter „*Friedenskommandeur*" noch Stellung zu nehmen, was er auch am 15.11.1941 tat:

„*Eine starke Persönlichkeit, die sich sehr gut entwickelt hat. Geistig sehr gut veranlagt. Erkennt rasch das Wesentliche und handelt blitzschnell. Ein hervorragender Bataillonskommandeur mit besonders gutem Einfluß auf sein Offizierkorps und seine Untergebenen. Führt im Gefecht vorbildlich ruhig und entschlossen. Seine Haltung vorm Feinde ist untadelig. Führte nach Verwundung des Rgts.Kdrs. 4 Wochen das Regiment. Erhielt in dieser Zeit für seinen persönlichen und erfolgreichen Einsatz in den verschiedensten Gefechten und für seine entschlossene Führung das Ritterkreuz zum Eisernen Kreuz. Ist seiner ganzen Persönlichkeit nach und auch nach seiner letzten Friedensbeurteilung für eine Vorpatentierung besonders geeignet.*"

--*Recknagel*
Oberst und Regimentskommandeur[188]

Die Stellungnahme zu dem Vorschlag einer vorzugsweisen Beförderung bzw. Verbesserung des Rangdienstalters hätte nicht besser ausfallen können. Recknagel betonte darin u.a. die besondere Vorbildfunktion seines Untergebenen in Bezug auf taktisches Verständnis, Entschlusskraft, Führungsfähigkeit sowie Tapferkeit vor dem Feind. Dem Vorschlag wurden außerdem:

1.) die Friedensbeurteilung vom Herbst 1939 und
2.) die oben zitierte Stellungnahme des letzten Friedenskommandeurs beigelegt.

Dem Vorgang in der Personalakte ist zu entnehmen, dass offensichtlich auch in Kriegszeiten die Militärbürokratie gründlich sowie gewissenhaft arbeitete und ein förderlicher Vorschlag verantwortungsvoll geprüft und schließlich entschieden wurde. In diesem Fall zugunsten des Soldaten.[189] Einer frühen Beförderung sollte also nichts mehr im Wege stehen. Doch zurück zu den Ereignissen im September 1941: Am 14.9.41 trat das I.R. 54 erneut zum Angriff an. Diesmal war das Angriffsziel eine etwa 10 km lange Eisenbahnlinie, von der aus feindliche Eisenbahngeschütze wirkten. Der Verlauf des Angriffs gestaltete sich sehr erfolgreich, denn das Regiment stieß bis Duduki vor. Dabei wurden 500 sowjetische Kriegsgefangene, 14 Geschütze und in Leman 20 feindliche Lkw eingebracht.[190] Das Regiment konnte im Anschluss weiter nach Osten bei Kowantschik bis nach Poltawa vorstoßen. Am 19.9.41 wurde Poltawa durch die 57. I.D. unter Generalleutnant Oskar

---

188 BA-MA. PERS1-2462-E. S. 51

189 BA-MA. PERS1-2462-E. S. 57: H.Qu.O.K.H. vom 17.12.1941. Schreiben Nr. 6340/41 PA/Ag P1/Ref.11.

190 Die Schilderung dieser Angriffserfolge in der Chronik des I.R. 54 lässt auch an dieser Stelle offen, wie nachfolgend mit den 500 Kriegsgefangenen der Roten Armee verfahren wurde. Vgl. hierzu Traditionsgemeinschaft I.R. 54 (Hrsg.): Der Weg des Infanterie- und Jäger-Regiments 54. S. 136.

Blümm (1884-1951)[191] genommen. Jahrzehnte später wurde Blümm überraschend in der Öffentlichkeit erwähnt, als es am 13. März 1997 im Deutschen Bundestag eine Aussprache zur Wehrmachtsausstellung des Hamburger Instituts für Sozialforschung gab. Theodor Waigel, Finanzminister der CSU, würdigte die Maßnahmen von Gen.Lt. Blümm zum Schutz von Behinderten in Ursberg:

„Dieser General der Reichswehr hatte den Mut, Ursberg für die Wehrmacht zu beschlagnahmen und die SS hinauszuwerfen. Ich kenne das vorherige Leben des Mannes nicht. Für mich ist er aber ein Held, weil er in dieser Sekunde als Vertreter der Wehrmacht mutig, ungeschützt, unter Gefahr für sein Leben Hunderte von Menschen, vor allen Dingen Behinderte, gerettet hat.“[192]

Mit der erfolgreichen Einnahme von Poltawa war die *„Kesselschlacht von Kiew“* (23.8.-26.9.1941) geschlagen. Das I.R. 54 wurde danach zur Korpsreserve.[193] Weil der zugewiesene neue Unterkunftsbereich ostwärts von Poltawa – Krutoj – Bereg noch feindbesetzt war, musste jederzeit mit Überfällen auch hinter der H.K.L. gerechnet werden.[194] In der Chronik der Traditionsgemeinschaft I.R. 54 wird stets zwischen feindlichen, irregulären Partisanen und der Zivilbevölkerung auf der anderen Seite unterschieden.

Die meisten Wehrmachtssoldaten hatten Mitleid mit der notgeprüften Bevölkerung, und oftmals wurde sie mitverpflegt:

„Die Ärmsten. Wo es irgendwie ging, wurde ihnen geholfen.“[195]

Am 2. Oktober 1941 traf der von seiner Verwundung genesene Regimentskommandeur, Oberst Recknagel, zur Freude seiner Soldaten wieder ein. Der Vormarsch des Regiments ging dann am 17.10. weiter nach Kolomak, am 18.10. konnte der Feindwiderstand in Walki gebrochen

---

191 Gen.Lt. Oskar Blümm erhielt das RK am 23.11.1941. Siehe hierzu: Scherzer, Veit: Ritterkreuzträger 1939-1945. Bayreuth 2021. S. 228.

192 Deutscher Bundestag: Plenarprotokoll 13/163 vom 13. März 1997. S. 14727.

193 Vgl. Traditionsgemeinschaft I.R. 54 (Hrsg.): Der Weg des Infanterie- und Jäger-Regiments 54. S. 136.

194 Vgl. Ebenda. S. 148.

195 Ebenda. S. 152.

werden. Von dort ging es zügig weiter Richtung Charkow, wo Ende Oktober in der ostwärtigen Vorstadt Lossewo Quartier bezogen wurde. Die nachfolgende vierwöchige Ruhepause blieb nicht ungenutzt, sondern diente der Auffrischung und Ausbildung der Soldaten. Danach marschierte das I.R. 54 als vorderste Marschgruppe der Division nach Süden in den Raum Alexandrowka – Alexejewka – Awilofederowka. Am 17. Dezember 1941 hatte das Regiment im Feldzug gegen die Sowjetunion eine Marschstrecke von insgesamt 2.222 km zurückgelegt und ging in eine Verteidigungsstellung am Mius. Der Mius ist ein kleiner, die ostukrainische Grenze bildender Fluss. Dieser Marsch nach Süden war aufgrund von durch Regen und Schneematsch völlig aufgeweichten Wegen denkbar schwierig und erlaubte nur sehr geringe Marschgeschwindigkeiten. Da die Dämmerung zu dieser Jahreszeit bereits um 16.00 Uhr einsetzte, wurde die Orientierung deutlich erschwert. Zudem verschlechterte sich die Verpflegungslage aufgrund der langen Versorgungswege zunehmend. Der Ausbau der Mius-Stellung wurde sofort begonnen, obgleich die deutschen Infanteristen nur sehr begrenzt auf Schanzzeug zurückgreifen konnten und stattdessen zumeist lediglich auf ihre kurzen Klappspaten angewiesen waren. Um die Stellung so stark wie möglich zu machen, wurde Tag und Nacht daran gearbeitet. Der Feind saß am anderen Flussufer und schanzte ebenfalls. Laufend schoss er Störungsfeuer und fühlte mit Spähtrupps gegen die Stellungen des I.R. 54 vor. Durch die mittlerweile einsetzende große Kälte wurde der Mius zu einem nahezu unüberwindlichen Hindernis, denn es schoben sich riesige Eisschollen zusammen, die sich verkeilt meterhoch auftürmten. Auch setzte starkes Schneetreiben ein, das Laufgräben und Bunkerstellungen zuschneite. Unter diesen Umständen erlebten die Infanteristen den 24. Dezember 1941, für viele Soldaten war es das dritte Weihnachtsfest im Felde.[196]

Die nachfolgende Skizze aus dem KTB zeigt die Stellungen am Mius, Dezember 1941/Januar 1942:

[196] Vgl. Traditionsgemeinschaft I.R. 54 (Hrsg.): Der Weg des Infanterie- und Jäger-Regiments 54. S. 139.

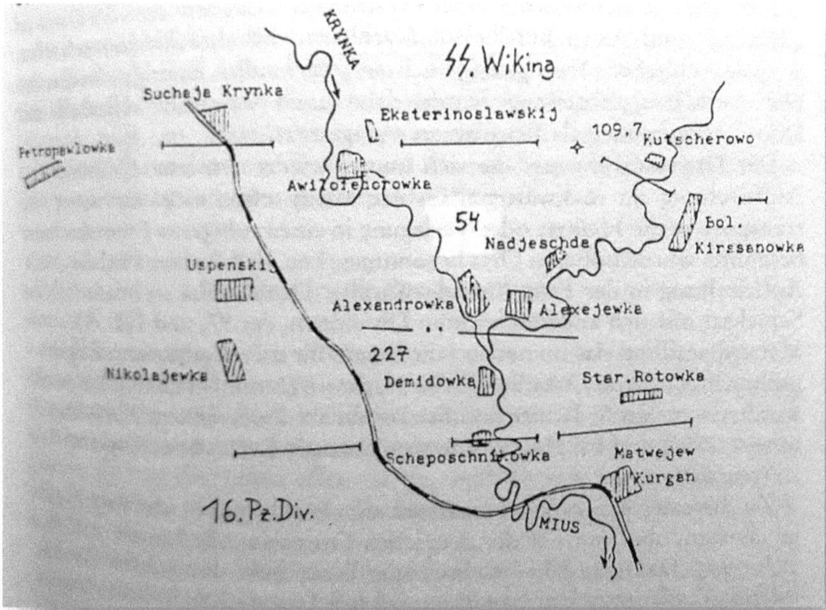

Abb. 51: Die Stellungen am Mius, gelb markiert das I.R. 54.

Am 1. Januar 1942 wurde der Regimentskommandeur I.R. 54, Oberst Recknagel, mit der Führung der 111. Infanterie-Division beauftragt.

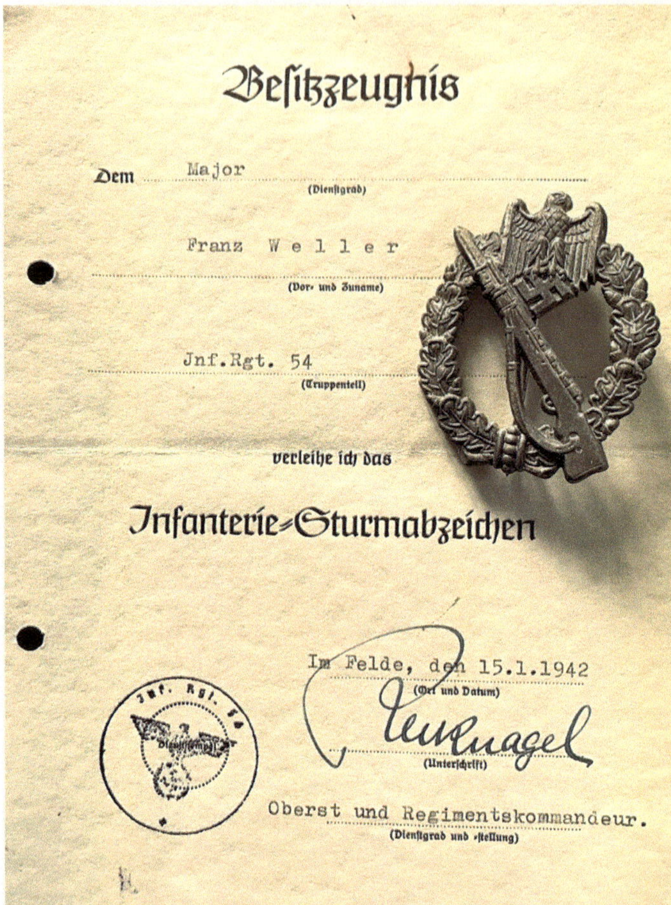

Besitzzeugnis

Dem Major
(Dienstgrad)

Franz Weller
(Vor- und Zuname)

Jnf.Rgt. 54
(Truppenteil)

verleihe ich das

Infanterie-Sturmabzeichen

Im Felde, den 15.1.1942
(Ort und Datum)

(Unterschrift)

Oberst und Regimentskommandeur.
(Dienstgrad und -stellung)

Abb. 52: Infanterie-Sturmabzeichen in Bronze mit Verleihungsurkunde.[197]

Nachdem er seine Bataillone ein letztes Mal in ihren Stellungen besucht hatte, verabschiedete er sich schließlich am Morgen des 17.1.42 um 9.00 Uhr von seinem Regiment. Zuvor war die Führung an

---

[197] Siehe hierzu auch Scherzer, Veit: Das Auszeichnungssystem der Wehrmacht. Bayreuth 2015. S. 69.

Oberstleutnant Mohr übertragen worden.[198] Inzwischen tobten an der gesamten Ostfront erbitterte Abwehrkämpfe. Eisige Kälte und unglaubliche Menschen- und Materialmassen wurden durch die Sowjets zum Einsatz gebracht. Doch die deutsche Verteidigung hielt zunächst noch Stand. Als im Januar der Feind mit enormer Gewalt in der Gegend von Isjum vorstieß, gelang es ihm, die deutsche Abwehrstellung zu durchbrechen und in südwestlicher Richtung vormarschierend den Dnepr zu erreichen.

Die 100. Division schied aus dem Befehlsbereich des XIV. A.K. aus und erreichte zur Verfügung des A.O.K. 17 zunächst den Raum Gorlowatoje.[199]Am 19. Januar verließen die zur *„Kampfgruppe Weller"* zusammengefassten AA. 100 und PiBtl 100 den Mius, um im Eiltransport nach Grischino gebracht zu werden. In den folgenden Tagen gelangte die Division teils im Eisenbahntransport, teils im Landmarsch in den gefährdeten Frontabschnitt. Schon am 23.1.42 war die gesamte Division herausgelöst und stand mit Teilen bereits wieder im Kampf.[200] Die *„Kampfgruppe Weller"* wurde sofort von Grischino aus eingesetzt und stieß bei eisiger Kälte nach Norden vor, wo nach ca. 17 Kilometern die Ortschaft Stepanowka genommen wurde. Weller traf die Entscheidung, vorläufig im Dorf zu bleiben und seine Verbindung nach Grischino offenzuhalten. Das war vermutlich die richtige Entscheidung, denn der rechte Nachbar hing noch ungefähr 15 km nach. Auf der linken Seite sah es auch nicht viel besser aus, weil dort ebenfalls weiter hinten lediglich einige bunt zusammengewürfelte Bau- und Nachschubtruppen standen.[201] Am 24.1.42 legte Major Weller, die Verteidigung von Stepanowka folgendermaßen fest:

Das III. Btl. am Ost- und Nordostrand, anschließend das II. Btl. bis zur Nordwestecke und A.A. 100 in Gegend des Westausgangs. Die Pionier- Kp. 54 zog als Reserve im Dorf unter. Spähtrupps erhielten Auftrag, überraschendes Auftreten des Feindes zu verhindern.

Zweite Aufgabe der Kampfgruppe war die Einnahme von Alexandrowka, was bereits am 26. Januar gelingen sollte. Am gleichen Tag griff

---

198 OTL Mohr war bisher Kdr III./54.

199 Vgl. Traditionsgemeinschaft I.R. 54 (Hrsg.): Der Weg des Infanterie- und Jäger-Regiments 54. S. 148.

200 Vgl. Neidhardt, Hanns: Mit Tanne und Eichenlaub. S. 153.

201 Vgl. Ebenda. S. 153.

der Gegner mehrfach, gegen 1.30 Uhr beginnend, von Norden an und scheiterte wiederholt im Abwehrfeuer der deutschen Kräfte. Einzelne feindliche Reiterspähtrupps zogen an Stepanowka nach Süden vorbei. Angriffe aus westlicher Richtung konnten erneut abgewehrt werden. Ein letztes Mal versuchte der Feind, diesmal aus Süden, einen Angriff. Gegen 19.00 Uhr konnte auch dieser Angriff erfolgreich abgeschlagen werden. Der Feind führte in der Folge zusätzliche Kräfte heran.

Nun wurde die *„Kampfgruppe Weller"* vom rückwärtigen Stützpunkt abgeschnitten. Alle Nachschubwege waren unterbrochen. So wurde die weitere Versorgung aus der Luft geplant. Die standhafte eigene Abwehr bewirkte jedoch, dass der Nachschub noch am Nachmittag des 26. Januar 1942 wieder gewährleistet werden konnte. Kurz vor Mitternacht traf eine Kolonne mit Verpflegung, Munition und einigen Panzerjägerschützen ein.[202] Am nächsten Tag, dem 27. Januar, hatte das III. /54 zusammen mit der 8./A.R. 83 den Auftrag, bereits morgens um 3.30 Uhr zu marschieren, um das etwa 4 km südwestlich von Stepanowka gelegene Dorf Ssamojlowka mit der Absicht zu nehmen, nach links eine bessere Flankensicherung zu erwirken. Jedoch blieben nach bereits wenigen hundert Metern die Geschütze in den hohen Schneewehen stecken. Ähnlich erging es den anderen Fahrzeugen mit Munition und Verpflegung, die nach etwa 2.000 m nicht mehr vorwärtskamen. Dieses kleine Beispiel verdeutlicht, wie anspruchsvoll allein die Geofaktoren Gelände, Umweltbedingungen (Wetter/Sicht/Tageszeit) und andere Einflüsse im Ostfeldzug waren. Neben Improvisationsvermögen wurde den deutschen Soldaten viel Disziplin und Leidensfähigkeit abverlangt. Den Offizieren kam in dieser Lage eine besondere Bedeutung zu. Sie mussten ihren Männern Vorbild sein, alle Strapazen teilen, Entscheidungen treffen und führen. Nur wenn sie dieser Verpflichtung und Herausforderung gerecht wurden, konnte Vertrauen zwischen Führern und Geführten entstehen, das die Grundlage für erfolgreiches Verhalten besonders in Kriegszeiten bildete.

Am 27.1.42 wurde entschieden, mit dem Bataillon umzukehren und vorerst die alten Stellungen in Stepanowka wieder zu beziehen. Um 7.00 Uhr griff dann der Feind mit zwei Kompanien und acht Panzern aus westlicher Richtung an. Er konnte abgewehrt werden und

---

202 Vgl. Traditionsgemeinschaft I.R. 54 (Hrsg.): Der Weg des Infanterie- und Jäger-Regiments 54. S. 153.

verschwand nach Norden. Nachdem gegen Mittag zwei aus Norden anmarschierende feindliche Reiterschwadronen bereits im Anmarsch durch Artilleriefeuer zerschlagen werden konnten, trat im Ort wieder Ruhe ein. Daher wurde die AA. nach Einbruch der Dunkelheit zu anderer Verwendung aus Stepanowka wieder abgezogen. Die nächsten Tage verliefen ruhiger, Spähtrupps wurden in alle Richtungen in Marsch gesetzt, um die Absicht des Feindes aufzuklären. Für große Freude sorgte unter den Infanteristen des I.R. 54, dass am 28.1.42 die Erfolge der *„Kampfgruppe Weller"* vom 26. Januar im *„Drahtlosen Dienst"*[203] positive Erwähnung fanden. Am 1. Februar 1942, gegen 11.00 Uhr, näherten sich 30 bis 35 Sowjets mit schweren Waffen aus nördlicher Richtung der Ortschaft Stepanowka. Der Feind stellte sich ca. 1.500 m nördlich der Ortschaft auf. Sofort wurde ein Gegenstoß in Stärke von zwei Zügen unterstützt von einem Sturmgeschütz unternommen, bei dem festgestellt wurde, dass der Feind eine Stärke von insgesamt drei Kompanien hatte. Es gelang den beiden Zügen, die feindliche Bereitstellung vollständig zu zerschlagen. Gegen 16.15 Uhr kehrten die Züge ohne Verluste zurück. Auf der anderen Seite wurden 11 Gefangene eingebracht, 70 Sowjets waren gefallen. Trotz der eisigen Temperaturen und mittlerweile meterhohen Schneeberge konnte Stepanowka in den folgenden Februartagen trotz harter Kämpfe gehalten werden.[204]

Der Chronist der 100. Jäger-Division, Hanns Neidhardt, beschreibt die Kämpfe um Stepanowka eindringlich:

„Nach zähem Ringen und zum Teil erbitterten Nahkämpfen gelang es, den Feind aus dem Ort zu vertreiben. Zwei Tage später versuchte der Russe, den Ort in wiederholten Gegenstößen in Zug- bis Bataillonsstärke zurückzugewinnen. […] Auch Stepanowka blieb nicht verschont. Zwölf Stunden lang berannte der Russe immer wieder den Ort. Einmal, gegen Mittag, gelang es ihm vorübergehend, sich im Nordteil des Ortes festzusetzen, doch die 8./54 griff noch rechtzeitig ein und trieb den Gegner unter hohen Verlusten zurück. Damit schien seine Kraft erschöpft, es erfolgten keine Angriffe mehr, auch das Artilleriefeuer hörte auf."[205]

---

203 Rundfunk

204 Vgl. Traditionsgemeinschaft I.R. 54 (Hrsg.): Der Weg des Infanterie- und Jäger-Regiments 54. S. 153ff.

205 Neidhardt, Hanns: Mit Tanne und Eichenlaub. S. 156.

Es fällt auf, dass Franz Weller im KTB des I.R. 54, aber ebenso in der Kriegschronik aus der Nachkriegszeit von 1981, häufig namentliche Erwähnung findet. Er spielte ganz offensichtlich in den Kämpfen im Januar/Februar 1942 an der Ssamara[206] eine führende Rolle. Die Tage bis zum 10. Februar 1942 verliefen verhältnismäßig ruhig, von einigen „*Spähtrupp-Plänkeleien*" einmal abgesehen. Für Major Weller hatte dieser Tag eine besondere Bedeutung, denn er übernahm nun offiziell die Führung des I.R. 54. und wurde damit Regimentskommandeur.[207]

Am 11.2.42 trat noch einmal bei stockdunkler Nacht um 1.00 Uhr die „*Kampfgruppe Weller*" gegen den Samara-Abschnitt an. Die langen Schlittenkolonnen zogen nach Norden. Das KTB des I.R. 54 beschrieb das Aufeinandertreffen mit einem russischen Offizier-Spähtrupp im Zuge dieses Gefechtsmarsches:

„Es ist 5.00 Uhr durch, bald wird es dämmern. Plötzlich Gewehrfeuer aus einem Strohschober rechts des Weges. Die Sicherungen des vordersten Btl. stoßen vor und nehmen einen russischen Offizierspähtrupp nach kurzem Gefecht gefangen. Dieser Spähtrupp, der mit Schneehemden bekleidet, einen völlig erfrorenen Eindruck macht, wird sofort verhört. Die glaubwürdigen Aussagen ergaben eine starke Besetzung des Samara-Abschnittes.[208]

Die Behandlung der gefangenen Offiziere war in dieser Lage vorschriftenkonform. Die „*Kampfgruppe Weller*" hatte im weiteren Verlauf als Angriffsziel die Dörfer Bessabotowka und Nowo Andrejewka.

---

206 Ssamara: linker Nebenfluss des Dnepr, durchfließt das Steppengebiet der südlichen Ukraine. Der Fluss hat eine Länge von etwa 320 km, das Einzugsgebiet beträgt ca. 22.600 km².

207 Vgl. Neidhardt, Hanns: Mit Tanne und Eichenlaub. S. 156.

208 Vgl. Traditionsgemeinschaft I.R. 54 (Hrsg.): Der Weg des Infanterie- und Jäger-Regiments 54. S. 156.

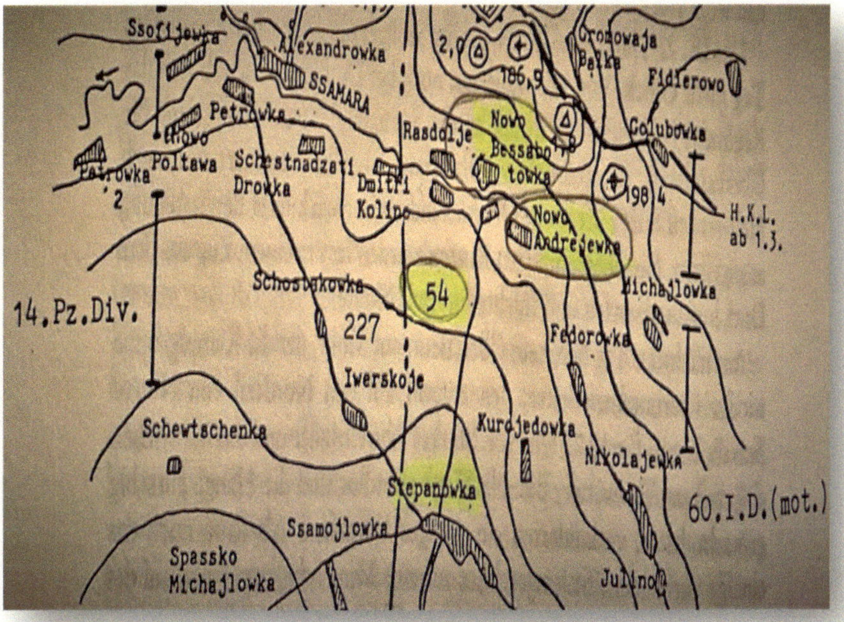

Abb. 53: Winterkämpfe an der Ssamara im Januar-April 1942.

Nach der Chronik des I.R. 54 begab sich Major Weller nach Nowo Andrejewka, um die 7. und 8. Kp des III. Bataillons für den weiteren Angriff zu ordnen. Das III. Btl. wurde auf Nowo Bessabotowka angesetzt, während das II. Btl. auf der letzten Bodenwelle vor Nowo Andrejewka liegend den Flankenschutz zu übernehmen hatte.[209] Der Angriff des III. Btl. schlug zunächst fehl, aber Nowo Andrejewka konnte genommen werden. Schließlich konnte auch Nowo Bessabotowka besetzt werden, nachdem ein Feuerschlag der Artillerie die gewünschte Wirkung zeigte und anschließend die Regimentsreserve, die 8. Kompanie, in den Ort eindringen konnte. Am frühen Nachmittag kam Unterstützung in Form eines Sturmgeschützes, das den Angriff zusätzlich verstärkte. Beim Kampf um Nowo Bessabotowka entwickelte sich ein verbissener Nahkampf um jedes Haus. Dabei wurde u.a. der Führer des III./54, Hauptmann Pollak, so schwer verwundet, dass er noch am

---

209 Siehe Abb. 34.

gleichen Tag verstarb.[210] Das Abwehrfeuer der Sowjets war dermaßen massiv und gezielt, dass sich die deutschen Angreifer kaum bewegen und verschieben konnten. Auch Major Weller verließ bei diesem Gefecht das Soldatenglück, als er im Häuserkampf verwundet wurde. Dazu die Schilderung aus dem KTB I.R. 54:

„Der schneidige Regimentsführer geht in altgewohnter Weise über die Dorfstraße, um seinen Btl.-Führer[211] in Deckung zu bringen. Alle warnenden Zurufe werden überhört, da bricht er plötzlich über seinem schwerverwundeten Kameraden zusammen. Langsam kriecht er durch die Wasserlachen des getauten Schnees über die Straße in Deckung und erhält, weil ihm das Kriechen zu langsam erscheint beim letzten Sprung noch einen Schuß.[212]

Die Chronik lässt an dieser Stelle offen, wie schwer die Verwundung war, die Franz Weller in der geschilderten Lage erlitt. Die Antwort auf diese Frage kann das Gesundheitszeugnis, ausgestellt vom Gesundheitsamt der Stadt Neuß, vom 24. November 1955 geben. Zweck der ärztlichen Untersuchung war die Einstellung als Offizier der Bundeswehr. Dort heißt es in knappen Worten:

„Februar 42 Durchschuß linker Unterschenkel und Steckschuß im Gesäß.“[213]

Zurück in den Februar 1942: Major Weller war durch die beschriebene Verwundung so stark beeinträchtigt, dass er zunächst nicht mehr an der Front verwendet werden konnte und unverzüglich ins Lazarett musste. Damit endete sein Kriegseinsatz in Russland, der mit dem Einmarsch am 22. Juni 1941 seinen Anfang genommen hatte. Vom 11. Februar bis zum 31. Mai 1942 konnte Franz Weller keinen Dienst mehr versehen und wurde gemäß Aktenlage als *„verwundet“* geführt. Die Personalakte gibt Aufschluss darüber, wo er diesen Zeitraum zum Zweck der Genesung verbrachte: vom 27.2. bis zum 14.3.42 lag er im Reserve-

---

210 Vgl. Neidhardt, Hanns: Mit Tanne und Eichenlaub. S. 156-157.

211 Gemeint ist Hptm. Pollak.

212 Traditionsgemeinschaft I.R. 54 (Hrsg.): Der Weg des Infanterie- und Jäger-Regiments 54. S. 157.

213 BA-MA. PERS1-2462-D. S. 1.

Lazarett in Nordhausen, anschließend folgten Lazarettaufenthalte in Freystadt/Niederschlesien (15.3.-14.4.42), gefolgt von einer weiteren Behandlung im Reserve-Kurlazarett in Bad Landeck/Niederschlesien vom 15.4.-14.5.42. Es ist anzunehmen, dass er danach einen kurzen Erholungs- und Genesungsurlaub im Kreise seiner Familie verbrachte. In diesen mehrmonatigen Zeitraum der Dienstunfähigkeit fiel auch die Beförderung Wellers zum Oberstleutnant (324) zum 1. März 1942.

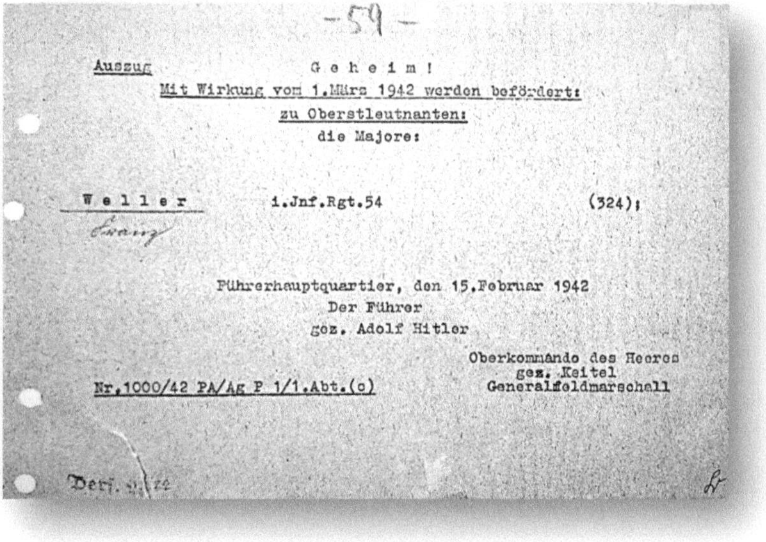

-59-

Auszug Geheim!

Mit Wirkung vom 1.März 1942 werden befördert:

zu Oberstleutnanten:

die Majore:

Weller i.Jnf.Rgt.54 (324);

Franz

Führerhauptquartier, den 15.Februar 1942

Der Führer

gez. Adolf Hitler

Oberkommando des Heeres

gez. Keitel

Generalfeldmarschall

Nr.1000/42 PA/Ag P 1/1.Abt.(c)

Abb. 54: Beförderung zum Oberstleutnant.

Ab dem 18. Mai wurde er schließlich zur Infanterie-Schule Döberitz, Lehrabteilung II, zur Einarbeitung als Lehrgruppen-Kommandeur kommandiert.[214]

[214] Vgl. BA-MA. PERS1-2462-E. S. 65.

6.5 Oberstleutnant – Juni 1942 bis April 1943, Lehrgruppen-Kommandeur an der Kriegsschule Döberitz und Posen

Abb. 55: September 1942. Lehrpersonal Lehrgruppe 1 der am 10. Juni 1942 in Dallgow-Döberitz neu aufgestellten Infanterieschule V. Vordere Reihe vierter von links: OTL Franz Weller. Die Schule wurde in den Gebäuden des Olympischen Dorfes von 1936 untergebracht. Das Lehrpersonal steht vor dem Eingang des *„Hindenburghauses“*, dem Veranstaltungs- und Feierzentrums des Olympischen Dorfes.[215]

---

[215] Vgl. Rönnau, Olaf: Drei Ritterkreuzträger in einer Lehrgruppe. Soldatenschicksale. In: Verlag Veit Scherzer (Hrsg.): Ritterkreuz Archiv. Vierteljahresheft für Archivalien, Dokumente und neue Nachrichten über Ritterkreuzträger. Ausgabe Nr. III/2022. S. 6-9.

Abb. 56:
OTL Franz Weller als Lehrgruppen-Kommandeur im September 1942. Detailansicht.

In der Verwendung des Lehrgruppen-Kommandeurs an der Infanterieschule stand Weller noch bis April 1943. Für diese anspruchsvolle Aufgabe brachte er alle erforderlichen Eigenschaften mit:

„Jedes Bemühen um Menschenführung versagt, wenn es nicht durch eigenes Beispiel vorgelebt wird. Das Beispiel bedarf der Ergänzung durch charakterliche Eigenschaften wie Aufrichtigkeit, Herz, Konsequenz, Zuversicht oder Geduld. Solche Eigenschaften, die in ihrer Gesamtheit zur Haltung werden und die Persönlichkeit ausmachen, sind nicht quantifizierbar oder meßbar. Sie lassen sich schulmäßig auch nur begrenzt heranbilden.

Können kann man lernen, Charakter aber muß man besitzen."[216]

Militärisch gesehen, war diese Verwendung sinnvoll, denn Weller hatte sich als überaus tapferer und hochdekorierter Infanterieoffizier über das I.R. 54 hinaus einen Namen gemacht. Nun galt es, dem Führungsnachwuchs der Infanterie praktische Erfahrungen aus dem Krieg glaubwürdig zu vermitteln – dafür war OTL Weller genau der richtige Mann. Die Verwendung an den Kriegsschulen hatte für die Frontoffiziere und Feldwebel aber auch den Zweck, diese bewährten Soldaten eine Zeitlang zu schonen, um deren Nerven

[216] Stockfisch, Dieter: Menschenführung in Frieden, Krise und Krieg. Berlin 1997. S. 31.

und Kampfkraft zu erhalten oder wieder zu erneuern. Unter anderem General Ulrich de Maizière (1912-2006) wies auf diesen Hintergrund hin:

„In einem langandauernden Großkampf waren die Zug-, Kompanie- oder Bataillonsführer der Kampftruppe, der Pioniere oder die vorgeschobenen Beobachter der Artillerie in aller Regel nicht länger als drei Monate im Einsatz, ohne zu fallen oder eine Verwundung zu erhalten. Dies wußten die Betroffenen natürlich auch. Ich habe nun erlebt, daß tapfere und hochdekorierte Feldwebel und Offiziere, die nach der vierten, fünften, sechsten Verwundung genesen zur Truppe zurückkehrten, auf einmal versagten. […] Die seelischen Kräfte sind einmal zu Ende. Man zog solche Offiziere deshalb aus der Front heraus und verwendete sie eine zeitlang als Ausbilder, als Lehrer auf Schulen, in rückwärtigen Stäben. Später haben sie sich dann an der Front wieder hoch bewährt.“[217]

Franz Weller verfügte über natürliche Autorität, er führte souverän mit Gelassenheit und Humor. Seine Offiziere und Lehrgangsteilnehmer schätzten ihn, weil er fachliche und soziale Kompetenz besaß. Seine Führungserfahrung aus zahlreichen Gefechten an der West- und Ostfront machten ihn authentisch und glaubwürdig. Dabei zeigte er seine pädagogische Begabung, indem er es verstand, auch in kritischen Lagen die richtigen Worte zu finden, um seine Männer zu erreichen. Auch im Hörsaal der Kriegsschule war sein Verhalten von Pflichterfüllung und Fürsorge geprägt, was bei seinen Soldaten Vertrauen, Loyalität und Gefolgschaft erzeugte. Noch Jahrzehnte nach dem Krieg kamen ehemalige Untergebene und Kameraden zu den Veranstaltungen des I.R. 54 und blieben ihrem früheren Vorgesetzten bzw. Kommandeur Franz Weller vertrauensvoll verbunden.

Inhaltlich ging es bei der Ausbildung an der Infanterieschule im Wesentlichen um folgende Fächer:

- Taktik
- Truppenführung
- Waffentechnik

---

[217] de Maizière, Ulrich: Persönliche Erfahrungen zu Fragen der Menschenführung im Frieden, in Krisen und im Kriege. In: Truppenpraxis Heft 10/83. S. 709.

- Schieß- und
- Geländeausbildung

Während des Krieges gab es vier Lehrstäbe in Döberitz:
Lehrstab 1 als Schießschule mit den drei Lehrgruppen.

I für leichte Infanteriewaffen, Scharfschützenausbildung und Nahkampf;
II für schwere Maschinengewehre und Granatwerfer;
III für Infanteriegeschütze und Panzerabwehr.

Der Lehrstab 2 war zuständig für Regimentsführerlehrgänge und zeitweise für Bataillonskommandeure. Diese fanden aber in den besetzten Gebieten, vornehmlich in Frankreich, statt.

Der Lehrstab 3 zeichnete für die Heeresmotorisierung zuständig, sofern diese die Infanterie betraf.

Schließlich war der Lehrstab 4, der größte Lehrstab, verantwortlich für die Ausbildung von Oberfähnrichen und Leutnanten zu Zugführern sowie von Oberleutnanten zu Kompanieführern. Des Weiteren diente das Infanterielehrregiment als Lehr- und Versuchstruppe. Außerdem existierte eine Inspektion für Versuchsaufgaben und eine Reiterstaffel.[218]

Für Franz Weller war die Zeit als Lehrgruppen-Kommandeur in Döberitz angenehm, denn zum einen hatte er eine Aufgabe, die ihm lag und ihn innerlich erfüllte. Andererseits war er nun nach monatelanger Abwesenheit von Haus und Familie zunächst wieder heimatnah verwendet worden. Als die Infanterieschule bzw. *„Schule für Fahnenjunker der Infanterie V"* nach Posen[219] verlegt wurde, endete auch dieser glückliche Umstand. Seinem Lebenslauf von 1954 kann entnommen werden, dass er im Januar 1943 nach Posen versetzt wurde. Aus der Posener Zeit liegt die auf der nächsten Seite abgebildete Beurteilung vom 1. März 1943 vor, die ihm über dem Durchschnitt liegende Leistungen

---

218 Vgl. Pantenius, Hans Jürgen: Letzte Schlacht an der Ostfront. Von Döberitz bis Danzig 1944/1945. Berlin 2009. S. 11.
219 Ab September 1939 Hauptstadt im neugeschaffenen *„Reichsgau Wartheland"*.

attestierte. Folgerichtig wurde ihm als nächsthöhere Verwendung die Stellung eines Regimentskommandeurs durch den Inspekteur des Erziehungs- und Bildungswesens, Generalleutnant Ludwig Wolff (1893-1968), zugesprochen.[220] Auch hielt man ihn für die Aufgabe eines Kommandeurs einer Schule für Offizieranwärter für geeignet. Die *„beste nationalsozialistische Haltung"*, die ihm zuerkannt wurde, kann als zeittypische Phrase betrachtet werden, da die meisten in Stellung und Aufgabe vergleichbaren Beurteilungen diese oder ähnliche Formulierungen standardmäßig enthielten. Jedenfalls deutet in den vorliegenden Dokumenten nichts darauf hin, dass Franz Weller ein entschiedener Anhänger des Nationalsozialismus war.

Mit der Geburt der dritten Tochter – Antje Karin – am 10.3.43 fiel auch ein privates, sehr erfreuliches Ereignis für Franz Weller in diese Lebensphase.[221] Schließlich endete die Verwendungszeit als Lehrgruppenkommandeur am 30. März 1943.

---

[220] **Generalleutnant Ludwig Wolff** (1893-1968) hat die Eignung zum Regiments-Kommandeur am 15.3.1943 bestätigt: *„Einverstanden. Ausgezeichneter Lehrgruppenkommandeur. Zum Rgt.-Kdr. geeignet."* (BA-MA. PERS1-2462-E. S.17). Siehe hierzu auch Scherzer, Veit: Die Ritterkreuzträger. Bayreuth 2021. S. 798.

[221] Siehe hierzu Abb. 1 (Stammtafel der Familie Weller).

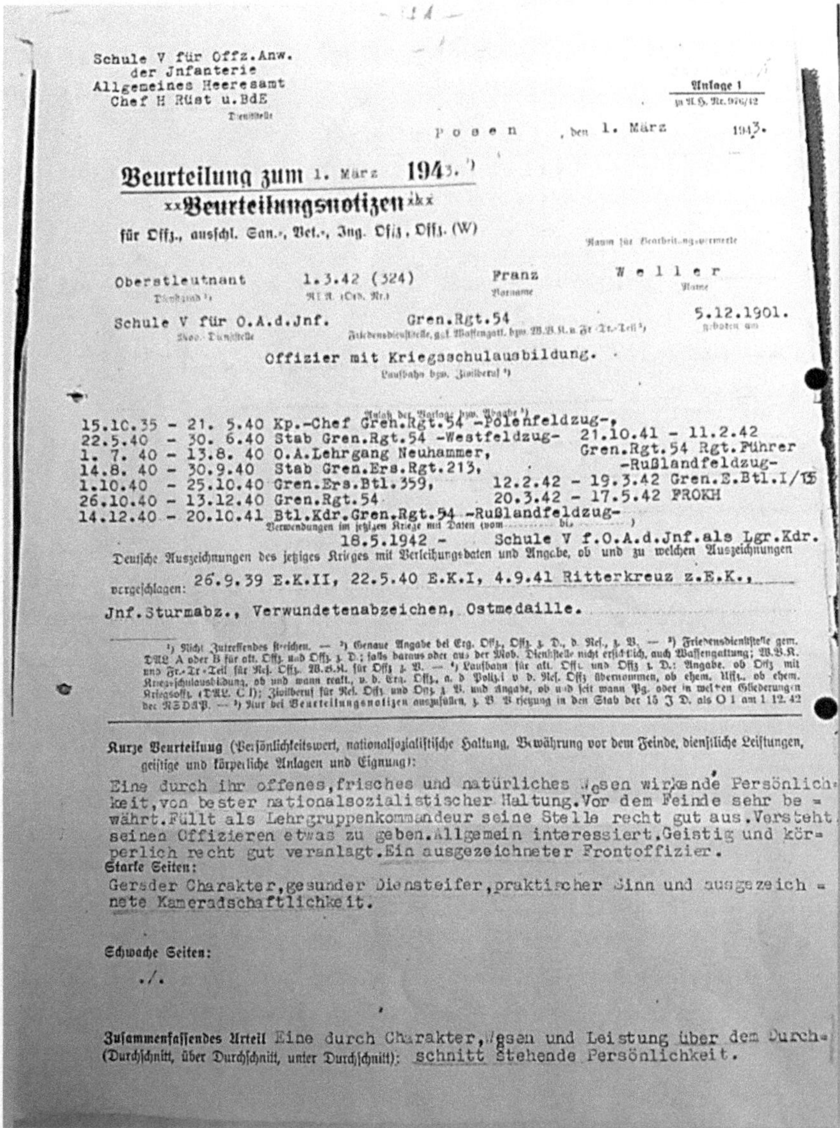

Schule V für Offz.Anw.
der Jnfanterie
Allgemeines Heeresamt
Chef H Rüst u.BdE
Dienststelle

Anlage 1
zu A.H. Nr. 976/42

Posen, den 1. März 1943.

Beurteilung zum 1. März 1943.[1]
xxBeurteilungsnotizenxxx
für Offz., ausschl. San.-, Vet.-, Ing. Offz, Offz. (W)

Raum für Bearbeitungsvermerke

Oberstleutnant — 1.3.42 (324) — Franz — Weller
Dienstgrad[1] — RDA (Ord. Nr.) — Vorname — Name

Schule V für O.A.d.Jnf. — Gren.Rgt.54 — 5.12.1901.
Kdo.-Dienststelle — Friedensdienststelle, ggf. Waffengatt. bzw. W.B.K. u. Fr.-Tr.-Teil[3] — geboren am

Offizier mit Kriegsschulausbildung.
Laufbahn bzw. Zivilberuf[4]

Anlaß der Vorlage bzw. Angabe[5]

15.10.35 - 21. 5.40 Kp.-Chef Gren.Rgt.54 -Polenfeldzug-,
22.5.40 - 30. 6.40 Stab Gren.Rgt.54 -Westfeldzug-
1. 7. 40 - 13.8. 40 O.A.Lehrgang Neuhammer,
14.8. 40 - 30.9.40 Stab Gren.Ers.Rgt.213,
1.10.40 - 25.10.40 Gren.Ers.Btl.359,
26.10.40 - 13.12.40 Gren.Rgt.54
14.12.40 - 20.10.41 Btl.Kdr.Gren.Rgt.54 -Rußlandfeldzug-
21.10.41 - 11.2.42 Gren.Rgt.54 Rgt.Führer -Rußlandfeldzug-
12.2.42 - 19.3.42 Gren.E.Btl.I/15
20.3.42 - 17.5.42 FROKH
18.5.1942 - Schule V f.O.A.d.Jnf.als Lgr.Kdr.
Verwendungen im jetzigen Kriege mit Daten (vom ... bis ...)

Deutsche Auszeichnungen des jetziges Krieges mit Verleihungsdaten und Angabe, ob und zu welchen Auszeichnungen vorgeschlagen: 26.9.39 E.K.II, 22.5.40 E.K.I, 4.9.41 Ritterkreuz z.E.K., Jnf.Sturmabz., Verwundetenabzeichen, Ostmedaille.

[1]) Nicht Zutreffendes streichen. — [2]) Genaue Angabe bei Erg. Offz., Offz. z. D., d. Ref., z. V. — [3]) Friedensdienststelle gem. DAL A oder B für akt. Offz. und Offz. z. D.; falls daraus oder aus der Mob. Dienststelle nicht ersichtlich, auch Waffengattung; W.B.K. und Fr.-Tr.-Teil für Ref. Offz. W.B.K. für Offz. z. V. — [4]) Laufbahn für akt. Offz. und Offz. z. D.: Angabe, ob Offz. mit Kriegsschulausbildung, ob und wann reakt., v. d. Erg. Offz., a. d. Polizei v. d. Ref. Offz. übernommen, ob ehem. Uffz., ob ehem. Kriegsoffz. (DAL. C I); Zivilberuf für Ref. Offz. und Offz. z. V. und Angabe, ob und seit wann Pg. oder in welchen Gliederungen der NSDAP. — [5]) Nur bei Beurteilungsnotizen auszufüllen, z. B. Versetzung in den Stab der 15 J D. als O 1 am 1.12.42

Kurze Beurteilung (Persönlichkeitswert, nationalsozialistische Haltung, Bewährung vor dem Feinde, dienstliche Leistungen, geistige und körperliche Anlagen und Eignung):
Eine durch ihr offenes, frisches und natürliches Wesen wirkende Persönlichkeit, von bester nationalsozialistischer Haltung. Vor dem Feinde sehr bewährt. Füllt als Lehrgruppenkommandeur seine Stelle recht gut aus. Versteht seinen Offizieren etwas zu geben. Allgemein interessiert. Geistig und körperlich recht gut veranlagt. Ein ausgezeichneter Frontoffizier.

Starke Seiten:
Gerader Charakter, gesunder Diensteifer, praktischer Sinn und ausgezeichnete Kameradschaftlichkeit.

Schwache Seiten:
./.

Zusammenfassendes Urteil (Durchschnitt, über Durchschnitt, unter Durchschnitt): Eine durch Charakter, Wesen und Leistung über dem Durchschnitt stehende Persönlichkeit.

Abb. 57: Beurteilung vom 1. März 1943.[222]

---

[222] FROKH = Führerreserve Oberkommando Heer

6.6 Kommandeur Jäger-Regiment 54

Dem Lebenslauf von Franz Weller aus der Nachkriegszeit vom 24. Oktober 1954[223] ist zu entnehmen, dass er wahrscheinlich noch länger in der Verwendung eines Lehrgruppen-Kommandeurs an der Kriegsschule verblieben wäre, hätte er sich nicht aus eigenem Willen um eine Veränderung bemüht:

„Gegen den Willen der Schule bemühte ich mich um ein Frontkommando und wurde am 1.4.1943 bei meinem Friedensregiment, dem Jg.Rgt. 54 zum Kommandeur ernannt, das im Rahmen der 100. Jg.Div. in Oberösterreich nach Stalingrad neu aufgestellt wurde."[224]

Trotz aller Annehmlichkeiten, die eine Verwendung in der Heimat bot, fühlte Weller sich offensichtlich verpflichtet, wieder an die Front zurückzukehren. Das mag aus heutiger Sicht überraschen, zumal er als Familienvater durchaus Grund gehabt hätte, Dienst in der vergleichsweisen sicheren Heimat anzustreben. Außerdem hatte er bereits mehrfach seine persönliche Tapferkeit und Führungsverantwortung in Polen, Frankreich und der Sowjetunion unter Beweis gestellt. Dennoch bemühte er sich erneut um eine Verwendung an der Front. Das zeigt, welches Selbstverständnis er zum Soldatenberuf hatte, wie sehr er sich berufen fühlte. Nicht zuletzt waren seine Fronterfahrungen trotz aller Gefahren, Entbehrungen und erlittenen Verwundungen positiv belegt. Das I.R. 54 war die militärische Heimat für Franz Weller geworden, besonders unter seinen Regimentskameraden fühlte er sich wohl und war zu einem allseits anerkannten Offizier und Kameraden geworden. Das hat etwas mit Charakter, innerer Haltung und dem Primärbedürfnissen der Soldaten zu tun. Der Marineoffizier und Autor Dieter Stockfisch erklärt dieses Phänomen folgendermaßen:

„Der Soldat kämpft in erster Linie nicht aus Gründen des Gehorsams. Er kämpft für seine Truppe (esprit de corps), für seine Kameraden (die kleine Kampfgemeinschaft) und für seinen Vorgesetzten, sofern diesem der Aufstieg vom formalen

---

223 Vgl. BA-MA. PERS1-2462-A.

224 Ebenda. S. 2.

Vorgesetzten zum anerkannten Führer gelungen ist. Er kämpft auch für sein Vaterland, denn er braucht den moralischen Rückhalt im Volk. […]

Zu den elementaren Bedürfnissen gehört, […], die Zugehörigkeit zum Kameradenkreis der Truppe. […] sein „alter Haufen", in dem er Vertrautheit, Sicherheit und Geborgenheit im Kameradenkreis findet."[225]

Es ist verständlich, dass Wellers Vorgesetzten zunächst nicht davon begeistert waren, einen allseits anerkannten, fachlich kompetenten Infanterieoffizier abzugeben. Doch Oberstleutnant Franz Weller hatte überzeugende Argumente. Gerade in Kriegszeiten wäre es unklug gewesen, einen bewährten Frontoffizier gegen seinen Willen an der Schule zu halten. So konnte er sich schließlich durchsetzen und wurde offiziell am 1. April 1943 in seine Wunschverwendung als Regimentskommandeur I.R. 54 berufen. Nach der Niederlage von Stalingrad im Februar 1943[226] musste die 100. Jäger-Division neu aufgestellt werden. Dies geschah unter den bisherigen Bezeichnungen der Einheiten:

„zur Erhaltung der lebendigen Tradition dieser ruhmreichen Truppen,"[227]

wie es das OKH formulierte. Davon war auch das I.R. 54 betroffen, zum Teil musste der Personalstand verdoppelt werden. Bereits Ende Mai, nach knapp zwei Monaten, traf der Befehl zur Verlegung der 100. Jäger-Division nach Westsyrmien in Kroatien zur Verfügung des OB.

---

225 Stockfisch, Dieter: Menschenführung in Frieden, Krise und Krieg. Berlin 1997. S. 22-23.

226 Die **Schlacht von Stalingrad** (23.8.1942-2.2.1943) war die verlustreichste Schlacht im Zweiten Weltkrieg. Die Verluste betrugen auf deutscher Seite insgesamt >1.000.000 Soldaten; darunter 545.000 Verbündete ungarischer, rumänischer oder italienischer Armeen. Allein im Kessel sind etwa 150.000 Deutsche durch Kampfhandlungen ums Leben gekommen, verhungert oder erfroren. Von 108.000 Kriegsgefangenen sind bis 1956 nur 6.000 Mann in die Heimat zurückgekehrt. Auf sowjetischer Seite betrugen die Verluste insgesamt 1.130.000 Soldaten, etwa 500.000 davon starben. Erheblich waren auch die zivilen Opfer, die bis heute nicht näher zu beziffern sind. Siehe hierzu auch Boog, Horst/Förster, Jürgen u.a. (Hrsg.): Der Angriff auf die Sowjetunion. Frankfurt a. M. 1991. S. 930ff. oder Neitzel, Sönke: Deutsche Krieger. Berlin 2020. S. 148-149.

227 OKH – Gen.-Stab d. Heeres/Org.-Abt. (I) Nr. 993/43 g. Kdos Chefs vom 26. Januar 1943. Zitiert nach Neidhardt, Hanns: Mit Tanne und Eichenlaub. S. 235.

Südost[228] ein. Das Vorauspersonal der Division war bereits seit dem 10. Mai 1943 auf dem Weg. Der Division wurde der Raum Šid – Vinkovci – Dakovo zugewiesen.[229]

Das I.R. 54 wurde auf dem Balkan-Kriegsschauplatz von Mai 1943 bis Februar 1944 eingesetzt. Zuvor musste die *„volle Einsatzfähigkeit"* hergestellt werden. Dazu gehörten neben der personellen und materiellen Einsatzbereitschaft auch der erfolgreiche Abschluss einer intensiven kriegsnahen Ausbildung. Das Regiment wurde im Eisenbahntransport zunächst nach Kroatien in den Raum Esseg – Vinkovci – Vukowar verlegt. Das KTB berichtet, dass es zur Bandenbekämpfung im Papuk-Gebirge eingesetzt wurde, ohne auf Einzelheiten einzugehen. Selbstverständlich wurde jede freie Zeit zur Ausbildung genutzt. Ein Schwerpunkt lag auf dem Gebirgskampf, der an die Infanteristen nach den Kriegserfahrungen in der Sowjetunion neue Herausforderungen stellte. Anfang August verlegte das Regiment in den Raum Bitolj. Als nächstes waren Übungen im größeren Truppenverband vorgesehen, die teilweise im Hochgebirge stattfanden. Am 8. September 1943 musste OTL Weller eine wichtige Übung seines Regimentes abbrechen, weil politische Entwicklungen eingetreten waren, die für die deutschen Streitkräfte – insbesondere auf dem Balkan – eine neue Lage hervorriefen:

„Die ersten Meldungen von der Kapitulation der ital. Armee übermittelt ein Aufruf der feindlichen Sender. Dieser findet um 17.00 Uhr seine Ergänzung durch die gleichfalls durch Rundfunk bekannt gegebene Erklärung des Gen. Eisenhower, Italien habe bedingungslos kapituliert."[230]

---

[228] OB Südost war der aus Österreich stammende Generaloberst Hannes Löhr (1885-1947). Löhr wurde am 26.2.1947 in Belgrad/Jugoslawien wegen angeblicher Kriegsverbrechen zum Tode verurteilt und hingerichtet. Siehe hierzu auch Scherzer, Veit: Ritterkreuzträger 1939-1945. Bayreuth 2021. S. 514.

[229] Vgl. Neidhardt, Hanns: Mit Tanne und Eichenlaub. S. 236- 237.

[230] Schramm, Percy E. (Hrsg.) Kriegstagebuch des Oberkommandos der Wehrmacht 1943. Teilband III. S. 1076.

6.7 Partisanenkampf

Das nach der Neuaufstellung in Jäger-Regiment 54 (J.R. 54) umbenannte vormalige I.R. 54 erhielt unverzüglich einen neuen Auftrag. Da die Division, im Rahmen der 2. Panzerarmee,[231] den Einsatzbefehl erhielt, das von Italienern besetzte Albanien einzunehmen, wurde dem J.R. 54 der Abschnitt Valona zugewiesen. Die 54er erhielten den Auftrag: Entwaffnung der Italiener, Verteidigung des Hafengebietes einschließlich der Insel Saseno[232] gegen den erwarteten Angriff der Alliierten sowie Säuberung des Geländes von Badoglio-Truppen und albanischen Partisanen.[233] Zur Durchführung dieses Auftrages setzte sich das J.R. 54 unter OTL Weller am 9.9.43 in Richtung Ochrida – Elbasan in Marsch. Bei bis zu 40° Celsius wurde der Marsch in der bergigen Landschaft für Menschen und Pferde sehr anspruchsvoll, wovon das KTB des Regiments ausführlich berichtet. Schließlich wurde nur wenige Kilometer hinter Ochrida die albanische Grenze überschritten. In kriegsmäßiger Gliederung wurde der Marsch, ohne Feindberührung, bis Elbasan fortgesetzt und von dort mit erbeuteten italienischen Fahrzeugen im Kfz-Marsch weitergeführt. Das KTB des J.R. 54 beschreibt die erste Feindberührung auf albanischen Boden:

„Am 11.9., gegen Mittag, erste Feindberührung im Raum Fieri. Albanische Partisanen, zusammen mit italienischen Soldaten, eröffnen von den Berghängen vereinzeltes Gewehr- und MG-Feuer auf die Marschkolonne. Nach kurzem Geplänkel zieht sich der Gegner in die Berge zurück und die Straße ist frei für den weiteren Vormarsch. Noch am späten Nachmittag des gleichen Tages erreicht das Regiment sein Ziel: VALONA.“[234]

---

231 OB der 2. Panzerarmee war **General der Infanterie Dr. Lothar Rendulic** (1887-1971). Siehe auch Scherzer, Veit: Die Ritterkreuzträger. Bayreuth 2021. S. 625.

232 Kleine Insel an der albanischen Adriaküste mit einer Fläche von 5,7 km², die höchste Erhebung hat 342 m. Die Insel hat eine bedeutende Lage, weil sie am Eingang zur Bucht von Vlora und der Straße von Otranto, dem Übergang von der Adria zum Ionischen Meer liegt. Die Insel war und ist bis heute unbewohnt.

233 Vgl. Traditionsgemeinschaft I.R. 54 (Hrsg.): Der Weg des Infanterie- und Jäger-Regiments 54. S. 197.

234 Ebenda. S. 200.

Abb. 58: General Dr. Rendulic mit seinen Stabsoffizieren auf dem Rückflug von Tirana mit der Junkers Ju-52/3m, vermutlich 1943.

Die in dieser Episode geschilderte Taktik des Partisanenkampfes war typisch für den Partisanenkrieg. Der OB der 2. Panzerarmee, General der Infanterie Dr. Rendulic, hat in einem Aufsatz zum Krieg der Partisanen im Jahre 1953 seine Erkenntnisse und Erfahrungen bilanziert. Da Rendulic der Divisionskommandeur von Wellers J.R. 54 in dieser Phase des Krieges war, ist es aufschlussreich zu beleuchten, wie die übergeordnete Führung den Partisanenkrieg bewertete. Rendulic argumentiert in seinem Beitrag unter der Überschrift *„Partisanenkrieg und Völkerrecht"* gleich zu Beginn des Textes, warum seiner Ansicht nach der Partisanenkrieg unabhängig vom Kriegsschauplatz völkerrechtswidrig gewesen sei. Dabei arbeitet er mit Bezug auf die Haager Landkriegsordnung von 1907 die nachfolgenden Punkte heraus:

1. Sei der Widerstand der Bevölkerung eines Landes gegen feindliche Truppen nur dann zulässig, ehe das Land von den Truppen des Gegners besetzt ist, nicht aber erst nach durchgeführter Besetzung. Für den Zweiten Weltkrieg stehe eindeutig fest, dass alle Gebiete, in denen es zu Partisanenbewegungen kam, von deutschen Truppen zuvor bereits effektiv besetzt worden waren. In vielen Fällen bereits

erhebliche Zeit, ehe die Partisanentätigkeit einsetzte. Daher sei der Kampf der Partisanen völkerrechtswidrig.

2. Ferner stehe fest, dass einige der besetzten Länder, z.B. Jugoslawien, Griechenland und Frankreich, eine rechtsgültige Kapitulation abgeschlossen hatten, auf deren Grundlage sie ihre Streitkräfte auflösten und auf weiteren Widerstand verzichteten. Nach geltendem Kriegsrecht sei eine abgeschlossene Kapitulation für jeden Angehörigen des kapitulierten Volkes verbindlich. Die Kapitulation dennoch nicht anzuerkennen, sei ein eindeutiger Verstoß und völkerrechtswidrig.
3. Weiterhin fordere das Völkerrecht die Führung der Partisanen durch eine verantwortliche Person. Diese habe die Verantwortlichkeit durch eine im Besitz der Souveränitätsrechte befindliche Regierung zu erhalten. Die Übertragung könne nicht durch eine fremde oder Exilregierung geschehen. In Bezug auf die Zeit des Zweiten Weltkrieges hätte dies nur durch die Regierungen Russlands und Italiens erfolgen können, da es in allen anderen Ländern nur Exilregierungen gab.
4. Für einzelne Partisanengruppen sei selbst der Auftrag einer Exilregierung ausgeschlossen gewesen. So konnte etwa der jugoslawische König,[235] obwohl die Alliierten ihn lange nach Beginn des Partisanenkampfes auf dem Balkan hierzu drängten, unmöglich einen ernst zu nehmenden Auftrag an Tito[236] erteilen, der sein offener Feind war und die Tschetniks des Generals Mihajlovic, der Kriegsminister in der Exilregierung war, bekämpfte.
5. Des Weiteren verlange das Kriegsrecht für die Rechtmäßigkeit des Kampfes überhaupt, dass die Kämpfer Uniformen oder aus der Ferne erkennbare Abzeichen tragen, dass sie die Waffen offen

---

[235] Peter II. (1923-1970) war von 1934 bis 1945 der letzte König von Jugoslawien. Nachdem die jugoslawische Armee am 17. April 1941 vor der deutschen Wehrmacht kapitulieren musste, floh er mit der Regierung außer Landes. Die Kommunisten verboten ihm 1943 die Rückkehr. Nach dem Sieg der Alliierten und der Wiederherstellung Jugoslawiens musste er im November 1945 endgültig auf den Thron verzichten.

[236] Josip Broz Tito (1892-1980) führte nach der Besetzung Jugoslawiens im Zweiten Weltkrieg als sogenannter Marschall von Jugoslawien die kommunistischen Partisanen im Kampf gegen die deutschen und italienischen Besatzungsmächte sowie innenpolitische Gegner, wie die faschistischen Ustascha und die königstreuen Tschetniks. Er bekleidete von 1953 bis zu seinem Tod das Amt des Staatspräsidenten von Jugoslawien.

tragen und die Regeln des Krieges („*Kriegsführung nach Brauch*") beachten. Das schließe Heimtücke und Grausamkeit in der Kampfführung aus.[237]

Schließlich konstatiert der Verfasser, dass die Forderung nach Uniformen und Abzeichen die russischen und italienischen Partisanen niemals, die französischen und zum Teil die Partisanen auf dem Balkan erst mit ihrem Anschluss an die regulären Kräfte der Gegner oder mit ihrer Eingliederung in diese erfüllt haben. Insgesamt hätte bereits ein einziger der oben angeführten Punkte den Kampf der Partisanen völkerrechtswidrig gemacht. Im Abschnitt „*Die Balkanpartisanen*" beschreibt Rendulic darüber hinaus das seiner Auffassung nach eigentümliche der Partisanenkampfweise auf dem Balkan. Dabei betont er die massive geheime Unterstützung durch die Bevölkerung sowie die idealen Bedingungen, die die bergig-zerklüftete Waldlandschaft dem Partisanenkampf bot. Sie wären dadurch nur äußerst schwer aufzuspüren und zu bekämpfen gewesen. Charakteristisch sei außerdem die traditionelle Grausamkeit der Partisanen. Diese sei beispiellos, da sie in vielen Fällen ihre Gefangenen folterten, verstümmelten oder sofort töteten. Die Häufigkeit solcher Handlungen ließ erkennen, dass es sich bei derartigen Verbrechen keinesfalls um Ausnahmeerscheinungen handelte, sondern üblicher Brauch war. Rendulic skizziert, wie seitens der Wehrmacht derartigen Handlungen oftmals begegnet wurde:

„Von den Maßnahmen vor allem gegen die Tätigkeit der Hauspartisanen zählten die Repressalien gegen Teile der Bevölkerung zu den für den Soldaten widerwärtigsten Aufgaben. Es gab kein anderes Mittel, die Unterstützung, welche die Bevölkerung den Partisanen angedeihen ließ, zu unterbinden oder herabzumindern, als das völkerrechtlich zulässige Nehmen von Geiseln und, wenn durch Anschläge das Leben deutscher Soldaten verlorenging, ihre Tötung. […] Die Anschläge wurden, von Ausnahmen abgesehen, nicht ganz unterbunden, wohl aber stark herabgemindert."[238]

---

[237] Vgl. Rendulic, Lothar: Der Partisanenkrieg. In: Verlag Gerhard Stalling (Hrsg.): Bilanz des Zweiten Weltkrieges. Erkenntnisse und Verpflichtungen für die Zukunft. Oldenburg 1953. S. 101-102.
[238] Ebenda. S. 107.

Dass das Mittel der Repressalie[239] den Partisanenkrieg, wenn überhaupt, dann nur temporär begrenzte und zudem in Kauf nahm, unschuldige zivile Opfer zu fordern, ist naheliegend. Das Unterfangen, die Partisanenkriegsführung durch Hinweise auf die Aggressionen und das schuldhafte Verhalten der Gegenseite zu rechtfertigen, ist auch bei Rendulic vorhanden. Es ignoriert jedoch die Tatsache, dass unabhängig von der Schuldfrage beide Seiten durch die Haager Konvention zur Beachtung der Gesetze und Gebräuche des Landkriegs verpflichtet waren. Es ist bemerkenswert, dass zumindest einer der Richter des Nürnberger Militärgerichtshofes infolgedessen nicht umhinkonnte, den Partisanenkrieg als eine *„mit Geist und Buchstaben des Völkerrechts"* nicht im Einklang stehende Erscheinung zu bewerten. In der Haager Landkriegsordnung vom 18. Oktober 1907 wurde in der Tat unzweideutig gefordert, dass irreguläre Streitkräfte, sollen sie nicht unter den Begriff des Verbrecher- oder Freischärlertums fallen, folgende Bedingungen zu entsprechen haben:

1. dass jemand an ihrer Spitze steht, der für seine Untergebenen verantwortlich ist.
2. dass sie ein bestimmtes aus der Ferne erkennbares Abzeichen tragen.
3. dass sie die Waffen offen führen und
4. dass sie bei ihren Unternehmungen die Gesetze und Gebräuche des Krieges beachten.

Tatsächlich haben die Partisanen, mit Ausnahme von der unter Punkt 1 angegebenen, keine dieser Bedingungen eingehalten.[240] Diese Bewertung des Militärgeschichtlichen Forschungsamtes der Bundeswehr (MGFA) entspricht in diesem Punkt (Rechtlicher Status der Partisanen) der Ansicht Rendulics.

---

239 **Repressalie**: dienten der staatlichen Selbsthilfe zur Durchsetzung des Völkerrechts, wo andere Instrumente versagt haben oder nicht greifen. Nur unter diesen Voraussetzungen stellt eine Repressalie keine Rechtsverletzung dar. Gegenrepressalien waren unzulässig. Vgl. hierzu: Schlochauer, Hans-Jürgen (Hrsg.): Wörterbuch des Völkerrechts. Band 3. Berlin 1962.

240 Vgl. Boog, Horst u.a. (Hrsg.): Der Angriff auf die Sowjetunion. Frankfurt am Main 1991. S. 893-894.

6.8 Kampfkommandant von Valona (Albanien)

Im September 1943 wurden dem J.R. 54 unterstellt bzw. auf Zusammenarbeit angewiesen:

- Ein Marine-Kommando, das mit Kuttern die Verbindung mit den eigenen Kräften auf der Insel Saseno unterhielt. Weiterhin gehörten dazu drei erbeutete Frachter und diverse kleinere Kähne,
- Fliegende Einheiten der Luftwaffe (eine Jagdstaffel sowie Transportmaschinen vom Typ JU-52),
- Flak-Einheiten für Luftabwehr und Erdkampf,
- Heeresartillerie,
- Artillerie vom A.R. 83,
- I./54, II./54, III./54, Stabs-Kp., 16./54

Die so zusammengestellten Kräfte setzten sich aus Truppenteilen von Heer, Luftwaffe und Marine zusammen. OTL Weller wurde als Kdr J.R. 54 zum Kampfkommandanten der Stadt Valona eingesetzt. Damit war er verantwortlich für Ruhe und Ordnung im Stadtgebiet. Dieser Auftrag gelang zunächst auch deshalb, weil die Zusammenarbeit mit dem albanischen Präfekten namens *„Risiliah"* aufgrund seiner deutschfreundlichen und loyalen Einstellung überaus wirksam verlief.[241]

Am 20. September 1943 ereignete sich im Hafen von Valona ein sicherheitsrelevanter Zwischenfall, als in den frühen Morgenstunden Detonationen wahrzunehmen waren. Überraschend drangen britische Schnellboote und möglicherweise ein U-Boot in die Hafenbucht ein, um einige Kutter und Frachter mit Torpedos zu versenken. Weitere eigene Verluste waren nicht zu verzeichnen, allerdings blieb auch das deutsche Abwehrfeuer eher bedeutungslos. Es musste fortan mit ähnlich vorgetragenen Feindangriffen gerechnet werden.

Im Oktober verdichteten sich Nachrichten, nach denen größere Partisanengruppen die Absicht hätten, Stadt und Hafen von Valona anzugreifen. Daher fasste Weller den Entschluss, dem Vorhaben der Partisanen durch eine eigene Aktion proaktiv entgegen zu treten. Absicht

---

[241] Vgl. Traditionsgemeinschaft I.R. 54 (Hrsg.): Der Weg des Infanterie- und Jäger-Regiments 54. S. 202.

war es, die namentlich bekannten Rädelsführer festzunehmen. Als der Divisionskommandeur, General Rendulic, nach vielen Rückfragen schließlich seine Genehmigung erteilte, konnte der Plan umgesetzt werden:

„Unter Einsatz von Beutepanzern wird eines Nachts die Stadt von allen Seiten abgeriegelt. Der Schlag gegen die Bandenführer kommt so überraschend, daß sein Erfolg nicht ausbleibt. Die Wirkung auf die Bevölkerung ist, so scheint es, durchschlagend.'[242]

Es ist bemerkenswert, dass in der Chronik an dieser Stelle endlich auch berichtet wird, wie mit den festgesetzten Verdächtigten verfahren wurde. Dazu heißt es im Text:

„Ein Teil der Bandenführer wird auf höheren Befehl nach Semlin in Serbien verbracht, der größere Teil muß sich im Stadtgefängnis von Valona einer gründlichen Überprüfung unterwerfen. Die meisten davon werden nach wenigen Tagen und nach eingehender Belehrung wieder auf freien Fuß gesetzt. Dabei kommt es zu Freuden- und Dankeskundgebungen der vor der Kommandantur versammelten Menschenmenge.'[243]

Die hier geschilderte Episode zeigt, wie unterschiedlich die Verfahrensweisen im Umgang mit Partisanen oder Verdächtigen sein konnten. Die Vorgaben gestatteten durchaus Spielräume, die in Abhängigkeit der Einstellung der verantwortlichen deutschen Kampfkommandanten mehr oder weniger genutzt wurde. Die geschilderte Dankbarkeit der Bevölkerung deutet darauf hin, dass Wellers korrekte Vorgehensweise von der Bevölkerung zumindest so nicht erwartet worden war. Deutlich wird an diesem Fall aber auch, wie ein menschlich handelnder Vorgesetzter, der mit Augenmaß und Verantwortung seine Aufgaben wahrnimmt, damit auch beispielgebend auf seine Untergebenen wirken kann. Die Disziplin ist in den Reihen des J.R. 54 gut gewesen, von Übergriffen auf die Bevölkerung oder anderen Straftaten ist nichts bekannt.

---

242 Ebenda. S. 203.
243 Ebenda. S. 203.

Abb. 59: OTL Franz Weller als Kommandeur J.R. 54 1943 in Albanien.

In der Chronik des J.R. 54 berichtet Franz Weller des Weiteren unter der Überschrift *„Spähtrupp-Aktion in subversiven Krieg"* von einem Unternehmen, das im Spätherbst 1943 auf der Halbinsel Karaburun durchgeführt wurde. Diese Halbinsel riegelte die Bucht von Valona mit einer etwa 40 km langen und 18-25 km breiten Landzunge zur Adria hin ab. Das Gelände war unwirtlich und daher überwiegend unbewohnt, restlos verkarstet und recht schroff. Auf der teilweisen hügeligen Halbinsel lebten lediglich vereinzelte Hirten mit ihren Hammelherden. Diese Halbinsel, so unmittelbar vor Valona gelegen, wurde von deutscher Seite im Falle einer notwendigen Verteidigung als Unsicherheitsfaktor betrachtet, zumal die deutschen Kräfte eher als schwach einzuschätzen waren. Die Lage von Karaburun wurde als strategisch wertvoll beurteilt, zudem existierten Gerüchte, nach denen sich dort englische Kommandotrupps aufhalten sollten. Um diesbezüglich Klarheit zu schaffen und nach Möglichkeit dort eingesetzte feindliche Kräfte auszuschalten, wurde von deutscher Seite Ende Oktober eine Kompanie zur Durchkämmung der Landzunge angesetzt. Diese hatte den Auftrag, in breiter Front von Südosten her eventuellen Feind an die nördliche Uferspitze zu drängen. Nach 2-tägiger Operation bei sengender Hitze im unwegsamen Gelände verlief das Unternehmen letztlich erfolglos, als die Soldaten an der Nordspitze der Halbinsel wieder von einem Schiff abgeholt wurden. Doch die Gerüchte von feindlichen Kommandotrupps hörten nicht auf. Daher wurde ein Trupp aus acht Freiwilligen gebildet, der nach mehrtägigem Kartenstudium, Beschaffung von Eseln und albanischer Bekleidung[244] die Vorbereitung für das Unternehmen erfolgreich abschließen konnte. Weller beschreibt detailliert die taktische Vorgehensweise seiner Trupps. Diese gingen zu zweit oder dritt, hielten ihre Waffen auf den Eseln versteckt und waren für längere Zeit mit Proviant ausgerüstet. Um die Vorwarnung durch albanische Hirten zu verhindern, wurden die Trupps weit verteilt und gestaffelt eingesetzt. In den Schluchten an der Küste erwies sich diese Vorgehensweise als zweckmäßig, denn es wurde ein stärkerer britischer Kommandotrupp aufgespürt, der das gut getarnte Versteck fluchtartig verließ und mit einem Motorboot entkommen konnte. Es gelang Wellers Männern, einige aufschlussreiche Unterlagen zu erbeuten. Dazu zählten Berichte, Pläne, Aufzeichnungen aller Art und die begehrte englische Verpflegung. Die Auswertung der feindlichen Unterlagen ermöglichte einen temporären Wissensvorsprung und führte über den Winter zu einer relativen Atempause in Bezug auf die Partisanentätigkeit im Raum Valona. Die geschilderte Spähtrupp-Aktion wurde zusammenfassend als

244 Der Bericht über die Beschaffung landesüblicher albanischer Bekleidung lässt vermuten, dass Wellers Spähtrupp-Soldaten in ziviler Bekleidung eingesetzt wurden. Sollte dies der Fall gewesen sein, entsprach diese Vorgehensweise nicht dem Kriegsrecht. Die Soldaten waren damit nicht mehr als reguläre Kämpfer und Kombattanten zu erkennen. Vgl. Hasch, Wolfgang/Friedrich, Gustav: Der Partisanenkrieg in der Sowjetunion und die deutschen Gegenmaßnahmen im Zweiten Weltkrieg. Völkerrechtliche Würdigung. In: Poeppel, Hans u.a. (Hrsg.): Die Soldaten der Wehrmacht. München 1998. S. 230-255.

Erfolg bewertet.[245] Trotz diesem und ähnlicher Erfolge im Kampf gegen die Partisanen war den Infanteristen des J.R. stets klar, wie schwierig sich der Kampf gegen irreguläre Kräfte auf Dauer gestalten ließ:

„Wenn es auch gelungen ist, die exponierte Position in Valona unangetastet zu halten und den Nachschub sicherzustellen, so hat doch der „schmutzige" Krieg gegen die gewissermaßen unsichtbaren Partisanen keineswegs befriedigt. Eine reguläre, mit den Praktiken des Guerilla-Krieges nicht vertraute Truppe, wird aber wohl immer gegenüber einem skrupellosen Gegner, der die Unterstützung seiner Landsleute und die eines vertrauten Geländes hat, im Nachteil sein und relativ geringe befriedigende Ergebnisse erzielen."[246]

Noch während seiner Einsatzzeit als Regiments-Kommandeur des J.R. 54 auf dem Balkan in Albanien wurde Franz Weller zum Oberst befördert. Diese Beförderung ist in den Unterlagen des Heerespersonalamtes auf den 1. Dezember 1943 datiert. Sie sollte für die Dauer des Zweiten Weltkrieges sowie die Jahre in der Bundeswehr tatsächlich seine letzte bleiben, aber das konnte Franz Weller zu diesem Zeitpunkt noch nicht ahnen.

---

245 Vgl. Traditionsgemeinschaft I.R. 54 (Hrsg.): Der Weg des Infanterie- und Jäger-Regiments 54. S. 215-216.

246 Ebenda. S. 219.

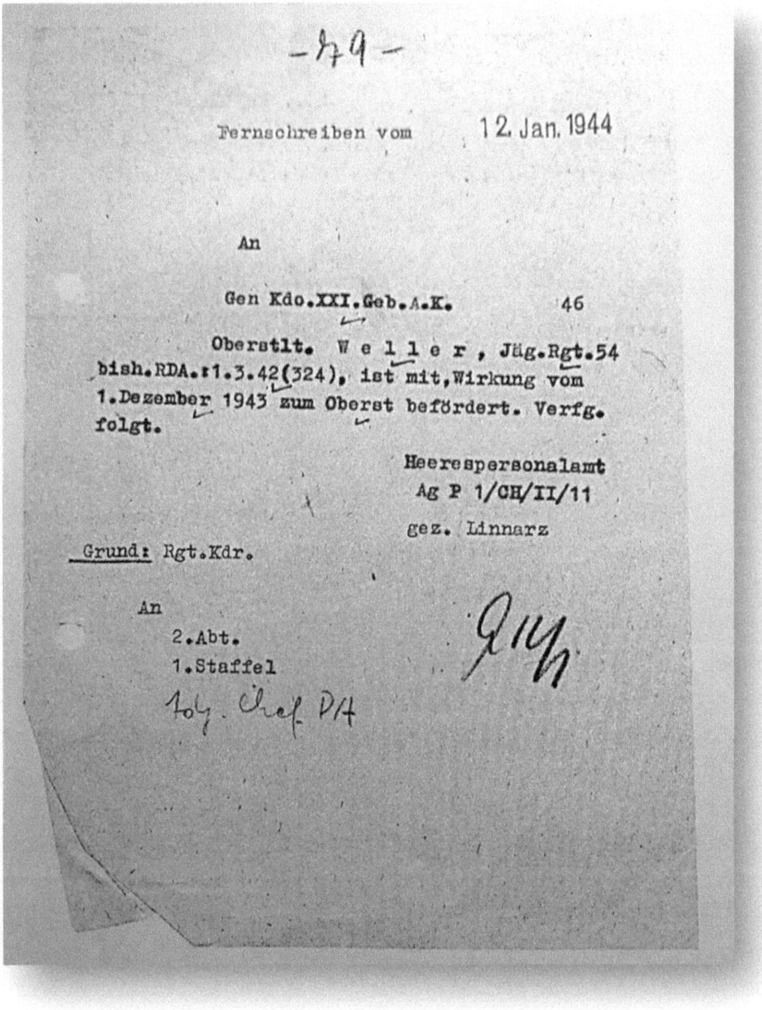

Fernschreiben vom 12. Jan. 1944

An

Gen Kdo.XXI.Geb.A.K. 46

Oberstlt. W e l l e r , Jäg.Rgt.54 bish.RDA.:1.3.42(324), ist mit Wirkung vom 1.Dezember 1943 zum Oberst befördert. Verfg. folgt.

Heerespersonalamt
Ag P 1/CH/II/11
gez. Linnarz

Grund: Rgt.Kdr.

An
2.Abt.
1.Staffel

Abb. 60: Fernschreiben vom 12. Januar 1944.

Im Februar 1944 endete der Balkaneinsatz für die 100. Jäger-Division, nachdem diese zuvor in Ried im Innkreis/Österreich neuaufgestellt werden musste. Damit ging für das J.R. 54 ein schwieriger Einsatz in Albanien zu Ende. Die klimatischen Bedingungen, aber vor allem die ständig auftretende Partisanengefahr bei unklaren Lagen stellten Franz Weller und die Soldaten seines Regiments häufig vor große

Herausforderungen, die er aufgrund seiner Erfahrungen und Besonnenheit letztlich meistern konnte. Aus nicht nachvollziehbaren Gründen erfolgte zunächst die Verlegung in den Raum Mitrovica im Königreich Jugoslawien.[247] Nach einem Fußmarsch nach Elbasan/Albanien ging es im Lkw-Transport nach Bitolj/Nordmazedonien und schließlich per Eisenbahn Richtung Ungarn. Zunehmend wurde deutlich, dass die Division in die Gegend von Keszkemet verlegt werden sollte.[248] Es wurden die Vorkommandos in Marsch gesetzt – dann wurde der neue Auftrag bekanntgegeben:

„Vormarsch über Neusatz (Donau) nach Keszkemet als vorläufigen Einsatzraum. Eventueller Widerstand soll sofort gebrochen, und militärische Objekte besetzt werden. Da das Verhalten der Honveds[249] und der Zivilbevölkerung nicht vorauszusehen ist, Zwischenfälle aber nach Möglichkeit vermieden werden sollen, ist die Aufgabe einigermaßen heikel.“[250]

Der militärische Teil des Unternehmens *„Margarethe“*, das war der Deckname für die Operation zur Besetzung Ungarns, die am 19. März 1944 durchgeführt wurde, kam nicht zur Ausführung. Hintergrund dafür war, dass von ungarischer Seite keinerlei Widerstand geleistet wurde. Der Rücktritt des ungarischen Reichsverwesers Miklós Horthy (1868-1957) konnte weitestgehend unaufgeregt auf politischen Wegen veranlasst werden. Dieser Umstand hatte zur Folge, dass die Division nun gleich über Debreczin – Muncac – Stryi in Richtung Ostfront weiter in Marsch gesetzt werden konnte. Die Beurteilung der Lage führte zu dem Entschluss, dass diese kampfstarke und intakte Division mehr denn je an der Ostfront gebraucht wurde. Der Ausladebahnhof Rohatyn in der Ukraine wurde am 1. April 1944 erreicht. Nach der Vernichtung bei Stalingrad kam das J.R. 54 erneut zum Einsatz an der

---

[247] **Mitrovica** ist heute eine Großstadt im Kosovo mit einer 2015 geschätzten Einwohnerzahl von knapp 30.000 Menschen. Den größten Anteil bilden die Serben, gefolgt von Albanern und Bosniaken.

[248] Vgl. Traditionsgemeinschaft I.R. 54 (Hrsg.): Der Weg des Infanterie- und Jäger-Regiments 54. S. 219.

[249] ***„Honvéds“*** heißt übersetzt *„Vaterlandsverteidiger“*, Angehöriger der bewaffneten Macht/ Wehrmacht Ungarns.

[250] Traditionsgemeinschaft I.R. 54 (Hrsg.): Der Weg des Infanterie- und Jäger-Regiments 54. S. 219.

Ostfront gegen die Rote Armee. Beim Eintreffen an der Ostfront bot sich folgende operative Lage: Im Zuge der großen Rückzugskämpfe während des Winters 1943/44 wurde die *„Armee Hube"*[251] im Rückzug vom Dnepr im Raum Winniza – Kamenez/Podolsk von überlegenen sowjetischen Kräften eingeschlossen. Aus eigener Kraft versuchte die *„Armee Hube"* den Ausbruch in Richtung Dnestr, wobei die eilig herangeschaffte und neugebildete *„Heeresgruppe Nordukraine"*[252] die eingeschlossenen Verbände herausschlagen sollte. In diesem Rahmen fiel der 100. Jäger-Division die Aufgabe zu, den über die Strypa bis Podhajce vorgedrungenen Feind zurückzuwerfen, den Srypa-Abschnitt in eigene Hand zu bekommen und zu halten. Da die Feindlage ungeklärt war, ergaben sich für das J.R. 54 vorrangig Sicherungs- Erkundungs- und Aufklärungsaufträge. Im Morgengrauen des 2.4.1944 brach das Regiment auf, um zunächst gegen den Flussabschnitt von Zlota-Lipa westlich Podhajce vorzugehen. Die nun folgenden Wochen und Monate waren geprägt durch verbissenes Ringen mit dem Feind bei permanenter numerischer Unterlegenheit der deutschen Infanteristen. Daran konnten auch die zum Einsatz kommenden Tiger-Panzer[253] nicht viel ändern. Die Rückzugskämpfe am Dnestr forderten Oberst Weller und seine Soldaten jeden Tag aufs Neue. Das KTB des Regiments

---

251 **Hans-Valentin Hube** (1890-1944) war zuletzt Generaloberst und führte die 1. Panzerarme (*„Armee Hube"*). Er gehörte zu den 27 Trägern des Eichenlaubs mit Schwertern und Brillanten zum Ritterkreuz des Eisernen Kreuzes. Hube kam am 21.4.1944 bei einem Flugzeugabsturz ums Leben und wurde mit einem Staatsakt auf dem Invalidenfriedhof in Berlin beigesetzt.

252 **Walter Model** (1891-1945) war zuletzt Generalfeldmarschall. Am 30. März 1944 wurde er OB der *„Heeresgruppe Nordukraine"*. Auch er war ein hochdekorierter Soldat, der am 17.8.1944 mit den Brillanten zum Ritterkreuz des Eisernen Kreuzes ausgezeichnet wurde. Am 21.4.1945 erschoss er sich, da ihm vermutlich der Gedanke einer Kapitulation unvorstellbar war.

253 **Panzerkampfwagen VI Tiger** war ein schwerer deutscher Panzer, der zu den kampfstärksten Panzern des Zweiten Weltkrieges zählte. Durch die hohe Durchschlagsleistung seiner Hauptwaffe (8,8 cm-KwK 36 L/56), die schnelle Nachladefähigkeit, die präzise Zieloptik und die exakt schießende Kanone war der Tiger bezüglich Feuerkraft allen gegnerischen Panzern überlegen. Auch seine Panzerung von 25-110 mm bot eine hohe Schutzwirkung. Als nachteilig erwies sich die relativ geringe Reichweite von 60 km im Gelände (100 km auf der Straße). Die Formgebung mit den senkrechten und nicht geschossabweisenden Flächen erwies sich zudem als nachteilig. Im Mai 1944 wurde die höchste Einsatzzahl mit knapp 300 Tigern an der Ostfront erreicht.

verzeichnete nur wenige Ruhetage, in denen die Männer neue Kraft schöpfen konnten. Durch die kontinuierliche Überlastung sowie Ausfälle an Personal und Material wurde Ende Juli 1944 die Lage in der sogenannten *„Lemberg-Schutzstellung"* (südostwärts Lemberg) unhaltbar. Dadurch dass der sowjetische Stoßkeil weiter nördlich nicht aufgehalten werden konnte und bereits unmittelbar vor Lemberg stand, hatte die Stellung ihre Bedeutung verloren. Das J.R. 54 begann folgerichtig eine große Absetzbewegung, die am 25. Juli begann und am 8. August in einer neuen Verteidigungsstellung am Skole-Paß in den Waldkarpaten endete. Das waren insgesamt etwa 150 km Luftlinie in Marschrichtung West-Süd-West. Im Zuge dieser Absetzbewegung kam es am 28. Juli 1944 zu einem Ereignis, von dem die Regimentschronik berichtete. Der skizzierte Zeitraum war geprägt durch äußerst harte Abwehrkämpfe, die sich mit Gegenangriffen und strapaziösen Märschen abwechselten. Der heutige in der Taktik verwendete Begriff der *„Verzögerung"* wurde in der deutschen Wehrmacht als *„hinhaltender Widerstand"* bezeichnet. Dazu heißt es in der Vorschrift:

475. *„Der* ***hinhaltende Widerstand*** *will den Gegner <u>unter für ihn möglichst hohen Verlusten aufhalten</u>, ohne es zu einer Entscheidung kommen zu lassen. Er wird vielfach angewandt, wenn die Kräfte zur Verteidigung nicht ausreichen; doch können auch andere Umstände seine Anwendung bedingen oder zweckmäßig erscheinen lassen. Straffe Führung der Truppe beim hinhaltenden Widerstand ist unerläßlich. […]*

482. *„In dringenden Lagen sind auch die unteren Führer bis zum Bataillonskommandeur (einschl.) abwärts berechtigt, den Befehl zum <u>örtlich begrenzten Ausweichen</u> zu erteilen unter Meldung an die vorgesetzten Führer und Benachrichtigung der Nachbartruppen."*[254]

Dieser knappe Vorschriftenauszug macht deutlich, dass im Rahmen der Auftragstaktik selbst in kritischen Lagen Vertrauen in die örtlichen Führer gesetzt wurde, die Lage richtig einschätzen zu können, um die Notwendigkeit für den richtigen Zeitpunkt des Ausweichens in

---

[254] H.Dv 300/1. Truppenführung (T.F.). I. Teil. Abschnitt I-XIII). D 36. Hinhaltender Widerstand. Berlin 1938. S. 5-15.

Abhängigkeit von Kräften, Mitteln und Zeit zu wählen. Dieses Führungsprinzip hatte sich aus den Kriegserfahrungen im Heer herausgebildet und hatte das Leitbild des weitestgehend mündigen, mitdenkenden und verantwortungsbewusst handelnden Soldaten zur Grundlage.[255] Bereits im preußischen Exerzierreglement von 1806 stand geschrieben:

„Weitläufige Dispositionen sind vor der Bataille nicht zu geben. Man übersieht so viel als möglich das Terrain, gibt den Divisionsgeneralen, wenn hierzu die Zeit ist, die Generalidee mit wenigen Worten an, zeigt ihnen en gros das Terrain, wo sich die Armee formieren soll; die Art des Aufmarsches bleibt ihnen überlassen, nur der schnellste ist der beste. Für das weitere sind sie verantwortlich zu machen."[256]

Auch wenn Selbstständigkeit und Initiative der unteren Führer stark vom Führungsverständnis des vorgesetzten Truppenführers abhingen, hatte sich die Auftragstaktik in der Wehrmacht bis zum letzten Tag des Krieges erhalten.

Am 26. Juli 1944 hatte das J.R. 54 eine Stellung im Zuge des Walddorfs Ploska gehalten. Einen Tag später wurde die Stellung nach Jatwiegi verlegt. Dann wurde der Entschluss gefasst, in einem längeren Nachtmarsch am 28. Juli den Dnestr bei Czartorja-Zalesce zu gewinnen und zu überschreiten. In der Ortschaft Ruda, ca. 6 km nördlich von Czartorja, kam die Meldung, dass der Feind den Dnestr bereits erreicht habe, um den deutschen Kräften den Gewässerübergang zu verwehren. Als das I. Bataillon als Spitzenbataillon und bei ihm der Kommandeur, Oberst Weller, im Beiwagen eines Krads gegen 6.30 Uhr morgens bei Vorwerk und der Fösterei Sielski, etwa 1,5 km nördlich Czartorja eintraf, geriet er sofort unter feindliches Feuer. In der gebotenen Eile wurden die nachfolgenden Regiments-Einheiten formiert und durch einen überlegt angesetzten Angriff ein Brückenkopf über den Dnestr gebildet. Bei dieser anspruchsvollen Operation konnte Oberst Franz Weller erneut seine Begabung als Truppenführer unter Beweis stellen.

---

[255] Vgl. Stockfisch, Dieter: Menschenführung in Frieden, Krise und Krieg. Berlin 1997. S. 73.

[256] **Preußisches Exerzierreglement (1806)** zitiert nach: Ebenda. S. 73. Siehe hierzu auch: Sigg, Marco: Der Unterführer als Feldherr im Taschenformat. Theorie und Praxis der Auftragstaktik im deutschen Heer 1869 bis 1945. Paderborn 2014.

Dementsprechend wurde seine herausragende Führungsleistung in der Regimentschronik gewürdigt:

„Dank des persönlichen Eingreifens unseres Rgt.-Kdr., der mit immer neuen Aushilfen während eines ganzen Tages kritische Situationen am laufenden Band meistert, gelingt der Aufbau des Brückenkopfes, das reibungslose Abziehen der Trosse und Fahrzeuge über den Dnestr und schließlich auch noch das Übersetzen des gesamten Rgts. Wahrhaftig (,) eine hervorragende Leistung von Führung und Truppe. Mit Recht sind wir alle stolz darauf, daß unser verehrter Rgts.-Kdr Oberst Weller für diese hervorragende Leistung mit dem Eichenlaub zum Ritterkreuz ausgezeichnet wird.“[257]

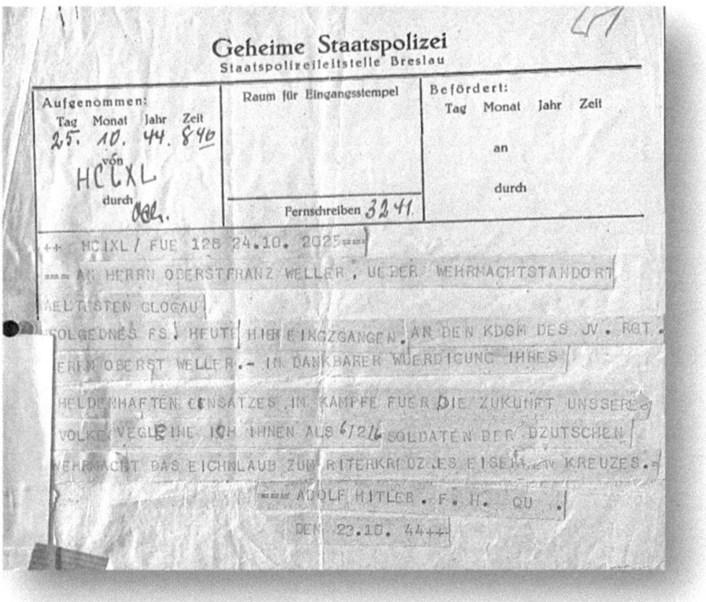

Geheime Staatspolizei
Staatspolizeileitstelle Breslau

Aufgenommen: Tag Monat Jahr Zeit 25. 10. 44. 840 von HCLXL durch [illegible]
Raum für Eingangsstempel
Fernschreiben 3241
Befördert: Tag Monat Jahr Zeit an durch

++ HCIXL / FUE 128 24.10. 2025===
=== AN HERRN OBERSTFRANZ WELLER , UEBER WEHRMACHTSTANDORT AELTESTEN GLOGAU
FOLGEDNES FS . HEUTE HIER EINGZGANGEN . AN DEN KDGM DES JV . RGT . ERRN OBERST WELLER .- IN DANKBARER WUERDIGUNG IHRES HELDENHAFTEN EINSATZES IM KAMPFE FUER DIE ZUKUNFT UNSSERES VOLKES VEGLEIHE ICH IHNEN ALS 6/216 SOLDATEN DER DZUTSCHEN WEHRMACHT DAS EICHNLAUB ZUM RITERKREUZ DES EISERNEN KREUZES .-
=== ADOLF HITLER . F . H . QU .
DEN 23.10. 44++

Abb. 61: Fernschreiben Adolf Hitlers (1889-1945) aus dem Führerhaupt quartier Wolfsschanze bei Rastenburg in Ostpreußen.

[257] Traditionsgemeinschaft I.R. 54 (Hrsg.): Der Weg des Infanterie- und Jäger-Regiments 54. S. 236.

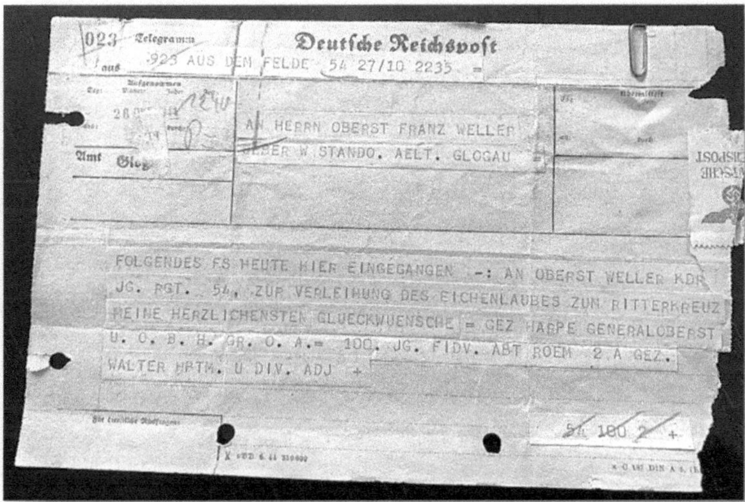

Deutsche Reichspost

Telegramm aus 923 AUS DEM FELDE 54 27/10 2235 =

AN HERRN OBERST FRANZ WELLER
UEBER W STANDO. AELT. GLOGAU =

FOLGENDES FS HEUTE HIER EINGEGANGEN -: AN OBERST WELLER KDR JG. RGT. 54, ZUR VERLEIHUNG DES EICHENLAUBES ZUM RITTERKREUZ MEINE HERZLICHENSTEN GLUECKWUENSCHE = GEZ HARPE GENERALOBERST U. O. B. H. GR. O. A.= 100. JG. FIDV. ABT ROEM 2 A GEZ. WALTER HPTM. U DIV. ADJ +

Abb. 62: Generaloberst Josef Harpe (1887-1968), der OB Heeresgruppe A, gratuliert mittels Fernschreibens zur Verleihung des Eichenlaubs.

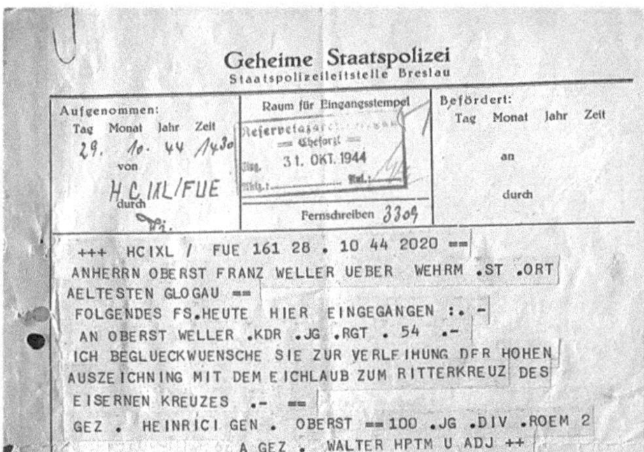

Geheime Staatspolizei
Staatspolizeileitstelle Breslau

Aufgenommen: Tag Monat Jahr Zeit 29. 10. 44 1430 von H.C.IXL/FUE durch

Raum für Eingangsstempel — 31. OKT. 1944 — Fernschreiben 3309

Befördert: Tag Monat Jahr Zeit an durch

+++ HCIXL / FUE 161 28 . 10 44 2020 ==
ANHERRN OBERST FRANZ WELLER UEBER WEHRM .ST .ORT AELTESTEN GLOGAU ==
FOLGENDES FS.HEUTE HIER EINGEGANGEN :. -
AN OBERST WELLER .KDR .JG .RGT . 54 .-
ICH BEGLUECKWUENSCHE SIE ZUR VERLEIHUNG DER HOHEN AUSZEICHNING MIT DEM EICHLAUB ZUM RITTERKREUZ DES EISERNEN KREUZES .- ==
GEZ . HEINRICI GEN . OBERST ==100 .JG .DIV .ROEM 2 A GEZ . WALTER HPTM U ADJ ++

Abb. 63: Glückwünsche zur Verleihung des Eichenlaubs durch Fernschreiben von Generaloberst Gotthard Heinrici (1886-1971).[258]

258 Siehe hierzu auch Scherzer, Veit: Die Ritterkreuzträger. Bayreuth 2021. S. 379.

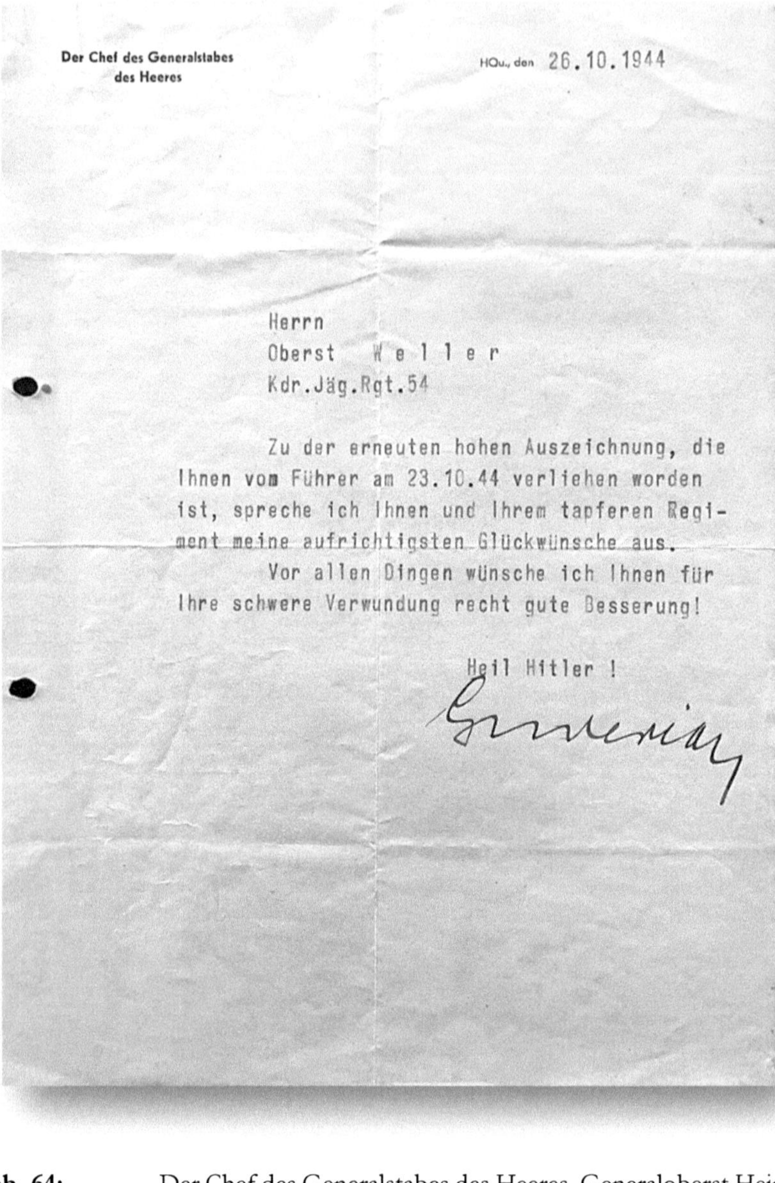

Der Chef des Generalstabes
des Heeres

HQu., den 26.10.1944

Herrn
Oberst W e l l e r
Kdr.Jäg.Rgt.54

Zu der erneuten hohen Auszeichnung, die Ihnen vom Führer am 23.10.44 verliehen worden ist, spreche ich Ihnen und Ihrem tapferen Regiment meine aufrichtigsten Glückwünsche aus.

Vor allen Dingen wünsche ich Ihnen für Ihre schwere Verwundung recht gute Besserung!

Heil Hitler !

Guderian

Abb. 64: Der Chef des Generalstabes des Heeres, Generaloberst Heinz Guderian (1888-1954), gratuliert zur hohen Auszeichnung.

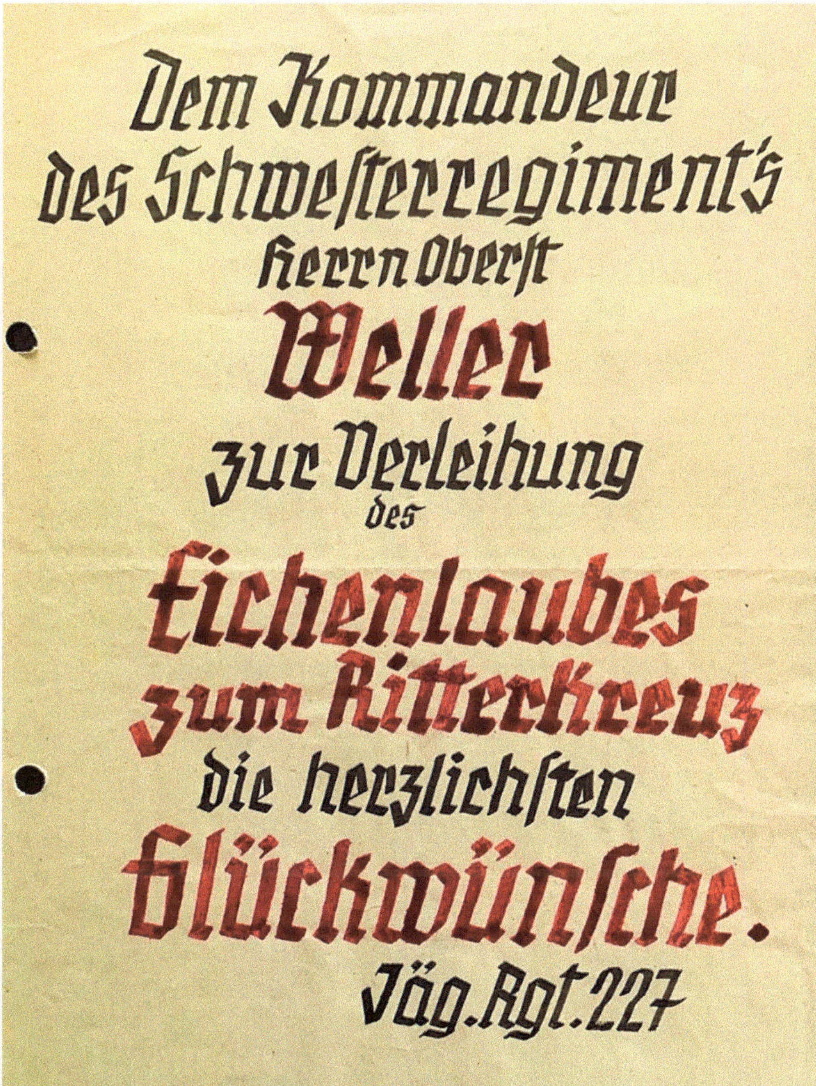

Dem Kommandeur
des Schwesterregiment's
Herrn Oberst
Weller
zur Verleihung
des
Eichenlaubes
zum Ritterkreuz
die herzlichsten
Glückwünsche.
Jäg.Rgt.227

Abb. 65 : Das Jägerregiment 227 gratulierte herzlich.

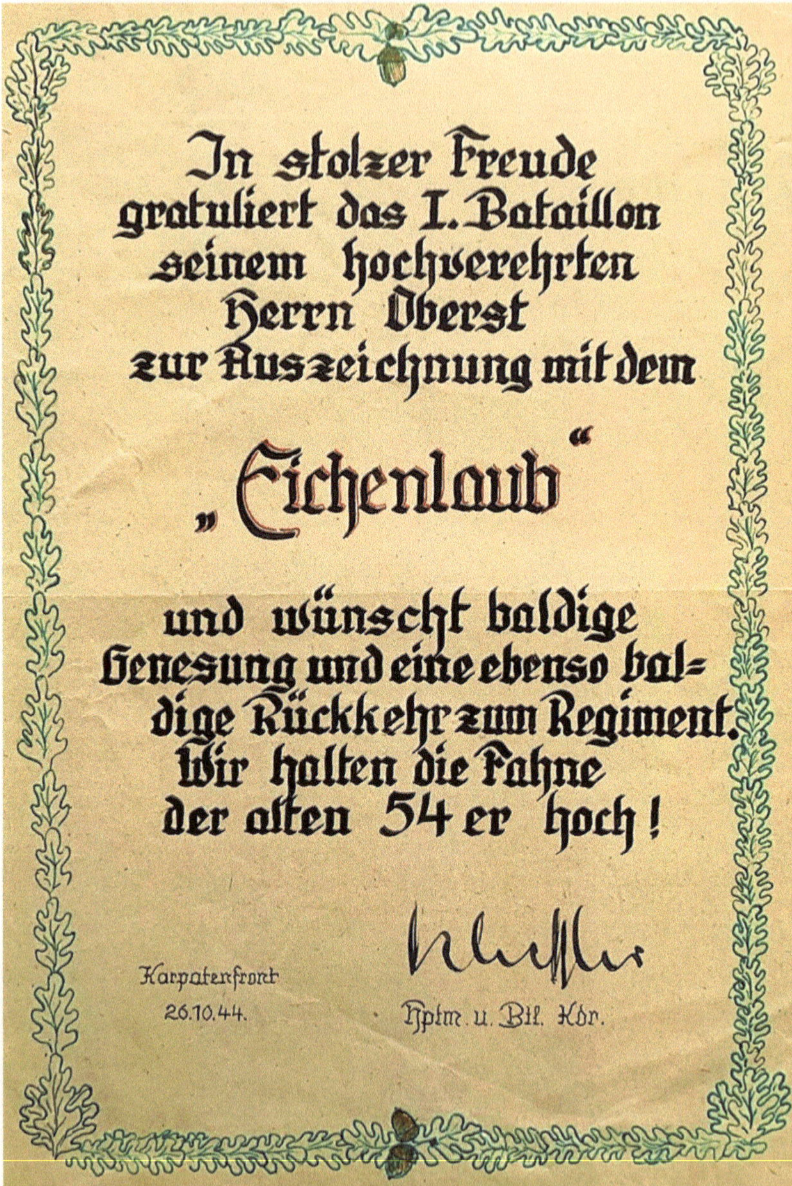

In stolzer Freude
gratuliert das I. Bataillon
seinem hochverehrten
Herrn Oberst
zur Auszeichnung mit dem

„Eichenlaub"

und wünscht baldige
Genesung und eine ebenso bal-
dige Rückkehr zum Regiment.
Wir halten die Fahne
der alten 54 er hoch!

Karpatenfront
26.10.44.

Hptm. u. Btl. Kdr.

Abb. 66: Glückwünsche des I. Bataillons von der Karpatenfront.

Abb. 67/68: Franz Weller erhielt das 626. Eichenlaub zum Ritterkreuz des Eisernen Kreuzes am 23.10.1944. Originalexponat von Franz Weller.

Die obigen Abbildungen zeigen die originalen Tapferkeitsauszeichnungen Wellers, wie sie von ihm während des Krieges und in Kriegsgefangenschaft getragen wurden. Das Ritterkreuz stammt von der Firma C.E. Juncker in Berlin und ist in dieser Ausfertigung unmarkiert und unmagnetisch. Das Eichenlaub wurde von der Firma Gebrüder Godet & Co. – ebenfalls in Berlin – hergestellt. Es handelt sich um den 2. Typ „900 21".[259] Das Datum der Verordnung dieser Auszeichnung war der 3. Juni 1940. Als Leistung für die Verleihung wurde eine wiederholte Tapferkeits- und Führungstat in Ritterkreuzqualität vorausgesetzt, wie am Beispiel Weller dargestellt. Die Anzahl der Verleihungen wird mit 865 beziffert, davon im Heer: 500, in der Waffen-SS: 66, der Luftwaffe werden insgesamt 239 Eichenlaubverleihungen zugeschrieben und 52 konnten von der Kriegsmarine verbucht werden. Die Zahl der mit dem Eichenlaub ausgezeichneten Ausländer beläuft sich auf insgesamt: 8.[260]

Die einzige Brücke gehalten

Das Eichenlaub für Oberst Franz Weller

Führerhauptquartier, 27. Oktober.

Der Führer verlieh das Eichenlaub an Oberst Franz Weller, Kommandeur eines Jäger-Regiments.

Als die Bolschewisten Ende Juli die noch auf dem linken Ufer des oberen Dnjestr stehenden Teile deutscher Divisionen mit starken Kräften angriffen und bereits fast bis an die einzige Brücke vorgestoßen waren, warf sich ihm Oberst Weller mit rasch zusammengerafften Angehörigen des Stabes und der Trosse entgegen und schlug, obwohl durch eine Unfallverletzung erheblich behindert, Angriffsspitzen des Feindes zurück.

Stargarder Tageblatt 27.10.44.

---

259 Vgl. Maerz, Dietrich: The Knight Cross of the Iron Cross and higher grades. Volume I. Richmond (USA) 2023. S. 137ff. und S. 369-378.

260 Vgl. Behr, Volker A.: Deutsche Auszeichnungen. Orden und Ehrenzeichen der Wehrmacht 1936-1945. Stuttgart 2012. S. 66.

Neuer Eichenlaubträger

Führerhauptquartier, 27. 10.

Der Führer verlieh am 18. Oktober das Eichenlaub zum Ritterkreuz des Eisernen Kreuzes an Major Werner Gust, Führer eines ostpreußischen Grenadier-Regiments, als 624., an Oberleutnant Othmar Kreuzinger, Kompaniechef in einer niedersächsischen Panzeraufklärungs-Abteilung, als 625., an Oberst Franz Weller, Kommandeur eines Glogauer Jäger-Regiments, als 626., an Major Carl Thieme, stellvertretenden Führer eines schlesischen Panzergrenadier-Regiments, als 627. und an Hauptmann Hans-Christian Stock, Chef einer Sturmgeschütz-Batterie, als 628. Soldaten der deutschen Wehrmacht.

Abb. 69/70: Zeitungsartikel nach der Eichenlaubverleihung.

Generalkommando XXXXIX.(Geb.)A.K.
DER KOMMANDIERENDE GENERAL

K.Gef.Std., den 30.10.1944

Lieber Weller !

Zur Verleihung des Eichenlaubes zum Ritterkreuz des Eisernen Kreuzes gratuliere ich Ihnen vielmals. Ich habe mich sehr gefreut, dass Sie diese hohe Auszeichnung erhalten haben.

Mit bestem Gruß und Heil Hitler !

Ihr

von Le Suire.

Abb. 71: General der Gebirgstruppe Karl von Le Suire (1898-1954) gratuliert.

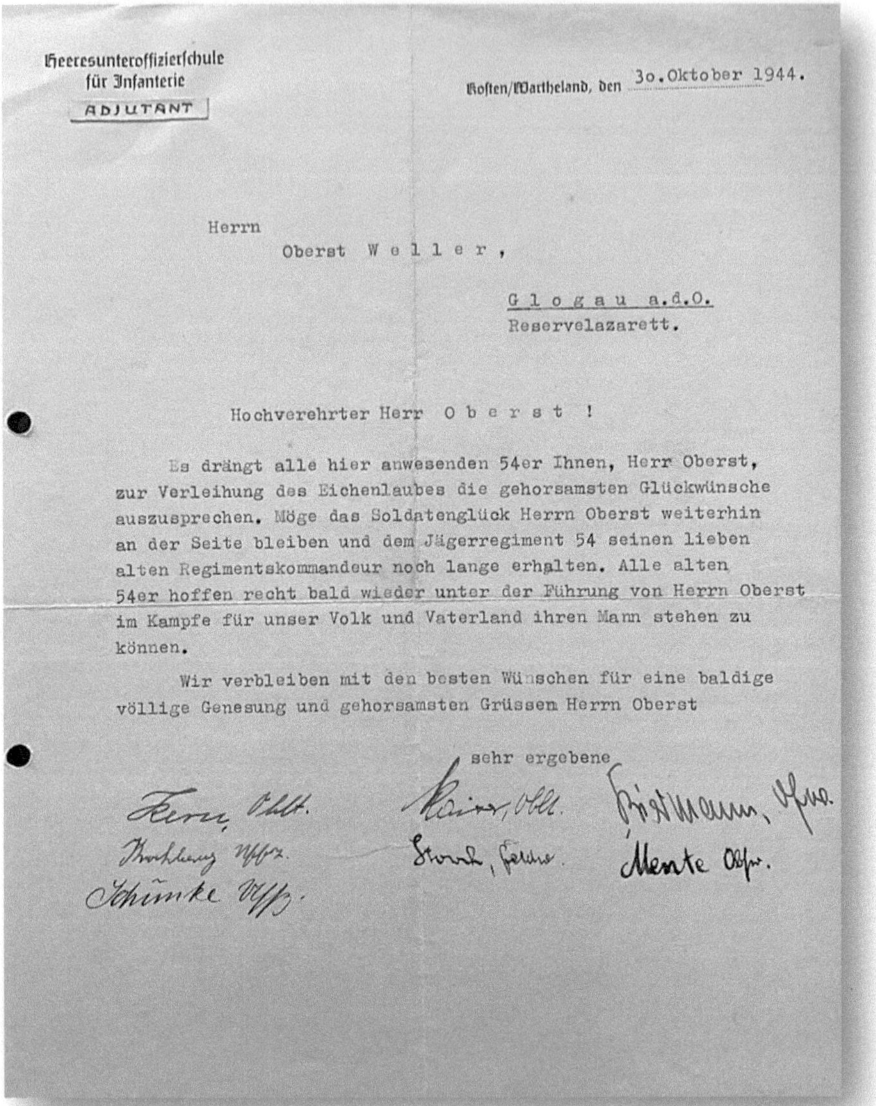

Heeresunteroffizierschule
für Infanterie
ADJUTANT

Kosten/Wartheland, den 30.Oktober 1944.

Herrn
Oberst W e l l e r ,

G l o g a u a.d.O.
Reservelazarett.

Hochverehrter Herr O b e r s t !

Es drängt alle hier anwesenden 54er Ihnen, Herr Oberst, zur Verleihung des Eichenlaubes die gehorsamsten Glückwünsche auszusprechen. Möge das Soldatenglück Herrn Oberst weiterhin an der Seite bleiben und dem Jägerregiment 54 seinen lieben alten Regimentskommandeur noch lange erhalten. Alle alten 54er hoffen recht bald wieder unter der Führung von Herrn Oberst im Kampfe für unser Volk und Vaterland ihren Mann stehen zu können.

Wir verbleiben mit den besten Wünschen für eine baldige völlige Genesung und gehorsamsten Grüssen Herrn Oberst

sehr ergebene

Abb. 72: Ehrliche Verbundenheit zum Regimentskommandeur.

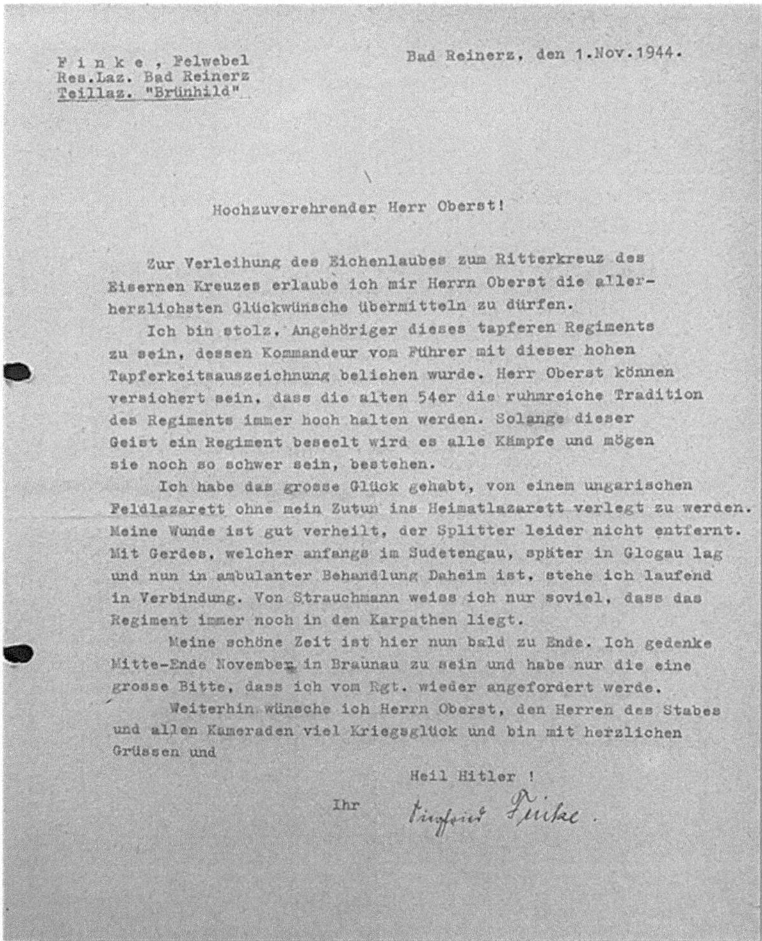

F i n k e , Felwebel
Res.Laz. Bad Reinerz
Teillaz. "Brünhild"

Bad Reinerz, den 1.Nov.1944.

Hochzuverehrender Herr Oberst!

Zur Verleihung des Eichenlaubes zum Ritterkreuz des Eisernen Kreuzes erlaube ich mir Herrn Oberst die allerherzlichsten Glückwünsche übermitteln zu dürfen.

Ich bin stolz, Angehöriger dieses tapferen Regiments zu sein, dessen Kommandeur vom Führer mit dieser hohen Tapferkeitsauszeichnung beliehen wurde. Herr Oberst können versichert sein, dass die alten 54er die ruhmreiche Tradition des Regiments immer hoch halten werden. Solange dieser Geist ein Regiment beseelt wird es alle Kämpfe und mögen sie noch so schwer sein, bestehen.

Ich habe das grosse Glück gehabt, von einem ungarischen Feldlazarett ohne mein Zutun ins Heimatlazarett verlegt zu werden. Meine Wunde ist gut verheilt, der Splitter leider nicht entfernt. Mit Gerdes, welcher anfangs im Sudetengau, später in Glogau lag und nun in ambulanter Behandlung Daheim ist, stehe ich laufend in Verbindung. Von Strauchmann weiss ich nur soviel, dass das Regiment immer noch in den Karpathen liegt.

Meine schöne Zeit ist hier nun bald zu Ende. Ich gedenke Mitte-Ende November in Braunau zu sein und habe nur die eine grosse Bitte, dass ich vom Rgt. wieder angefordert werde.

Weiterhin wünsche ich Herrn Oberst, den Herren des Stabes und allen Kameraden viel Kriegsglück und bin mit herzlichen Grüssen und

Heil Hitler !

Ihr Siegfried Finke.

Abb. 73: Dieser Brief steht stellvertretend für die umfangreiche Post, die Franz Weller von untergebenen Soldaten erhielt. Sie bezeugen das vertrauensvolle und kameradschaftliche Verhältnis, dass er zu seinen Männern vielfach über das Kriegsende hinaus pflegte. Bemerkenswert ist an diesem Brief auch der Wunsch, wieder nach Genesung vom Regiment angefordert zu werden. Die erfahrenen Soldaten wussten genau, welchen Wert die militärische Heimat hatte.

Günther Heinzel
Oberleutnant
Schule VIII f.Fhj.d.Inf.
7. Inspektion

Wetzlar, den 30. Oktober 1944

Hochzuverehrender Herr Oberst!

Vor einer halben Stunde habe ich durch die Zeitung erfahren, dass Ihnen, Herr Oberst das Eichenlaub zum Ritterkreuz verliehen wurde.Ich gestatte mir dazu meine herzlichsten Glückwünsche auszusprechen, verbunden mit den besten Wünschen für Soldatenglück und Ihr weiteres persönliches Wohlergehen. Ich habe eine riesige Freude darüber, dass Ihnen, Herr Oberst, diese hohe Auszeichnung zuteil wurde, die umsomehr aus dem Herzen kommt, als ich Sie, in der leider nur verhältnismässig kurzen Zeit, in der ich mit Ihnen arbeiten durfte, nicht nur als mein Kommandeur, sondern auch als ein Mensch, der wie ein Vater zu mir war, kennenlernen durfte. An diese Zeit denke ich oft, nicht nur, weil mich meine schmerzenden Narben und sonstigen Geschichten ständig daran erinnern, nein, weil ich in dieser Zeit sehr viel gelernt habe und ich mir eine feste Grundlage auf militärischem und menschlichem Gebiet aneignen konnte. Vom Regiment hörte ich wiederholt,zwar mit grossen Abständen, aber doch immerhin soviel um mir ein Bild machen zu können. Bitter ist es nur, wenn man nicht mehr "mitmachen" kann, aber restlos verbittert wurde ich nach dem, was ich beim Ers. Rgt. 557 erfahren habe. Aber davon möchte ich um Gotteswillen hier in diesem Briefe nichts schreiben, der ja ein Gratulationsbrief sein soll. Trotzdem möchte ich einiges von mir mitteilen. Aus der pompösen Anschrift ist ja zu ersehen, dass ich wieder einmal an einer Fahnenjunkerschule sitze. Es ist die frühere hannoversche. Ich bin hier zu meinem Leidwesen Abteilungsführer. Vorher war ich, da es mir gesundheitlich nicht besonders gut ging - das ist bald ein Dauerzustand - nach Dänemark kommandiert und zwar als Taktiklehrer an einer Kampfschule, die dem WB.Dänemark unmittelbar unterstellt war. Diese Aufgabe machte mir viel Freude, zumal ich selbständig arbeiten konnte, da der sogenannte "Leiter" ein Panzermann war, der von Tuten und Blasen, was jedenfalls die infantristische Ausbildung anbetrifft, keine Ahnung hatte. Infolge meiner geleisteten Arbeit sollte ich nach dem 2. Lehrgang (Lehrgangsdauer war jeweils 4 Wochen) zum WBD. versetzt und mit der Führung der Schule beauftragt werden. Hier setzte aber meine zum wiederholten Male erwiesene Pechsträhne ein, der Versetzungsantrag kreuzte sich mit der Versetzungsverfügung, mein Ersatztruppenteil hatte mich weggelobt und mich als Taktiklehrer für eine Fahnenjunkerschule angeboten. Ich brauste also von Dänemark nach Dijon (NO-Frankreich) und bekam eine Abteilung in die Hand gedrückt, da inzwischen ein Dutzend Hauptleute und Majore, deren Generalstabsausbildung abgebrochen w ar, als Taktiker - verständlicherweise - eingesetzt wurden. Die Zeit in Frankreich war sehr nett und durch die Einsätze gegen Terroristen auch interessant. Später mussten wir durch die besonderen Verhältnisse auch ausreissen. Die neuen Fahnenjunker des 17.Lehrgangs übernahmen wir in Wahn bei Köln wo wir uns zunächst mit der Schule niederliessen. Dort rissen wir auch wieder aus, weil die ständigen Fliegerangriffe und Alarme kaum noch einen geregelten Schulbetrieb ermöglichten. Und nun sind wir hier in Wetzlar.

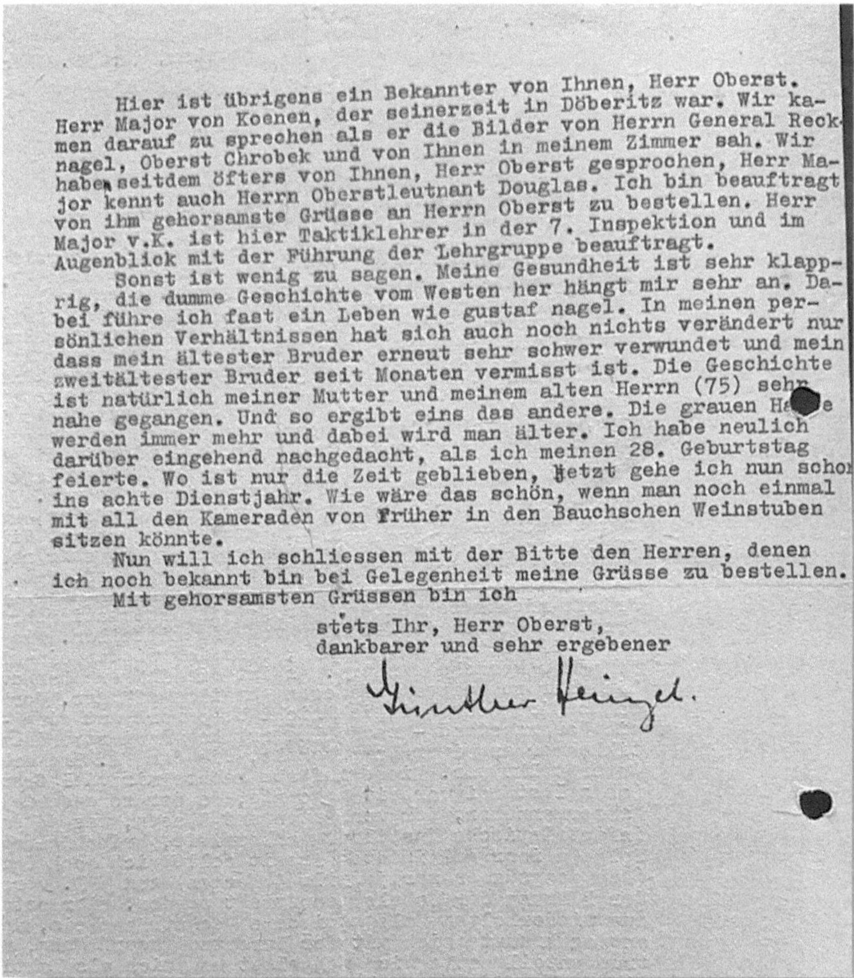

Hier ist übrigens ein Bekannter von Ihnen, Herr Oberst. Herr Major von Koenen, der seinerzeit in Döberitz war. Wir kamen darauf zu sprechen als er die Bilder von Herrn General Recknagel, Oberst Chrobek und von Ihnen in meinem Zimmer sah. Wir haben seitdem öfters von Ihnen, Herr Oberst gesprochen, Herr Major kennt auch Herrn Oberstleutnant Douglas. Ich bin beauftragt von ihm gehorsamste Grüsse an Herrn Oberst zu bestellen. Herr Major v.K. ist hier Taktiklehrer in der 7. Inspektion und im Augenblick mit der Führung der Lehrgruppe beauftragt.

Sonst ist wenig zu sagen. Meine Gesundheit ist sehr klapprig, die dumme Geschichte vom Westen her hängt mir sehr an. Dabei führe ich fast ein Leben wie gustaf nagel. In meinen persönlichen Verhältnissen hat sich auch noch nichts verändert nur dass mein ältester Bruder erneut sehr schwer verwundet und mein zweitältester Bruder seit Monaten vermisst ist. Die Geschichte ist natürlich meiner Mutter und meinem alten Herrn (75) sehr nahe gegangen. Und so ergibt eins das andere. Die grauen Haare werden immer mehr und dabei wird man älter. Ich habe neulich darüber eingehend nachgedacht, als ich meinen 28. Geburtstag feierte. Wo ist nur die Zeit geblieben, jetzt gehe ich nun schon ins achte Dienstjahr. Wie wäre das schön, wenn man noch einmal mit all den Kameraden von früher in den Bauchschen Weinstuben sitzen könnte.

Nun will ich schliessen mit der Bitte den Herren, denen ich noch bekannt bin bei Gelegenheit meine Grüsse zu bestellen.

Mit gehorsamsten Grüssen bin ich

stets Ihr, Herr Oberst,
dankbarer und sehr ergebener

Günther Heinzel.

Abb. 74/75: Der Brief eines Oberleutnants und Ausbildungsoffiziers von Oktober 1944 – er schreibt offen und ehrlich seine Meinung. Franz Weller war ihm trotz der nur kurzen zeitlichen Unterstellung ein Vorbild, dem er sich anvertraute.

Zurück zu den Abwehrkämpfen am Dnestr im Juli/August 1944. Im Bericht einer schlesischen Zeitung vom 27. Juli 1944, dessen Name nicht mehr zu recherchieren ist, steht über Oberst Weller folgender Satz:

„Der Regimentskommandeur war trotz einer gebrochenen Rippe, die nicht wenig schmerzte, überall zugegen und in seiner ruhigen Art gelang es ihm immer wieder, seine Jäger zu neuen Leistungen anzuspornen."[261]

Was im vorgenannten Zitat zum Ausdruck kommt, ist das taktische Führungsprinzip *„Führen von vorne."* Es ermöglichte, das Kampfgeschehen unmittelbar verfolgen und gegebenenfalls eingreifen und die Truppe durch Vorbild motivieren zu können. Zugleich war damit eine deutlich höhere Wahrscheinlichkeit verbunden, eine Verwundung zu erleiden, wie das Beispiel Wellers zeigte. Die erwähnte Rippenverletzung geschah am 2. August 1944 und führte dazu, dass Oberst Weller einige Tage als Regimentskommandeur ausfiel. Noch gravierender war eine schwere Verwundung vom 24.8., nachdem er zuvor erst wenige Tage wieder als Regimentskommandeur eingesetzt werden konnte. Beim Kampf um die Höhe 1233 bei Benki im Abschnitt des III. Btl./J.R. 54 wurde Franz Weller beim Gegenangriff durch Handgranatensplitter schwer verwundet.[262] Aus dem Gesundheits-Zeugnis vom 24.11.1955 geht hervor, dass er sich schwere Granatsplitterverletzungen an beiden Beinen zuzog.[263] Die Wiedergewinnung der Höhe 1233 war teuer bezahlt worden, da es auch etliche Gefallene gab. Aufgrund seiner schweren Verwundung fiel Oberst Weller längerfristig aus – er konnte nicht mehr zu seiner Division zurückkehren.[264]

---

261 Schlesische Zeitung vom 27.7.44 zitiert nach Neidhardt, Hanns: Mit Eichenlaub und Tanne. Kriegschronik der 100. Jäger-Division vormals 100. leichte Infanterie-Division. Graz-Stuttgart 1981. S. 333.

262 Traditionsgemeinschaft I.R. 54 (Hrsg.): Der Weg des Infanterie- und Jäger-Regiments 54. S. 243.

263 Vgl. BA-MA. PERS1-2462-D. S. 1.

264 Neidhardt, Hanns: Mit Eichenlaub und Tanne. Kriegschronik der 100. Jäger-Division vormals 100. leichte Infanterie-Division. Graz-Stuttgart 1981. S. 340.

Abb. 76: Für die dritte Verwundung wurde das Verwundetenabzeichen in Silber verliehen.[265]

---

[265] Siehe hierzu auch Scherzer, Veit: Das Auszeichnungssystem der Wehrmacht. Bayreuth 2015. S. 45-46.

In die Genesungsphase fiel die plan- und vorschriftmäßige Beurteilung durch die 100. Jäger-Division vom 4. Dezember 1944. Divisions-Kommandeur und damit beurteilender Vorgesetzter war zu diesem Zeitpunkt Generalleutnant Willibald *„Willi“* Utz (1893-1954),[266] der Weller in seiner Funktion als Regimentskommandeur J.R. 54 zu beurteilen hatte. Im Abschnitt *„Kurze Beurteilung“* hatte der Kommandeur zu folgenden Kriterien Stellung zu nehmen:

- Persönlichkeitswert,
- Nationalsozialistische Haltung,
- Bewährung vor dem Feinde,
- Dienstliche Leistungen sowie
- Geistige und körperliche Anlagen und Eignung.

Generalleutnant Utz schrieb über Oberst Weller:

„Klare, ausgeglichene, reife Persönlichkeit mit starker Konzentrationsfähigkeit und bedingungsloser Einsatzbereitschaft, entschlusskräftig, beispielhaft mutig und tapfer. Vor dem Feinde als Rgt.Kdr. hervorragend bewährt. Sehr gute taktische Veranlagung gepaart mit sehr guten soliden dienstlichen Kenntnissen. Geniesst das bedingungslose, feste Vertrauen seiner Offz. und Männer. Geistig und körperlich sehr gut veranlagt. Beliebter Kamerad.

Starke Seiten: *Draufgänger, sehr gute taktische Veranlagung.*
Schwache Seiten: *Nicht in Erscheinung getreten.“*[267]

Zu diesen Sätzen ist anzumerken, dass der beurteilende Divisionskommandeur entgegen der Vorgabe auf die Stellungnahme zur nationalsozialistischen Haltung vollständig verzichtet hat. Er hat sich nicht einmal einer politischen Phrase bedient, die so oft in Beurteilungen dieser Zeit Verwendung fanden. Das lässt den Schluss zu, dass Generalleutnant

---

[266] **Generalleutnant Willibald Utz** (1893-1954) erhielt nach der Luftlandeoperation Merkur, der Besetzung Kretas durch Deutsche und Italiener, am 21. Juni 1941 das Ritterkreuz des Eisernen Kreuzes. Siehe hierzu auch Scherzer, Veit: Die Ritterkreuzträger. Bayreuth 2021. S. 757.
[267] BA-MA. PERS1-2462-E. Beurteilung 100. Jäger-Division vom 4.12.1944.

Utz sich eher als unpolitischen, jedenfalls nicht-nationalsozialistischen Soldaten verstanden und dementsprechend in diesem Sinne seine Untergebenen beurteilt hat. Inhaltlich fällt auf, dass Weller die von einem Offizier besonders in Kriegszeiten erwünschten Eigenschaften in überreichem Maße mitbrachte: Einsatzbereitschaft, Entschlusskraft, Mut, Tapferkeit, Beispiel und sehr gute taktische Veranlagung. Zudem wird ihm bescheinigt, dass er das Vertrauen seiner Männer genoss. Gewiss spielte bei dieser Beurteilung auch die unlängst erfolgte Verleihung des Eichenlaubs am 23. Oktober 1944 eine nicht zu unterschätzende Rolle und beeindruckte sicher auch höhere Dienstgrade. Es ist daher nicht verwunderlich, dass Weller aufgrund seiner herausragenden Leistungen zum Divisionskommandeur vorgeschlagen wurde. Der Kommandierende General – Generalkommando XXXXIX. (Geb.) – A.K. General der Gebirgstruppe Karl von Suire (1898-1954)[268] war mit dem Verwendungsvorschlag einverstanden und bezeichnete Oberst Weller als

„voll bewährten und besonders tüchtigen Rgt.Kdr.“[269]

Zu guter Letzt nahm Generaloberst Gotthard Heinrici (1886-1971) als Kommandeur der 1. Panzerarmee befürwortend am 10.12.1944 Stellung. Sodann wurde Oberst Weller in die Führer-Reserve OKH versetzt. Es sollte noch bis Mitte März 1945 dauern, ehe Franz Weller wieder dienstfähig wurde. Akribisch sind in der Personalakte die Stationen auf dem Weg zur Genesung aufgelistet:

- 24.8.-23.9.1944: Hauptverbandsplatz der 100. Jäger-Division an der Ostfront,
- 26.9.-5.10.44: Reservelazarett Freystadt/Niederschlesien (Stift).

---

[268] **General der Gebirgstruppe Karl von Suire** (1898-1954) wurde am 26. November 1944 mit dem Ritterkreuz des Eisernen Kreuzes ausgezeichnet. Er geriet zum Kriegsende in sowjetische Kriegsgefangenschaft, in der er dann am 18.Juni 1954 verstarb.

[269] BA-MA. PERS1-2462-E. Beurteilung 100. Jäger-Division vom 4.12.1944. Zusatz vorgesetzter Dienststellen vom 7.12.1944.

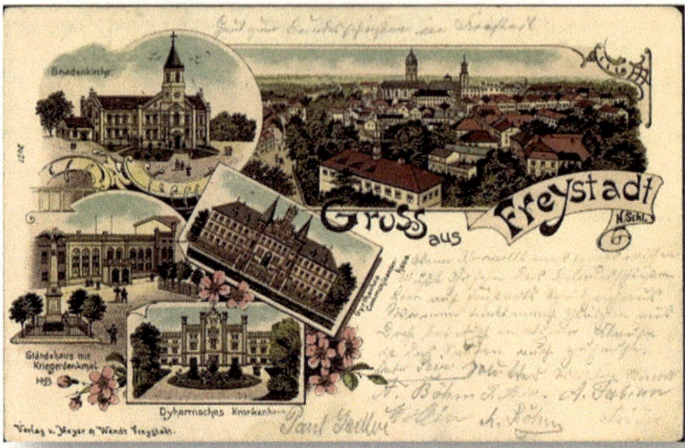

Abb. 77: Historische Postkarte aus Freystadt in Niederschlesien.

In der Zeit des Lazarettaufenthaltes in Freystadt/Niederschlesien wurde Oberst Weller auf Grund seiner drei- und viermaligen Verwundung durch feindliche Waffenwirkung mit dem Verwundetenabzeichen 1939 in Silber (16.8.1944) ausgezeichnet.[270] Dann folgte die nächste Station:

- 5.10.-22.11.44: Reservelazarett I in Glogau/Niederschlesien. Schließlich erfolgte die Rückverlegung nach Freystadt/Niederschlesien.
- 22.11.44-12.1.45: Reservelazarett Freystadt/Niederschlesien (Stift).
- 12.1.45-5.2.45: Reservelazarett Johannisbad/Sudetenland.

---

270 Vgl. BA-MA. PERS1-2462-A. S. 9.

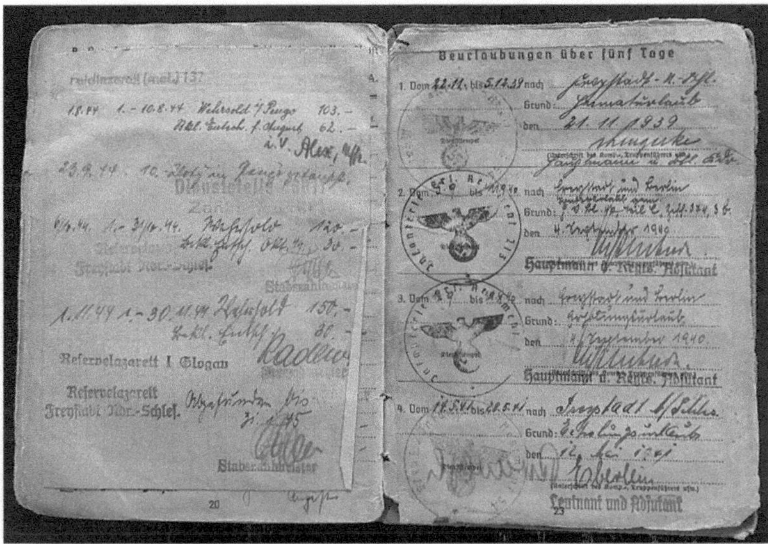

Abb. 78: Auszug aus dem Soldbuch der Lazarettaufenthalte und Beurlaubungen.

Mittlerweile war das siebente Kriegsjahr 1945 angebrochen. Franz Weller war aufgrund seiner schweren Verwundung noch immer nicht dienstfähig. Nach den aufgelisteten Lazarettaufenthalten und unzähligen Behandlungen folgten im Zeitraum 6. Februar bis 14. März 1945 ambulante Behandlungen, die mit einem Genesungsurlaub verbunden werden konnten.[271] Der Krieg ging für die deutschen Streitkräfte und die Bevölkerung einem tragischen Ende entgegen. Franz Weller hatte noch einmal die Möglichkeit, seine Familie zu sehen. Allerdings war der Krieg für ihn noch lange nicht zu Ende, denn zunächst wurde er erneut nach Döberitz versetzt. Dazu schreibt er in seinem Lebenslauf:

„Noch nicht ausgeheilt, musste ich am 15.3.45 in Döberitz Lehrgänge übernehmen, die am 20.4.45 dem Verteidigungsstab unterstellt wurden."[272]

---

[271] Vgl. BA-MA. PERS1-2462-A. S. 4.

[272] BA-MA. PERS1-2462-A. Lebenslauf vom 24.10.1954. S. 2.

Auffällig an dieser Formulierung ist, dass Weller offenbar gegen seinen Wunsch, er schreibt: *„musste ich"*, nach Döberitz kam. Aus Wellers Personalakte ist zu entnehmen, dass er nur etwa einen Monat in Döberitz stationiert war (15.3.-20.4.45), um NSFO-Lehrgänge als Lehrgangsleiter durchzuführen [273] Der Nationalsozialistische Führungsoffizier (NSFO) wurde am 22.12.1943 per Führererlass eingerichtet, um den Soldaten der Wehrmacht die NS-Weltanschauung nahezubringen und den Durchhaltewillen der Soldaten zu stärken.[274] Es ist fraglich, ob Weller in diesem Zeitfenster den Lehrgang überhaupt noch durchgeführt hat, denn in den Unterlagen der Personalakte finden sich dazu keinerlei Hinweise. Ab dem 24. April 1945 kämpfte Oberst Weller wieder an der Front im Raum Potsdam – er wurde Führer einer RAD-Division, der Infanterie-Division *„Friedrich Ludwig Jahn"*.

6.9 Divisionsführer Reichsarbeitsdienst-Infanterie-Division *„Friedrich Ludwig Jahn"* – im Ablaufstab für Elb-Übergang der 12. Armee

Sphärenmusik

„Und heute ist Sonntag, und in einer halben Stunde spielen sie die d-moll-Symphonie von Bruckner. Wollen wir sie uns anhören?

In Magnetogorsk, Schacht sieben, werden sie uns keine Symphonien vorspielen. Hören wir sie uns an! […]. Mokassin hatte in zwei Minuten die Kaffeemaschine des Hauses und große, dünnwandige Cognacgläser gefunden. Wir ließen uns in den Klubsesseln nieder und legten die Beine auf den Tisch. […]. Das Konzert begann.

Auf einmal war diese ganze wilde Welt von Blut und Eiter, Gestank und Gefahr, Angst und Erbsensuppe, Kälte und Tapferkeit, diese Welt, in der wir seit Wochen lebten, versunken. […]. Wir sahen einander an. Keiner sagte ein Wort. […].

---

273 Vgl. BA-MA. PERS1-2462-A. S. 7.

274 Ende 1944 gab es rund 47.000 nebenamtliche **NSFO** und nur etwa 1.100 hauptamtliche, die an zentralen Schulungslehrgängen teilnahmen. Auf Regiments- und Bataillonsebene wurde die NSFO-Tätigkeit als Nebenfunktion und nicht selten als lästig wahrgenommen.

Jetzt kommt das schönste Stück Musik, das es auf der Welt gibt. Die Posaunenchöre im vierten Satz! Das ist wie von Engeln gespielt. […].

Der vierte Satz setzte ein. Es war, als werde ein purpurner Vorhang beiseitegeschoben, dem Menschen den Blick in einen Himmel freizugeben, durch den statt des Heulens der Granaten die Lobpreisungen der himmlischen Heerscharen tönen."[275]

Der Schlussakkord eines für Deutschland verlorenen Krieges hatte begonnen. Am 30. März 1945 wurde als 35. und letzte Welle die Aufstellung von drei RAD-Divisionen befohlen. Diese entsprachen nach Gliederung und Stärke einer Infanteriedivision 45 mit gekürzter Artillerieausstattung ohne Feldersatz-Bataillon. Nach Josef Pechmann kann aus den Unterlagen sowie den Aussagen der Divisionsangehörigen von damals die folgende Gliederung der Division angenommen werden:

- 3 Grenadier-Regimenter zu 2 Bataillonen mit:
  - je Bataillon 3 Kompanien (1.-3., 5.-7.) und 1 schwere Kompanie (4., 8.), dazu die 13. (schwere Kompanie (Granatwerfer-Kp.) und die 14. Panzer-Zerstörer-Kp. („*Panzerschreck*"-Kp.).
- Divisions-Füsilier-Bataillon zu 4 Kp. auf Fahrrädern:
  - 1 Panzerjäger-Abteilung mit Panzer-Zerstörer-Kp. (Flak-Kp., Jagd-Pz.-Kp. und Gren. Begl.-Kp., die ebenfalls vorgesehen waren, werden von keinem Beteiligten erwähnt.)
- Artillerie-Regiment mit:
  - 2 (3?) leichten Abteilungen zu je 3 Batterien (1.-3. [?], 4.-6., 7.-9.) und 1 schweren Abteilung zu 2 Batterien (10., 11.)
- Pionier-Bataillon mit 3 Kompanien
- Nachrichten-Abteilung
- Versorgungs-Regiment.[276]

Im Durchschnitt sollte die Gefechtsstärke dieser Divisionen etwa 10.000 Mann betragen, es waren in der Masse die jüngsten Jahrgänge der Wehrmacht, die 17- bis 19-jährigen Soldaten. Außer den Sturmgeschütz-Abteilungen und einigen Panzern aus den

[275] Bamm, Peter: Die unsichtbare Flagge. S. 343-344.

[276] Vgl. Pechmann, Josef: Die RAD-Infanterie-Division *„Friedrich Ludwig Jahn"*. Aufstellung und Einsatz beim Kampf um Berlin April/Mai 1945. Wien 1993. S. 15.

Panzertruppenschulen hatte keine Division der 12. Armee irgendeine Art von schweren Waffen.[277] Aufstellungsort der I.D. *„Friedrich Ludwig Jahn“* wurde der Truppenübungsplatz Jüterbog in Brandenburg. Grundlegende Aufstellungsbefehle ergingen am 4. und 7. April 1945. Mit Befehl vom 9. April 1945 wurde der ersten Division der Name *„Friedrich Ludwig Jahn“*[278] verliehen, sie sollte im Rahmen der 12. Armee zum Einsatz kommen.[279] Als Stamm wurde der komplette Divisionsstab mit etwa 200 Mann der 251. I.D. mit Teilen der Nachrichten-Abteilung dieses zuvor zerschlagenen Verbandes zugewiesen. Dieser Divisionsstab war bereits vor Beendigung der Kämpfe um Gotenhafen/Hela zusammen mit seiner Nachrichten-Abteilung und dem Stab des Artillerie-Regiments per Schiff nach Swinemünde verlegt worden. Für das gesamte Personal der Division wurde die Herstellung der Kampfbereitschaft für den 15. April 1945 befohlen, nachdem das Personal am 9. April vollständig versammelt werden konnte. Gleichwohl konstatierte der Oberbefehlshaber des Ersatzheeres (Ob. d. E.)[280] in einer Notiz vom 30. März, dass die neu aufgestellten Divisionen wohl frühestens zum 15. Mai die Einsatzbereitschaft werden herstellen können. Etwa 70% der Planstellen wurden mit RAD-Führern besetzt. Ihnen wurden versehrte kriegserfahrene Offiziere verschiedener Heeresschulen als Ausbilder und Führer zur Verfügung gestellt.[281] Zu ihnen zählte auch der hochdekorierte Oberst Franz Weller. Die Masse des Personalbestandes der Division waren also eher kriegsunerfahrene Soldaten und RAD-Leute, an den entscheidenden Stellen jedoch wurde

---

[277] Bradley, Dermot: Walther Wenck. General der Panzertruppe. Osnabrück 1981. S. 336.

[278] **Friedrich Ludwig Jahn** (1778-1852), bekannt als *„Turnvater Jahn“* initiierte die deutsche Turnbewegung, die im Kampf gegen die napoleonische Besetzung mit der Nationalbewegung verknüpft war. Er trat als Pädagoge, Schulleiter, Publizist und Politiker in Erscheinung. Sein Turnerwahlspruch lautete: *„Frisch, frei, fröhlich und fromm – ist des Turners Reichtum.“*

[279] Vgl. Gellermann, Günther W.: Die Armee Wenck – Hitlers letzte Hoffnung. Aufstellung, Einsatz und Ende der 12. deutschen Armee im Frühjahr 1945. Bonn 2007. S. 33-37.

[280] **Oberbefehlshaber des Ersatzheeres** (Ob. d. E.) war vom 21.7.1944 bis April 1945 der Reichsführer SS Heinrich Himmler (1900-1945).

[281] Vgl. Gellermann, Günther W.: Die Armee Wenck – Hitlers letzte Hoffnung. Aufstellung, Einsatz und Ende der 12. deutschen Armee im Frühjahr 1945. Bonn 2007. S. 34.

bewährtes, altgedientes Führungspersonal des Heeres zum Zwecke einer Stütz- und Festigungsfunktion geschickt eingebunden und zum Einsatz gebracht. Unterm Strich hat sich diese aus der Not des Krieges geborene Konzeption trotz mancher Herausforderungen und täglicher Improvisationen bewährt. Kommandeur der I.D. *„Friedrich Ludwig Jahn"* wurde Oberst Gerhard Klein (1903-1988), der wie Franz Weller bereits in der Reichswehr zum Offizier ernannt und am 30.12.1943 für seine Tapferkeit im Dienstgrad eines Oberstleutnants als Kommandeur der Armee-Waffen-Schule AOK 9 mit dem Ritterkreuz des Eisernen Kreuzes ausgezeichnet worden war.[282] Gerhard Klein war nach Kriegsende noch lange, bis zum 13. Oktober 1955, in sowjetischer Kriegsgefangenschaft und diente noch seinem Land als Oberst d. Res. in der Bundeswehr.[283]

Bei einem sogenannten *„Führervortrag"* wurde entschieden, dass die I.D. *„Friedrich Ludwig Jahn"* nicht – wie zunächst vorgesehen – der 12. Armee unterstellt, sondern vorübergehend dem Kommandanten des Verteidigungsbereiches von Berlin zugeführt werden sollte. Allerdings befahl Adolf Hitler (1889-1945) hierzu ausdrücklich, dass die Division nicht der 9. Armee unterstellt werden sollte.[284] Per Fernschreiben wurde ferner angeordnet, dass die einsatzbereiten Teile der Division im Abschnitt Kummersdorf-Teupitz einzusetzen seien, um gegen den sich von Südwesten nähernden Feind zu sperren. Im weiteren Verlauf wurden durch Einheiten der Division folgende Stellungen eingenommen:

„Angefangen vom rechten Flügel: Neues Lager: Felders. Btl. mit einer Artillerieabt.; Schule einschließlich Fuchsbergkaserne: Personal der Schulen; am Kleinbahndamm und in den Wäldern nördlich von Jüterbog: das Pi.Btl. und die beiden Grenadierregimenter, die Anschluß an das Personal des Übungsplatzes Kummersdorf suchten. Die Stadt Jüterbog war nicht in die Verteidigung einbezogen."[285]

---

[282] Siehe hierzu Scherzer, Veit: Die Ritterkreuzträger. Bayreuth 2021. S. 448.

[283] Vgl. Range, Clemens/ Düfel, Andreas: Die Ritterkreuzträger in der Bundeswehr. o.O. 2000. S. 216.

[284] Vgl. Gellermann, Günther W.: Die Armee Wenck – Hitlers letzte Hoffnung. Aufstellung, Einsatz und Ende der 12. deutschen Armee im Frühjahr 1945. Bonn 2007. S. 34.

[285] Ebenda. S. 35.

Am 20. April kam der Befehl, die Linie Kummersdorf – Teupitz – Kl. Göriser See zu sperren. Der rechte Flügel der Kampfgruppe *„Oertel"*, wahrscheinlich das Gren. Rgt. 1, sollte in den Raum Kummersdorf vorgeführt werden, von wo aus Verbindung mit dem nordostwärts von Schönefeld stehenden linken Flügel der Masse der Division *„Friedrich Ludwig Jahn"* zu suchen sei. Vorgestoßene Panzerspitzen des Feindes sollten nach Möglichkeit weit vorwärts dieser Sperrlinie vernichtet werden. Tatsächlich gelang es dem Regiment zwei Tage, die ihm zugewiesene Stellung zu halten und alle sowjetischen Angriffe abzuwehren. Am dritten Tag wurde der Feinddruck zu stark, und die Soldaten wurden überrannt. Dabei wurde das Gren. Rgt. 1 zerschlagen. Gleichwohl hatte das Regiment die ihm gestellte Aufgabe, das überhastete Ausweichen von Heeresdienststellen aus Zossen zu decken, unter hohen eigenen Verlusten erfüllt. Mindestens fünfzehn sowjetische Panzer konnten bei dieser Operation durch die jungen und kaum ausgebildeten RAD-Soldaten vernichtet werden. Als der Befehl der *„Armeegruppe Spree"*[286] kam, sich sofort vom Feind zu lösen und 30 km auszuweichen, fielen die Reste des Regiments (Gren. Rgt. 1) auf Großbeeren zurück. In Großbeeren traf Generalleutnant Hellmuth Reymann (1892-1988) auf das ausweichende Gren. Rgt 1 der Division *„Friedrich Ludwig Jahn"*, um es sofort wieder vorne einzusetzen. Dem Regimentskommandeur, Major d. R. Gerhard Konopka (1911-1997),[287] wurde durch Reymann Feigheit vor dem Feind vorgeworfen. Der Major konnte sein Ausweichen mit dem empfangenen Funkspruch, der den Rückzugsbefehl beinhaltete, eindeutig begründen.[288] Der Vorfall macht deutlich, wie angespannt die Nerven der verantwortlichen Offiziere in diesen Tagen waren. Später

---

[286] Die ***„Armeegruppe Spree"*** wurde auch *„Armeeabteilung Spree"* oder *„Korpsgruppe/Armeegruppe Reymann"* bzw. *„Korpsgruppe Potsdam"* bezeichnet und war der 12. Armee unterstellt. Befehlshaber war **Generalleutnant Hellmuth Reymann** (1892-1988), der in dieser Funktion vom 23.4.-8.5.1945 war. Siehe hierzu auch Scherzer, Veit: Die Ritterkreuzträger. Bayreuth 2021. S. 628.

[287] **Major d. R. Gerhard Konopka** (1911-1997) war ein außerordentlich tapferer Offizier, der u.a. mit der Nahkampfspange in Gold (25.6.1943), dem Verwundetenabzeichen in Gold sowie dem Ritterkreuz des Eisernen Kreuzes (29.8.1943) ausgezeichnet wurde. Siehe hierzu auch Scherzer, Veit: Die Ritterkreuzträger. Bayreuth 2021. S. 467.

[288] Vgl. Gellermann, Günther W.: Die Armee Wenck – Hitlers letzte Hoffnung. Aufstellung, Einsatz und Ende der 12. deutschen Armee im Frühjahr 1945. Bonn 2007. S. 35ff.

gingen die Reste von Konopkas Regiment auf Potsdam (Caputh) zurück, wo sie auf Teile ihrer Division trafen. Das 2. Regiment der Division hatte sich in der Nacht vom 21./22. April vom Feind unbemerkt aus dem Raum Schönefeld gelöst und in nordwestlicher Richtung abgesetzt, bis es am Morgen des 22. April in Woltersdorf überraschend auf den Feind traf. Bei den anschließenden Kämpfen wurde der Verband schließlich zerschlagen. Auch das Füsilier-Bataillon der Division stand etwa 5 km südlich bei Genshagen im brandenburgischen Landkreis Teltow-Fläming vom Feind eingeschlossen in schweren Abwehrkämpfen. Es gelang ihnen der Durchbruch durch die sowjetische Umklammerung, und sie konnten wieder ihre Stellungen bei Saarmund beziehen, bevor sie auf Potsdam auswichen. Gegen Mittag des 22. April stand die Division *„Friedrich Ludwig Jahn"* in schweren Kämpfen bei Rieben und Luckenwalde. Längst war die Division kein geschlossener Verband mehr. Ihr Stab lag zu diesem Zeitpunkt in Stücken, südlich von Potsdam. Aufschlussreich berichtet OTL i. G. Alexander Praetorius, der 1a[289] der Division, von der Endphase des Krieges im Rahmen der Abwehrkämpfe der I.D. *„Friedrich Ludwig Jahn"*:

„Die Nacht vom 21./22.4. verbrachte der Divisionsstab mit Resten zusammengeraffter Einheiten in einem Wald nordwestlich von Luckenwalde. Die Kettengeräusche der in der Nacht herumfahrenden Sowjet-Panzer waren in der Dunkelheit deutlich zu hören. Der Stab stellte trotzdem Verbindung her mit der Masse des Inf.Rgt. 3, etwa zwei Artillerieabteilungen unter dem krisenfesten und unerschütterlichen Regimentskommandeur, Oberstlt. Kreuzer, und dem Füsilierbataillon und anderen Teilen. Dazu fanden sich hier auch Volkssturmmänner, Panzerjagd-Kommandos, Arbeitsdiensteinheiten von in der Gegend befindlichen Baustellen, Hitlerjungen und ungeordnete Freiwillige ein. Diese Teile waren oft von hervorragender Einsatzfreudigkeit, aber kaum zu leiten, da sie auftauchten und aus meist nicht kontrollierbaren Gründen auch wieder verschwanden."[290]

---

289 **1a = erster Generalstabsoffizier der Division**: er bearbeitete alles, was in führungsmäßiger sowie taktischer Hinsicht zusammenhing: Truppenführung, Ausbildung, Organisation, Transport, Unterbringung, Luftschutz, Auswertungen von Erfahrungen usw. Dazu unterstand ihm eine Operationsabteilung. Er war erster Berater seines Kommandeurs und bereitete in der Regel alle Befehle vor.

290 Praetorius, Alexander. Zitiert nach Gellermann, Günther W.: Die Armee Wenck – Hitlers letzte Hoffnung. Aufstellung, Einsatz und Ende der 12. deutschen Armee im Frühjahr 1945. Bonn 2007. S. 36.

Teilweise ohne Verbindung zur eigenen Truppe und nicht genau wissend, wo die Sowjets standen, bewegte sich der Divisionsstab auf den noch feindfreien Straßen in Richtung Potsdam. Nur zeitweise war die eigene Artillerie in der Lage, die Bewegungen des Feindes abzuriegeln. So kämpfte sich die Division schließlich von Riegelstellung zu Riegelstellung in etwa vier Tagen von Jüterbog nach Caputh zurück und überquerte dort den Schwielowsee. Im Zuge dieser Kämpfe geriet der Divisionskommandeur, Oberst Gerhard Klein, südlich der Autobahnausfahrt Wilhelmshorst am 23. April 1945 in sowjetische Kriegsgefangenschaft, als er auf feindliche Panzer stieß. Daraufhin ernannte General Reymann Oberst Franz Weller zum stellvertretenden Divisionskommandeur. Weller traf befehlsgemäß am 25. April auf dem Divisionsgefechtsstand in Michendorf im Osten des Landkreises Potsdam-Mittelmark ein.

Doch was konnte er in dieser Lage noch ausrichten, wenn bereits der Wehrmachtsbericht einen Tag zuvor die Vernichtung der Division bei Stücken und die Gefangennahme ihres Kommandeurs gemeldet hatte? Mit Bezug auf Pechmann schreibt Henrik Schulze zum Einsatz von Oberst Weller als Divisionsführer:

„Der Träger des Eichenlaubs zum Ritterkreuz Franz Weller führt die Division ebenfalls nur kurze Zeit. Pechmann meint, er wußte das ‚und fühlte sich als Gast‘ und ergänzt ‚irgendwelche besonderen Gründe für seine etwa zur Monatswende April/Mai erfolgte Ablösung durch Oberst i.G. Ludwig Zoeller gab es nicht.‘“[291]

---

[291] Schulze, Henrik: 19 Tage Krieg. Die RAD-Infanteriedivision *„Friedrich Ludwig Jahn"* in der Lücke zwischen 9. und 12. Armee. Hoppegarten 2011. S. 200.

Abb. 79: Oberst Franz Weller dekoriert mit Ritterkreuz und Eichenlaub, in den letzten Kriegstagen 1945.

Erfahrungsgemäß ist es ganz normal, dass ein in kürzester Zeit und in größter personeller und materieller Not aufgestellter Verband wie die I.D. *„Friedrich Ludwig Jahn"* erst menschlich und fachlich zusammenwachsen muss, bevor sich seine Kräfte effektiv auswirken können. Doch diese Zeit war nicht mehr vorhanden. Das I.R. 54, später J.R. 54, war Weller über Jahre zur *„militärischen Heimat"* geworden, der Verband ist in der Vorkriegszeit zusammen und im Krieg über sich hinausgewachsen. Das war Vergangenheit – es galt nun, den nächsten Tag in der Verantwortung für überwiegend junge Soldaten und unter dem Druck der Befehle sowie einer einbrechenden Front zu bewältigen. Das war eine große Aufgabe, die Feindlage änderte sich nahezu stündlich:

Die Reste der Division wichen in den Raum Potsdam aus und erhielten dort Befehl, die Seenfronten der *„Potsdamer Insel"* nach Westen und Südwesten zu verteidigen. Mit letzter Kraft und eingeübter Routine ordnete der Divisionsstab die noch vorhandenen Kräfte der Division, um die zugewiesene Aufgabe erfüllen zu können. Das Gren.Rgt. 1 hatte seit seinem ersten Fronteinsatz äußerst schwere Verluste erlitten, daher musste der Verband neu aufgefüllt und gegliedert werden. Der Ersatz bestand weitgehend aus aufgegriffenen jungen Soldaten, die meisten von ihnen besaßen keine oder nur wenig Kampf- oder Einsatzerfahrung. Dennoch schlugen sie sich später recht tapfer, weil ihre Unterführer und Kompaniechefs in der Regel bewährte Menschenführer und kriegserfahrene Soldaten waren. Die Reste des Gren.Rgt. 2 hatten mittlerweile auch den Raum Potsdam erreicht. Sie sollten nach Verpflegungs-, Munitions- und Waffenempfang auf einem zur Räumung vorgesehenen Feldflugplatz eingesetzt werden. Sie wurden von einem Leutnant Richtung Westen geführt. Unterwegs trafen sie auf andere Soldaten ihres Regiments. Sofort wurde mit ihnen zusammen ein neues Bataillon aufgestellt. Die monatelangen Rückzugskämpfe ließen in dieser Hinsicht bei den kriegserfahrenen Offizieren und Unterführern eine praktische Routine deutlich werden. Vom Gren.Rgt. 3 hatten nur etwa 500 Mann Potsdam erreichen können. Diese Kräfte wurden am Westflügel der Nordfront eingesetzt, und dort konnten sie tatsächlich alle sowjetischen Angriffe erfolgreich abwehren.[292] Das Füsilier-Bataillon mit den vier Kompanien auf Fahrrädern hatte bereits am 23. April Potsdam erreicht und die Nacht im historischen Park des Neuen Palais in Sanssouci verbracht. Einen Tag später marschierten auch die Füsiliere über Caputh nach Michendorf, wo Oberst Weller wiederum einen Tag später eintraf und anschließend mit dem Divisionsstab die Verlegung des Verbands nach Geltow plante. Am gleichen Tag rückten die Füsiliere weiter nach Petzow ab. Nach Gellermann blieb die Artillerie von allen Verbänden der Division bis zum Ende an der Elbe am schlagkräftigsten. Als die sowjetischen Streitkräfte am 25. April um 12.00 Uhr Berlin eingeschlossen hatten, war auch die Besatzung von Potsdam –

[292] Gellermann, Günther W.: Die Armee Wenck – Hitlers letzte Hoffnung. Aufstellung, Einsatz und Ende der 12. deutschen Armee im Frühjahr 1945. Bonn 2007. S. 36-37.

also in der Masse die Soldaten der I.D. „*Friedrich Ludwig Jahn*" – von allen Seiten eingeschlossen.[293]

Franz Weller arbeitete rund um die Uhr mit seinem Divisionsstab, um das Verzögerungsgefecht seiner Kräfte so verlustarm wie möglich zu gestalten. Dabei musste aufgrund der Feindlage nach kürzester Zeit ein Gefechtsstandwechsel durchgeführt werden. Insgesamt war Franz Weller vom 24. April bis zum 3. Mai 1945 als Divisionsführer eingesetzt. An folgenden sechs Orten wurde unter seiner Führung der Gefechtsstand eingerichtet und betrieben:

- 23./24.4. Michendorf
- 24.-28.4. Neu Geltow
- 28.4-30.4. Luftkriegsschule Geltow
- 30.4.-1.5. Golzow
- 1./2.5. Ziesar
- 2./3.5. Gr. Wusterwitz[294]

Im Jahre 1954 schilderte Weller in wenigen Sätzen das Kriegsende in seinem Lebenslauf. Für ihn gingen bewegte Kriegszeiten zu Ende, die er mit viel militärischem Können und vermutlich noch mehr Glück zu überstehen wusste:

„Von Ende April ab kämpfte ich als Führer der Arbeitsdienst-Division Ludwig Jahn im Potsdamer Raum und ging mit der Armee Wenck zur Elbe zurück. Anfang Mai wurden die Reste dieser Division mit der Besatzung von Brandenburg unter dem Kampfkommandanten von Brandenburg, Oberst Zoeller, zusammengelegt. Ich übernahm den Ablaufstab, der den Abfluss der Armee Wenck über die Elbe regelte. Am Tage der Kapitulation geriet ich bei Tangermünde in amerikanische Kriegsgefangenschaft…".[295]

---

293 Vgl. Ebenda. S. 37.
294 Vgl. Ebenda. S. 248.
295 BA-MA. PERS1-2462-A. Lebenslauf vom 24.10.1954. S. 2.

7 Zweiter Zusammenbruch und Neuanfang (1945/1946)

„Der Blick auf unseren Zusammenbruch drängt uns immer von neuem die selbstquälerische Frage auf, wie es denn möglich war. Es wurde möglich nicht zuletzt dadurch, daß man in unwahrscheinlich weiten Kreisen unseres Volkes „recht" fand, was geschah. Die weitgehend pro-hitlerische Volksstimmung, die auch die Opposition immer wieder lähmte, wenn diese von sich aus bereit war, zu einem Schlage auszuholen, stellt eine Art von „volonté générale" dar, die eine gewisse „kollektive" Schuld konstituiert, obwohl dabei keineswegs von einer „volonté de tous" und von einer persönlichen Schuld aller Einzelnen die Rede sein kann. Darin aber, daß man „recht" finden konnte, was unter Hitlers Ägide geschah, wurde nur der Zusammenbruch im Geistigen offenbar, der zuvor vor sich gegangen war und der den deutschen Menschen dafür prädestiniert hatte – rein politisch – zu rechtfertigen, was – von höheren Gesichtspunkten aus (religiösen, vernünftig-moralischen, humanen und rechtlichen, kurz allgemeinen, universalen) – nicht zu rechtfertigen war."[296]

Alfred von Martin (1882-1979)

7.1 Kapitulation und Kriegsgefangenschaft (8. Mai 1945 bis 1. Februar 1946)

Der Zweite Weltkrieg endete für die Soldaten der deutschen Wehrmacht mit der bedingungslosen Kapitulation. Diese wurde nach erfolglosen Verhandlungsversuchen der deutschen Seite vom 6. Mai in der Nacht zum 7. Mai 1945 im Obersten Hauptquartier der Alliierten Expeditionsstreitkräfte in Reims unterzeichnet und trat zum vereinbarten Zeitpunkt, am 8. Mai, in Kraft. Damit waren die militärischen Feindseligkeiten zwischen dem Deutschen Reich und den Alliierten beendet. Um die Unterzeichnung der Kapitulation durch den

[296] Siewert, Curt: Schuldig? Die Generale unter Hitler. Bad Nauheim 1968. S. 63. Alfred von Martin (1882-1979) war ein deutscher Historiker und Soziologe, einer der letzten Fachvertreter aus den Gründungsjahren der deutschen Soziologie in der Bundesrepublik Deutschland.

Oberkommandierenden der Wehrmacht, Generalfeldmarschall Wilhelm Keitel (1882-1946),[297] und die Oberbefehlshaber der deutschen Kriegsmarine[298] sowie der Luftwaffe[299] sicherzustellen, wurde die Ratifizierung vereinbart. Die aus dem *„Sonderbereich Mürwik"* bei Flensburg eingeflogene deutsche Delegation unterzeichnete die Kapitulationsurkunde daher erst am 8./9. Mai 1945 im Hauptquartier der Roten Armee in Berlin-Karlshorst. Damit endete die Geschichte der deutschen Wehrmacht.

„Mit der bedingungslosen Kapitulation am 8. Mai 1945 hörte sie auf zu bestehen. Die Alliierten waren gewillt, den Deutschen ihren Militarismus, oder was sie dafür hielten, auszutreiben. […] Doch die Politik der Verdammung hielt zumindest in den Westzonen nicht lange an. Die Vereinigten Staaten waren bald mehr daran interessiert, von der Wehrmacht zu lernen, wie man gegen die Rote Armee kämpfte. Im aufkommenden Kalten Krieg war der Nimbus einstiger Siege ein Türöffner auf dem Weg zur Wiedererlangung der Souveränität."[300]

Am Tage der Kapitulation, am 8. Mai 1945, geriet Franz Weller bei Tangermünde an der Elbe zunächst in amerikanische Kriegsgefangenschaft. Diese verbrachte er im Zeitraum vom 20. Mai bis zum 2. Juni 1945 in Vennebeck, einem Ortsteil der Stadt Porta Westfalica im heutigen Kreis Minden-Lübbecke in Ostwestfalen. Anschließend wurde Franz Weller aus US-amerikanischer Verwahrung an die britischen Streitkräfte übergeben und ab dem 3. Juni in ein britisches Kriegsgefangenenlager nach Paderborn-Sennelager verbracht.

---

297 Siehe hierzu auch Scherzer, Veit: Die Ritterkreuzträger. Bayreuth 2021. S. 437.

298 **Großadmiral Karl Dönitz** (1891-1980) war Oberbefehlshaber der deutschen Kriegsmarine im Zweiten Weltkrieg und zuletzt deutscher Reichspräsident. Siehe hierzu auch Scherzer, Veit: Die Ritterkreuzträger. Bayreuth 2021. S. 277.

299 **Generalfeldmarschall Robert Ritter von Greim** (1892-1945) war für wenige Wochen der letzte Oberbefehlshaber der deutschen Luftwaffe im Zweiten Weltkrieg. Aufgrund einer Fußverletzung nahm er nicht an der Unterzeichnung der Kapitulation am 8. Mai 1945 in Berlin-Karlshorst teil, sondern wurde vertreten durch **Generaloberst Hans-Jürgen Stumpff** (1889-1968), dem Chef der Luftflotte 5 und Befehlshaber Nord. Siehe hierzu auch Scherzer, Veit: Die Ritterkreuzträger. Bayreuth 2021. S. 349 und S. 736.

300 Neitzel, Sönke: Deutsche Krieger. Berlin 2020. S. 247-248.

Franz Wellers älteste Tochter Inge (geb. 1938) erinnert sich an diese Zeit folgendermaßen:

„Der Sommer kam und von meinem Vater hatten wir nichts mehr gehört. Eines Tages stand ein fremder Mann vor der Tür und fragte nach meiner Mutter, die gerade im Keller war (,) um einen Schrank zu zersägen, um uns etwas kochen zu können. Ich holte sie hoch und der Fremde erzählte, dass mein Vater in englischer Gefangenschaft in der Nähe von Paderborn sei. Da war die Freude groß. […].

In englische Gefangenschaft kam er auf Umwegen. Zuerst kam er in amerikanische Kriegsgefangenschaft,[301] die aber beschlossen, alle Gefangenen den Russen zu übergeben. So marschierte der Trupp gen Osten.

Bei einem Halt verdrückte sich mein Vater in die Büsche (,) nachdem er seinen „Burschen" […] sagte, „ich hau ab, kommste mit?", der aber nicht wollte. So verbrachte er hinter dem Busch die Nacht und am nächsten Morgen sah er noch einen, der sich verkrümelt hatte und nach Bremen wollte. So zogen sie einige Zeit zusammen nachts weiter, tags über schliefen sie in Scheunen (,) bis sie auf Engländer trafen, die meinen Vater festnahmen. So kam er in englische Gefangenschaft, ich weiß aber nicht, wo und wann.

In Berlin bei meiner Oma standen, es muss im Oktober (1945) gewesen sein, ein Engländer und ein Österreicher vor der Tür und wollten meine Mutter und uns drei in die Senne mitnehmen. […] Ich weiß nicht mehr (,) ob es am selben oder nächsten Tag in die Senne ging. Kurz vor der Sektorengrenze hielt der Wagen, wir saßen hinten unter der Plane und uns wurde gesagt, wir müssten ganz ruhig sein, jetzt geht es über die Grenze. Es ist alles gutgegangen (,) und irgendwann kamen wir auf dem Heimathof an, der uns irgendwo unterbringen wollte. […].[302]

Franz Weller gelangte in das Kriegsgefangenenlager Eselheide bei Paderborn und wurde durch den britischen Lagerkommandanten zum „*Lagerführer*" bestimmt.[303] Dieser Sachverhalt macht deutlich, dass die

---

301 **Amerikanische Kriegsgefangenschaft** ab 8.5.1945, 20.5. bis 2.6.1945 im **Lager Vennebeck/Porta Wesfalica** im Landkreis Minden-Lübbecke.

302 Brief vom 09.04.2024.

303 Vgl. BA-MA. PERS1-2462-A. Bewerbungsbogen vom 23.8.1954. S. 9. Ziff. 31. Das **Internierungslager Eselheide** war von Oktober 1946 bis Dezember 1947 ein Lager der Britischen Rheinarmee. Es wurden das Gelände und die Einrichtungen des ehemaligen Kriegsgefangenenlagers Stalag VI K (326) genutzt.

britische Lagerleitung in Weller offensichtlich einen Offizier sah, der ihnen seriös und vertrauenswürdig erschien.

Abb. 80: Die Originalbeschriftung auf der Rückseite lautet: *"Gefangenlager Eselheide beim Tommy mit Adjutant Hauptmann Hoffmann aus Wien, Juni 1945."*

Höchst bemerkenswert ist die Tatsache, dass Oberst Franz Weller auf dem Foto vor der Baracke der Kommandantur stehend seine höchste Kriegsauszeichnung, das Eichenlaub zum Ritterkreuz des Eisernen Kreuzes, trägt. Alle weiteren Orden sowie das Hoheitsabzeichen mit Adler und Hakenkreuz wurden vom Uniformrock entfernt. Im Nachlass Wellers sind Eichenlaub und Ritterkreuz noch immer so erhalten, wie sie nach der Kapitulation von Weller getragen wurden:

Abb. 81: Deutlich zu erkennen, trug Weller die Rückseite dieser hohen Kriegsauszeichnung nach außen. Damit war das Hakenkreuz nicht mehr sichtbar und stattdessen die Jahreszahl 1813[304] zu lesen.

Dass Weller – wie auf dem Bild zu sehen – sein Ritterkreuz mit Eichenlaub auch in britischer Kriegsgefangenschaft tragen konnte, ist als faire Geste des Siegers gegenüber dem unterlegenen Deutschen und als absolute Wertschätzung gegenüber Oberst Weller zu interpretieren.

---

[304] Das **Eiserne Kreuz** war eine ursprünglich preußische, später deutsche Kriegsauszeichnung, die am 10. März 1813 in Breslau vom preußischen König Friedrich Wilhelm III (1770-1840) aus Anlass der Befreiungskriege gegen Frankreich gestiftet wurde.

Als *„Lagerführer"* genoss er nicht nur bei den Briten Ansehen und Respekt, auch für seine deutschen Mitgefangenen war er eine glaubwürdige Autoritätsperson. Letztlich ging es um die Aufrechterhaltung von Disziplin und Ordnung, auch wenn die Welt hinter dem Stacheldraht zerstört war und viele Soldaten neben der eigenen Existenz in großer Sorge um ihre Angehörigen lebten. Im handschriftlichen Lebenslauf notiert Weller über die Zeit der Kriegsgefangenschaft folgende Zeilen:

„Diese schwierige Aufgabe führte ich bis zur Auflösung des Lagers im Februar 46 zur Zufriedenheit aller Mitgefangenen aus."[305]

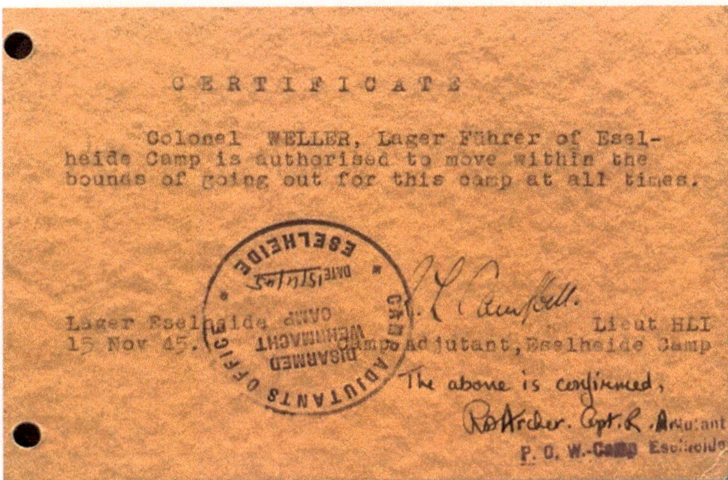

CERTIFICATE

Colonel WELLER, Lager Führer of Eselheide Camp is authorised to move within the bounds of going out for this camp at all times.

Lager Eselheide
15 Nov 45.

Lieut HLI
Camp Adjutant, Eselheide Camp

The above is confirmed,
R.Archer. Capt. R. Adjutant
P.O.W.-Camp Eselheide

ESELHEIDE
DISARMED WEHRMACHT CAMP
ADJUTANTS OFFICE

Abb. 82: Zeichen des Vertrauens.

[305] BA-MA. PERS1-2462-A. Lebenslauf vom 24.10.1954. S. 2.

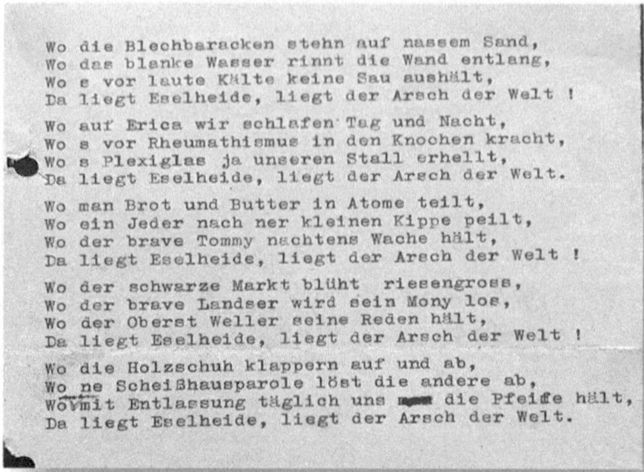

Wo die Blechbaracken stehn auf nassem Sand,
Wo das blanke Wasser rinnt die Wand entlang,
Wo s vor laute Kälte keine Sau aushält,
Da liegt Eselheide, liegt der Arsch der Welt !

Wo auf Erica wir schlafen Tag und Nacht,
Wo s vor Rheumathismus in den Knochen kracht,
Wo s Plexiglas ja unseren Stall erhellt,
Da liegt Eselheide, liegt der Arsch der Welt.

Wo man Brot und Butter in Atome teilt,
Wo ein Jeder nach ner kleinen Kippe peilt,
Wo der brave Tommy nachtens Wache hält,
Da liegt Eselheide, liegt der Arsch der Welt !

Wo der schwarze Markt blüht riesengross,
Wo der brave Landser wird sein Mony los,
Wo der Oberst Weller seine Reden hält,
Da liegt Eselheide, liegt der Arsch der Welt !

Wo die Holzschuh klappern auf und ab,
Wo ne Scheißhausparole löst die andere ab,
Wo mit Entlassung täglich uns die Pfeife hält,
Da liegt Eselheide, liegt der Arsch der Welt.

Abb. 83: Auf die Melodie „*Wo die Nordseewellen…*“ wurde das Lied von Eselheide von den Gefangenen gedichtet und Oberst Weller darin humorvoll verewigt.

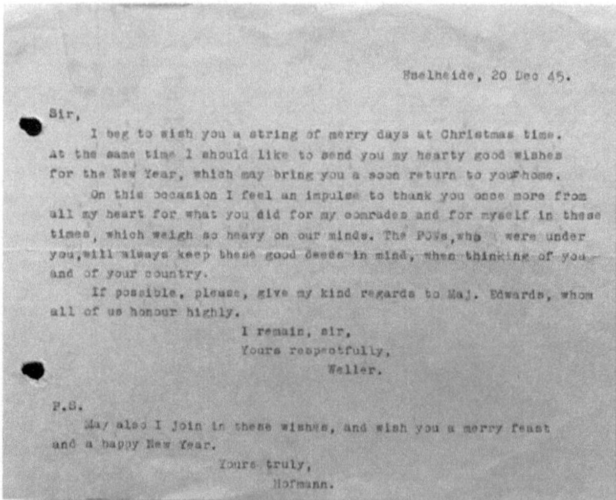

Eselheide, 20 Dec 45.

Sir,

I beg to wish you a string of merry days at Christmas time. At the same time I should like to send you my hearty good wishes for the New Year, which may bring you a soon return to your home.

On this occasion I feel an impulse to thank you once more from all my heart for what you did for my comrades and for myself in these times, which weigh so heavy on our minds. The POWs, who were under you, will always keep these good deeds in mind, when thinking of you and of your country.

If possible, please, give my kind regards to Maj. Edwards, whom all of us honour highly.

I remain, sir,
Yours respectfully,
Weller.

P.S.

May also I join in these wishes, and wish you a merry feast and a happy New Year.

Yours truly,
Hofmann.

Abb. 84: Zeichen gegenseitiger Wertschätzung – beide Seiten profitierten von guter Zusammenarbeit. Mit diesem Schreiben wünscht Oberst Weller der britischen Lagerleitung frohe Weihnachten und alles Gute zum Neuen Jahr 1946. Wenn er sich bei den Briten bedankt und Ihnen eine baldige Rückkehr in die Heimat wünscht, so werden diese Wünsche vermutlich nicht ganz uneigennützig gewesen sein.

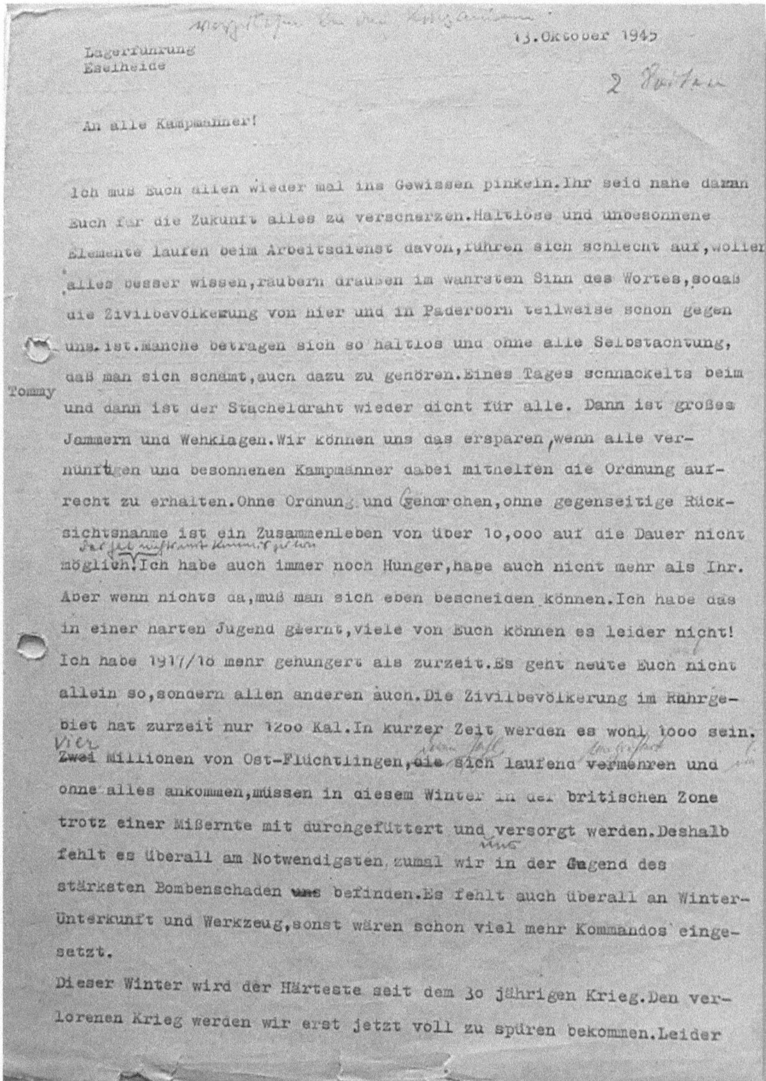

13.Oktober 1945

Lagerführung
Eselheide

2 Seiten

An alle Kampmänner!

Ich muß Euch allen wieder mal ins Gewissen pinkeln.Ihr seid nahe daran Euch für die Zukunft alles zu verscherzen.Haltlose und unbesonnene Elemente laufen beim Arbeitsdienst davon,führen sich schlecht auf,wollen alles besser wissen,räubern draußen im wahrsten Sinn des Wortes,sodaß die Zivilbevölkerung von hier und in Paderborn teilweise schon gegen uns ist.Manche betragen sich so haltlos und ohne alle Selbstachtung, daß man sich schämt,auch dazu zu gehören.Eines Tages schnackelts beim Tommy und dann ist der Stacheldraht wieder dicht für alle. Dann ist großes Jammern und Wehklagen.Wir können uns das ersparen,wenn alle vernünftigen und besonnenen Kampmänner dabei mithelfen die Ordnung aufrecht zu erhalten.Ohne Ordnung und Gehorchen,ohne gegenseitige Rücksichtsnahme ist ein Zusammenleben von über 10,000 auf die Dauer nicht möglich.Ich habe auch immer noch Hunger,habe auch nicht mehr als Ihr. Aber wenn nichts da,muß man sich eben bescheiden können.Ich habe das in einer harten Jugend gelernt,viele von Euch können es leider nicht! Ich habe 1917/18 mehr gehungert als zurzeit.Es geht heute Euch nicht allein so,sondern allen anderen auch.Die Zivilbevölkerung im Ruhrgebiet hat zurzeit nur 1200 Kal.In kurzer Zeit werden es wohl 1000 sein. ~~Zwei~~ Vier Millionen von Ost-Flüchtlingen,~~die~~ sich laufend vermehren und ohne alles ankommen,müssen in diesem Winter in der britischen Zone trotz einer Mißernte mit durchgefüttert und versorgt werden.Deshalb fehlt es überall am Notwendigsten,zumal wir in der Gegend des stärksten Bombenschaden ~~uns~~ befinden.Es fehlt auch überall an Winter-Unterkunft und Werkzeug,sonst wären schon viel mehr Kommandos eingesetzt.

Dieser Winter wird der Härteste seit dem 30 jährigen Krieg.Den verlorenen Krieg werden wir erst jetzt voll zu spüren bekommen.Leider

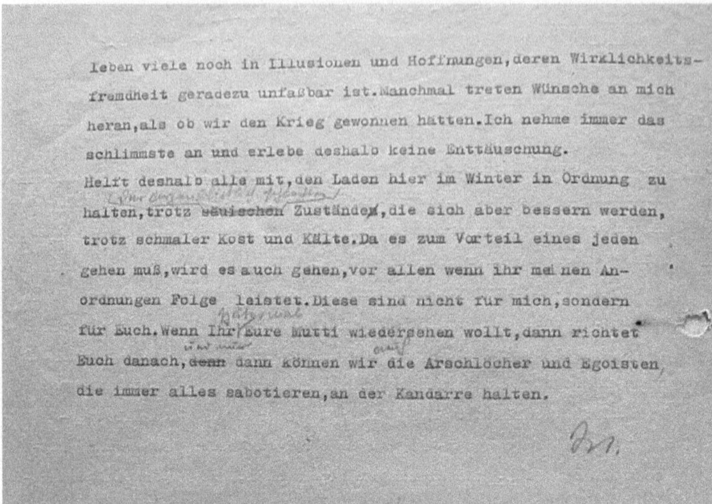

leben viele noch in Illusionen und Hoffnungen, deren Wirklichkeitsfremdheit geradezu unfaßbar ist. Manchmal treten Wünsche an mich heran, als ob wir den Krieg gewonnen hätten. Ich nehme immer das schlimmste an und erlebe deshalb keine Enttäuschung.
Helft deshalb alle mit, den Laden hier im Winter in Ordnung zu halten, trotz ~~säuischen~~ Zuständen, die sich aber bessern werden, trotz schmaler Kost und Kälte. Da es zum Vorteil eines jeden gehen muß, wird es auch gehen, vor allen wenn ihr meinen Anordnungen Folge leistet. Diese sind nicht für mich, sondern für Euch. Wenn Ihr Eure Mutti wiedersehen wollt, dann richtet Euch danach, ~~denn~~ dann können wir die Arschlöcher und Egoisten die immer alles sabotieren, an der Kandarre halten.

Abb. 85/86: *„Ich muß Euch allen wieder mal ins Gewissen pinkeln."* Typisch Weller – Ansprache zum Abendappell am 13. Oktober 1945.

Regelmäßig wurden zum Abendappell Befehle wie dieser an die Mitgefangenen adressiert. Nicht selten geschah es aus besonderem Anlass: Desertation oder Fluchtversuche während der Arbeitseinsätze, schlechtes, undiszipliniertes Verhalten, Diebstähle oder unkameradschaftliches Benehmen.

Weller traf in der Zeit der Kriegsgefangenschaft offensichtlich den richtigen Ton und fand damit bei seinen Kameraden Gehör und Akzeptanz. Er blieb authentisch und vorbildlich, ohne als hochdekorierter Oberst besondere Vorrechte in Anspruch nehmen zu wollen. Nur aus dieser Einstellung heraus konnte er glaubhaft auf seine mitgefangenen Kameraden erzieherisch wirken. Dabei waren seine Worte handfest und ehrlich:

„Ohne Ordnung und Gehorchen, ohne gegenseitige Rücksichtnahme ist ein Zusammenleben von über 10.000 (Personen) auf die Dauer möglich. Ich habe auch immer noch Hunger, habe auch nicht mehr als Ihr. […] Ich habe 1917/18 mehr gehungert als zurzeit. […]

Helft deshalb alle mit, den Laden hier im Winter in Ordnung zu halten, trotz der augenblicklich schlechten Zustände, die sich aber bessern werden, [...].

Wenn Ihr später mal Eure Mutti wiedersehen wollt, dann richtet Euch danach, und nur dann können wir auch die Arschlöcher und Egoisten, die immer alles sabotieren, an der Kandarre halten."[306]

Insgesamt konnte Weller damit überzeugen und trotz mancher Rückschläge immer wieder zum Wohle aller Beteiligten für Ordnung und Disziplin sorgen. Die nachfolgenden Dokumente zeigen die hohe Wertschätzung, die Oberst Weller in dieser schweren Zeit entgegengebracht wurde:

Abb. 87: Glückwünsche zum Geburtstag aus dem Krankenrevier am 5.12.1945.

---

[306] Ansprache des Lagerführers Franz Weller am 13. Oktober 1945.

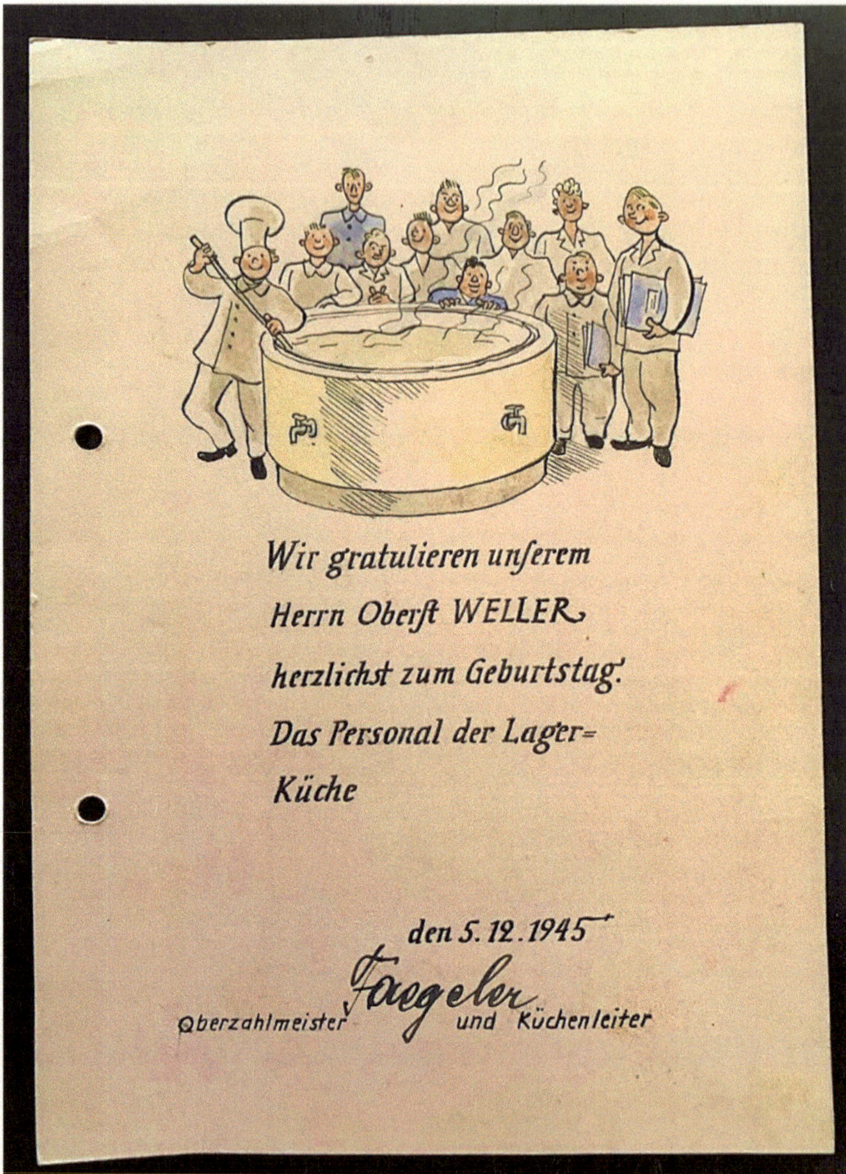

Wir gratulieren unſerem
Herrn Oberſt WELLER
herzlichst zum Geburtstag!
Das Personal der Lager=
Küche

den 5.12.1945

Oberzahlmeister und Küchenleiter

Abb. 88: Gratulation auch von der Lagerküche Eselheide.

Das Ehrenwortkdo.-Bielefeld-
übersendet seinem Lagerführer
die besten Wünsche
für das
Weihnachtsfest.

Weihnachten 1945

Oberstleutnant
und Kdo. Führer

Abb. 89: Das Weihnachtsfest wurde während der Kriegsgefangenschaft mit besonderer Passion vorbereitet und gefeiert.

Zum Jahreswechsel 1945/46 erhielt Franz Weller einen Brief von Hauptmann Reinhold, dem Führer des Holzfällerkommandos (Außenkommando des Lagers Eselheide), der exemplarisch die große Wertschätzung und Dankbarkeit der deutschen Lagerinsassen dokumentiert, die die Männer ihrem Lagerführer entgegenbrachten. Oberst Weller hatte sich über den Krieg hinaus als fürsorglicher und verantwortungsbewusster Vorgesetzter bewährt.

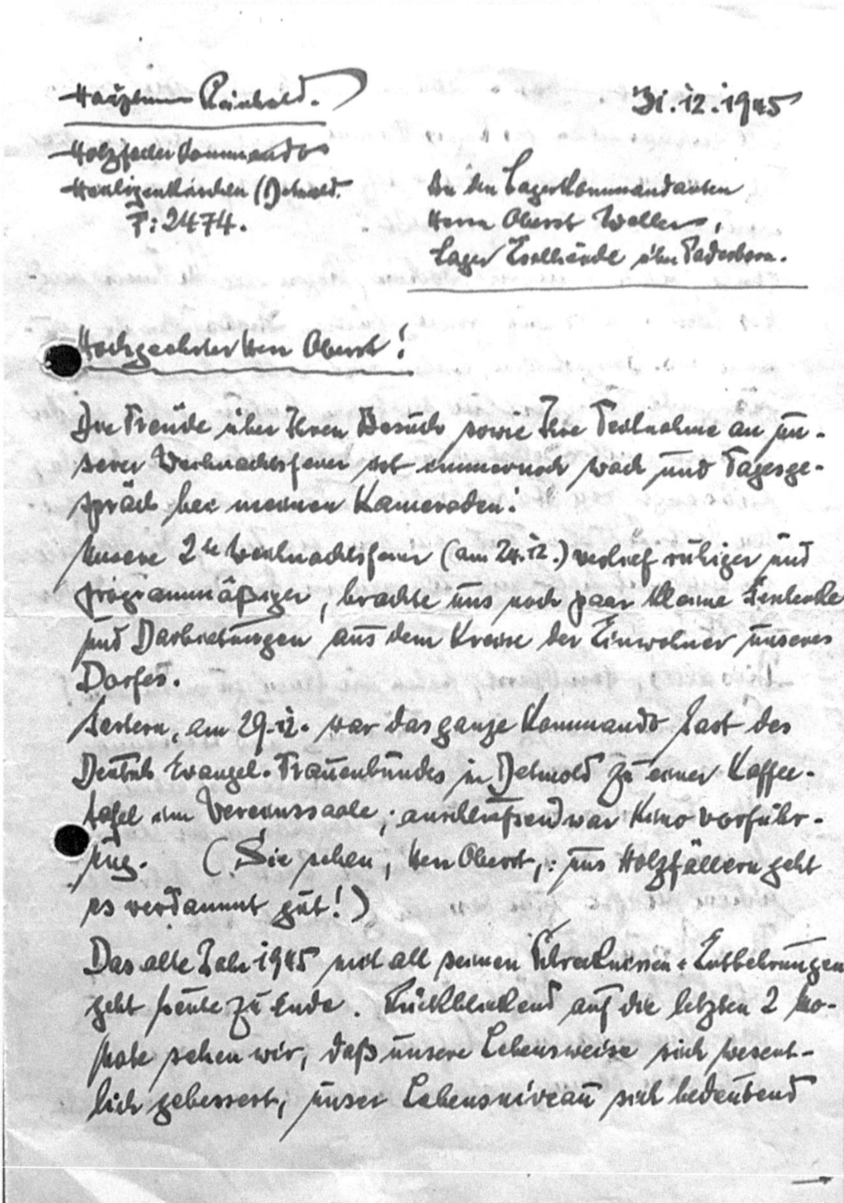

Haizmann Reinhold. 31.12.1945

Holzfällerkommando
Heiligenkirchen (Detmold).
F: 2474.

An den Lagerkommandanten
Herrn Oberst Weller,
Lager Eselheide über Paderborn.

Hochgeehrter Herr Oberst!

Die Freude über Ihren Besuch sowie Ihre Teilnahme an unserer Weihnachtsfeier ist immer noch wach und Tagesgespräch bei meinen Kameraden.

Unsere 2te Weihnachtsfeier (am 24.12.) verlief ruhiger und programmäßiger, brachte uns noch paar kleine Geschenke und Darbietungen aus dem Kreise der Einwohner unseres Dorfes.

Gestern, am 29.12. war das ganze Kommando Gast des Deutsch. Evangel. Frauenbundes in Detmold zu einer Kaffeetafel im Vereinssaale; anschließend war Kinovorführung. (Sie sehen, Herr Oberst,: uns Holzfällern geht es verdammt gut!)

Das alte Jahr 1945 mit all seinen Schrecknissen u. Entbehrungen geht heute zu Ende. Rückblickend auf die letzten 2 Monate sehen wir, daß unsere Lebensweise sich wesentlich gebessert, unser Lebensniveau sich bedeutend →

gehoben hat. Vor 2 Monaten noch lagen wir in den
Wellblechbaracken des Lagers Demm, faulenzten in den
Tag hinein, waren ziel- & hoffnungslos, körperlich
herunter, seelisch gedrückt.
Heute, nach wenigen Wochen, liegen alle Männer mei-
nes Kommandos auf prallgefüllten Strohsäcken in sau-
beren ev. Bettgestellen, haben eine wohl schwere aber
zusagende Tätigkeit in der freien Natur, gehen wieder
aufrecht, mit Selbstachtung & Selbstvertrauen, dahin,
unbeengt von Stacheldraht, unbewacht von bewaffne-
ten brit. Soldaten und genießen, ein Jeder, die Vorteile
der Bekanntschaft mit Einwohnern des Dorfes und der
Stadt!
Dies alles, Herr Oberst, haben wir Ihnen zu verdanken!
Nur Ihrer vorsorglichen Führung und Betreuung
ist es zuzuschreiben, daß sich die Lebenshaltung
aller Lagerinsassen und aller Angehörigen der Außen-
kommandos sich in so kurzer Zeit in beträcht-
lichem Maße zum besseren gewendet hat.
Ihrer Persönlichkeit, Herr Oberst, verdanken wir es,
daß die harte Zügelführung der engl. Lagerleitung
von dem einzelnen Gefangenen kaum gespürt,
daß vom Demmy geplante harte Maßnahmen nicht

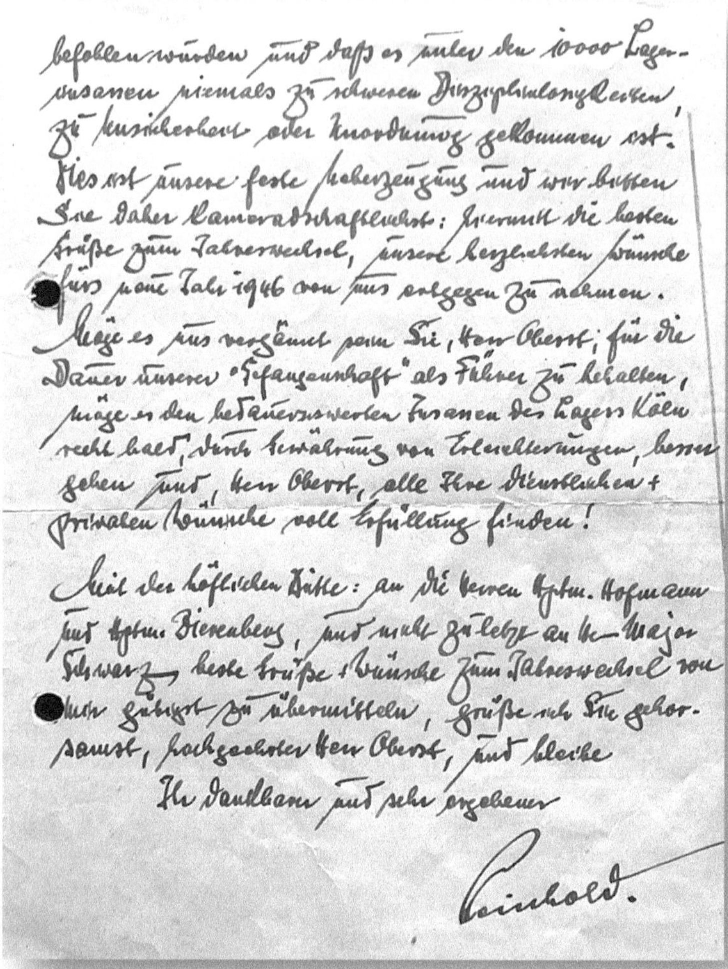

befohlen würden und dass es unter den 1000 Lager-
insassen niemals zu schweren Disziplinlosigkeiten,
zu Unsicherheit oder Unordnung gekommen ist.
Dies ist unsere feste Überzeugung und wir bitten
Sie daher kameradschaftlichst: hiermit die besten
Grüße zum Jahreswechsel, unsere herzlichsten Wünsche
fürs neue Jahr 1946 von uns entgegen zu nehmen.
Möge es uns vergönnt sein Sie, Herr Oberst, für die
Dauer unserer "Gefangenschaft" als Führer zu behalten,
möge es den bedauernswerten Frauen des Lagers Köln
recht bald, durch Gewährung von Erleichterungen, besser
gehen und, Herr Oberst, alle Ihre dienstlichen +
privaten Wünsche volle Erfüllung finden!
Mit der höflichen Bitte: an die Herren Hptm. Hofmann
und Hptm. Dierenberg, und nicht zuletzt an Hr. Major
Schwarz, beste Grüße + Wünsche zum Jahreswechsel von
mir gütigst zu übermitteln, grüße ich Sie gehor-
samst, hochgeachteter Herr Oberst, und bleibe
Ihr dankbarer und sehr ergebener
Reinhold.

Abb. 90/91/92: Ausdruck höchster Dankbarkeit und Wertschätzung.

Ganz offensichtlich trug Wellers fürsorgliche und ausgleichende, erfahrene Führung erheblich zur Verbesserung der Zustände im Lager bei, wenn Hauptmann Reinhold schreibt:

„Dies alles, Herr Oberst, haben wir Ihnen zu verdanken! Nur Ihrer vorsorglichen Führung und Betreuung ist es zuzuschreiben, daß sich die Lebenshaltung aller

Lagerinsassen und aller Angehörigen der Außenkommandos sich in so kurzer Zeit in beträchtlichem Maße zum Besseren gewendet hat. Ihrer Persönlichkeit verdanken wir es, daß die harte Zügelführung der engl. Lagerleitung von den einzelnen Gefangenen kaum gespürt, daß vom Tommy geplante, harte Maßnahmen nicht befohlen wurden und daß es unter den 10.000 Lagerinsassen niemals zu schweren Disziplinarangelegenheiten zu Unsicherheit oder Unordnung gekommen ist. […].

Möge es uns vergönnt sein (,) Sie, Herr Oberst, für die Dauer unserer „Gefangenschaft" als Führer zu behalten, […]."[307]

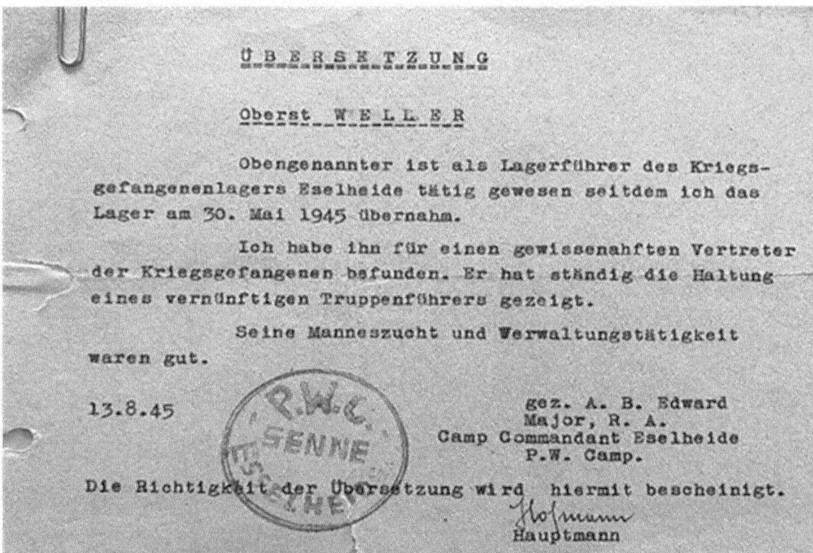

Ü B E R S E T Z U N G

Oberst W E L L E R

Obengenannter ist als Lagerführer des Kriegsgefangenenlagers Eselheide tätig gewesen seitdem ich das Lager am 30. Mai 1945 übernahm.

Ich habe ihn für einen gewissenahften Vertreter der Kriegsgefangenen befunden. Er hat ständig die Haltung eines vernünftigen Truppenführers gezeigt.

Seine Manneszucht und Verwaltungstätigkeit waren gut.

13.8.45

gez. A. B. Edward
Major, R. A.
Camp Commandant Eselheide
P.W. Camp.

Die Richtigkeit der Übersetzung wird hiermit bescheinigt.

Hauptmann

Abb. 93: Anerkennung auch durch den Britischen Lagerkommandanten.

[307] Brief vom 31.12.1945 aus dem Nachlass von Franz Weller.

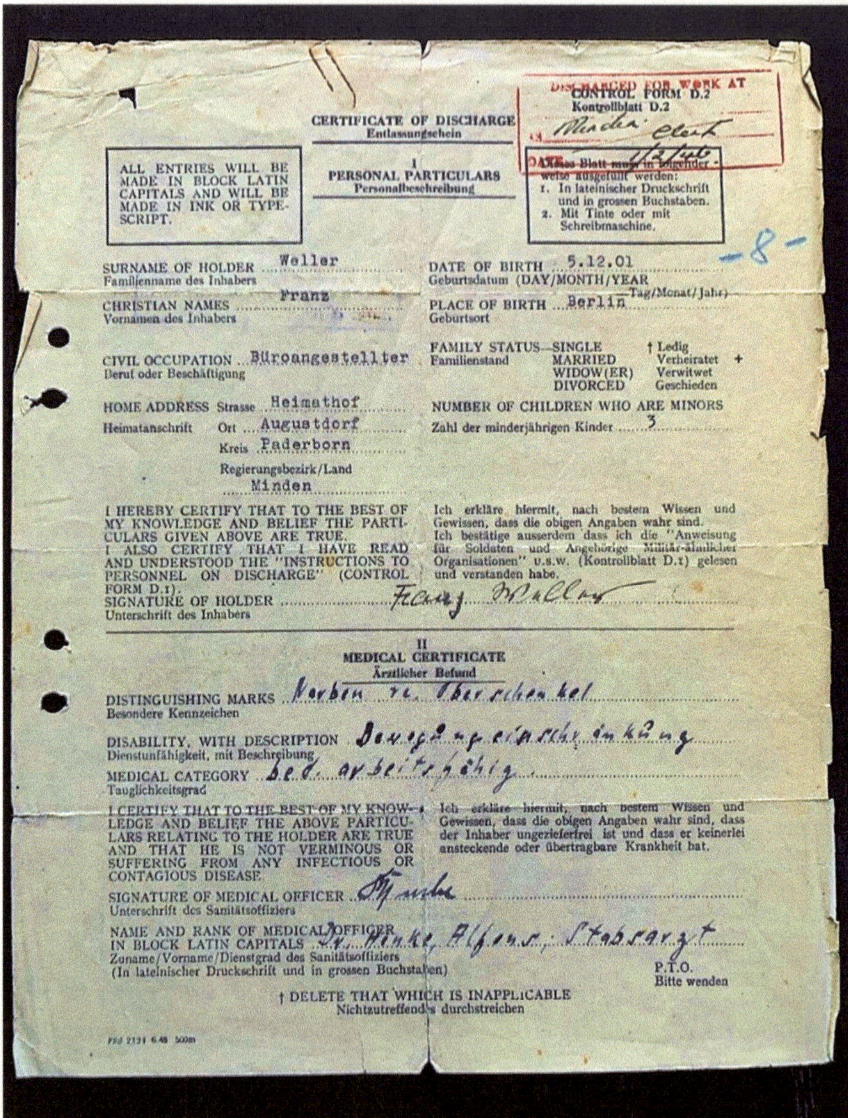

DISCHARGED FOR WORK AT
CONTROL FORM D.2
Kontrollblatt D.2

Minden Clerk

DATE 1/2/46

CERTIFICATE OF DISCHARGE
Entlassungsschein

ALL ENTRIES WILL BE MADE IN BLOCK LATIN CAPITALS AND WILL BE MADE IN INK OR TYPESCRIPT.

I
PERSONAL PARTICULARS
Personalbeschreibung

Dieses Blatt muss in folgender Weise ausgefüllt werden:
1. In lateinischer Druckschrift und in grossen Buchstaben.
2. Mit Tinte oder mit Schreibmaschine.

-8-

SURNAME OF HOLDER Weller
Familienname des Inhabers

DATE OF BIRTH 5.12.01
Geburtsdatum (DAY/MONTH/YEAR Tag/Monat/Jahr)

CHRISTIAN NAMES Franz
Vornamen des Inhabers

PLACE OF BIRTH Berlin
Geburtsort

CIVIL OCCUPATION Büroangestellter
Beruf oder Beschäftigung

FAMILY STATUS—SINGLE † Ledig
Familienstand MARRIED Verheiratet +
WIDOW(ER) Verwitwet
DIVORCED Geschieden

HOME ADDRESS Strasse Heimathof
Heimatanschrift Ort Augustdorf
Kreis Paderborn
Regierungsbezirk/Land Minden

NUMBER OF CHILDREN WHO ARE MINORS
Zahl der minderjährigen Kinder 3

I HEREBY CERTIFY THAT TO THE BEST OF MY KNOWLEDGE AND BELIEF THE PARTICULARS GIVEN ABOVE ARE TRUE.
I ALSO CERTIFY THAT I HAVE READ AND UNDERSTOOD THE "INSTRUCTIONS TO PERSONNEL ON DISCHARGE" (CONTROL FORM D.1).

Ich erkläre hiermit, nach bestem Wissen und Gewissen, dass die obigen Angaben wahr sind.
Ich bestätige ausserdem dass ich die "Anweisung für Soldaten und Angehörige Militär-ähnlicher Organisationen" u.s.w. (Kontrollblatt D.1) gelesen und verstanden habe.

SIGNATURE OF HOLDER Franz Weller
Unterschrift des Inhabers

II
MEDICAL CERTIFICATE
Ärztlicher Befund

DISTINGUISHING MARKS Narben re. Oberschenkel
Besondere Kennzeichen

DISABILITY, WITH DESCRIPTION Bewegungseinschränkung
Dienstunfähigkeit, mit Beschreibung

MEDICAL CATEGORY bed. arbeitsfähig
Tauglichkeitsgrad

I CERTIFY THAT TO THE BEST OF MY KNOWLEDGE AND BELIEF THE ABOVE PARTICULARS RELATING TO THE HOLDER ARE TRUE AND THAT HE IS NOT VERMINOUS OR SUFFERING FROM ANY INFECTIOUS OR CONTAGIOUS DISEASE.

Ich erkläre hiermit, nach bestem Wissen und Gewissen, dass die obigen Angaben wahr sind, dass der Inhaber ungezieferfrei ist und dass er keinerlei ansteckende oder übertragbare Krankheit hat.

SIGNATURE OF MEDICAL OFFICER [illegible]
Unterschrift des Sanitätsoffiziers

NAME AND RANK OF MEDICAL OFFICER IN BLOCK LATIN CAPITALS Dr. Hinke, Alfons, Stabsarzt
Zuname/Vorname/Dienstgrad des Sanitätsoffiziers
(In lateinischer Druckschrift und in grossen Buchstaben)

P.T.O.
Bitte wenden

† DELETE THAT WHICH IS INAPPLICABLE
Nichtzutreffendes durchstreichen

PRS 2121 6.45 500m

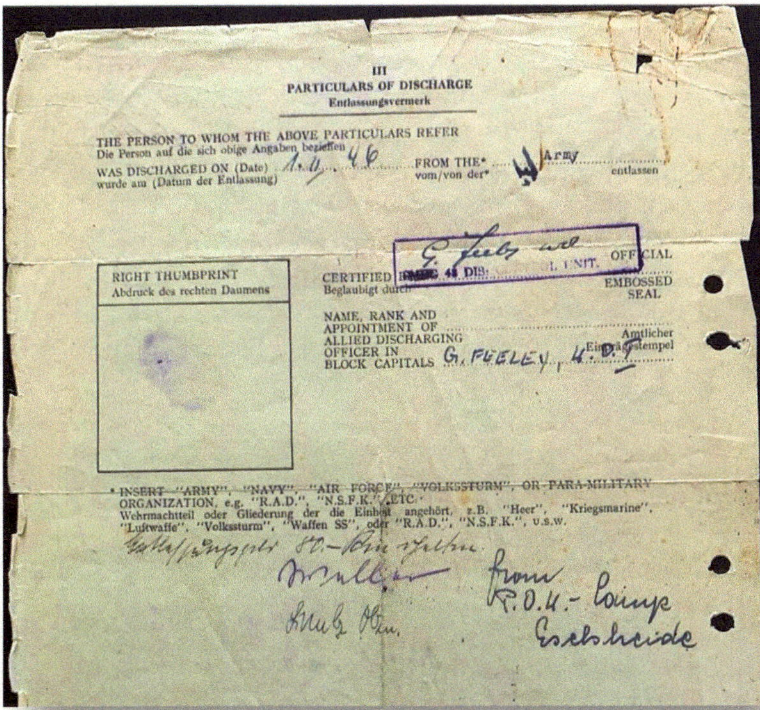
III
PARTICULARS OF DISCHARGE
Entlassungsvermerk

THE PERSON TO WHOM THE ABOVE PARTICULARS REFER
Die Person auf die sich obige Angaben beziehen
WAS DISCHARGED ON (Date) 1. II. 46 FROM THE* Army
wurde am (Datum der Entlassung) vom/von der* entlassen

RIGHT THUMBPRINT
Abdruck des rechten Daumens

CERTIFIED BY
Beglaubigt durch

OFFICIAL EMBOSSED SEAL
Amtlicher Einprägestempel

NAME, RANK AND APPOINTMENT OF ALLIED DISCHARGING OFFICER IN BLOCK CAPITALS G. FEELEY, ...

* INSERT "ARMY", "NAVY", "AIR FORCE", "VOLKSSTURM", OR PARA-MILITARY ORGANIZATION, e.g. "R.A.D.", "N.S.F.K.", ETC.
Wehrmachtteil oder Gliederung der die Einheit angehört, z.B. "Heer", "Kriegsmarine", "Luftwaffe", "Volkssturm", "Waffen SS", oder "R.A.D.", "N.S.F.K.", u.s.w.

from R.O.K.-Camp Eselsheide

Abb. 94/95: Entlassungsschein aus britischer Kriegsgefangenschaft am 1. Februar 1946.

Franz Weller wurde am 1. Februar 1946 aus britischer Kriegsgefangenschaft entlassen. Er konnte sich glücklich schätzen, nach verhältnismäßig kurzer Gefangenschaft von 270 Tagen wieder entlassen worden zu sein.[308]

Mit der Kapitulation der deutschen Streitkräfte und dem Ende des Deutschen Reiches 1945 waren das bisherige Berufsbild sowie das Standesethos der Offiziere nicht mehr vorhanden. Damit hatte der Berufssoldat seine Existenzgrundlage verloren. De jure und de facto wurde der Beruf des Offiziers aufgrund der Gesetzgebung des

[308] Von den rund 3,3 Millionen deutschen **Kriegsgefangenen in der Sowjetunion** kehrten etwa 2,2 Millionen heim, rund eine Million kamen um oder gelten bis heute als vermisst. Die letzten von ihnen kehrten erst 1955/56 heim.

Alliierten Kontrollrates in Deutschland aufgehoben.[309] Zu Recht weist Molt darauf hin, dass 1945 eine andere Situation als bei der Demobilisierung der Streitkräfte nach dem Ersten Weltkrieg 1918/19 herrschte. Denn die Alters- und Versorgungsansprüche für Berufsoffiziere und -unteroffiziere waren nach 1918 erhalten geblieben. Allerdings musste die Mehrheit der Berufssoldaten der *„Alten Armee"* bis 1920 aus dem Dienst ausscheiden und einen zivilen Beruf ergreifen. Nach 1945 zielten die restriktiven Maßnahmen der Siegermächte bewusst auf die früheren Berufssoldaten der Wehrmacht. Das erwähnte noch im Jahre 1959 der erste Bundespräsident Dr. Theodor Heuss (1884-1963) bei seinem Abschiedsbesuch an der Führungsakademie der Bundeswehr in Hamburg in seiner Rede *„Soldatentum in unserer Zeit"*:[310]

„Welcher Widersinn und welches Unrecht und welche folgende Not, daß ein Kontrollratsgesetz der siegenden Alliierten den Berufssoldaten, gar ihren Witwen, gesetzliche Versorgungsansprüche untersagte."[311]

Es ist bemerkenswert, dass der kollektive Schuldvorwurf gegen die deutsche militärische Führung bzw. den Generalstab im Nürnberger Kriegsverbrecherprozess 1947 scheiterte. Der Generalstab bzw. das OKH wurden vom Vorwurf freigesprochen, eine verbrecherische Organisation zu sein.[312] Nach der Kapitulation 1945 existierten nur noch Fragmente deutscher Streitkräfte in Gefangenschaft, wenn man die Dienstgruppen (*„Labor Services"*), die amphibischen Minenräum-kommandos der britischen Royal Navy (*„Labor Service"*) und die kriegsgeschichtlichen Arbeitsgruppen der US-Army und US-Navy (*Historical Division/Naval Historical Team"*) als solche bezeichnen kann. Ab 1947 war der militärisch-nachrichtendienstliche Apparat der deutsch-amerikanischen Organisation Gehlen, ehemals *„Abteilung Fremde Heere Ost"*

---

309 Vgl. Molt, Matthias: Von der Wehrmacht zur Bundeswehr. Personelle Kontinuität und Diskontinuität beim Aufbau der deutschen Streitkräfte 1955-1966. Heidelberg 2007. S. 104.
310 Vgl. Ebenda. S. 129.
311 Heuss, Theodor: Soldatentum in unserer Zeit. Sonderdruck aus dem Bulletin des Presse- und Informationsamtes der Bundesregierung Nr. 51/1959. S. 3.
312 Vgl. Broszat, Martin/Henke, Klaus-Dietmar/Woller, Hans: Von Stalingrad zur Währungsreform. Zur Sozialgeschichte des Umbruchs in Deutschland. München 1990. S. 693-694.

im OKH, für viele erwerbslose Offiziere, insbesondere Generalstabsoffiziere, die rettende berufliche Zuflucht. Gemäß Artikel 6 des Kontrollratsgesetzes zur Befreiung von Nationalsozialismus und Militarismus wurden alle früheren Generalstabsoffiziere sowie die Nationalsozialistischen Führungsoffiziere (NSFO) der Wehrmacht zu den Hauptschuldigen des NS-Regimes gezählt. Ferner waren Generalstabsoffiziere und für ihre Tapferkeit hochdekorierte Ritterkreuzträger vorerst vom Studium ausgeschlossen.[313] Durch diese Bestimmungen war zwangsläufig auch die berufliche Zukunft von Franz Weller betroffen, der zu diesem Zeitpunkt im 45. Lebensjahr stand und damit bereits im fortgeschrittenen Alter war. Franz Weller war wie viele andere frühere Berufsoffiziere auch in der unmittelbaren Nachkriegszeit gezwungen, in für ihn eher fremden Berufen zu arbeiten. Wellers soziale Kompetenz, sein über das J.R. 54 hinausreichendes gesellschaftliches Ansehen und zahlreiche familiäre, persönliche und sonstige Beziehungen zu ehemaligen Kameraden und Vorgesetzten boten die Möglichkeit, einen neuen Beruf oder zumindest einen Ausbildungsplatz zu erhalten. Als Ehemann und Vater von drei Töchtern war er nicht nur sich selbst verantwortlich, sondern musste vor allem für seine Familie sorgen. Hinzu kam noch eine andere Herausforderung, da die Familie im Januar 1945 aus Schlesien geflüchtet war:

„Besonders schwierig war die existentielle Situation im Westen für die Vertriebenen und Kriegsopfer aus den deutschen Ostgebieten, die Grundbesitz, Vermögen und Familie verloren hatten.“[314]

7.2 Neue Herausforderungen

Nach dem Krieg war die rasche Einstellung auf die neuen Rahmenbedingungen von existenzieller Bedeutung. Nachkriegs-Netzwerke waren mehr als hilfreich, und so gelang es Weller, bereits wenige Wochen nach der Entlassung aus der Kriegsgefangenschaft einen beruflichen

[313] Vgl. Ebenda. S. 104ff.

[314] Molt, Matthias: Von der Wehrmacht zur Bundeswehr. Personelle Kontinuität und Diskontinuität beim Aufbau der deutschen Streitkräfte 1955-1966. Heidelberg 2007. S. 106.

Neuanfang zu schaffen. Die Familie lebte mittlerweile in Augustdorf, im Kreis Detmold. Von Frühjahr 1946 bis Juli 1953 durchlief Franz Weller mehrere Beschäftigungen als Angestellter, die aber nicht mehr als ein beruflicher Übergang sein konnten. Es war nicht leicht für einen ehemaligen Divisionsführer, sich aus einfachsten Verhältnissen erneut hochzuarbeiten. Seine Arbeitgeber waren in der angesprochenen Zeitspanne folgende Firmen:

- Angestellter der Baustofffirma Küppers & Co. in Köln-Deutz,
- Betriebsmeister im Zena-Werk in Belecke, Ortsteil von Warstein im Kreis Soest in Nordrhein-Westfalen,
- Verkäufer bei der Holzhandlung Roy in Augustdorf,
- Übernahme von Vertretungen auf dem Werbesektor (in der Hauptsache Anzeigenwerbung).

Als das Zena-Werk in Belecke nach der Währungsreform im Juni 1948 in finanzielle Schwierigkeiten geriet und nur noch unregelmäßige Gehaltszahlungen leisten konnte, sah sich Weller gezwungen, einen neuen Arbeitgeber zu finden. Berufliche Veränderungen hatten für ihn stets das Ziel, ein ausreichendes Einkommen für die Familie zu sichern. Von einer anspruchsvollen beruflichen Karriere konnte zunächst noch keine Rede sein. Er war sich nicht zu schade, hart zu arbeiten und seine Pflichten bestmöglich zu erfüllen. Das bezeugen unter anderem die Zeugnisse seiner Arbeitgeber, die ihm hervorragende Arbeitsleistungen bescheinigten. In den Dokumenten heißt es beispielsweise:

„[…] Herr Weller hat während dieser Zeit die ihm obliegenden Arbeiten und Pflichten in einer Form ausgeführt und erfüllt, die über jedes Lob erhaben ist. Herr Weller ist ein Mann von ehrlichstem und lauterstem Charakter. Wir wünschen ihm für die Zukunft das Beste.“[315]

Die Versorgungslage spielte bis in die 1950er Jahre für die fünfköpfige Familie noch eine wichtige Rolle. Es fällt auf, dass Franz Weller in seinem Lebenslauf die Möglichkeit der Selbstversorgung mittels eines

---

[315] BA-MA. PERS1-2462-A. Zeugnis der Firma ZENA-Werk. Becker & Co. vom 20.8.1948.

großen Gartens betont und auch das Einkommen seiner Frau zum Lebensunterhalt beitrug:

„In dieser Zeit arbeitete meine Frau auf dem „Heimathof"; in einem Bethelbetrieb[316] *und so hatten wir bei der ländlichen Umgebung mit großem Garten keine finanziellen Sorgen."*[317]

Im März 1953 bewarb er sich um die Lagerleiterstellung des Ausländerlagers in Augustdorf beim Sozialministerium in Düsseldorf. Allerdings konnte Weller die angestrebte Aufgabe nicht übernehmen, da der bisherige Dienstposteninhaber entgegen der ursprünglichen Absicht nicht versetzt und der Posten somit nicht frei wurde. Familie Weller musste erneut umziehen – dieses Mal nach Neuss, wo Franz Weller ab August 1953 ein neues Arbeitsgebiet fand. Er wurde als Mitarbeiter beim Bund für Steuerzahler beschäftigt, wo er bereits ab Januar 1954 aufgrund seiner überzeugenden Leistungen zum Bezirksgruppenleiter für Düsseldorf aufsteigen konnte.[318]

---

[316] Die **v. Bodelschwinghschen Stiftungen Bethel** sind ein Verbund evangelischer Stiftungen und haben bis heute den Auftrag, Menschen mit Behinderung oder Benachteiligung, die nicht oder noch nicht auf dem allgemeinen Arbeitsmarkt tätig sein können, berufliche und damit verbundene soziale Teilhabe zu ermöglichen.

[317] BA-MA. PERS1-2462-A. Lebenslauf vom 24.10.1954. S. 3.

[318] Ebenda. S. 3.

Abb. 96: Franz Weller als Zivilist im Jahre 1954.

Das war die Ausgangslage, als Oberst a.D. Franz Weller den Entschluss fasste, zum vierten Mal eine Uniform anzuziehen, um wieder Soldat zu werden.

8 Exkurs: Himmeroder Denkschrift und Amt Blank, Geburtsstunde der Bundeswehr – neue Wehr, alte Ehr?

Bewusst wird in diesem Kapitel über den individuellen beruflichen Werdegang von Franz Weller hinaus ein Exkurs zur Himmeroder Denkschrift vorgenommen. Die historischen Hintergründe zu Entstehung und Aufbau der Bundeswehr sind zum Verständnis unserer Streitkräfte bis in die Gegenwart unverzichtbar. Sie sollen daher in diesem Kapitel den gebührenden Raum erhalten.

Die westlichen Siegermächte verhielten sich gegenüber dem deutschen Soldaten ambivalent. Auf der einen Seite machten die USA den Militarismus preußisch-deutscher Prägung für den zum Teil verbrecherisch geführten Zweiten Weltkrieg verantwortlich. Andererseits genoss der deutsche Soldat als militärischer Führer und Kämpfer hohes Ansehen. Die Westalliierten betrieben zwar weiterhin die „Umerziehung" der westdeutschen Bevölkerung (*„reeducation"*),[319] wovon auch die ehemaligen Wehrmachtssoldaten betroffen waren, jedoch sollten deren besonders im Kampf gegen die Sowjetunion gesammelten Erfahrungen künftig für den seit 1948 geplanten westdeutschen Verteidigungsbeitrag eine wichtige Rolle spielen. Eine westdeutsche Bewaffnung gewann besonders für die USA seit Sommer 1950 angesichts der sich verschärfenden Ost-West-Konfrontation und aufgrund der erheblichen Unterlegenheit bei den konventionellen Streitkräften auf westalliierter Seite an Attraktivität.[320] Daneben wurde diese Realität durch den Angriff der unter sowjetischem Einfluss stehenden Nordkoreaner auf das

---

[319] Die **„Umerziehung"** (***„reeducation"***) war die von den Alliierten im Zusammenhang mit der Entnazifizierung durchgeführte Bildungsarbeit im gesamten Nachkriegsdeutschland und in Österreich. Die Briten sprachen von ***„reconstruction"***, in der SBZ war der Begriff ***„antifaschistisch-demokratische Umgestaltung"*** gebräuchlich. Auch inhaltlich unterschieden sich die Programme voneinander, wobei es in den drei westlichen Besatzungszonen gemeinsame Entwicklungen gab. Hier orientierte man sich z.B. in Bildungsfragen an der Bildungspolitik Weimarer Prägung. Siehe hierzu auch von Salomon, Ernst: Der Fragebogen. Hamburg 1951.

[320] Vgl. Schlaffer, Rudolf J.: Sicherheitspolitik und Streitkräfte 1955-2015. In: Schlaffer, Rudolf J./Sandig, Marina: Die Bundeswehr 1955 bis 2015: Sicherheitspolitik und Streitkräfte in der Demokratie. Berlin 2015. S. 9.

den westlichen Demokratien zugewandte Südkorea sowie die verdeckte Aufrüstung in der „Sowjetischen Besatzungszone“ (SBZ) und späteren DDR noch weiter verstärkt. Obwohl die Regierungen der Westalliierten stets betonten, dass sich der Schutz der 1949 gegründeten NATO („*North Atlantic Treaty Organisation*“) automatisch auch auf das Territorium der im gleichen Jahr geschaffenen Bundesrepublik Deutschland erstrecke, gab es für das weiterhin noch unter dem Besatzungsstatut stehende Land keine Gewähr für eine nachhaltige militärische Verteidigung. Bundeskanzler Konrad Adenauer (1876-1967) reichten die Erklärungen der Westmächte nicht aus. Mit Blick auf die ab 1952 in der DDR aufgebaute Kasernierte Volkspolizei (KVP) forderte er ein westdeutsches Gegenstück in Form einer erweiterten Bundespolizei[321] oder eines deutlich verstärkten Zollgrenzschutzes sowie der Bahnpolizei. Schließlich gab der Koreakrieg (1950-1953) Adenauer die Gelegenheit, sich an die westlichen Hohen Kommissare mit der Forderung nach erhöhten Sicherheitsgarantien für die Bundesrepublik zu wenden. Für die Westalliierten bedeutete Adenauers Forderung eine Zwickmühle: galten zum einen die völkerrechtlichen Erklärungen, die während bzw. am Ende des Zweiten Weltkrieges mit der Sowjetunion vereinbart worden waren sowie die Furcht vor einem militärisch aufgerüsteten Deutschland. Zum anderen machte der Koreakrieg deutlich, welche Bedrohung von der Sowjetunion ausging. Für Adenauer schien die Bedrohung durch die Sowjetunion so groß zu sein, dass aus seiner Sicht eine Westintegration der Bundesrepublik unter gleichzeitiger Bestätigung der deutschen Teilung die beste Alternative bot. Mit dieser Option schien zugleich das Ziel der westdeutschen staatlichen Souveränität und internationalen Gleichberechtigung leichter erreichbar zu sein. Eine westdeutsche Bewaffnung – so die Vorstellung Adenauers – könnte am wahrscheinlichsten das Besatzungsstatut aufheben. Kritiker sahen in dieser Politik die Gefahr einer Beschleunigung und Zementierung der deutschen Teilung.[322] Das Thema der Wiederbewaffnung und die Einführung militärischer Strukturen in der Bundesrepublik wurden dementsprechend von 1949 bis 1956 in der Öffentlichkeit und Politik sehr

---

[321] Am 16. März 1951 wurden die ersten **BGS-Verbände** in Stärke von 10.000 Mann aufgestellt.

[322] Vgl. Schlaffer, Rudolf J.: Sicherheitspolitik und Streitkräfte 1955-2015. In: Schlaffer, Rudolf J./Sandig, Marina: Die Bundeswehr 1955 bis 2015: Sicherheitspolitik und Streitkräfte in der Demokratie. Berlin 2015. S. 18.

kontrovers diskutiert. Am Ende konnte Adenauer sich durchsetzen, wobei die Einbindung des westdeutschen Verteidigungsbeitrages in die westliche Bündnisstruktur zuerst in Form einer supranationalen Europa-Armee erfolgen sollte.[323]

Der ehemalige General der Panzertruppen Gerhard Graf von Schwerin (1899-1980)[324] wurde am 24. Mai 1950 Adenauers *„Berater für Militär- und Sicherheitsfragen"*. Er war unter größter Geheimhaltung mit dem Aufbau der westdeutschen Streitkräfte betraut. Die Dienststelle mit der Bezeichnung *„Zentrale für Heimatdienst"* (ZfH) wurde beauftragt, ehemalige Generalstabsoffiziere sowie Generale und Admirale der drei Wehrmachtsteile auszuwählen, die als *„unbelastet"* galten und von denen zumindest einige im weitesten Sinne dem militärischen Widerstand gegen Hitler zugerechnet werden konnten. Trotzdem rief die Auswahl der Teilnehmer in der Öffentlichkeit zum Teil Widerspruch hervor. Es sollte ein Gremium deutscher Militärexperten mit dem Ziel gebildet werden, Fachgespräche mit den Alliierten zu führen.[325] In der *„Himmeroder Denkschrift"* vom Oktober 1950 entwickelten militärische Experten maßgebliche Ideen für Konzeption und Aufbau zukünftiger westdeutscher Streitkräfte. Die 15-köpfige Expertengruppe prägte mit ihren im Kloster in der Eifel entwickelten Konzepten die junge Bundeswehr.[326]

---

323 Vgl. Ebenda. S. 18.

324 Siehe hierzu auch Scherzer, Veit: Die Ritterkreuzträger. Bayreuth 2021. S. 699.

325 Parallel dazu gab es weitere Gruppen, die sich mit der zukünftigen **Wiederbewaffnung der Bundesrepublik** beschäftigten. Besonders zu erwähnen ist die **Speidel-Wildermuth-Gruppe**, die sich um Generalleutnant a.D. Hans Speidel (1897-1984) und den ersten Bundesminister für Wohnungsbau, den Ritterkreuzträger Eberhard Wildermuth (1890-1952) bildete. Die von ihnen am 7. August 1950 vorgelegte Denkschrift *„Gedanken über die Frage der äußeren Sicherheit der Deutschen Bundesrepublik"* wich in vielen Punkten von den Konzepten Graf von Schwerins ab, wurde aber dennoch in den folgenden Monaten zur programmatischen Grundlage für Verhandlungen Adenauers mit den Westalliierten. Siehe hierzu Keßelring, Agilolf/Loch, Thorsten: Himmerod war nicht der Anfang. Bundesminister Eberhard Wildermuth und die Anfänge westdeutscher Sicherheitspolitik. In: Militärgeschichtliche Zeitschrift. Band 74. Heft 1-2. 23. Oktober 2015. S. 78-89.

326 Siehe hierzu auch Behrendt, Hans-Günther (Hrsg.): Erinnerungsorte der Bundeswehr. Personen, Ereignisse und Institutionen der soldatischen Traditionspflege. Berlin 2020. S. 48-49.

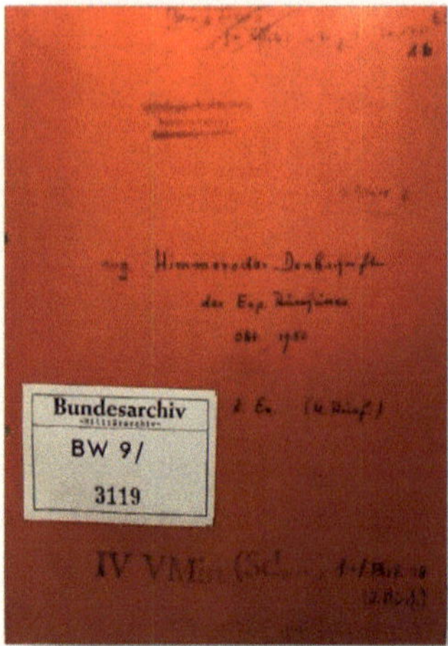

Abb. 97/98: Deckblatt der 4. Ausfertigung für das Sekretariat des Militärischen Experten-Ausschusses vom 9.10.1950 und Abb. rechts: das Tagungszimmer Nr. 7 im Kloster Himmerod.

Die Mitglieder dieser Expertengruppe kamen aus allen Wehrmachtsteilen/Teilstreitkräften, also dem Heer (9), der Luftwaffe (3) sowie der Marine (3). Unten die Teilnehmer der Tagung von Himmerod am 6.-9. Oktober 1950:

Letzter Dienstgrad in der Wehrmacht	**Name**	**Lebensdaten**	**Wehrmachtsteil/TSK**
Major	Wolf von Baudissin	1907-1993	Heer
General der Infanterie	Hermann Foertsch	1895-1961	Heer
Admiral	Walter Gladisch	1882-1954	Marine
Generalleutnant	Adolf Heusinger	1897-1982	Heer
Oberst i.G.	Johann Adolf Graf von Kielmansegg	1906-2006	Heer

General der Flieger	Robert Knauss	1892-1955	Luftwaffe
Major i.G.	Horst Krüger	1916-1989	Luftwaffe
General der Flieger	Rudolf Meister	1897-1958	Luftwaffe
Oberst i.G.	Eberhard Graf von Nostitz	1906-1983	Heer
General der Panzertruppe	Hans Röttiger	1896-1960	Heer
Vizeadmiral	Friedrich Ruge	1894-1985	Marine
Kapitän zur See	Alfred Schulze-Hinrichs	1899-1972	Marine
General der Panzertruppe	Fridolin von Senger und Etterlin	1891-1963	Heer
Generalleutnant	Hans Speidel	1897-1984	Heer
Generaloberst	Heinrich von Vietinghoff-Scheel	1887-1952	Heer

Quelle: BA-MA. BW 9/3119

Die Dienstgrade der Teilnehmer reichten vom Major bis zum Generaloberst, wobei Generale/Admirale die Mehrheit ausmachten. Insgesamt sollten sieben von ihnen später in der Bundeswehr einflussreiche Verwendungen finden, sie nahmen zum Teil höchste Stellungen auch in der NATO ein.[327] Für die Tagung im Kloster Himmerod wurden insgesamt vier Ausschüsse gebildet, die sich mit folgenden Themenkomplexen zu beschäftigen hatten:

1.) **Militärpolitischer Ausschuss**: Speidel (Vorsitz), Meister, Ruge und Nostitz.
2.) **Allgemeiner Ausschuss**: Foertsch (Vorsitz), Knauss, Baudissin und Krüger.

327 Generalinspekteur, Inspekteure von Teilstreitkräften, Vorsitzender des NATO-Militärausschusses sowie hochrangige Kommandeure.

3.) **Organisationsausschuss**: Heusinger (Vorsitz), Röttiger, Meister, Gladisch und Kielmansegg.
4.) **Ausbildungsausschuss**: Senger und Etterlin (Vorsitz), Schulze-Hinrichs[328] und Krüger.

Der damalige Oberst Graf von Kielmansegg fungierte als Sekretär der Expertengruppe. Er nahm die Schlussredaktion des Berichts vor. Am Ende der Tagung entstand ein Papier, das erst nach zum Teil intensiven Diskussionen auf den Weg gebracht und inhaltlich schließlich von allen Teilnehmern getragen werden konnte. Folgerichtig wurde die Denkschrift auch als *„Gründungskompromiss der Bundeswehr"* bezeichnet. Es entstand eine Denkschrift:

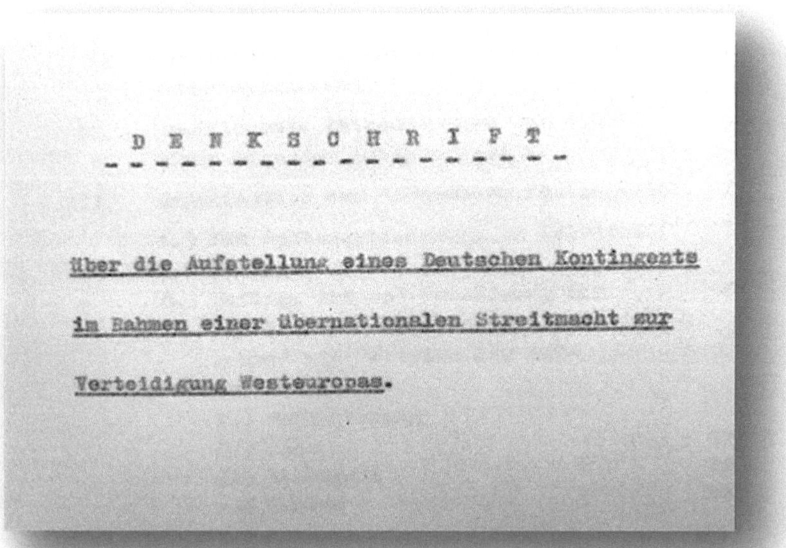

D E N K S C H R I F T

Über die Aufstellung eines Deutschen Kontingents im Rahmen einer übernationalen Streitmacht zur Verteidigung Westeuropas.

Abb. 99: Seite 2 mit der Überschrift der Denkschrift.

---

[328] **Kapitän zur See Schulze-Hinrichs** (1899-1972) nahm als Marineexperte an der Tagung teil. Er arbeitete seit 1948 für die *„Organisation Gehlen"* und übernahm dort 1952 das selbstständige Referat *„Militärische Auswertung Marine"*.

„Über die Aufstellung eines deutschen Kontingents im Rahmen einer übernationalen Streitmacht zur Verteidigung Westeuropas" und zu den Konzepten der *„Inneren Führung"* und des *„Staatbürgers in Uniform"*.

Inhaltlich gliederte sich die Denkschrift in fünf Abschnitte:

I. Abschnitt: *„Die militärpolitischen Grundlagen und Voraussetzungen"*
II. Abschnitt: *„Grundlegende Betrachtungen zur operativen Lage der Bundesrepublik"*
III. Abschnitt: *„Organisation des „Deutschen Kontingents"*
IV. Abschnitt: *„Die Ausbildung"*
V. Abschnitt: *„Das innere Gefüge"*

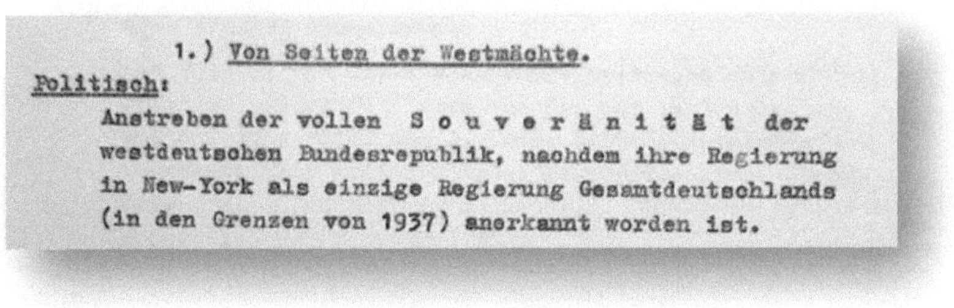

1.) Von Seiten der Westmächte.

Politisch:

Anstreben der vollen S o u v e r ä n i t ä t der westdeutschen Bundesrepublik, nachdem ihre Regierung in New-York als einzige Regierung Gesamtdeutschlands (in den Grenzen von 1937) anerkannt worden ist.

Abb. 100: Eine politische Voraussetzung adressiert an die Westmächte, die sich allerdings nicht realisieren sollte (Kapitel I., Nr. 1).

Im I. Abschnitt, der sich mit den politischen, militärischen und psychologischen Voraussetzungen für einen deutschen Wehrbeitrag auseinandersetzte, zählte bereits in den 1950er Jahren zu den umstrittensten der Denkschrift, weil er verschiedene Forderungen für den Umgang mit den ehemaligen Angehörigen von Wehrmacht und Waffen-SS sowie der als *„Kriegsverbrecher"* verurteilten Deutschen enthielt. Unter der Überschrift *„Psychologisch"* wurde die Forderung formuliert, die Rehabilitierung des deutschen Soldaten herzustellen. Dazu sollten bestimmte Kontrollratsgesetze aufgehoben und als *„Kriegsverbrecher"* verurteilte Soldaten freigelassen werden, sofern sie auf Befehl oder auf Grundlage alter deutscher Gesetze gehandelt hatten. In diesem Zusammenhang sollte eine *„Ehrenerklärung für den deutschen Soldaten"* durch Regierungsvertreter der Westmächte erfolgen.

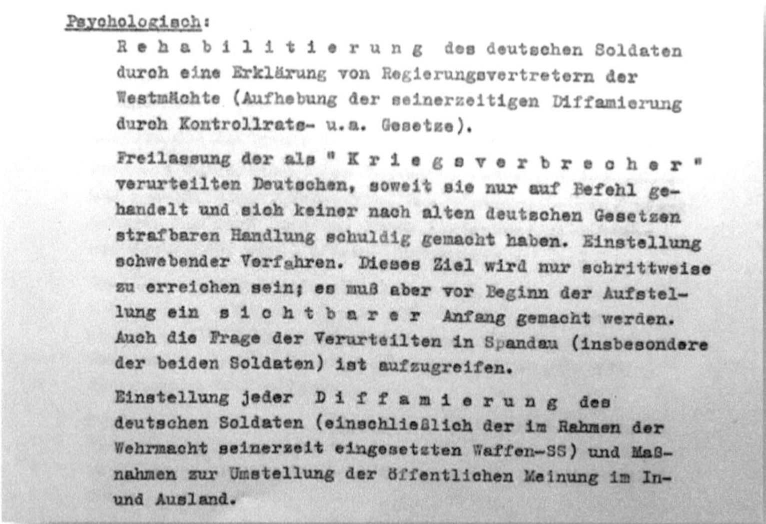

Psychologisch:

Rehabilitierung des deutschen Soldaten durch eine Erklärung von Regierungsvertretern der Westmächte (Aufhebung der seinerzeitigen Diffamierung durch Kontrollrats- u.a. Gesetze).

Freilassung der als " Kriegsverbrecher " verurteilten Deutschen, soweit sie nur auf Befehl gehandelt und sich keiner nach alten deutschen Gesetzen strafbaren Handlung schuldig gemacht haben. Einstellung schwebender Verfahren. Dieses Ziel wird nur schrittweise zu erreichen sein; es muß aber vor Beginn der Aufstellung ein sichtbarer Anfang gemacht werden. Auch die Frage der Verurteilten in Spandau (insbesondere der beiden Soldaten) ist aufzugreifen.

Einstellung jeder Diffamierung des deutschen Soldaten (einschließlich der im Rahmen der Wehrmacht seinerzeit eingesetzten Waffen-SS) und Maßnahmen zur Umstellung der öffentlichen Meinung im In- und Ausland.

Abb. 101: Auszug der Forderung nach Rehabilitierung des deutschen Soldaten.

Ein wesentlicher Hintergrund für die grundsätzliche Forderung nach Rehabilitierung lag zweifellos in der prekären wirtschaftlichen und sozialen Situation der ehemaligen Berufssoldaten. Wie bereits dargelegt, waren mit dem Alliierten Kontrollratsgesetz Nr. 34 jegliche staatliche Besoldung und Pensionsansprüche entfallen. Für den Öffentlichen Dienst bestanden Einstellungsverbote, und aufgrund nicht selten fehlender Berufsqualifikationen waren die Möglichkeiten, eine Arbeitsstelle zu finden, erheblich eingeschränkt. Das verdeutlicht unter anderem der berufliche Werdegang von Franz Weller in den Jahren 1946-1955. Viele ehemalige Soldaten fühlten sich zu Unrecht diskriminiert und lehnten es daher ab, sich am Aufbau der neuen Streitkräfte zu beteiligen, solange diese als Unrecht betrachteten Regelungen bestanden.

„Auch wenn Bonn also einen neuen rechtlichen und normativen Rahmen für die Streitkräfte schuf, wurde der vollständige Bruch mit der Vergangenheit vermieden. 1951 und 1952 gab Adenauer Ehrenerklärungen für die ehemaligen Soldaten der Wehrmacht und der Waffen-SS ab. Dafür mussten sie sich verpflichten, die Werte und die Politik der Bundesrepublik und auch die hehren Motive der Attentäter vom

20. Juli anzuerkennen. Diese Ehrenerklärungen und das Bemühen um Freilassung der noch in alliierter Haft befindlichen Offiziere mögen aus heutiger Sicht verstören. Sie waren aber wichtige Schachzüge, um die ehemaligen Berufssoldaten in den neuen Staat zu integrieren und die Fehler der Weimarer Republik zu vermeiden.“[329]

Martin Rink weist darauf hin, dass auch in der Bundeswehr zentrale Planungsstellen unerlässlich waren und es an einem Generalstab als Führungsinstanz mangelte. Das jedoch mündete, so stellte Rink fest, in einen Konflikt zwischen *„ziviler“* und *„militärischer“* Bundeswehr. Den Himmeroder Tagungsteilnehmern war aus eigener Anschauung bekannt, wie defizitär die Spitzengliederung in der ehemaligen Wehrmacht gewesen war. Kein Zweifel herrschte allerdings an der Notwendigkeit parlamentarisch-politischer Kontrolle der neuen Streitkräfte. Dafür wurde ein *„Minister für äußere Sicherheit“* vorgesehen. Ohne unterstellt zu sein, wurde diesem ein *„Berater für Sicherheitsfragen/Staatssekretär“* zur Leitung der Militärpolitik und des Personalwesens beigeordnet.[330]

„Daneben sahen die Himmeroder Experten einen ‚Inspekteur des deutschen Kontingents oder Chef des Verteidigungsamtes‘ vor, dem eine ‚Truppenabteilung‘ sowie eine ‚Verwaltungsabteilung‘ unterstehen sollte. Somit sicherte der Himmeroder Entwurf eine Teilstreitkraft-übergreifende militärische Führung. Um aber den Primat der Politik nicht durch eine übermächtige Instanz auszuhöhlen, blieben die „politischen Leitungs- und Kontrollkompetenzen im Nebel der Mehrdeutigkeit“. […]“[331]

Das Thema *„Inneres Gefüge“* wird auf insgesamt fünf Seiten der Denkschrift behandelt und verdient besondere Aufmerksamkeit, weil hier tatsächlich neue Wege beschritten wurden.[332]

---

329 Neitzel, Sönke: Deutsche Krieger. Berlin 2020. S. 254.
330 Vgl. Rink, Martin: Die Bundeswehr 1950/55-1989. Berlin 2015. S. 47-48.
331 Ebenda. S. 47-48.
332 Siehe hierzu auch: Schlaffer, Rudolf J./Schmidt, Wolfgang (Hrsg.): Wolf Graf von Baudissin 1907-1993. Modernisierer zwischen totalitärer Herrschaft und freiheitlicher Ordnung. München 2007.

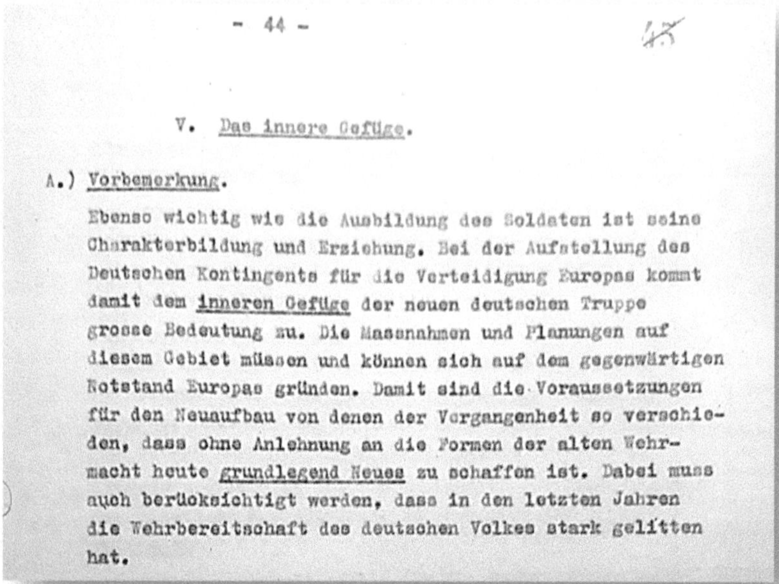

\- 44 -

V. Das innere Gefüge.

A.) Vorbemerkung.

Ebenso wichtig wie die Ausbildung des Soldaten ist seine Charakterbildung und Erziehung. Bei der Aufstellung des Deutschen Kontingents für die Verteidigung Europas kommt damit dem inneren Gefüge der neuen deutschen Truppe grosse Bedeutung zu. Die Massnahmen und Planungen auf diesem Gebiet müssen und können sich auf dem gegenwärtigen Notstand Europas gründen. Damit sind die Voraussetzungen für den Neuaufbau von denen der Vergangenheit so verschieden, dass ohne Anlehnung an die Formen der alten Wehrmacht heute grundlegend Neues zu schaffen ist. Dabei muss auch berücksichtigt werden, dass in den letzten Jahren die Wehrbereitschaft des deutschen Volkes stark gelitten hat.

Abb. 102: *„daß ohne Anlehnung an die Formen der alten Wehrmacht heute grundlegend Neues zu schaffen ist…"*

Die Experten maßen dem *„Inneren Gefüge"* der neuen deutschen Streitkräfte große Bedeutung zu, da sich die Ausgangslage derart verändert hatte, *„daß ohne Anlehnung an die Formen der alten Wehrmacht heute grundlegend Neues zu schaffen"* sei. Auf diesem Weg solle man sich an den westlichen Verbündeten orientieren, gleichwohl sei dabei auch *„den soldatischen Erfahrungen und Gefühlen des deutschen Volkes"* Rechnung zu tragen.[333] Im Verständnis der Experten verteidigte der deutsche Soldat Freiheit und zugleich soziale Gerechtigkeit, wobei die Verpflichtung gegenüber Europa die traditionellen nationalen Bindungen überdeckte. Zudem galt es zu verhindern, dass sich die neuen Streitkräfte zu einem *„Staat im Staate"* entwickelten. Sie sollten zur Überparteilichkeit verpflichtet werden. Aktives und passives Wahlrecht für Soldaten sollte zwar mit Einschränkungen möglich sein, während der aktiven Dienstzeit sollten jedoch Partei- und Gewerkschaftstätigkeiten ruhen.

---

[333] Vgl. BA-MA. BW 9/3119. S. 44ff.

Im Unterkapitel „*Ethisches*" wurden Eid und Soldatenpflichten behandelt: darin wurden u.a. eine völlige Neuordnung von Militärgerichtsbarkeit und Disziplinarwesen gefordert. Neu war es auch, Beschwerdemöglichkeiten einzuräumen. In Straf- und Beschwerdeverfahren sollten Vertrauensausschüsse einbezogen werden. Die Verfechter dieser Idee versprachen sich ein zweckdienliches Korrektiv durch das Wirken der Vertrauenspersonen im Falle von nicht gewünschtem, früher vorherrschendem Führungsverhalten, das man besonders den ehemaligen Wehrmachtssoldaten zutraute. Des Weiteren wurden auch in Bezug auf die Erziehung der Soldaten der Bundeswehr neue Wege eingeschlagen. Die Erziehung hatte das Ziel, sogar über die Zeit des Wehrdienstes hinaus:

„der Entwicklung zum überzeugten Staatsbürger und europäischen Soldaten"[334]

zu dienen. Die Pflicht, auch außerhalb des Dienstes Uniform zu tragen, sollte fortan entfallen. Ganz offensichtlich ging es den Militärexperten in Himmerod weniger um die militärische Auswertung der Niederlage von 1945, um etwa mit den Lehren aus kriegerischen Misserfolgen das neue Militär zu optimieren, sondern es ging vielmehr darum, politische Wertsetzungen zu treffen. Dabei konnte das historische Beispiel Orientierung geben:[335]

„Überwanden zu Beginn des 19. Jahrhunderts die Stein-Hardenbergschen Reformen die absolutistische Abhängigkeit und gewährten bürgerliche, individuelle Rechte und Freiheiten, so vollzog Scharnhorst die entsprechende Übertragung auf das Militär, damit ‚Staatsbürger in Uniform' dem Monarchen dienen konnten. […] Baudissin zog seine historischen Lehren und nahm für sich in Anspruch, diese Tradition Scharnhorsts fortzuführen. Im historischen Verständnis bot sich nach 1945 der Wertekanon der Demokratie an. Der Bezug auf Scharnhorst erweckte die verschütteten Traditionslinien liberal-freiheitlicher Prinzipien zu neuem Leben, damit die bürgerliche Gesellschaft im Militär Geltung fände. […] - so Baudissin - das Militär sollte kongruent mit der Staats- und Gesellschaftsverfassung sein.

---

334 BA-MA. BW 9/3119. S. 47.

335 Vgl. Bald, Detlef: Die Bundeswehr. Eine kritische Geschichte 1955-2005. München 2005. S. 13.

Baudissin, dieser Spiritus Rector der Militärreform, erkannte ebenso faszinierend wie genial die Zeichen der Zeit und stellte sich im schwierigen Prozess der allgemeinen Demokratisierung der Republik als Wortführer an die Spitze jener Kräfte, die das Militär auf den Kurs der Erneuerung brachten.“[336]

Abb. 103: Oberst Wolf Graf von Baudissin im Jahre 1956.[337]

---

[336] Ebenda. S. 13.

[337] **Generalleutnant Prof. Wolf Graf von Baudissin** (1907-1993) trat 1926 ins I.R. 9. der Reichswehr. In dieser Zeit war Franz Weller im selben Regiment Leutnant und Rekrutenoffizier. Es ist sehr wahrscheinlich, wenn auch nicht belegt, dass sie sich damals begegnet sind. Baudissin durchlief die zivile Ausbildung zum Landwirt, bevor er 1930 als Wiedereinsteller erneut in die Reichswehr eintrat. 1934 zum Oberleutnant befördert, war er ZgFhr, danach Btl- und RgtAdj. Sodann wurde er zum Generalstabsoffizier ausgebildet und war bei Kriegsbeginn Hauptmann und Ic (Militärische Sicherheit – heute G2) der 58. Infanteriedivision. Von Herbst 1940 bis Februar 1941 war er Ic des II. Armeekorps, danach bis zu seiner Gefangennahme im April 1941 Ic des Deutschen Afrikakorps (DAK). Geriet in britische Kriegsgefangenschaft, wurde im April 1942 zum Major befördert und 1947 entlassen. War Teilnehmer der Himmeroder Tagung 1950, seit 1951 Mitarbeiter des Amtes Blank im Referat *„Innere Führung“* (InFü). 1955 wurde er Unterabteilungsleiter *„InFü“* im BMVg, 1956 in die Bundeswehr übernommen (aus dieser Zeit stammt das Foto, Abb. 51). 1958-1961 war er Kdr der Kampfgruppe C 2 bzw. PzGrenBrig 4, 1959 erfolgte die Beförderung zum

An die Denkschrift wurde außerdem eine siebenseitige Stellungnahme des Generals der Panzertruppen a.D. Graf von Schwerin vom 28. Oktober 1950 angehängt. Diese beweist, dass eine Stellungnahme und Einschätzung der ZfH zur Denkschrift von Himmerod Gewicht hatte.[338] Graf von Schwerin bezeichnet die Denkschrift als eine *„authentische Meinungsäußerung der deutschen militärischen Fachwelt“* zu allen Problemen, die sich aus einer etwaigen Aufstellung eines deutschen Kontingents im Rahmen der Europa-Armee ergeben könnten. Er konstatiert bereits auf der ersten Seite, dass der Abschnitt I der Denkschrift *(„Die militärpolitischen Grundlagen und Voraussetzungen“)* keine grundsätzlich neuen Auffassungen bringe. Ferner stellt er fest, dass es der deutschen Bevölkerung am entschlossenen Wehrwillen fehle. Zur geforderten Ehrenerklärung für die Rehabilitierung des deutschen Soldaten erklärt Graf von Schwerin differenzierend, aber zugleich auch mit leichter Kritik am Text der Himmeroder Denkschrift, dass von einer generellen Diffamierung keine Rede sein könne:

„Vielmehr glaube ich, dass bei einer der zu erwartenden Parlamentsdebatten, oder bei einer anderen politisch passenden Gelegenheit der Herr Bundeskanzler etwa erklären sollte, dass derjenige ehemalige deutsche Soldat aller Rangstufen, der nur seine soldatische Pflicht erfüllt habe, als Staatsbürger den gleichen Wert und die gleichen Rechte unverändert besitze, wie alle anderen Deutschen, sofern nicht ein Vergehen im kriminellen Sinne vorläge. Daher könne von einer generellen Diffamierung des ehemaligen Soldatenstandes keine Rede sein.“[339]

Brigadegeneral. 1961-1963 *Deputy Chief of Staff* im NATO-Stab AFCENT, bis 1965 Kdr NATO-Defence College, Beförderung zum Generalleutnant in dieser Verwendung. 1965-1967 stv. Stabschef *„Plans & Operations“* beim NATO-HQ Europa (SHAPE). Siehe auch Buchner, Peter: Baudissins Bildungsbegriff und seine Relevanz heute. In: Hartmann, Uwe/Janke, Reinhold/von Rosen, Claus (Hrsg.): Jahrbuch Innere Führung 2022/23. Zeitenwende und Kriegsbilder. Berlin 2023. S. 323-335.

338 Siehe hierzu auch Hochstetter, Dorothee/Kollmer, Dieter H. im Auftrag des Zentrums für Militärgeschichte und Sozialwissenschaften der Bundeswehr (ZMSBw) (Hrsg.): Der Bundestagsausschuss für Verteidigung. Der Ausschuss für Fragen der europäischen Sicherheit. Der Ausschuss für Verteidigung. Juli 1955 bis Januar 1956. Potsdam 2017. S. 372.

339 BA-MA. BW 9/3119. Vortragsnotiz (ZfH) vom 28.10.1950. S. 2.

Aus den weiteren Formulierungen ging hervor, dass Graf von Schwerin ein unabhängiger Charakter war, wie er es unter anderem als Kdr der 116. Panzer-Division während des Zweiten Weltkrieges unter Beweis gestellt hatte. Auch war er Mitverfasser eines Memorandums, in dem er das Ende des Krieges forderte. Die vorliegenden Vortragsnotizen unterstreichen Schwerins Erfahrungen im Kampf gegen die Sowjetunion, sein Plädoyer für die bewegliche Verteidigung sowie seine antikommunistische Haltung. Unter *„besonders beachtenswert"* gibt er zu Protokoll:

„Aufgrund der ausgiebigen deutschen Erfahrungen in der Kriegsführung mit den Sowjets wird die starre und lineare Verteidigung abgelehnt. Sie kann gegenüber dem Masseneinsatz der Russen von Menschen und Material zu keinem Erfolg führen. Auch bei strategischer Defensivhaltung wird solchen Massen gegenüber nur eine höchst bewegliche und offensiv geführte Verteidigung erfolgreich sein. Nur in dieser Form der Kampfführung vermag sich die individuelle geistige Überlegenheit des westlichen Menschen gegenüber der asiatischen Masse durchsetzen.[340]

Solche Sätze klingen aus heutiger Perspektive verwunderlich und undifferenziert, und Schwerin lässt auch gänzlich offen, wo die Gründe für die angebliche Überlegenheit der *„westlichen Menschen"* liegen. Der Leser bekommt den Eindruck, dass der Verfasser in den Jahren bis 1950 die im Zweiten Weltkrieg propagierte Überlegenheit des deutschen Kämpfers nunmehr nahezu nahtlos auf die *„westlichen Menschen"* übertragen hat. Das überrascht schon, zumal Graf von Schwerin kein Nationalsozialist war.[341] Zutreffend schlussfolgert Schwerin sodann den Bedarf von 10 bis 12 deutschen Divisionen als Wehrbeitrag des Kontingents und denkt über die Einführung der vollen Dienstpflicht, also der Allgemeinen Wehrpflicht, nach.[342] In Bezug auf Bewaffnung und Ausrüstung forderte Graf von Schwerin modernes, neues Material

---

340 BA-MA. BW 9/3119. Vortragsnotiz (ZfH) vom 28.10.1950. S. 3.

341 Siehe hierzu Neitzel, Sönke: Abgehört. Deutsche Generäle in britischer Kriegsgefangenschaft 1942-1945. Berlin 2009. S. 50-51. Das Gutachten *„Gerhard Graf von Schwerin und das Kriegsende in Aachen – Ereignis, Mythos, Analyse"* der Verfasser Christoph Rass, René Rohrkamp und Peter M. Quadflieg aus dem Jahre 2007 stellt die von Neitzel konstatierte anti-nationalsozialistische Haltung Graf von Schwerins in Frage, da sie einzig auf Eigenaussagen und Selbstdarstellungen Schwerins beruhe (S. 12-13).

342 Vgl. Ebenda. S. 3-5.

und keinesfalls veraltetes Kriegsgerät der Alliierten. Dabei thematisierte er den Gedanken einer zukünftigen deutschen Rüstungsproduktion. Schließlich formulierte Schwerin auch Gedanken über *„Das innere Gefüge"* der neuen westdeutschen Streitkräfte.

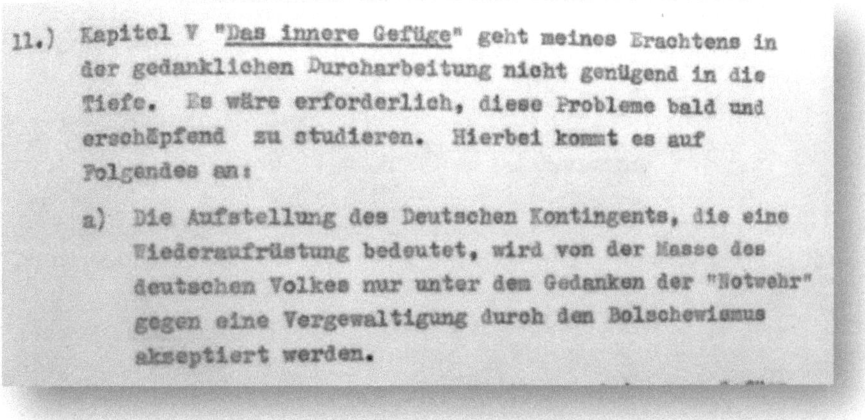

11.) Kapitel V "Das innere Gefüge" geht meines Erachtens in der gedanklichen Durcharbeitung nicht genügend in die Tiefe. Es wäre erforderlich, diese Probleme bald und erschöpfend zu studieren. Hierbei kommt es auf Folgendes an:

a) Die Aufstellung des Deutschen Kontingents, die eine Wiederaufrüstung bedeutet, wird von der Masse des deutschen Volkes nur unter dem Gedanken der "Notwehr" gegen eine Vergewaltigung durch den Bolschewismus akzeptiert werden.

Abb. 104: Kritik an der Konzeption zum *„Inneren Gefüge"* durch Gerhard Graf von Schwerin.

Darüber hinaus dürften personelle Auswahl, Organisation und inneres Gefüge des Kontingents dem deutschen Volk nicht als Fremdkörper und Selbstzweck erscheinen, so Schwerin weiter. Daher seien grundlegende, langfristige Reformen gegenüber dem früheren System erforderlich, die allerdings im vorhandenen Zeitmangel ihre Grenzen fänden. Zugleich sei man auch gezwungen, auf zahlreiche, für den raschen Aufbau unentbehrliche Fachkräfte zurückzugreifen, die eine Restauration alter Strukturen versuchen werden.[343] Die an dieser Stelle skizzierte Gefahr hatte Schwerin realistisch erkannt und führte weiter aus:

„Hier eine glückliche Synthese zu finden (,) ist die schwierige Aufgabe, deren geistige Durcharbeitung so bald als möglich in Angriff genommen werden sollte."[344]

---

[343] Vgl. BA-MA. BW 9/3119. Vortragsnotiz (ZfH) vom 28.10.1950. S. 6-7.
[344] Ebenda. S. 7.

Noch während der Auswertung der Ergebnisse von Himmerod verfügte Bundeskanzler Adenauer am 30.10.1950 völlig überraschend die Entlassung des Grafen Schwerin. Der ehemalige General der Panzertruppen hatte in einer Pressekonferenz politisch ungeschickt agiert, indem er eine Indiskretion beging.[345] Seine jahrelangen Anstrengungen um eine Karriere als aktiver Soldat in der Bundeswehr sollten endgültig im Sommer 1959 enden.[346] Adenauer berief schließlich den CDU-Politiker Theodor Blank (1905-1972)[347] zum *„Beauftragten des Bundeskanzlers für die mit der Vermehrung der alliierten Truppen zusammenhängenden Fragen"*. Das nach ihm benannte ***„Amt Blank"*** wurde zur Vorgängerinstitution des Bundesministeriums für Verteidigung (BMVtg). Das *„Amt Blank"* hatte sich in den Jahren der Planungen und Vorbereitungen von insgesamt fünf Grundprinzipien leiten lassen, die für die Aufstellung der Bundeswehr neu waren und sich eindeutig von früheren deutschen Armeen unterschieden:

1. **Armee in einer Demokratie**

Die Streitkräfte sollten innerhalb der Exekutive keine Sonderstellung erhalten. Die Befehls- und Kommandogewalt wurde deshalb einem zivilen Politiker übertragen. Als erster Armee in der deutschen Geschichte unterlag sie konsequent der parlamentarischen Kontrolle.

---

345 Vgl. Range, Clemens: Die geduldete Armee. 50 Jahre Bundeswehr. o.O. 2005. S. 11.

346 Vgl. Quadflieg, Peter M.: Gerhard Graf von Schwerin. Wehrmachtgeneral, Kanzlerberater, Lobbyist. Paderborn 2016. S. 235-248.

347 In der Wehrmacht erreichte er den Dienstgrad eines Oberleutnants der Reserve (Olt d. Res.).

2. Armee auf Basis der allgemeinen Wehrpflicht

Zur Einbettung in die noch junge Demokratie gehörte auch die Erkenntnis, dass die Verteidigung eines Staates zu den selbstverständlichen Pflichten aller männlichen Staatsbürger gehörte.

3. Armee im Bündnis

Das bedeutete, dass deutsche militärische Verbände ausschließlich zur gemeinsamen Verteidigung Europas als Teil einer kollektiven, multinationalen Streitmacht eingesetzt werden sollen.

4. Defensivarmee

Es war Konsens aller politischen Parteien, dass von deutschem Boden nie wieder ein Krieg ausgehen sollte. Daher wurde der Auftrag der Streitkräfte auf die Verteidigung der Bundesrepublik und die Wiederherstellung eines gebrochenen Friedens beschränkt.

5. Armee als Gesamtstreitmacht

Heer, Luftwaffe und Marine sollten nicht mehr nebeneinanderstehen, sondern es sollten in einer Gesamtstreitmacht so viele Fähigkeiten wie möglich gebündelt werden. Die sogenannte *„Bundeswehrlösung"* bedeutete, dass es im Gegensatz zu früheren deutschen Streitkräften künftig nur eine Haushalts-, eine Rüstungs- und eine Personalabteilung geben sollte. Forschung, Entwicklung und Beschaffung des Materials wurden fortan ebenfalls durch nur eine Behörde koordiniert. Auch die Themenfelder Sicherheitspolitik, Streitkräfteplanung sowie *„Innere Führung"* sollten zentral gesteuert werden.

Das Ideal des *„Staatsbürgers in Uniform"* war ebenfalls neu. Die *„Innere Führung"* war eine Konzeption, die in enger Zusammenarbeit zwischen Soldaten, Juristen, Politikern und Wissenschaftlern entwickelt wurde. Dabei wurde völliges Neuland betreten, wobei es galt, das Spannungsverhältnis zwischen militärischer Ordnung und den Gegebenheiten einer freiheitlichen Demokratie auszutarieren. Das heißt, die Freiheit sollte nur dann eingeschränkt werden, wenn militärische Erfordernisse dies notwendig machen. Es ist durchaus bemerkenswert, dass alle Bundestagsfraktionen an der Ausarbeitung der Konzeption der *„Inneren Führung"* mitgewirkt haben und ihre Grundsätze fast ohne

Einschränkungen in spätere Gesetzestexte und Vorschriften aufgenommen wurden.

Im Bereich des Justizwesens und der Heeresverwaltung erfolgten zwei weitere grundlegende Reformen. Die vormals in deutschen Streitkräften existierende eigene Militärgerichtsbarkeit wurde nicht wieder eingeführt. So wurden Truppendienstgerichte innerhalb des Geschäftsbereiches des Verteidigungsministers als unabhängige Gerichte konzipiert. Weder militärische Vorgesetzte noch der Minister persönlich hatten das Recht, auf die Urteilsfindung Einfluss zu nehmen. Die Verwaltungsaufgaben wurden zudem aus der militärischen Kommandostruktur herausgelöst. Stattdessen wurde eine zivile Wehrverwaltung, die bis zur Standortebene gegliedert sein sollte, eingerichtet.

Erst in der Bundestagsdebatte am 22. Februar 1956 kam es zur Abstimmung über den Namen der künftigen westdeutschen Streitkräfte. Der Antrag, die Bezeichnung *„Bundeswehr“* zu verwenden, setzte sich schließlich durch. Die Urheberschaft des Begriffs lag bei Hasso von Manteuffel (1897-1978),[348] der während des Zweiten Weltkrieges zuletzt den Dienstgrad eines Generals der Panzertruppen innegehabt hatte und als Politiker (FDP, FVP und DP) von 1953 bis 1957 Mitglied des Deutschen Bundestages war.[349]

Letzten Endes waren Zusammensetzung und Arbeitsergebnisse der *„Dienststelle Blank“* von Anfang an umstritten und können nicht nur als *„Erfolgsgeschichte“* betrachtet werden. Detlef Bald und Martin Kutz haben in ihren Veröffentlichungen kritisch die Fehler und Probleme der Aufbau- und Konsolidierungsphase der Bundeswehr beschrieben. Demnach barg bereits die Zusammensetzung der *„Dienststelle Blank“* aus Angehörigen der Wehrmachtsgeneralstäbe eine schwere Hypothek für die Bundeswehr in sich. Die sogenannten *„Traditionalisten“* hätten die *„Innere Führung“* bekämpft und die Bundeswehr in der Tradition von Reichswehr und Wehrmacht aufgebaut.[350] Die strategische Planung und Praxis der *„Inneren Führung“* sei von ihnen außerdem in erster Linie

---

348 Siehe hierzu auch Scherzer, Veit: Ritterkreuzträger 1939-1945. Bayreuth 2021. S. 528.

349 Vgl. Range, Clemens: Die geduldete Armee. 50 Jahre Bundeswehr. o.O. 2005. S. 12-13.

350 Siehe hierzu auch Bald, Detlef/Klotz, Johannes/Wette, Wolfram: Mythos Wehrmacht. Nachkriegsdebatten und Traditionspflege. Berlin 2001.

auf den Krieg mit der Sowjetunion zugeschnitten worden. Für Bald und Kutz sei der Antikommunismus ein zeitloses Motiv für das deutsche Militär vom Kaiserreich bis zur Bundesrepublik gewesen. Diese These ist vor dem Hintergrund der antikommunistischen Töne der Himmeroder Denkschrift sowie der angehängten Vortragsnotiz der ZfH nicht ganz von der Hand zu weisen, wird jedoch der tatsächlichen Bedrohung, die damals von der Sowjetunion ausging, nicht gerecht. Bald und Kutz sprechen im Hinblick der Aufstellung der Bundeswehr am 12. November 1955, dem 200. Geburtstag Scharnhorsts, nicht von einem „*Neuanfang*“, sondern von einem „*Gründungskompromiß*“,[351] was kritisch zu hinterfragen wäre.

[351] Vgl. Pauli, Frank: Wehrmachtsoffiziere in der Bundeswehr. Das kriegsgediente Offizierkorps der Bundeswehr und die Innere Führung 1955-1970. Paderborn 2010. S. 12-13.

9 Personalgutachterausschuß für die Streitkräfte (1955)

Um für die Personalauswahl der ehemaligen Generale und Obersten der Wehrmacht für die Bundeswehr besonders strenge Kriterien geltend zu machen, wurde am 27. Juli 1955 der *„Personalgutachterausschuß für die Streitkräfte"* (PGA) ins Leben gerufen. Dafür hatte sich Theodor Blank (1905-1972) als neu ernannter Verteidigungsminister während der Wehrdebatte erstmals und eindeutig am 27. Juni 1955 ausgesprochen und damit zugleich den Primat der Politik gegenüber dem Militär betont. [352] Bezüglich der Zusammensetzung und Aufgaben führte Blank aus:

„Die Bundesregierung wird aufgrund ihrer Organisationsgewalt einen Personalgutachterausschuß bilden. Dieser Ausschuß wird sich aus angesehenen Persönlichkeiten des öffentlichen Lebens zusammensetzen und aus solchen ehemaligen Berufsoffizieren, die selbst für die aktive Wiederverwendung in leitender Position nicht in Frage kommen. Der Personalausschuß soll bei der Übernahme ehemaliger Offiziere in die Streitkräfte mitwirken, indem er für die Spitzenstellungen vom Oberst an aufwärts vorgesehene Bewerber auf ihre charakterliche und politische Eignung prüft. Die Art und Weise der Durchführung dieser Aufgabe wird dem Ausschuß selbst überlassen bleiben; er wird sich eine eigene Geschäftsordnung geben und seinen Vorsitzenden selbst wählen."[353]

Theodor Blank versprach sich durch die Berufung eines politisch unabhängigen und parteipolitisch ungebundenen PGA zwei grundlegende Ergebnisse:

1. Es sollte erreicht werden, dass nicht nachher in der deutschen Öffentlichkeit eine Diskussion darüber entstehe, wie ungeeignet

---

[352] Vgl. Molt, Matthias: Von der Wehrmacht zur Bundeswehr. Personelle Kontinuität und Diskontinuität beim Aufbau der deutschen Streitkräfte 1955-1966. Heidelberg 2007. S. 154ff.

[353] Vgl. MGF (Hrsg.): Anfänge westdeutscher Sicherheitspolitik. Band 3. München 1982. S. 1034-1119.

diejenigen seien, die die Exekutive hier mit einer militärischen Stelle *„belehnt"* habe.

2. Außerdem sollte der einzelne Offizier, der dann eine militärische Stelle einnimmt, geschützt werden, damit er nicht zum Gegenstand von Angriffen würde.[354]

Im Rahmen der vorläufigen personellen Planungen für das höhere Offizierkorps durch das *„Amt Blank"* wurde auch der Deutsche Bundestag regelmäßig beteiligt, um einer vermeintlichen Gefährdung durch das Militär wie in der Weimarer Republik als *„Staat im Staate"*[355] von Anfang an wirkungsvoll vorzubeugen. Die Mitglieder des PGA wurden zunächst von der Bundesregierung vorgeschlagen, vom Bundestag ausgewählt und schließlich vom Bundespräsidenten berufen. Der PGA bestand aus 30 bis 40 Mitgliedern, wobei lediglich zwei Frauen berufen wurden. Die Mitglieder waren zur Verschwiegenheit verpflichtet. Insgesamt behandelte der Ausschuss 553 Bewerbungen von ehemaligen Wehrmachtsoffizieren, von denen 51 abgelehnt und 470 angenommen wurden. 32 Bewerber zogen ihre Bewerbung zwischenzeitig zurück.[356] Von den Bewerbungen für die höheren Posten wurden also etwa 85% angenommen, zudem wurden 45 dienstgradniedrigere Offiziere der Waffen-SS eingestellt, auf die man aus fachlichen Gründen glaubte nicht verzichten zu können. Diese konnten allerdings nur Oberst werden und waren von höheren Führungsposten ausgeschlossen.[357] Die personenbezogenen Unterlagen des PGA wurden vernichtet, um die Geheimhaltung zu wahren und jeden Missbrauch der

---

354 Vgl. BA-MA. BW 27/11.

355 Der Begriff ***„Staat im Staate"*** entstand 1918-20 in der politischen Linken, um vor einem konservativen und demokratiefeindlichen Militär zu warnen, das eine innenpolitische Gefahr darstelle. Nach Sönke Neitzel war die Reichswehr jedoch kein *„Staat im Staate"*. Siehe hierzu auch Neitzel, Sönke: Deutsche Krieger. Berlin 2020. S. 91.

356 Bald, Detlef/Klotz, Johannes/Wette, Wolfram: Mythos Wehrmacht. Nachkriegsdebatten und Traditionspflege. Berlin 2001.

357 Vgl. Neitzel, Sönke: Deutsche Krieger. Vom Kaiserreich zur Berliner Republik – eine Militärgeschichte. Berlin 2020. S. 254.

Überprüfungsakten zu verhindern.[358] Ablehnungen bedurften grundsätzlich keiner Begründung und eine Einspruchsmöglichkeit gegen eine Entscheidung war ebenfalls nicht vorgesehen. Allgemeine Ablehnungsgründe gab es nur wenige, beispielsweise durften Generale und Oberste der Waffen-SS sowie Angehörige des ehemaligen Nationalkomitees Freies Deutschland (NKFD)[359] nicht eingestellt werden. Die gesetzliche Grundlage für die Bildung des PGA war das *„Gesetz über den Personalgutachterausschuß für die Streitkräfte"* und das gleichzeitig verabschiedete *„Freiwilligengesetz"* vom 23. Juli 1955. Der PGA war ein unabhängiges Gremium, das über alle bedeutenden Personalentscheidungen für die höheren und höchsten Dienstposten in der Bundeswehr zu befinden hatte. Der PGA wirkte vom 27. Juli 1955 bis zum November 1957, wurde per Gesetz jedoch erst am 4. September 1967 aufgelöst.[360] Die Aufgabe war verantwortungsvoll und verlangte eine sehr sorgfältige Auswahl von moralisch unbedenklichen und zugleich fachlich versierten Experten.[361] Die Arbeit des PGA war bei aller Sorgfalt von Anfang an umstritten und von Kritik begleitet. So war bereits die Ernennung von General Heusinger zum Generalinspekteur hochumstritten. Der SPIEGEL berichtete in der Ausgabe vom 25.6.1957 von diesem Skandal:

„Mitglieder des Personalgutachterausschusses für die Bundeswehr sind empört, daß die Bundesregierung General Heusinger zum Generalinspekteur ernannt hat, ohne diese Absicht vorher mit dem Ausschuß zu beraten. Der Personalgutachterausschuß

---

358 Vgl. Meyer, Georg: Zur inneren Entwicklung der Bundeswehr bis 1960/61. Band 3/ MGFA (Hrsg.): Anfänge westdeutscher Sicherheitspolitik 1945-1956. München 1993. S. 1075-1077.

359 Um den Widerstand von Deutschen gegen das NS-Regime zu fördern, ließ **Josef Stalin** (1878 o. 79-1953) am 12. und 13. Juli 1943 in Krasnogorsk bei Moskau das Nationalkomitee *„Freies Deutschland"* (NKFD) gründen. Der Schriftsteller **Erich Weinert** (1890-1953) wurde zum ersten Präsidenten. Im *„Manifest an die Wehrmacht und das deutsche Volk"* wurden die wesentlichen Ziele formuliert: Zerschlagung des NS-Regimes, sofortiger Friedensschluss und ein *„freies unabhängiges Deutschland."*

360 Siehe hierzu Gesetz zur Aufhebung des Personalgutachterausschuß-Gesetzes vom 4. September 1967. BGB. I. S. 965.

361 Vgl. Molt, Matthias: Von der Wehrmacht zur Bundeswehr. Personelle Kontinuität und Diskontinuität beim Aufbau der deutschen Streitkräfte 1955-1966. Heidelberg 2007. S. 155.

hat seinerzeit bei der Prüfung Heusingers erklärt, daß der General für den Posten eines obersten Soldaten der Bundeswehr ungeeignet sei.“[362]

Diese Maßnahme der Bundesregierung hat der Glaubwürdigkeit der Arbeit des PGA einen schlechten Dienst erwiesen.[363] Tatsächlich wurde außer den Offizieren keiner anderen Führungsgruppe im bundesdeutschen Staatswesen die Überprüfung ihrer politischen und charakterlichen Zuverlässigkeit zugemutet.[364] Das Verfahren wurde von vielen Bewerbern als unangenehm und unwürdig empfunden. Nicht wenige ehemalige Soldaten wie beispielsweise der General der Panzertruppe a.D. Walther Wenck (1900-1982)[365] lehnten es aus nachvollziehbaren Gründen ab:

„Ich bin nicht gewillt, mich dem Personalgutachter-Ausschuß zu stellen. Ich habe bewiesen, daß ich als Soldat und als Zivilist die mir übertragenen Aufgaben und Verantwortung stets zur Zufriedenheit habe lösen können. Die Einrichtung des Personalgutachter-Ausschusses hat das Grundrecht der Gleichheit vor dem Gesetz aufgehoben. Keinem hohen Beamten, der, zumindest im Verteidigungsministerium, dieselbe Verantwortung zu tragen hat wie der Soldat, wird eine derartige Überprüfung zugemutet. Der Soldat wird also zweitrangig behandelt. Man hat den Soldaten zum Vorwurf gemacht, sie hätten in der Vergangenheit zu politischen Entscheidungen geschwiegen. Nun, ich halte die politische Entscheidung, die in der Einsetzung des Personalgutachter-Ausschusses nur für führende Soldaten liegt, für verfehlt. Der Bundeswehr sind durch die Einrichtung des Personalgutachter-Ausschusses viele gute Kräfte verloren gegangen.“[366]

Nach diesem zeitgeschichtlichen Exkurs zur Himmeroder Denkschrift und dem PGA zurück zu Franz Weller. Für ihn sollte die Sitzung beim

---

362 DER SPIEGEL 26/1957 vom 25.06. 1957.

363 Im Beiheft 3/87 zur Information für die Truppe - Schriftenreihe Innere Führung. BMVg (Hrsg.): Adolf Heusinger. Ein deutscher Soldat im 20. Jahrhundert - wird dieser bemerkenswerte Vorgang geflissentlich ausgelassen.

364 Vgl. Range, Clemens: Die geduldete Armee. 50 Jahre Bundeswehr. o.O. 2005. S. 15.

365 Siehe hierzu auch: Bradley, Dermot: Walther Wenck. General der Panzertruppe. Osnabrück 1981.

366 Ebenda. S. 402.

PGA am 10. November 1955 zu guter Letzt erfolgreich enden. Es ist kein Zufall, dass Franz Weller in seinen Bewerbungsunterlagen für die Bundeswehr vom Oktober 1954 als Referenzperson unter anderem General a.D. Walther Wenck angegeben hat. Beide kannten sich aus den letzten Kriegstagen 1945, als Weller dem Ablaufstab für den Elbübergang der 12. Armee, der „*Armee-Wenck*", angehört hatte. Die Einstellung Wellers in die Bundeswehr wurde schlussendlich bejaht, ihm stand nunmehr der Weg in die Bundeswehr offen. Ein neuer Lebensabschnitt konnte beginnen.

Abb. 105: General der Panzertruppe Walther Wenck (1900-1982).[367]

---

[367] **Walther Wenck** wurde von Verteidigungsminister Dr. **Franz Josef Strauß** (1915-1988) für das Amt des ersten Generalinspekteurs (GI) der Bundeswehr vorgeschlagen. In einer Unterredung stellte Wenck die Forderungen, dass anstelle des GI ein „*Oberbefehlshaber der Bundeswehr*" stehen sollte, dem zugleich das Personalamt zu unterstehen habe, da er die Kommandeure am besten kenne. Ferner verlangte Wenck die Gleichstellung mit einem Staatssekretär. Doch diese Forderungen waren politisch nicht opportun, so blieb der gesellschaftlich hoch angesehene Wenck weiterhin

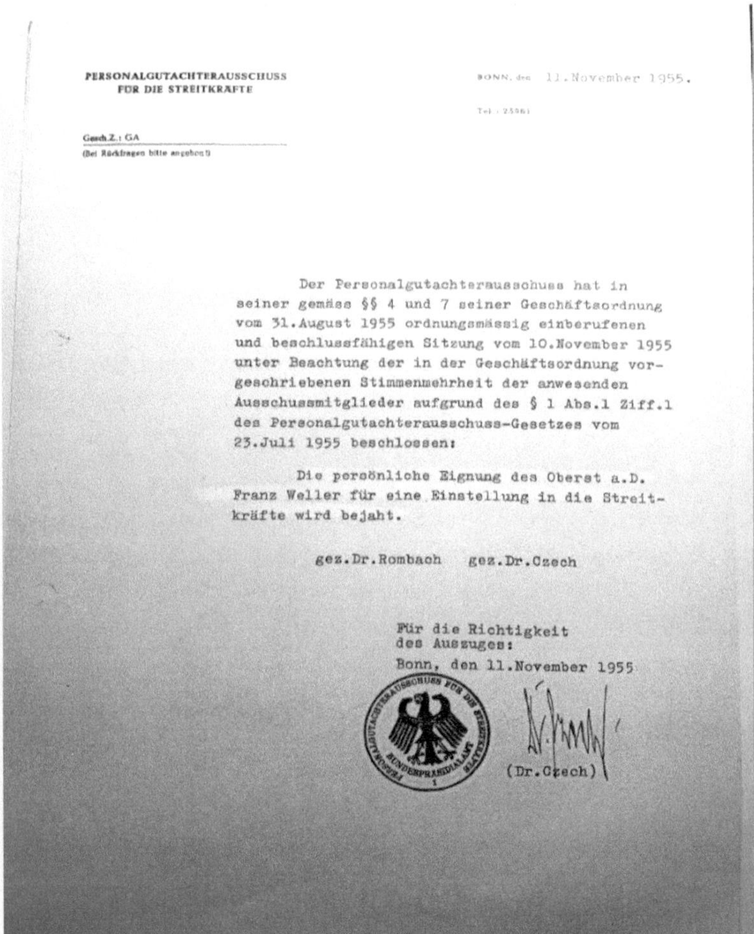

PERSONALGUTACHTERAUSSCHUSS
FÜR DIE STREITKRÄFTE

BONN, den 11.November 1955.

Gesch.Z.: GA

Der Personalgutachterausschuss hat in seiner gemäss §§ 4 und 7 seiner Geschäftsordnung vom 31.August 1955 ordnungsmässig einberufenen und beschlussfähigen Sitzung vom 10.November 1955 unter Beachtung der in der Geschäftsordnung vorgeschriebenen Stimmenmehrheit der anwesenden Ausschussmitglieder aufgrund des § 1 Abs.1 Ziff.1 des Personalgutachterausschuss-Gesetzes vom 23.Juli 1955 beschlossen:

Die persönliche Eignung des Oberst a.D. Franz Weller für eine Einstellung in die Streitkräfte wird bejaht.

gez.Dr.Rombach gez.Dr.Czech

Für die Richtigkeit
des Auszuges:
Bonn, den 11.November 1955

(Dr.Czech)

Abb. 106: Gute Nachrichten vom Personalgutachterausschuß (PGA).[368]

---

erfolgreich in der Zivilwirtschaft beschäftigt. Siehe Bradley, Dermot: Walther Wenck. General der Panzertruppe. Osnabrück 1981. S. 398-399. Siehe auch Hochstetter, Dorothee/Kollmer, Dieter H. im Auftrag des Zentrums für Militärgeschichte und Sozialwissenschaften der Bundeswehr (ZMSBw) (Hrsg.): Der Bundestagsausschuss für Verteidigung. Der Ausschuss für Fragen der europäischen Sicherheit. Der Ausschuss für Verteidigung. Juli 1955 bis Januar 1956. Potsdam 2017. S. 250ff.

368 Staatssekretär a.D. Dr. Wilhelm Rombach (1884-1973) war der Vorsitzende des PGA, Dr. Czech war Jurist, gehörte aber nicht dem PGA an.

10 Franz Weller wird wieder Soldat – „Er ist sicherlich geeignet, einer der Ersten zu sein, […].“

„Im Herbst vorigen Jahres habe ich Ihnen mal etwas von einem Oberst a.D. Weller erzählt, den ich lange Jahre aus Friedens- und Kriegszeiten her kenne. Er hat das Eichenlaub, ist im Frieden und Krieg als Truppenführer bestens bewährt und seine ruhige, vernünftige, für moderne Gedankengänge aufgeschlossene Art lässt ihn wohl gerade für die neue Armee als besonders geeigneten Mann erscheinen. Letzte Stellung: Regimentskommandeur und zum Schluss noch einige Tage Divisionskommandeur bei der Armee Wen(c)k. […] Er ist sicherlich geeignet, einer der Ersten zu sein, […].[369]

Die Motivation für die ehemaligen Offiziere der Wehrmacht, ab 1956 in den aktiven Dienst bei der Bundeswehr einzutreten, müssen subjektiv und sehr differenziert betrachtet werden. Die Bandbreite der Motive war breitgefächert und reichte von Langeweile oder Gleichgültigkeit im Zivilberuf bis hin zu ehrlicher Passion für den Soldatenstand. Aus dem Lebenslauf von Franz Weller lassen sich einige – aus seiner Perspektive gewichtige – Gründe zum Eintritt in die neuen Streitkräfte nachvollziehen. So wollte er als Familienvater natürlich die wirtschaftlich schwierigen ersten Nachkriegsjahre endlich hinter sich lassen und war bestrebt, finanziell abgesicherter und unabhängiger zu werden. Das war ein wichtiger, aber bei Weitem nicht der einzige Aspekt. Offensichtlich verspürte er als im Krieg bewährter Soldat zudem auch eine innere Sehnsucht nach dem früheren militärischen Beruf, der mit dem Sozialprestige des Offizierstandes verbunden war.[370] Seine Mitgliedschaften in der Traditionsgemeinschaft des Jäger-Regiments 54, im Verband

---

[369] BA-MA. PERS1-2462-A. Empfehlungsschreiben von Jürgen Bennecke (1912-2002) vom 15. März 1953, war u.a. Ia 100. Jägerdivision (03/43-09/44), verbrachte mit Franz Weller die Kriegsgefangenschaft, zuletzt General, Dienstzeitende: 30.09.1973. Siehe hierzu auch Patzwall, Klaus/Scherzer, Veit: Das Deutsche Kreuz 1941-1945. Geschichte und Inhaber. Band II. Norderstedt 2001. S. 35.

[370] Siehe hierzu Demeter, Karl: Das Deutsche Offizierkorps in Gesellschaft und Staat 1650-1945. Frankfurt am Main 1965. S. 211ff.

deutscher Soldaten (VdS)[371] oder später in der Ordensgemeinschaft der Ritterkreuzträger (OdR)[372] deuten darauf hin, dass ihm die Gemeinschaft unter ehemaligen Berufssoldaten zum Zwecke der Traditions- und Kameradschaftspflege sehr wichtig war. Natürlich ging es in diesen Nachkriegsnetzwerken unter Veteranen besonders in den 1950er Jahren oft auch um Fragen der Rehabilitierung des deutschen Soldaten, die Erlangung von Versorgungsansprüchen sowie die berufliche Wiedereingliederung in die Gesellschaft der Bundesrepublik.

Abb. 107: Oberst a.D. Weller spricht vor ehemaligen Kameraden des Jäger-Regiments 54 am Kriegerdenkmal, Rathausecke Hammelburg, 1954.

---

[371] Der **VdS** war ein 1951 gegründeter Zusammenschluss ehemaliger Berufssoldaten, der besonders in den frühen Nachkriegsjahren Zulauf und gesellschaftliche Bedeutung u.a. als sozialpolitische Interessenvertretung hatte. Zunehmende Radikalisierungstendenzen führten schließlich dazu, dass die Bundeswehr sich nicht nur vom VdS distanzierte, sondern 2004 ein Kontaktverbot aussprach, das jede offizielle Zusammenarbeit fortan untersagte. 2016 löste sich der Verein wegen schwindender Mitgliederzahlen und zunehmender Bedeutungslosigkeit auf.

[372] Die **OdR** wurde 1955 in Köln-Wahn gegründet, sie war zunächst eine Vereinigung hochdekorierter Frontsoldaten beider Weltkriege. Von den insgesamt 7.318 Ritterkreuzträgern der Wehrmacht dienten 711 von ihnen von 1956 bis 1984 in der Bundeswehr. 1999 hatte das Bundesverteidigungsministerium den Kontakt zwischen Bundeswehr und OdR sowie ihren regionalen Unterorganisationen untersagt, weil sich im Mitgliederverzeichnis ehemalige SS-Angehörige fanden und der Verein als rechtsradikal eingestuft wurde. Siehe hierzu auch Range, Clemens/Düfel, Andreas: Die Ritterkreuzträger in der Bundeswehr. o.O. 2000.

Für viele Kriegsteilnehmer war der Krieg ein prägendes Erlebnis, das in den Nachkriegsjahren zum Teil zu einer Verdrängung der negativen Begleitumstände führte. Präsent blieben vor allem die vielen positiv wahrgenommenen persönlichen Erfahrungen und Erlebnisse: das Überleben im Kampf, die bewährte *„kleine Kampfgemeinschaft"*, getragen von der Kameradschaft unter Frontsoldaten, die Unkonventionalität der Kriegsgesellschaft[373] und die militärischen Erfolge, die trotz ständiger numerischer und materieller Unterlegenheit dem Gegner immer wieder abgerungen werden konnten.[374] Aus Wellers Aussagen in der Nachkriegszeit geht noch ein weiteres Motiv hervor, das für eine Wiederverwendung in den Streitkräften eine wichtige persönliche Rolle spielte. Politisch spielten der Antikommunismus sowie die Überzeugung, Volk und Staat gegen die hegemonialen Bestrebungen der Sowjetunion schützen zu müssen, die Berlin-Blockade 1948, der Korea-Krieg 1950, die brutale Niederschlagung des Arbeiteraufstandes in der DDR 1953 und der Volksaufstand in Ungarn 1956 eine wesentliche Rolle.[375] In der Regimentsgeschichte des Jäger-Regiment 54 schreibt Franz Weller dazu im Schlusskapitel:

„Eins ist sicher, steht Moskau am Rhein, fällt ihm ganz Europa zu. Ohne Überheblichkeit kann man feststellen, daß das freie Westdeutschland, ein Stecknadelkopf auf dem Globus, die Voraussetzung für ein freies Europa bildet. Es ist das Herz von Europa, bestimmt seinen Kreislauf. […] Ich glaube, daß wir unserem Opfergang in den letzten Monaten des Krieges das Überleben in Freiheit in unserem westlichen Teil unseres Vaterlandes zu verdanken haben, als Basis für ein zukünftiges freies Deutschland. Diesem Opfergang verdanken wir (mit) unser jetziges

---

[373] Sönke Neitzel spricht in diesem Zusammenhang von ***„tribal culture"***, also einer identitätsstiftenden Kultur, die in den Regimentern durch Tradition, soziale Zusammensetzung des Offizierkorps und das gesellschaftliche Leben am Garnisonsort weiter ausdifferenziert wurde. Vgl. Neitzel, Sönke: Deutsche Krieger. Vom Kaiserreich zur Berliner Republik – eine Militärgeschichte. Berlin 2020. S. 41-44.

[374] Vgl. Molt, Matthias: Von der Wehrmacht zur Bundeswehr. Personelle Kontinuität und Diskontinuität beim Aufbau der deutschen Streitkräfte 1955-1966. Heidelberg 2007. S. 144-145.

[375] Vgl. Ebenda. S. 145.

Dasein, wir gedenken dabei mit Schmerz der 17 Millionen Landsleute hinter dem Eisernen Vorhang."[376]

TSK	1955/56	1957	1958	1959	1960	1961	1962	1963
Heer	4.832[379]	579	574	778	590	334	103	10
Luftwaffe	2.225	642	429	208	77	61	17	6
Marine	1.083	339	163	118	155	84	21	10
Bw	**8.140**	**1.560**	**1.166**	**1.104**	**822**	**479**	**141**	**26**

Die obige Tabelle zeigt, dass die Wiedereinstellung der insgesamt 13.438 früheren Offiziere der Wehrmacht in die Bundeswehr alters- und berufsbedingt kontinuierlich abnahm.[377]

Franz Weller erhoffte sich – wie die meisten Deutschen – eine baldige Wiedervereinigung seines Vaterlandes, er litt mit seiner Familie als Vertriebener unter dem schmerzlich empfundenen Verlust seiner niederschlesischen Heimat. Die Konsolidierung Westdeutschlands und der DDR, deren Beitritt zu NATO bzw. Warschauer Pakt ließen diese Vorstellungen jedoch schon bald obsolet erscheinen.[378] Das obige Zitat Wellers lässt sich aus seiner Biographie und seinen Lebenserfahrungen nachvollziehen: er offenbart sich hier als überzeugter Patriot und Befürworter des westlichen Bündnisses, der vor den Gefahren des Kommunismus warnte und ein klares Bekenntnis zur freiheitlichen Demokratie abgab.

---

376 Weller, Franz: Nachwort. In: Traditionsgemeinschaft I.R. 54 (Hrsg.): Der Weg des Infanterie- und Jäger-Regiments 54. S. 271.

377 Vgl. BA-MA. BWD 13/106 - Die Offizierlage in der Bundeswehr 1963. In: Molt, Matthias: Von der Wehrmacht zur Bundeswehr. Personelle Kontinuität und Diskontinuität beim Aufbau der deutschen Streitkräfte 1955-1966. Heidelberg 2007. S. 150.

378 Vgl. Molt, Matthias: Von der Wehrmacht zur Bundeswehr. Personelle Kontinuität und Diskontinuität beim Aufbau der deutschen Streitkräfte 1955-1966. Heidelberg 2007. S. 145.

379 Hierzu zählte auch Oberst a. D. Franz Weller.

Die genannten Motive waren für Weller ausschlaggebend, der mittlerweile dritten Armee seines Lebens nach den Kadettenjahren beizutreten. Er nahm in Kauf, dass die künftigen Karriereaussichten und die Besoldung zumindest in der Aufbauphase zwischen 1956 und den 1960er Jahren nicht abschätzbar waren. Planungen von Personal, Material und Liegenschaften durch das BMVtg für die neuen Streitkräfte machten noch bis Mitte der 1960er Jahre ständig Probleme und schienen die pessimistischsten Befürchtungen der Bundeswehrgegner und Kritiker der Wiederbewaffnung in Bundestag und Bevölkerung zu bestätigen. Frühzeitig war absehbar, dass alle personellen und materiellen Planungen der Aufstellungsstäbe der drei Teilstreitkräfte nicht einzuhalten waren. Demzufolge gehörte für Männer wie Franz Weller eine Menge persönlicher Mut dazu, sich ab 1956 dem Projekt der Wiederbewaffnung in der Bundesrepublik zur Verfügung zu stellen.[380]

---

[380] Vgl. Ebenda. S. 150.

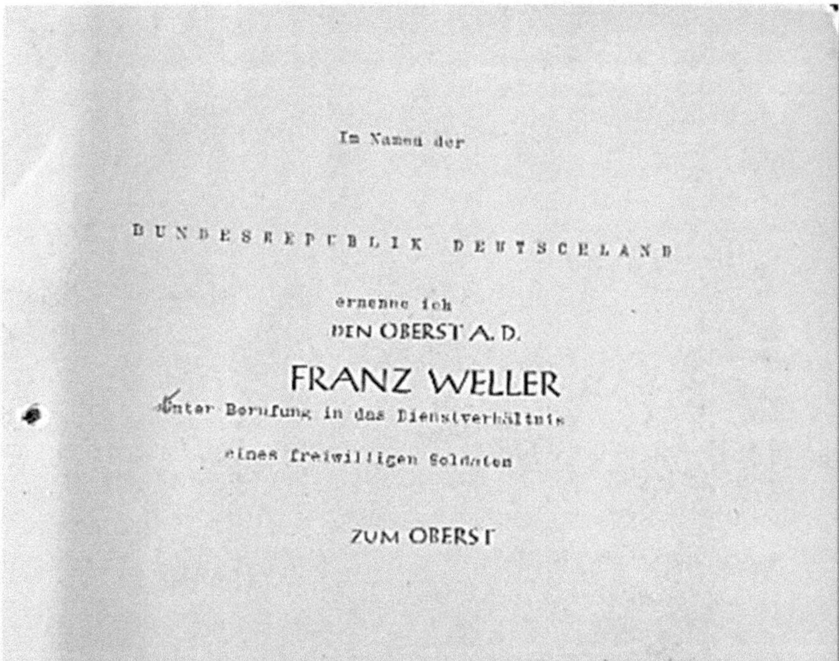

Im Namen der

B U N D E S R E P U B L I K   D E U T S C H L A N D

ernenne ich

DEN OBERST A. D.

FRANZ WELLER

unter Berufung in das Dienstverhältnis

eines freiwilligen Soldaten

ZUM OBERST

Bonn, den 11.1.1956

Der Bundespräsident

gez.: Theodor Heuss

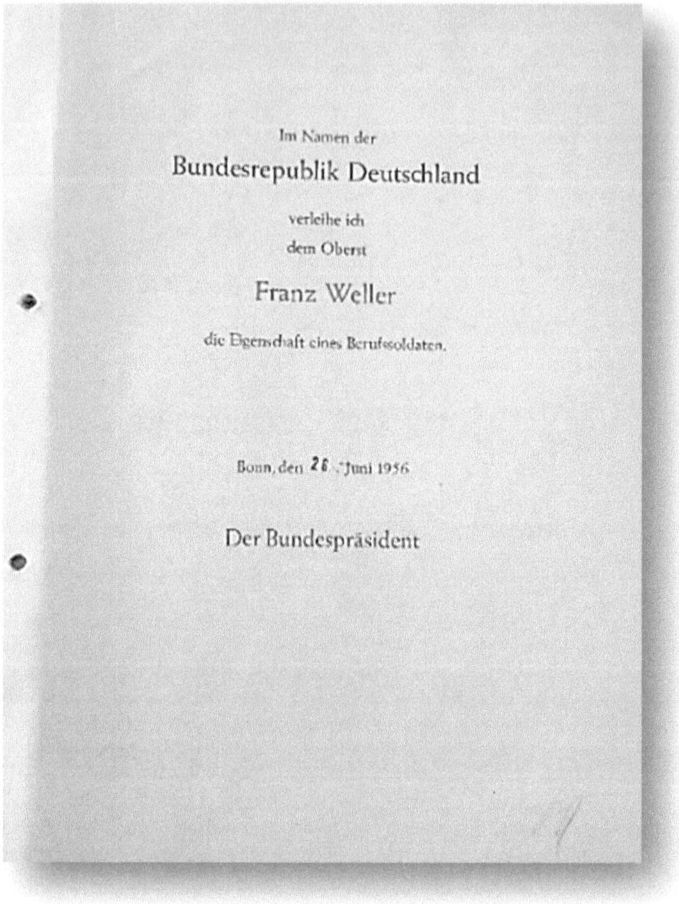
Im Namen der
Bundesrepublik Deutschland
verleihe ich
dem Oberst
Franz Weller
die Eigenschaft eines Berufssoldaten.

Bonn, den 26. Juni 1956

Der Bundespräsident

Abb. 108/109: Die Berufung Wellers in das Dienstverhältnis eines freiwilligen Soldaten und die Ernennungsurkunde zum Berufssoldaten.

10.1 Stellv. Leiter des Lehrstabes Sonthofen (1956)

Am 26. Januar 1956 unterschrieb Franz Weller die Verpflichtung gemäß § 2 (2) Freiwilligengesetz, das Grundgesetz für die Bundesrepublik Deutschland zu wahren und seine Dienstpflichten gewissenhaft zu erfüllen. Er wurde gemäß Ernennungsurkunde zum Obersten ernannt und in die Besoldungsgruppe A1a eingewiesen, um anschließend für ein halbes Jahr im Zeitraum 2. Januar bis 30. Juni 1956 als stellvertretender Leiter des Lehrstabes nach Sonthofen im Oberallgäu/Bayern in die Generaloberst-Beck-Kaserne versetzt zu werden. Dort war er für die Durchführung eines Offizier-Lehrgangs verantwortlich – eine Aufgabe, die er bereits 1942/43 als Lehrgruppen-Kommandeur an der Kriegsschule in Döberitz und Posen geleistet hatte. Die Zeit in Sonthofen galt als Eignungsübung. Der nachfolgende hervorragende Beurteilungsbeitrag bildete die Grundlage für die Berufung in das Dienstverhältnis eines Berufssoldaten.

Oberst Ernst Golling (1909-1967),[381] der UAbtLtr FüH V A (Fü, Ausb)/BMVg (Bonn), zeichnete für den Beurteilungsbeitrag verantwortlich. Weller überzeugte eindrucksvoll als Leiter des Lehrstabes H, er konnte seine Begabung als Menschenführer sehr gut einbringen und die Kenntnisse und Methodenkompetenzen der sehr unterschiedlich ausgebildeten und erfahrenen Lehroffiziere in kürzester Zeit auf ein vergleichsweise hohes Niveau bringen. Die ihm bescheinigte:

„glückliche Begabung zu richtiger individueller Menschenbehandlung“[382]

erhöhe den Diensteifer der ihm unterstellten Offiziere und werde sie immer Gutes leisten lassen, schrieb der beurteilende Vorgesetzte voller Wertschätzung.[383] Für Franz Weller war dies eine wichtige Bewertung, weil sie seine Befähigung als militärischer Vorgesetzter und verantwortungsvoller Pädagoge bestätigte. Der Beurteilungsbeitrag fiel in die Wertung I, der Weg zur Beförderung zum Brigadegeneral schien ihm somit offenzustehen.

---

[381] **Ernst Golling** erhielt als OTL i.G. und 1a 125. I.D. am 15.12.1943 das Deutsche Kreuz in Gold. In der Bundeswehr brachte er es bis zum Brigadegeneral (27.03.1962) und war maßgeblich an der Bearbeitung der Vorschrift Truppenführung (TF) beteiligt. Vgl. Range, Clemens: Kriegsgedient – Die Generale und Admirale der Bundeswehr. Müllheim-Britzingen 2013. S. 168.

[382] BA-MA. PERS1-2261. Beitrag zur Beurteilung des Oberst Weller vom 27. Juli 1956.

[383] Vgl. Ebenda.

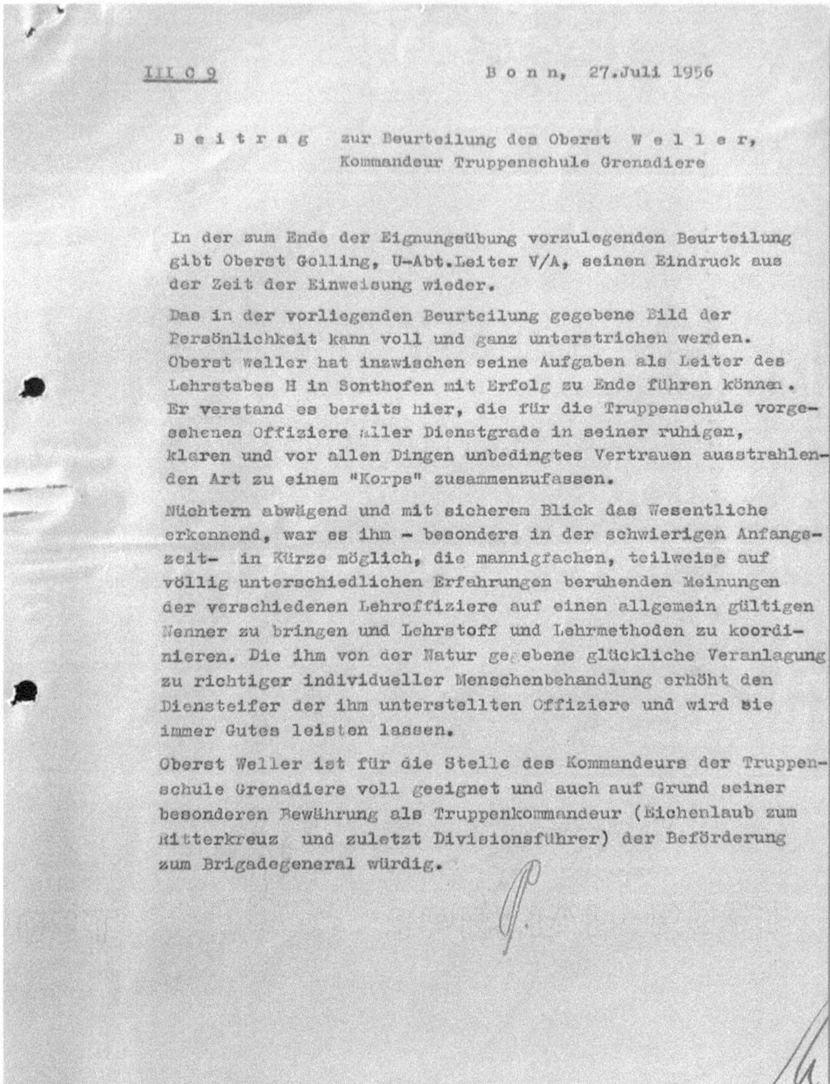

III C 9 Bonn, 27.Juli 1956

Beitrag zur Beurteilung des Oberst Weller,
Kommandeur Truppenschule Grenadiere

In der zum Ende der Eignungsübung vorzulegenden Beurteilung gibt Oberst Golling, U-Abt.Leiter V/A, seinen Eindruck aus der Zeit der Einweisung wieder.

Das in der vorliegenden Beurteilung gegebene Bild der Persönlichkeit kann voll und ganz unterstrichen werden. Oberst Weller hat inzwischen seine Aufgaben als Leiter des Lehrstabes H in Sonthofen mit Erfolg zu Ende führen können. Er verstand es bereits hier, die für die Truppenschule vorgesehenen Offiziere aller Dienstgrade in seiner ruhigen, klaren und vor allen Dingen unbedingtes Vertrauen ausstrahlenden Art zu einem "Korps" zusammenzufassen.

Nüchtern abwägend und mit sicherem Blick das Wesentliche erkennend, war es ihm - besonders in der schwierigen Anfangszeit- in Kürze möglich, die mannigfachen, teilweise auf völlig unterschiedlichen Erfahrungen beruhenden Meinungen der verschiedenen Lehroffiziere auf einen allgemein gültigen Nenner zu bringen und Lehrstoff und Lehrmethoden zu koordinieren. Die ihm von der Natur gegebene glückliche Veranlagung zu richtiger individueller Menschenbehandlung erhöht den Diensteifer der ihm unterstellten Offiziere und wird sie immer Gutes leisten lassen.

Oberst Weller ist für die Stelle des Kommandeurs der Truppenschule Grenadiere voll geeignet und auch auf Grund seiner besonderen Bewährung als Truppenkommandeur (Eichenlaub zum Ritterkreuz und zuletzt Divisionsführer) der Beförderung zum Brigadegeneral würdig.

Abb. 110: Beurteilungsbeitrag für die Eignungsübung in Sonthofen und erste Fürsprache für die Beförderung zum Brigadegeneral vom 27. Juli 1956.

10.2 Kommandeur der Truppenschule Grenadiere/ Infanterieschule Hammelburg (1956-1957)

Das erste Halbjahr 1956 in Sonthofen konnte Weller mit positiven Erinnerungen verbinden. Die Zeit dort war zwar nur kurz, aber durchaus erfolgreich verlaufen – nach über zehn Jahren im Zivilleben und nach verschiedenen beruflichen Tätigkeiten hatte er das Soldatenhandwerk keineswegs verlernt. Der Einstieg in die Bundeswehr, seiner nunmehr dritten deutschen Armee, war geglückt. Offensichtlich lagen ihm praktische Aufgaben, die sein Improvisations- und Organisationsvermögen, gepaart mit erfolgreicher Menschenführung, in besonderer Weise forderten. Die Zeit des Aufbaus der noch jungen Bundeswehr, die Planung von Lehrgängen unter Nutzung großer Spielräume und Freiheiten, ganz im Sinne der Auftragstaktik – das war sein Metier. Am Horizont standen bereits neue Aufgaben, die es zu bewältigen galt. Vom 26.4. bis 23.6.1956 fand für Oberst Weller und die Offiziere des Stammpersonals ein Einweisungslehrgang in Sonthofen statt. Neben Einführungsvorträgen wurde ein Arbeitsstab gebildet, der in täglichen Besprechungen Vorbereitungen für die Aufnahme der Lehre und der Ausbildung traf.[384]

Mit Wirkung vom 1. Juli 1956 erfolgte Wellers Versetzung vom Lehrstab Sonthofen zur Truppenschule Grenadiere ins bayerische Hammelburg, um dort auf der Planstelle eines Brigadegenerals Kommandeur der Infanterieschule zu werden.[385]

---

[384] Vgl. Infanterieschule der Bundeswehr (Hrsg.): Chronik der Infanterieschule Hammelburg 1956 bis 2006 – ehemals Truppenschule Grenadiere. Hammelburg 2006. S. 27.

[385] Siehe hierzu auch Behrendt, Hans-Günther (Hrsg.): Erinnerungsorte der Bundeswehr. Personen, Ereignisse und Institutionen der soldatischen Traditionspflege. Berlin 2020. S. 172-173.

Abb. 111: Oberst Weller begrüßt Oberstleutnant Werner Ziegler (1916-2001),[386] den Kommandeur des Grenadierlehrbataillons Hammelburg.

Abb. 112: Wache der Infanterieschule Hammelburg 1956.

---

[386] **Werner Ziegler** hatte mit Franz Weller einige Gemeinsamkeiten: auch er war Ritterkreuzträger, ihm wurden nach dem Eichenlaub sogar am 23.10.1944 die 102. Schwerter verliehen. Auch er wurde ins Truppenamt nach Köln versetzt und war dort Chef des Stabes beim Inspizienten für Erziehung und Ausbildung (1962-1994). Ziegler ging ebenfalls als Oberst in den Ruhestand, DZE: 10.10.1967. Siehe hierzu auch Range, Clemens/Düfel, Andreas: Die Ritterkreuzträger in der Bundeswehr. o.O. 2000. S. 373.

Am 6. Juni 1956 hatte die Übergabe von Lager und Übungsplatz Hammelburg der US-Streitkräfte an die Bundeswehr stattgefunden. Oberstleutnant Ziegler stand hier als Kommandeur des Grenadierlehrbataillons und Standortältester in Verantwortung. Nun galt es, die Zukunft zu gestalten und eine zielgerichtete Durchführung des Lehrgangsbetriebs möglich zu machen. Der Schulstab bezog mit den Abteilungen S1 (Personalwesen, Innere Führung, Presse- und Öffentlichkeitsarbeit), S3 (Planung und Organisation der Lehre und Ausbildung, Alarmwesen und Mobilmachung, Forderungen an die Infrastruktur, Psychologische Verteidigung) und Stabsquartier (Planung und Beschaffung von Versorgungsgütern, Materialerhaltung), dem Sanitätsoffizier sowie den Gruppen Auswertung und Übungs- und Ausbildungsmaterial und der Gruppe Truppenfachlehrer das Hauptgebäude der ehemaligen Garnisonsverwaltung (jetzt Hauptgebäude der Standortverwaltung). Das Stabsquartier mit Lager für Waffen und Gerät sowie Kraftfahrzeughallen wurden in Gebäuden untergebracht, die im Jahre 1964 abgerissen wurden, um dem neuen Stabsgebäude der Infanterieschule Platz zu machen.[387]

Als Oberst Weller als zukünftiger Schulkommandeur am 27. Juni 1956 erstmalig die Gebäude der Schule in Hammelburg besichtigte, ging bei einer Besprechung des Offizierskorps sein Dank an Major Rösner, der das Vorkommando führte. Er umriss bei dieser Besprechung den Auftrag der Schule wie folgt:

„Der Auftrag besteht in der Durchführung von Lehrgängen zur Ausbildung und Erziehung des Offiziers- und Unteroffiziers-Nachwuchses, Weiterbildung der Offiziere und Unteroffiziere. Außerdem obliegt der Infanterieschule die Mitwirkung bei der Entwicklung und Erprobung von:

- *Material der Infanterie,*
- *Gliederung und Ausrüstung der Verbände,*
- *Führungsgrundsätzen und Methoden,*
- *Waffen und Kraftfahrzeuge der Infanterie,*
- *Übungs- und Ausbildungsmaterial.*[388]

---

387 Vgl. Infanterieschule der Bw (Hrsg.): Chronik der Infanterieschule Hammelburg 1956 bis 2006 – ehemals Truppenschule Grenadiere. Hammelburg 2006. S. 27-28.

388 Infanterieschule der Bundeswehr (Hrsg.): Chronik der Infanterieschule Hammelburg 1956 bis 2006 – ehemals Truppenschule Grenadiere. Hammelburg 2006. S. 29.

Abb. 113: Vorläufige Dienstwohnung von Oberst Weller und seiner Familie 1956. Das Gebäude Nr. 70 war ehemals das Café Werberich, im Jahre 2002 wurde es abgerissen.

Abb. 114: Geb. 92: wurde als „*Fort-Weller*“ bezeichnet. Nutzung als Kiosk des Kantinenwirts.

Außerdem waren Erfahrungsberichte der Truppe sowie in- und ausländische Fachliteratur auszuwerten und die Entwicklung gleichartiger Truppengattungen in den ausländischen Armeen zu beobachten. Schließlich wurden Merkblätter und Vorschriften für die Infanterie erarbeitet und dazu Lehrfilme erstellt. Um diesen umfangreichen und anspruchsvollen Auftrag erfüllen zu können, wurde der Infanterieschule Hammelburg das Grenadierlehrbataillon unter OTL Werner Ziegler angegliedert. Die Lehrtruppe hatte vorrangig die Unterstützung der Infanterieschule in ihrem Lehrauftrag durch personelle und materielle Abstellungen zu leisten. Hinzu kam die Unterstützung der Gruppe Auswertung, die u.a. neues Gerät vorstellte, erprobte und auswertete. Dabei war die Mitarbeit bei neuen Vorschriften von besonderer Bedeutung und konnte mitunter Einfluss auf Neueingliederungen für den Bereich des Grenadierbataillons haben, wie dies beispielsweise in Bezug auf den Panzermörserzug der Fall war.[389] Das Grenadierlehrbataillon trug damit eine besondere Verantwortung, denn die angeführten Aufgaben mussten stets neben den routinemäßigen Ausbildungsverpflichtungen eines Grenadierbataillons des deutschen Feldheeres geleistet werden. Im Jahre 1956 wurden die Lehrtruppen zum Grenadierlehrbataillon zusammengefasst, das sich wie folgt gliederte:

- der Stabskompanie
- der Grenadierkompanie (mot)
- der Grenadierkompanie (MTW)
- der Grenadierkompanie (SPz)
- der schweren Grenadierkompanie
- der Panzerjägerkompanie sowie
- der Ausbildungskompanie

[389] Vgl. Ebenda. S. 29ff.

Abb. 115: Endgültiges Wohnhaus der Familie Weller in Hammelburg.

Abb. 116: Der Kommandeur Infanterieschule Hammelburg privat.

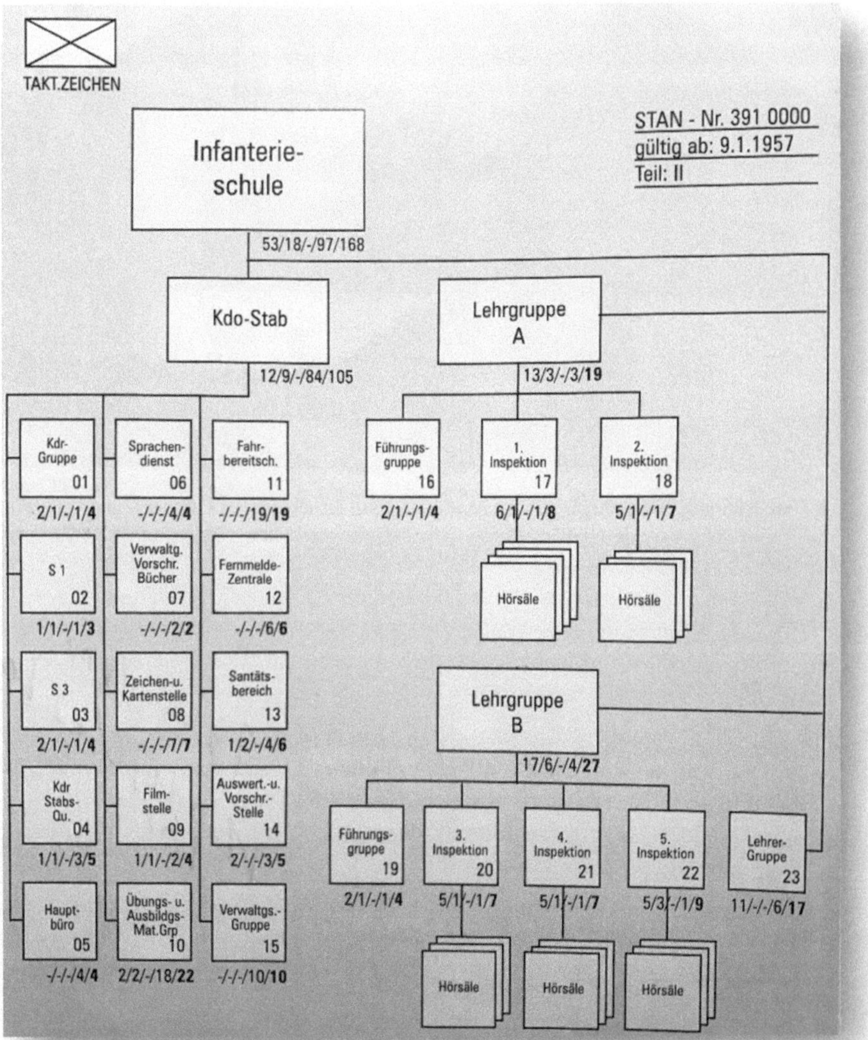

Abb. 117: Gliederung der Infanterieschule ab 9.1.1957.[390]

[390] Infanterieschule der Bundeswehr (Hrsg.): Chronik der Infanterieschule Hammelburg 1956 bis 2006 – ehemals Truppenschule Grenadiere. Hammelburg 2006. S. 30.

Abb. 118: Ernennung der ersten Ausbilder der Infanterieschule und des Grenadierlehrbataillons Hammelburg. In der Mitte Oberst Weller daneben Oberstleutnant Ziegler.

Am 2. Juli 1956 konnte der Lehrbetrieb in der Lehrgruppe A aufgenommen werden. Die I. und II. Inspektion wurden beauftragt, in drei zweimonatigen Einweisungslehrgängen insgesamt 169 neu einberufene kriegsgediente Offiziere auszubilden. Im weiteren Verlauf wurde eine Vielzahl an Lehrgängen auf unterschiedlichen Führungsebenen und Fachgebieten ausgeplant und durchgeführt:

- Lehrgang Kommandeure der Kampfgruppen,
- Lehrgang Bataillonskommandeure der Grenadiertruppe,
- Lehrgang Kompaniechef der Grenadierkompanie,
- Lehrgang Zugführer in der Grenadierkompanie,
- Lehrgang Kompaniechef der Quartiermeistertruppe,
- Lehrgang Kompaniechef der Granatwerferkompanie,
- Lehrgang Stabsoffizier S3 einer Kampfgruppe,
- Lehrgang Stabsoffizier S2 einer Kampfgruppe,

- Lehrgang Kompaniechef einer Versorgungskompanie und Stabsoffizier S4 sowie
- der Fähnrichs-Lehrgang.

Ausbildungsschwerpunkte waren:

- Führungsgrundsätze für Einheiten und Verbände,
- Zusammenarbeit mit anderen Truppengattungen,
- die *„Innere Führung"* der Bundeswehr,
- Grundsätze und Methodik der Ausbildung,
- Logistik,
- Waffen und Gerätetechnik.

Die Waffenausbildung erfolgte zunächst an Waffen, die ausnahmslos aus den USA stammten. Es ist bemerkenswert, dass die Ausbildung durch Offiziere der US-Streitkräfte in englischer Sprache durchgeführt wurde. Das gleiche galt auch für das Fach Logistik. Im Taktikunterricht (Gefecht der verbundenen Waffen) wurden neben den deutschen auch die amerikanischen Grundsätze ausgebildet. Auch die Lehrgruppe B hatte einen anspruchsvollen Auftrag. Sie nahm ihre Arbeit auf und führte bis zum 15. Februar 1957 die folgenden Einweisungslehrgänge für insgesamt 333 Unteroffiziere durch:

- Lehrgang für stellvertretende Zugführer der Grenadierzüge,
- Lehrgang für stellvertretende Zugführer der Granatwerferzüge,
- Lehrgang für stellvertretende Zugführer der Panzerjägerzüge,
- Lehrgang für Hauptfeldwebel sowie
- Lehrgang für Fahrlehrer.

Abb. 119: Der Kdr InfS Hammelburg, Oberst Weller, der Kdr GrenLehrBtl, Oberstleutnant Ziegler und der S3 der Schule, Oberstleutnant Dr. Gebhardt, nahmen am 30.8.1956 den Vorbeimarsch des GrenLehrBtl auf dem Marktplatz in Hammelburg ab. Dazu spielte das Musikkorps aus Andernach. Zahlreiche Häuser waren weiß-blau beflaggt. Es gab Protestbanner, Protestrufe blieben jedoch aus. Die Bevölkerung nahm die Bundeswehr mit übergroßer Mehrheit positiv auf.

Abb. 120:
Oberst Franz Weller als neuer Kommandeur der Infanterieschule Hammelburg.

Abb. 121: Veteranen des 1. Weltkrieges freuten sich über den Einzug der Bundeswehr in Hammelburg.

Oberst Karl-Heinz Wirsing (1907-1999),[391] der Kommandeur des Aufstellungsstabes Süd, besichtigte am 3. Juli 1956 das Lager Hammelburg, die im Aufbau befindliche Infanterieschule, das Grenadierlehrbataillon sowie die Truppenübungsplatzkommandantur. Gegenüber der Presse lobte er die geleistete Aufbauarbeit. Folgende Bilder sind aus Anlass dieses Dienstaufsichtsbesuches entstanden:

[391] Siehe hierzu auch Range, Clemens: Die Generale und Admirale der Bundeswehr. Herford 1990. S. 265.

Abb. 122a/b: Mitte: Generalmajor Curt Siewert (1899-1983), Inspizient Infanterie und KG (mdFb) I. Korps (Münster); links von GM Siewert: Oberst Weller; rechts: Oberst Wirsing, der Leiter Aufstellungsstab Süd.

Abb. 123: In der Mitte GM Siewert, links Oberst Wirsing, rechts Oberst Weller, flankiert von zwei Adjutanten im Dienstgrad Oberleutnant.

Abb. 124: Dienstaufsicht beim Gefechtsdienst am 15.12.1957. Während GM Siewert dem Leitenden eine Anweisung gab, machte Oberst Weller (ganz links im Bild) einen besorgten Eindruck.

Abb. 125: Übungsmarsch der Infanterie.

Franz Weller war als Kommandeur der Infanterieschule in besonderer Weise seinen unterstellten Soldaten, Offizieren und deren Familien menschlich verbunden. Er hatte ein *„offenes Ohr“* für seine Männer. Das zeigte sich unter anderem bei alltäglichen Problemen, aber ebenso bei gemeinsamen dienstlichen Veranstaltungen wie z.B. Offiziersverabschiedungen oder auch Vergleichsschießen. Mit viel Herz und Humor gestaltete er seine Ansprachen, und es fiel ihm nicht schwer, seine Zuhörer für sich zu gewinnen. Er war zweifellos ein Praktiker der Menschenführung, der ehrlich und authentisch agierte. Das kam gut an.

WIR, Querschläger
von Personalamts Gnaden
allhier versammelt an der Alma Mater des
Fußvolkes, zu ersprießlichem Thun und Wirken,
geben hiermit allem bewaffneten Volke Kund
und zu wissen, daß wir an dem heutigen Tage,
dem 5. des 12. Monats im Jahre des Heyls
eintausendneunhundertundsechsundfünfzig
dem Feldobristen und Rektor

FRANZ WELLER

vordem Kadett und Mitglied des gräf-
lichen Hausregimentes zu Fuß zum

Ehrenquerschläger

ernennet haben, welches wir durch unsere
Unterschriften und Beyfuegung unseres
Siegels bestätigen.

Gegeben zu Hammelburg im fränkischen Unterlande
am Tage des Reginald 1956.

Abb. 126: Auch der Humor kam nicht zu kurz. Diese Urkunde dokumentiert Wellers Ernennung zum „*Ehrenquerschläger*".

Abb. 127:
Empfang des Offizierkorps mit Damen.
In der Mitte: Oberst Franz Weller.

Abb. 128: Oberst Weller bei einem Jubiläum.

Als Kommandeur der Infanterieschule hatte er selbstverständlich auch repräsentative Termine wahrzunehmen, beispielsweise mit Vertretern der Politik.

Abb. 129/130: Frau Dr. Maria Probst (1902-1967), „*Maria Hilf*", deutsche Politikerin der CSU und erste Vizepräsidentin des Bundestages. Das Bild rechts zeigt ein Denkmal in Hammelburg, das sie als Ehrenbürgerin der Stadt würdigt.

Der promovierten ehemaligen Hammelburger Lehrerin und Redakteurin Maria Probst verdankte Weller ungewollt eine Schlagzeile in der Wochenzeitung DER SPIEGEL vom 17. Juli 1957. Darin wurde er folgendermaßen zitiert:

„So bin ich seit meiner Rekrutenzeit von niemanden mehr fertiggemacht worden!" (Oberst Franz Weller, Kommandeur der Infanterieschule der Bundeswehr, Träger des Eichenlaubs zum Ritterkreuz des Eisernen Kreuzes, nach einer Besprechung mit der CSU-Bundestagsabgeordneten Dr. Maria Probst über Probleme der Landbeschaffung für Bundeswehrzwecke."[392]

---

392 Augstein, Rudolf (Hrsg.): DER SPIEGEL. 11. Jahrgang. Heft 29. 17. Juli 1957. S. 15.

Probst starker Wille sowie ihr großes Engagement für soziale Zwecke waren berühmt-berüchtigt. Bundeskanzler Konrad Adenauer nannte sie einmal *„die teuerste Frau des Bundestages"*, weil sie angeblich bei einem Mittagessen mit dem CDU-Bundesfinanzminister Franz Etzel (1902-1970) diesen überredete, eine Verdoppelung des Etats für Kriegsopfer auf eine halbe Milliarde D-Mark zu bewilligen. In den Ministerien nannte man sie daher gerne auch *„Maria Heimsuchung"*.[393] Es liegt nahe, dass sich unser tapferer Offizier, Franz Weller, an dieser resoluten Frau gehörig die *„Zähne ausgebissen"* hat, wie man im Infanteristen-Jargon anmerken würde. Es ist anzunehmen, dass ihm die Begegnung mit Frau Dr. Maria Probst nicht vorteilhaft ausgelegt wurde. Bereits im Jahre 1951 hatte sie die Vergrößerung des Truppenübungsplatzes (TrÜbPl) Hammelburg durch die US-Armee erfolgreich verhindern können.[394]

Weller war seit dem 2. Juli 1956 Kommandeur der Infanterieschule Hammelburg, am 31. Oktober 1957 endete diese für ihn fordernde und zugleich erfüllende Zeit. Die nachfolgenden Fotos aus Familienbesitz dokumentieren den für Truppe und Kommandeur besonderen Tag, über den die Zeitungen ausführlich – die Verdienste Wellers würdigend – berichteten. Sein Nachfolger als Kommandeur sollte Brigadegeneral Hellmuth Mäder (1908-1984) werden, der sich wie Franz Weller im Krieg als tapferer Soldat und militärischer Führer hochbewährt hatte.[395]

---

393 Vgl. Kratzer, Hans: *„Maria Heimsuchung"*. In: Süddeutsche Zeitung. 30. Mai 2017.

394 Vgl. Archiv Infanterieschule Hammelburg.

395 Vgl. Range, Clemens: Kriegsgedient. Die Generale und Admirale der Bundeswehr. Müllheim-Britzingen 2013. S. 322-323. **Hellmuth Mäder** erhielt als 143. Soldat der Wehrmacht am 27.8.1944 die Schwerter. In der Bundeswehr brachte er es bis zum Generalleutnant und Amtschef Truppenamt Köln. Allerdings wurde er von der 8. Großen Strafkammer des Kölner Landgerichts später wegen Betrug und fortgesetzter Bestechlichkeit verurteilt und verlor den Rang eines GenLt sowie einen Teil seiner Pension. Er starb am 12. Mai 1984 in Koblenz.

Abb. 131: Vorbeimarsch der Truppe am 31. Oktober 1957.

Abb. 132: Oberst Franz Weller verabschiedete sich als Kommandeur.

MAIN-POST   Nummer [illegible] — 7

Mit einer Ansprache und der Abnahme der Parade verabschiedete sich Oberst Weller von der Infanterieschule Hammelburg, deren Aufbau wesentlich sein Verdienst ist. Foto: Röder (2)

Stabsgebäude in „Fort Weller“ umgetauft

Der Infanterieschule gilt es, das erworbene Vertrauen zu erhalten

Hammelburg. Wie sehr Oberst Franz Weller, der Kommandeur der hiesigen Infanterieschule, bei seinen Soldaten, bei den Zivilangestellten, den örtlichen Dienststellen und der Bevölkerung beliebt war, wurde am Donnerstag offenbar, als Oberst Weller offiziell von seinem bisherigen Wirkungskreis Abschied nahm. Zum letzten Male sprach er zu den Stabsoffizieren, den Truppenfachlehrern, den Angehörigen des Grenadierlehrbataillons, zu den rund 360 Zivilbediensteten und nahm den Vorbeimarsch der Infanterieschule ab. Dem Abschiedsappell schloß sich ein Empfang im Offizierskasino an. In mehreren Ansprachen wurden die Verdienste des scheidenden Kommandeurs gewürdigt und ihm viel Glück und Segen für die Zukunft gewünscht.

Oberst Weller führte in seiner Ansprache beim Abschiedsappell, dem auch Bezirkstagspräsident Oberbürgermeister Dr. Weiß und MdL Landrat Hofmann (beide Bad Kissingen) beiwohnten, aus, daß die Infanterieschule die ihr gestellte Aufgabe, organisch in die Bevölkerung und das allgemeine Leben hineinzuwachsen, erfüllt habe. Wenn es gelungen sei, die Schwierigkeiten beim Aufbau der Schule zu überwinden, sei dies das Verdienst aller Offiziere, Unteroffiziere und Mannschaften. Das Vertrauen, das die Infanterieschule in der Öffentlichkeit genieße, gelte es zu erhalten.

Beim Empfang im Offizierskasino sprach Oberst Ebeling für alle Offiziere der Offiziersschule. Er umriß die Persönlichkeit von Oberst Weller und würdigte ihn als Soldaten, Vorgesetzten und Menschen. Der Kommandeur des Grenadierlehrbataillons, Oberstleutnant Ziegler, betonte, daß Oberst Weller für alle ein väterlicher Freund gewesen sei. Der Vorsitzende des Personalrates der Infanterieschule, Josef Kerzinger, unterstrich, daß jeder mit seinen Sorgen und Nöten zu Oberst Weller gehen konnte. Als Vertreter der Truppenfachlehrer teilte Major von Hessenthal mit, daß man das Gebäude 39, das jetzige Stabsgebäude, in „Fort Weller“ umgetauft habe.

Major Langland, der Chef des US-Ausbildungsteams, sagte, daß er die mit Oberst Weller verbrachte Zeit nie vergessen werde. Den Dank der zivilen Behörden brachten Bezirkstagspräsident Dr. Weiß, stellvertretender Landrat Farrenkopf und Bürgermeister Schaupp zum Ausdruck. Oberst Weller dankte abschließend mit bewegten Worten und brachte einen Toast auf eine erfolgreiche Zukunft der Infanterieschule aus. -nm.

Auf dem Weg zur Arbeit verunglückt

BAD NEUSTADT. Donnerstag früh wurde bei dichtem Nebel in der Schweinfurter Straße in der Höhe des Karmelitor-Hofes der 74 Jahre alte Ludwig Ammon aus der Gartenstadt, der auf dem Weg zur Arbeit war, beim Überqueren der Fahrbahn von einem stadtauswärts fahrenden Pkw erfaßt. Bei dem Anprall stieß Ammon mit dem Kopf gegen die Windschutzscheibe, wurde zurückgeschleudert und fiel auf die Fahrbahn. Mit einer schweren Gehirnerschütterung, einer großen Platzwunde am Hinterkopf (Gehirnverletzung) und einer Verletzung am rechten Auge wurde der Verunglückte nach erster ärztlicher Versorgung im Kreiskrankenhaus in das Luitpoldkrankenhaus Würzburg gebracht, wo man ihn operierte. Sein Zustand ist bedenklich. Ein Insasse des Pkw erlitt durch die Zertrümmerung der Windschutzscheibe leichte Schnittwunden.

Camping-Baby war sechs Monate alt

Ein „flic“ aus Paris brachte es ins Willingertal mit

Bad Mergentheim. Sechs Holländer waren die letzten, die in diesem Jahr auf dem neuen Camping-Platz Willingertal ihre Zelte aufgeschlagen hatten. Es wurde ihnen nicht sehr warm auf ihren Luftmatratzen, und so holte sie Campingwart Lang, der gleichzeitig die idyllisch am Rand eines ausgedehnten Waldes liegende Gaststätte „Zum Willingertal“ bewirtschaftet, zum Übernachten in den Saal.

Die erste Mergentheimer Camping-Saison hat gleich zünftigen Betrieb in bestem Stil gebracht. Wer dort lagerte, war — schon wegen der herrlichen Abgeschiedenheit des Platzes im Schutz von Tannen und Laubbäumen — mit dem Aufenthalt zufrieden. Ein Ehepaar aus Westfalen, das auf dem [illegible] Komfort. Eine Familie aus Salzgitter, die den Platz nur kurz anpeilen wollte, beschloß, „reine Ferien“ zu machen und blieb — 28 Tage. Da es um die Himbeer- und Erdbeerzeit war, sorgten die Familienmitglieder gleichzeitig fürs Winterkompott. Eimerweise, so schildert der Campingwart, wurden die würzigen Früchte aus den Wäldern geholt, die dort noch nicht so abgekämmt werden wie anderswo.

Rührend ist auch die Geschichte von dem Niederländer, der wegen enger Schuhe an einer Blutvergiftung litt und vom Campingplatz in das Kreiskrankenhaus wanderte. An der Stätte seiner Heilung hatte der muntere, musikliebende Mann vom Willingertal mehr Besuch als die erkrankten Einhei-

Abb. 133: Bericht der Main-Post.

Mittwoch, 30. Oktober 1957

Oberst Weller scheidet von Hammelburg

Brigadegeneral Mäder übernimmt Infanterieschule

HAMMELBURG. Leider haben sich die Gerüchte, die in den letzten Wochen in der Stadt kursierten, bewahrheitet: Oberst Franz Weller, der Kommandeur der hiesigen Infanterieschule der Bundeswehr, verläßt Hammelburg und wird stellvertretender Kommandeur der in Gießen stationierten II. Grenadier-Division. Anfang November übergibt Oberst Weller die Infanterieschule an Brigadegeneral Mäder, der bereits einige Tage im Truppenlager weilte und auch schon offizielle Antrittsbesuche bei Landrat Kaiser im Landratsamt und im Rathaus bei Bürgermeister Schaupp gemacht hat.

„Ich werde Hammelburg nie vergessen und es stets in angenehmer Erinnerung behalten", sagte uns Oberst Weller bei einem letzten Besuch. Wir gewannen dabei den Eindruck, daß es ihm sichtlich schwer fällt, Abschied nehmen zu müssen von seinem bisherigen Wirkungskreis, in den er sich in den sechzehn Monaten seines Hierseins so richtig hineingelebt hatte und den er so ausbaute, daß eine Visitenkarte daraus wurde. „Soldatenschicksal", so meinte Oberst Weller, „jeder muß damit rechnen, einmal über Nacht versetzt zu werden". Der Kommandeur der Infanterieschule hat sich hier wirklich wohl gefühlt. Er liebte die Landschaft,

Oberst Weller: „Hammelburg nie vergessen" Foto: Röder

fand schnell Kontakt zur Zivilbevölkerung und hatte sich auch mit dem Frankenwein angefreundet, den er sich in den wenigen erholsamen Mußestunden munden ließ. Nicht nur er selbst und seine Familie, sondern noch viel mehr seine Offiziere, Soldaten, Zivilangestellten und die Bevölkerung bedauern die Personalverfügung des Bundesverteidigungsministeriums, die am letzten Samstag [illegible]

Lehrpersonal die Schule einrichtete und zu ihrer heutigen Bedeutung führte. Bei der Bewältigung dieser Aufgabe dachte er persönlich an sich immer zuletzt. Lehrgangsteilnehmer, vom Unteroffizier bis zum höchsten Offizier, haben im Laufe der letzten Monate Oberst Weller geschrieben und dafür gedankt, daß ihnen in Hammelburg so viel Wissen vermittelt wurde. In aller Erinnerung ist noch das einjährige Schuljubiläum, das am 29. Juni begangen wurde und das nachdrücklich bewies, was in zwölf Monaten geleistet wurde.

Ein Hauptanliegen Oberst Wellers ist die deutsche Wiedervereinigung. Bei allen Gelegenheiten weist er auf dieses brennende deutsche Problem hin. Betritt man das Stabsgebäude, dann fällt einem sofort eine große Karte auf, die das zweigeteilte Deutschland darstellt. Seiner Initiative ist es zu danken, daß immer wieder Spendenaktionen für die notleidenden Brüder und Schwestern in der Zone des Unrechts und in den deutschen Ostgebieten durchgeführt werden.

Die Infanterieschule, die Standortverwaltung, die Kommandantur des Truppenübungsplatzes, die Zivilangestellten und viele Freunde und Bekannte nehmen morgen, 11 Uhr, offiziell Abschied von „ihrem" Oberst Weller. Die Infanterieschule mit den Stabsoffizieren, dem Lehrpersonal, den Lehrgangsteilnehmern, dem Grenadier-Lehrbataillon und dem US-Ausbildungsteam werden auf dem freien Platz bei der Hauptwache antreten. Vertreter des öffentlichen Lebens werden ebenfalls anwesend sein. Anschließend ist ein Empfang im Saal des Offizierskasinos.

-nm.

Staat will mehr Ku[illegible]

Neues Gesetz soll ab 1958 Steigerung de[illegible]

(Von unserer Münchener Redaktion)

(lr) Voraussichtlich ab Beginn des nächsten Jahres wird die Erhebung der Kurtaxe in den fünf bayerischen Staatsbädern Kissingen, Brückenau, Bocklet, Steben und Reichenhall auf gesetzlicher Grundlage strenger als bisher gehandhabt. Der von der Staatsregierung im Februar vorgelegte Entwurf eines Kurtaxengesetzes passierte jetzt, nachdem der Wirtschaftsausschuß sich bereits eingehend damit beschäftigt hatte, auch die beiden wichtigsten Ausschüsse des Landtags, den Finanz- und den Rechtsausschuß. Die Vorlage wurde bei nur geringfügigen Änderungen gebilligt, so daß der Annahme im Landtagsplenum kaum ein Hindernis entgegensteht. Mit Hilfe des Gesetzes erhofft sich der bayerische Staat etwa 30 Prozent mehr an Kurtaxeneinnahmen als bisher. Das Kurtaxenaufkommen im Jahre 1956 betrug 1,6 Millionen DM.

Die Kurtaxe in den Staatsbädern beruhte früher auf einem Gewohnheitsrecht. Erst 1899 wurden offiziell sogenannte Badetaxen eingeführt, die 1901 im Bayerischen Gebührengesetz verankert wurden. Nach den Erfahrungen der Staatlichen Bäderverwaltung haben aber längst nicht alle Gäste in den Staatsbädern die Kurtaxe wirklich bezahlt.

Um alle Gäste, die in den Staatsbädern die Kurmittel in Anspruch nehmen, zu er-

Abb. 134: *„Ich werde Hammelburg nie vergessen!"*

KOMMANDEUR

Hammelburg, den 16.10.1957
Telefon 481-485

An meine Botschafter der Infanterie !

Die Kriegskunst ist veränderlich! Anfang November 1957 wird Brigadegeneral M ä d e r die Infanterie-Schule übernehmen. Ich gehe nach Giessen als stellv. Div.-Kommandeur. Sie können sich denken, daß ich schweren Herzens hier fortgehe, aber bei uns Soldaten ist das nun einmal so.

Zum Abschied möchte ich meinen Botschaftern der Infanterie noch einiges mit auf den Weg geben. Halten Sie weiterhin, so wie bisher, die Fahne der Infanterie hoch. Bringen Sie den anderen Truppengattungen nahe, daß gerade im Atomkrieg jeder, ganz gleich wo, in die Lage versetzt werden kann, in einer Gruppe von Einzelkämpfern eine soldatische Aufgabe erfüllen zu müssen, weil das Material den Gang allen Irdischen gegangen ist oder aber infolge Nachschubschwierigkeiten nicht bewegt werden kann. Viele andere Aufgaben kommen in heutiger Zeit noch dazu: Abwehr von Sabotagetrupps, Fallschirmspringer usw., ganz abgesehen davon, daß jede Truppengattung ihre Stellung bei einem Durchbruch infanteristisch halten muß.

Immer mehr setzt sich in der internationalen militärischen Literatur diese Ansicht durch und gerade deshalb hat in heutiger Zeit die Infanterie nicht nur ihre Bedeutung behalten, sondern auch an Wert gewonnen. Betrachten Sie es deshalb als Ihre Aufgabe, weiterhin den anderen Truppengattungen die Notwendigkeit und Wichtigkeit infanteristischen Einsatzes mit der vorbereitenden Ausbildung dauernd vor Augen zu halten.

Den Botschaftern der Infanterie möchte ich zum Abschied meinen ganz besonderen Dank für ihre bisher geleistete Arbeit aussprechen. Wie mir immer wieder bestätigt wurde, haben Sie an allen Schulen im Sinne der Infanterie bestens gewirkt und unsere Truppengattung einwandfrei vertreten. Ich hoffe sehr, daß es auch weiterhin so bleiben wird. Halten Sie auch in Zukunft mit der Schule enge Verbindung. Ihnen allen wünsche ich für Ihre weitere militärische Zukunft alles erdenkbar Gute, Gesundheit und Soldatenglück. Dem einen oder anderen werde ich ja irgendwo wieder einmal begegnen.

In alter kameradschaftlicher Verbundenheit

Ihr

Abb. 135: Oberst Weller verabschiedete sich bei der Infanterie, deren Weiterentwicklung ihm am Herzen lag.

10.3 Beförderung zum Brigadegeneral? – „[…] zu einer Stellungnahme liegen mir noch nicht genügend Beobachtungen vor.“

Abb. 136: Oberst Franz Weller im November 1957.

Während der überwiegend größte Teil der Lehrgangsteilnehmer sowie das Lehrpersonal Oberst Weller höchste Wertschätzung und Achtung entgegenbrachte, fiel das Urteil der vorgesetzten Dienststellen zum Teil weniger günstig aus. Im Oktober 1956 gab es bezüglich des Umzugsantrags nach Hammelburg von Franz Weller erste Bedenken, ihn endgültig in der Verwendung (BG-Stelle) zu belassen. In dem Schriftstück heißt es:

„Der Herr UAbt.Ltr. III C gab mir den mündlichen Hinweis, daß der Leiter des Truppenamtes Bedenken hat, Oberst Weller endgültig in dieser Verwendung zu

belassen. Eine Beurteilung über Oberst W. ist bisher noch nicht vorgelegt worden. […].[396]

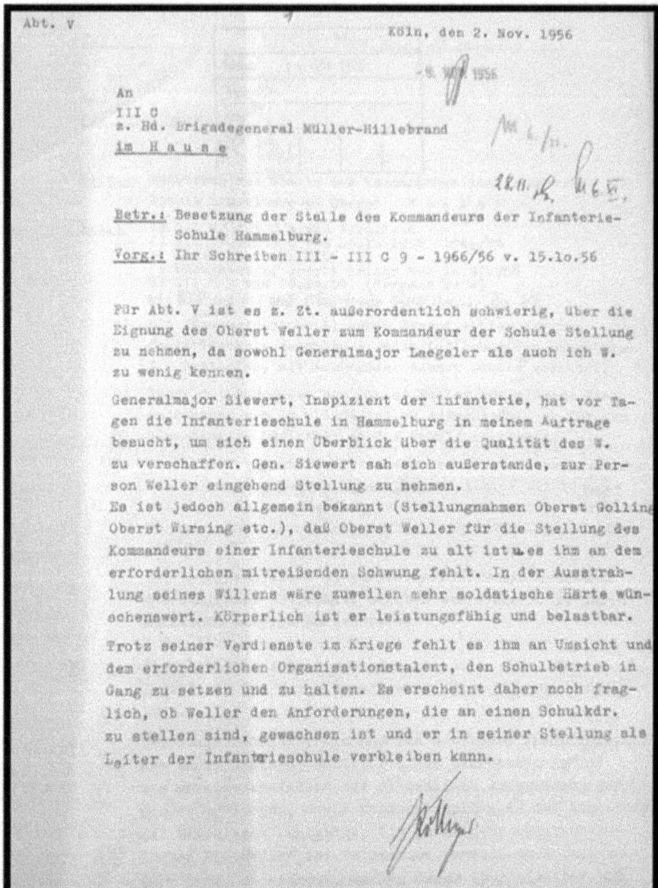

Abt. V

Köln, den 2. Nov. 1956

An
III C
z. Hd. Brigadegeneral Müller-Hillebrand
im Hause

Betr.: Besetzung der Stelle des Kommandeurs der Infanterie-Schule Hammelburg.
Vorg.: Ihr Schreiben III - III C 9 - 1966/56 v. 15.10.56

Für Abt. V ist es z. Zt. außerordentlich schwierig, über die Eignung des Oberst Weller zum Kommandeur der Schule Stellung zu nehmen, da sowohl Generalmajor Laegeler als auch ich W. zu wenig kennen.

Generalmajor Siewert, Inspizient der Infanterie, hat vor Tagen die Infanterieschule in Hammelburg in meinem Auftrage besucht, um sich einen Überblick über die Qualität des W. zu verschaffen. Gen. Siewert sah sich außerstande, zur Person Weller eingehend Stellung zu nehmen.
Es ist jedoch allgemein bekannt (Stellungnahmen Oberst Golling Oberst Wirsing etc.), daß Oberst Weller für die Stellung des Kommandeurs einer Infanterieschule zu alt ist u. es ihm an dem erforderlichen mitreißenden Schwung fehlt. In der Ausstrahlung seines Willens wäre zuweilen mehr soldatische Härte wünschenswert. Körperlich ist er leistungsfähig und belastbar.

Trotz seiner Verdienste im Kriege fehlt es ihm an Umsicht und dem erforderlichen Organisationstalent, den Schulbetrieb in Gang zu setzen und zu halten. Es erscheint daher noch fraglich, ob Weller den Anforderungen, die an einen Schulkdr. zu stellen sind, gewachsen ist und er in seiner Stellung als Leiter der Infanterieschule verbleiben kann.

Abb. 137: Erste Zweifel am Leistungsvermögen von Oberst Weller.

Der Umzugsantrag konnte also zunächst nicht bewilligt werden, da noch nicht endgültig entschieden war, ob Weller auf dem Dienstposten des Kommandeurs der Infanterieschule verbleiben konnte. Daher wurde um Vorlage einer Beurteilung gebeten. Von Generalleutnant

396 BA-MA. PERS1-2462-B. III C 9 vom 10. Oktober 1956.

Hans Röttiger (1896-1960),[397] dem Leiter der Abteilung V (Heer) im BMVg, stammt das Schreiben vom 2.11.1956, das sich an Brigadegeneral Müller-Hillebrand (1904-1987)[398] richtete. Das Dokument belegt, dass Generalmajor Curt Siewert, der Inspizient der Infanterie, der entscheidende Vorgesetzte für Weller war, um Fürsprache und Förderung bis zum Brigadegeneral zu erhalten. Dem Schreiben zufolge sah Siewert sich allerdings zu diesem Zeitpunkt noch nicht imstande, zur Person Weller eingehend und entscheidend Stellung zu nehmen. Röttiger äußerte mit Bezug auf die Stellungnahme von Oberst Golling (1909-1967), dem UAbtLtr FüH V A (Führung, Ausbildung) im BMVg in Bonn, wenig Positives:

„Es ist jedoch allgemein bekannt, […] daß Oberst Weller für die Stellung des Kommandeurs einer Infanterieschule <u>zu alt</u> ist und es ihm an dem erforderlichen <u>Schwung fehlt</u>. […] wäre zuweilen <u>mehr soldatische Härte</u> wünschenswert. […] Trotz seiner Verdienste im Kriege fehlt es ihm an Umsicht und dem erforderlichen Organisationstalent, den Schulbetrieb in Gang zu setzen und zu halten. […] …<u>daher noch fraglich, ob Weller den Anforderungen, die an einen Schulkdr. zu stellen sind, gewachsen ist und er in seiner Stellung als Leiter der Infanterieschule verbleiben kann</u>.“[399]

Das waren völlig neue Töne in einer Beurteilung von Franz Weller. Ob es zwischen Golling und Weller eine Vorgeschichte, möglicherweise aus der Zeit des Zweiten Weltkrieges gab, ist den Akten nicht zu entnehmen. Bereits am 28. November 1956 wurde bezüglich der Stellenbesetzung Kommandeur InfS Hammelburg ein weiteres Schreiben der

---

[397] **Generalleutnant Hans Röttiger (**1896-1960) kam am 21.9.1956 als GL in die Bundeswehr. Im November 1956 war er Mitglied im Militärischen Führungsrat (MFR) des BMVg und anschließend Ltr Abt V (Heer)/BMVg. Als er am 15.4.1960 im Dienst verstarb, war er Inspekteur des Heeres. Vgl. Range, Clemens: Kriegsgedient. Die Generale und Admirale der Bundeswehr. Müllheim-Britzingen 2013. S. 424.

[398] **Brigadegeneral Burkhart Müller-Hillebrand** (1904-1987) trat am 29.11.1955 in die Bundeswehr ein und war zum Zeitpunkt dieses Schreibens UAbtLtr III C (Militärisches Personal) in Köln. Sein letzter Dienstgrad war Generalleutnant, er ging am 31.3. 1965 in den Ruhestand. Vgl. Range, Clemens: Kriegsgedient. Die Generale und Admirale der Bundeswehr. Müllheim-Britzingen 2013. S. 354.

[399] BA-MA. PERS1-2462-B.

Abteilung III/C (9) des Personalamtes in Köln an III/C (1) Heer/ BMVg in Bonn aufgesetzt. Darin wurde unter Punkt 2.a) festgehalten und anerkannt, dass Weller die Schule aus *„allerersten Anfängen heraus"* aufgebaut habe. Ferner, dass Unzulänglichkeiten, die aus den örtlichen Verhältnissen, dem unregelmäßigen Eintreffen von Lehrpersonal und Lehrgangsteilnehmern und der Unvollständigkeit der allgemeinen Ausstattung der Schule erwuchsen sowie Schwierigkeiten in der Abhaltung der Lehrgänge durch Improvisation und ständige Weiterarbeit am Auf- und Ausbau der Schule schließlich erfolgreich überwunden werden konnten.[400] Die Erfahrungen und das Können des Kriegsveteranen Weller wurden demnach besonders gerne in den ersten Stunden der Bundeswehr in Anspruch genommen, doch nun schien es, als habe *„der Mohr seine Schuldigkeit"* getan und könne gehen. Doch so einfach sollte es nicht werden. Das dreiseitige Schreiben konstatierte weiter das vorgebliche Missverhältnis zwischen Wellers großer Beliebtheit bei seinen Untergebenen einerseits und die teilweise weniger günstigen Auffassungen seiner Vorgesetzten andererseits. Sachlich hält das Schreiben von III C (9) sogar namentlich fest:

„[...], fällt auf, daß die negativen Punkte auf Grund von Stellungnahmen der Obersten Golling und Wirsing angeführt werden.
Eine Herbeiziehung dieser Stellungnahmen und eine Feststellung, inwieweit Oberst Golling und Oberst Wirsing in die Lage versetzt wurden, Oberst Weller in seiner Tätigkeit als Schulkommandeur zu beurteilen, halte ich für unerläßlich, um gerecht urteilen zu können."[401]

Das Personalamt war also um Ausgewogenheit und Sachlichkeit bemüht und deutet an dieser Stelle zumindest eine Auffälligkeit bezüglich der negativen Punkte in der Urheberschaft der namentlich genannten Obersten an. Die tatsächlichen Motive der negativen Stellungnahmen können heute nicht mehr eindeutig geklärt werden. Persönliche Befindlichkeiten, Neid, Ablehnung des hochdekorierten Kriegsoffiziers, Konkurrenzverhalten unter Dienstgradgleichen oder eine ehrliche, auf soliden Kriterien basierende Einschätzung – alles ist denkbar. Zurecht

---

[400] Vgl. BA-MA. PERS1-2462-B. Schreiben III/C (9) Personalamt. Köln vom 28.11.1956. S. 1.
[401] Ebenda. S. 2.

macht der Sachbearbeiter der Abt. III/C (1) Heer/BMVg in Bonn mit einer handschriftlichen Ergänzung auf einen fragwürdigen Sinneswandel von Oberst Golling in der Beurteilung der Person Wellers aufmerksam:

Im übrigen steht die von Oberst Golling am 11.5.56 abgegebene Beurteilung im Gegensatz hierzu.

Abb. 138: Widersprüchliche Beurteilungen.

Gemeint war Gollings Beurteilung für Oberst Weller vom 11. Mai 1956, die ihn in der Funktion stellv. Leiter des Lehrstabes in Sonthofen beurteilte. In dieser überaus positiven Beurteilung schrieb Golling unter anderem:

„[…] Ausgereifte, ausgeglichene Persönlichkeit mit sicherem und gewinnendem Auftreten. Strahlt Zuversicht und Vertrauen aus. Verantwortungsbewusst und verantwortungsfreudig. Gleichermaßen beliebt bei Vorgesetzten, Gleichgestellten und Untergebenen. Sinn für Humor. […] Klarer, sehr gesunder Menschenverstand mit treffsicherem Urteil. […] Ausgesprochener Sinn für die Praxis. Nüchtern und vorurteilslos im Betrachten der Dinge. Reife politische Ansichten, aufgeschlossen. […] Truppenpraktiker, Lehrbefähigung, guter Erzieher.

Schwächen nicht hervorgetreten.[402]

Unter Punkt V. (Zusammenfassendes Urteil) schreibt der Beurteilende folgenden Verwendungsvorschlag:

a. für Verwendung in nächster Zeit: Lehrgruppenleiter, Kampfgruppen-Kommandeur.
b. für spätere Verwendung: Truppen-Kommandeur, Schul-Kommandeur.[403]

---

402 BA-MA. PERS1-2462. Beurteilung vom 11.5.1956.
403 Vgl. Ebenda.

Verband diese Beurteilung Wellers Alter als positives Kriterium mit Reife, umfangreicher Erfahrung und Wissen, wurde ihm nur ein halbes Jahr später vorgehalten, zu alt und ohne Schwung zu sein. Hinzu kam der Vorwurf, es an Umsicht und Organisationstalent fehlen zu lassen. Das Schreiben von III C (9) thematisiert außerdem, dass aus dem Kreis der Obersten der Infanterie, einschließlich der aus dem Bundesgrenzschutz (BGS) übernommenen Offiziere, zur damaligen Zeit kein Nachfolger für Weller benannt werden konnte.[404] Dies ist ein weiterer Umstand, der aus heutiger Sicht die negative Kritik an Oberst Weller fragwürdig erscheinen lässt.

Cui bono? Wer hatte einen Vorteil, wem nützte es?

Schließlich beurteilte das Personalamt den aktuellen *„Schwebezustand als sehr unerfreulich"* und bat nicht zuletzt aufgrund Wellers unbestrittener Verdienste um Herbeiführung einer Entscheidung von höherer Stelle:

„für diesen im Kriege höchstbewährten und in der Führung und Ausbildung der Truppe erfahrenen Offizier."[405]

Oberst Kurt von Einem (1904-1987)[406] hatte sich als Vorgesetzter und UAbtLtr P III C (1) H/BMVg, Bonn mit der ihm vorgelegten Stellungnahme einverstanden erklärt und salomonisch die Umzugsgenehmigung für Oberst Weller erteilt, ohne allerdings damit eine finale Entscheidung bezüglich der Causa Weller treffen zu wollen:

---

[404] Vgl. BA-MA. PERS1-2462-B. Schreiben III/C (9) Personalamt. Köln vom 28.11.1956. S. 2.

[405] Ebenda. S. 2.

[406] Siehe hierzu Range, Clemens: Kriegsgedient. Die Generale und Admirale der Bundeswehr. Müllheim-Britzingen 2013. S. 122.

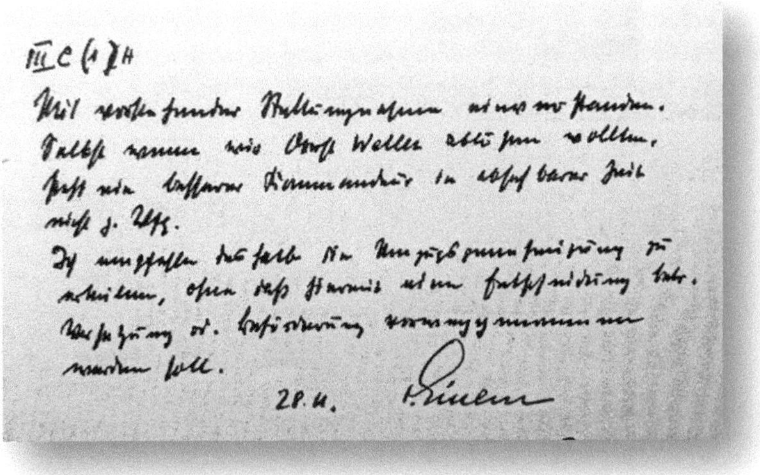

Abb. 139: Oberst von Einem am 28.11.1956.

Er notierte folgenden Wortlaut handschriftlich:

„*Mit vorstehender Stellungnahme einverstanden. Selbst wenn wir Oberst Weller ablösen wollten, steht ein besserer Kommandeur in absehbarer Zeit nicht zur Verfügung. Ich empfehle deshalb die Umzugsgenehmigung zu erteilen, ohne daß hiermit eine Entscheidung betr. Versetzung oder Beförderung vorweggenommen werden soll.*“[407]

Sodann wurde Oberst Weller darüber in Kenntnis gesetzt, dass sein Antrag genehmigt worden sei und er die Umzugsgenehmigung erhalte. Darüber hinaus blieb unklar, ob er seine Aufgabe als Kommandeur Infanterieschule weiterhin ausüben kann. Erst Monate später kam wieder etwas Bewegung in den Vorgang. Am 4. April 1957 nahm Generalmajor Curt Siewert (1899-1983) als Truppen-Inspizient Infanterie wie folgt Stellung:

---

407 BA-MA. PERS1-2462-B. Schreiben III/C (9) Personalamt. Köln vom 28.11.1956. S. 3.

„Oberst W. ist mir zu wenig bekannt geworden, als dass ich mich ausführlich über ihn äußern könnte. Nach einem einmaligen Eindruck, den ich beim Besuch der Inf.Schule von Oberst W. gewonnen habe, trifft die von Oberst Wirsing aufgestellte Beurteilung zu.“[408]

Abb. 140: Generalmajor Curt Siewert.

Curt Siewert spielte für Franz Wellers Karriere eine entscheidende Rolle. Er kam 1956 als Generalmajor in die Bundeswehr, führte bis April ad interim das I. Korps, anschließend war er bis Ende 1957 stellv. KG des III. Korps in Koblenz. Nach einer kurzen Kommandierung zum Truppenamt in Köln diente er bis zu seiner Verabschiedung in den Ruhestand am 30.9.1960 als Befehlshaber des Wehrbereichskommandos (WBK) II in Hannover.[409] Der Ritterkreuzträger war im Zweiten Weltkrieg Kommandeur 58. I.D., später wurde er noch Generalleutnant und geriet dann in britische Kriegsgefangenschaft. Die

---

[408] BA-MA. PERS1-2462-B. Beurteilung zum 30.3.1957.

[409] Vgl. Hammerich, Helmut R. u.a.: Das Heer 1950 bis 1970. Konzeption, Organisation, Aufstellung. München 2006. Kurzbiographie Nr. 31.

britischen Abhörprotokolle aus Trent Park beschreiben ihn gegenüber den Verhöroffizieren als höflichen und kooperativen Charakter. Er sei von beachtlicher Intelligenz und anständig gewesen. Freilich unternehme auch er den für den Generalstab typischen Versuch, für alle negativen Vorfälle die Partei verantwortlich zu machen. Er brachte ferner seine Bereitschaft zum Ausdruck, für die Westalliierten zu arbeiten,[410] die ihn als *„Anti-Nazi"* einstuften.[411] 1968 schrieb Curt Siewert ein bemerkenswertes Buch unter dem Titel *„Schuldig? Die Generale unter Hitler"*, das viel über seine persönliche Haltung sowie sein berufliches Selbstverständnis preisgibt. Er erörtert darin sein eigenes Schicksal und unternimmt den Versuch, seine jüngste Vergangenheit als General unter Hitler aufzuarbeiten. Allerdings neigt er dazu, sich zu rechtfertigen. Es entsteht bei der Lektüre der Eindruck, als betrachte er sich selbst gar nicht als unmittelbar Betroffener, sondern stehe außen vor. Möglicherweise war dies seine Art, mit eigenen biographischen Widersprüchen und Zweifeln umzugehen. Indem er sich in seiner Analyse der Schuldfrage von der Gruppe der ehemaligen Generale der Wehrmacht distanziert, wird seine persönliche Verstrickung in die Schuldfrage tendenziell eher ausgeblendet. Wahrscheinlich vermochte er damit eigene Fehler und Irrtümer erträglicher zu machen, was menschlich nachvollziehbar ist. Er tritt dementsprechend nicht selbstkritisch in Erscheinung, sondern stellt sich vielmehr als aktiver Aufklärer dar, der zudem die *„Ich-Form"* vollständig vermeidet. Stattdessen verwendet er konsequent das *„Wir"*, wobei unklar bleibt, wer genau sich dahinter verbirgt. Anerkennung verdient der Versuch, die eigene Geschichte ernsthaft aufzuarbeiten, jedoch fällt sein Resümee wenig selbstkritisch aus. Typisch für diese Einstellung mag folgender Satz von Curt Siewert im Schlusskapitel sein:

„Alles in allem stand die deutsche Generalität, wie wir es heute zu sehen vermögen, vor unlösbaren Problemen, in erster Linie deswegen, weil die Befreiung vom inneren Joch durch die rechtzeitige Beseitigung Hitlers zwangsläufig die Vernichtung Deutschlands durch einen Bürgerkrieg oder durch den äußeren Feind zur Folge

---

410 Er arbeitete als *„Checker"* (Kontrolleur) bei der *„Luftbrücke Berlin"* (Juli bis Oktober 1948).

411 Vgl. Neitzel, Sönke: Abgehört. Deutsche Generäle in britischer Kriegsgefangenschaft 1942-1945. Berlin 2009. S. 472-473.

haben mußte. Die brennende Sorge vor einer derartigen Entwicklung band die Entschlußfreiheit der Generale.“[412]

Zurück zum Beurteilungsvorgang um Oberst Franz Weller. Auch der nächsthöhere Vorgesetzte Wellers, Generalmajor Hellmuth Reinhardt (1900-1989),[413] der damalige Amtschef Truppenamt, bezog sich in seiner Stellungnahme mit Datum 11.4.1957 ebenfalls auf Oberst Wirsing, gab allerdings zu bedenken, dass Weller ihm erst seit dem 1.4.1957 unterstellt war und daher zu wenig Eindrücke über ihn habe sammeln können.[414] Vier weitere Wochen geschah zunächst weiter nichts, dann wurde Oberst Weller von der Abteilung III/C (1) 9 am 2. Mai 1957 offiziell zum Brigadegeneral vorgeschlagen:

„Auf Grund der vorliegenden Beurteilungen werden zur baldigen Beförderung zum Brigadegeneral vorgeschlagen:

1. Oberst Weller, Kdr. Inf.-Schule.

2. […]

2.) Zusatz:

a) Oberst Weller leitet seit fast einem Jahr als Kommandeur die Infanterie-Schule von ihren ersten Anfängen an. Nach dem Urteil seiner Vorgesetzten hat sich Oberst Weller in dieser Generalsstelle bewährt und die Eignung zum Brigadegeneral zuerkannt erhalten.

b) […]“[415]

Dieses Schriftstück klang wieder recht vielversprechend und machte erneut Hoffnung auf eine Beförderung in Würdigung seiner unbestrittenen Verdienste beim Aufbau der Infanterieschule. Es sollte jedoch wieder anders kommen. Als nächstes war erneut der Inspizient der Infanterie, Generalmajor Siewert, am Zuge, der am 22.6.1957 nun eine ausführlichere Beurteilungsnotiz über Oberst Weller anfertigte. Darin verdichtete er die Zweifel an dessen Eignung und sprach ihm eindeutig

---

412 Siewert, Curt: Schuldig? Die Generale unter Hitler. Bad Nauheim 1968. S. 185.

413 Siehe hierzu auch Range, Clemens: Kriegsgedient. Die Generale und Admirale der Bundeswehr. Müllheim-Britzingen 2013. S. 410.

414 BA-MA. PERS1-2462-B. Beurteilung zum 30.3.1957.

415 BA-MA. PERS1-2462. III/C (1) 9 vom 2.5.1957.

die Eignung zum Kommandeur Infanterieschule ab. Er hielt Weller nicht in vollem Umfang für geeignet, ihm fehle die erforderliche Initiative und Beweglichkeit. Neu war Siewerts Kritik in Bezug auf Anlage und Vorbereitung von Übungen und Vorführungen. Er führte aus, dass Weller den mit der Durchführung betrauten Kommandeuren hierbei zu sehr freie Hand ließe und zudem bei gemachten Fehlern nicht mit der nötigen kritischen Schärfe durchgreifen würde.[416] Dieser Kritikpunkt lässt aufhorchen, war es doch zuvor immer Wellers besondere Stärke gewesen, seine Offiziere und Soldaten mit gegenseitigem Respekt und Vertrauen ganz im Sinne der Auftragstaktik zu führen. Die Erfolge und Gefolgschaft, die Franz Weller gerade in kritischen Lagen im Krieg damit erreichen konnte, waren zu seinem Markenzeichen geworden – und nun nahm der Inspizient der Infanterie ausgerechnet diesen bewährten Führungsstil Wellers zum Anlass, ihn dafür hart zu kritisieren. Siewert ging jedoch noch weiter und erläuterte, dass der menschlich-vertrauensvolle Führungsstil für die Aufstellungszeit der Infanterieschule wohl von Nutzen gewesen, nun aber eine härtere Gangart erforderlich sei. An dieser Argumentation lässt sich ablesen, dass Generalmajor Siewert offenbar wenig Kenntnisse der inhaltlichen Bedeutung des Führens mit Auftrag hatte. Er hätte ansonsten bezüglich der Menschenführung nicht unterschieden in *„Aufbauzeit“* und *„Konsolidierungsphase“* etc. Daran lässt sich ablesen, dass Siewert letztlich die Absicht hatte, Negativpunkte gegen Oberst Weller zu konstruieren. In der Vorschrift jedenfalls wird das vertrauensvolle *„Führen mit Auftrag“* keinesfalls von der Lage abhängig gemacht, das musste eigentlich auch Siewert klar sein. Dazu der Marineoffizier Dieter Stockfisch:

„Führen durch Aufträge“ ist bei wechselnden Lagen im Kriege, aber auch in Friedenszeiten die den größten Erfolg versprechende Führungsmethode.“[417]

Zusammenfassend stellt Generalmajor Siewert fest, dass er nach dem Gesagten Oberst Weller zum Kommandeur der Infanterieschule daher für <u>nicht</u> geeignet halte. Er wollte aber nicht endgültig für dessen Nichteignung/-beförderung zum Brigadegeneral verantwortlich sein

---

416 Vgl. BA-MA. PERS1-2462-B. Beurteilungsnotiz GM Siewert vom 22.6.1957.

417 Stockfisch, Dieter: Menschenführung in Frieden, Krise und Krieg. Bonn 1997. S. 73.

und hielt sich ein Hintertürchen offen, indem er Weller dagegen zum stellv. Divisionskommandeur und damit zur Beförderung zum Brigadekommandeur zu einem späteren Zeitpunkt zubilligte.[418] Das klingt nach einem *„faulen Kompromiss"*, der Weller in jedem Fall mehr schadete als half. Auf die Beurteilungsnotiz erfolgte wiederum am 8. Juli 1957 eine Stellungnahme des Amtschefs/Truppenamt, Generalmajor Reinhardt. Dieser brachte keine neuen Erkenntnisse die Person Wellers betreffend zum Ausdruck und bestätigte voll und ganz die Einschätzung von Generalmajor Siewert:

„Ich stimme daher Generalmajor Siewert zu, daß Oberst Weller auf die Dauer nicht der geeignete Kommandeur der Infanterieschule ist."[419]

Oberst Weller wurde diese Stellungnahme gemäß Personalakte am 19. Juli 1957 eröffnet. Mit der Nichtbefürwortung einer sofortigen Beförderung wurde deutlich, dass nun kaum mehr die Chance bestand, zum Brigadegeneral befördert zu werden. Das war sicher auch Franz Weller klar, aber er wollte noch nicht aufgeben und fühlte sich verpflichtet, seine Sicht der Dinge darzulegen. Am 23. Juli 1957 verfasste er eine dreiseitige Gegenvorstellung. Darin nahm er zur Beurteilung von Generalmajor Siewert vom 22.6.1957 ausführlich Stellung. Zunächst begründete Weller seine Gegenvorstellung, die er nicht als Rechtfertigung verstanden wissen wollte:

„Vielmehr tue ich es deshalb, weil ich den Eindruck gewonnen habe, daß der Beurteilende, Herr Generalmajor Siewert, in einem nicht ausreichenden Maße Gelegenheit nehmen konnte, meine Leistungen oder das gegen mich zum Ausdruck gebrachte Versagen als Schulkommandeur tatsächlich kennenzulernen. […]"[420]

In der insgesamt acht Punkte umfassenden Stellungnahme macht Weller unmissverständlich deutlich, welche Grundsätze und Erfahrungen seiner praktizierten Menschenführung zugrunde lagen:

---

418 Vgl. BA-MA. PERS1-2462-B. Beurteilungsnotiz GM Siewert vom 22.6.1957.
419 BA-MA. PERS1-2462-B. Stellungnahme zur Beurteilungsnotiz vom 8. Juli 1957.
420 BA-MA. PERS1-2462. Gegenvorstellung Oberst Weller vom 23.7.1957.

„Meinen Offizieren einen betont eigenen Willensbereich und Schaffensradius einzuräumen, der ihnen Gelegenheit zur Entfaltung und mir die Möglichkeit sie in ihrem Vermögen zu erkennen gibt, ist mir von jeher ein besonderes Anliegen. Daß ich dabei meine Offiziere zu leiten und zu führen niemals aufhöre, weiß jeder von mir zu sagen, der mich über einen längeren Zeitraum aus früherer und jetziger Zeit zu beurteilen vermag.“[421]

Sein Führungsverständnis entsprach der Auftragstaktik, und sein Führungsstil kann als demokratisch/kooperativ bezeichnet werden. Damit förderte er offensichtlich viel Motivation und Selbstständigkeit bei seinen Untergebenen. Das bestätigte die allseitige Wertschätzung und hohe Anerkennung, die er als Kommandeur der Infanterieschule bei Stammpersonal und Lehrgangsteilnehmern genoss. Sie arbeiteten intrinsisch-motiviert, konnten ihre Meinung und Erfahrungen einbringen und steigerten damit längerfristig ihre Leistungsfähigkeit. Allerdings dauerten Entscheidungsprozesse unter Umständen länger, weil unterschiedlichen Lösungsvorschläge zunächst erst bewertet werden mussten. Diese Prozesse nahm Oberst Weller mit Blick auf die Arbeitszufriedenheit und das endgültige Ergebnis gerne in Kauf:

„Ein Offizierkorps zu einer Einheit auszurichten, es für die Vielfalt seiner Aufgaben vorzubereiten und unter besonderer Herausstellung der an den modernen Infanteriekampf zu stellenden Forderungen auszubilden – glaube ich mit gutem Gewissen sagen zu können – ist mir sowohl mit der mir in Sonthofen, als auch in Hammelburg gestellten Aufgaben gelungen. Es hat dazu äußerster Strenge nicht bedurft.“[422]

Er betonte in seiner Art Menschenführung stets das Positive seiner Soldaten und Offiziere und baute auf ihren Stärken und Fähigkeiten auf:

„Meine Art ist es eben nicht, vor Lehrgangsteilnehmern oder ausländischen Besuchern eine Übung oder Vorführung als nicht gelungen oder überhaupt negativ zu beurteilen. […] Ich habe meine besondere Art, Menschen zu führen und anzuleiten.

[421] Ebenda.
[422] Ebenda.

In meiner bisherigen Laufbahn, auch im zivilen Leben nach 1945, habe ich damit nur beste Erfahrungen gemacht. Mag diese meine Art nach außen hin gelegentlich zu nachgiebig wirken, so glaube ich doch, daß alleine der Erfolg, den man mir und meinen Offizieren nicht absprechen sollte, maßgebend ist. […]
Ich neige zu der Ansicht, daß gerade durch eine Führung mehr „am langen Zügel" eine passionierte Mitarbeit entstanden ist, auf der schließlich alle bisherigen Erfolge trotz bestehender, großer Schwierigkeiten basieren. […]"[423]

Im Juli 1957 hatte Oberst Weller die Tätigkeit des Schulkommandeurs der Infanterieschule Hammelburg bereits annähernd 14 Monate auf dem Dienstposten eines Brigadegenerals ausgeübt, ohne dass in dieser Zeit irgendeine Beanstandung durch eine vorgesetzte Dienststelle bzw. eines Vorgesetzten laut geworden wäre. Das konnte ihn – völlig zu Recht – in seinem bisherigen Handeln nur bestätigen:

„Das überaus positive Echo aus der Truppe über Geist und Leistung der Infanterieschule, konnte mich in dieser Überzeugung nur noch bestärken."[424]

Eine Reaktion von vorgesetzter Stelle auf Wellers Gegenvorstellung ließ nicht lange auf sich warten. Nach dem Sommerurlaub – am 5. August 1957 – schrieb der Inspekteur des Heeres, Generalleutnant Röttiger, eine Zwischenbeurteilung über Oberst Weller, in der er sich auf die Stellungnahme von Generalmajor Siewert in seiner Eigenschaft als Inspizient der Infanterie bezog. Röttiger untermauerte Wellers Nichteignung zum Kommandeur Infanterieschule, hielt ihn für nicht motorisch genug und kritisierte weiter, dass es ihm (Weller) an präziser Arbeitsweise im Schulbetrieb und der nötigen Härte fehle, sein Offizierkorps fest zu führen. Gleichwohl sprach er sich dafür aus, Weller die Gelegenheit zu geben, sich als stellv. Divisionskommandeur (evtl. bei 2. Gren.Div.) zu bewähren. Von seiner Eignung in dieser Verwendung solle seine Beförderung zum Brigadegeneral abhängig gemacht werden. Einer sofortigen Beförderung konnte oder wollte Röttiger nicht zustimmen.[425] Erneut folgte nunmehr eine Stellungnahme von

---

423 Ebenda.
424 Ebenda.
425 BA-MA. PERS1-2462. Inspekteur des Heeres am 5.8.1957.

Generalmajor Siewert, der mittlerweile als stellvertretender KG des III. Korps in Koblenz stationiert war. Dieser äußerte sich am 17. August 1957 dahingehend, dass er seiner Beurteilungsnotiz über Oberst Weller vom 22.6.1957 nichts hinzuzufügen habe. Er blieb also bei seiner negativen Meinung über Weller und ließ dessen Einwände nicht gelten.

Man kann nicht sagen, dass dieser Vorgang nicht gründlich bearbeitet worden war, denn mit Datum 21.8.1957 schaltete sich nun das Bundesministerium für Verteidigung in Bonn ein. Gemäß dem damals neuen Entwurf der Beurteilungsbestimmungen war es bei Gegenvorstellungen erforderlich, dass der Beurteilende, also der Amtschef Truppenamt, Generalmajor Reinhardt, erneut Stellung zu nehmen hatte. Diesem wurde der mittlerweile umfangreiche Vorgang mit der Bitte um baldige Stellungnahme vorgelegt.[426] Die notwendige Stellungnahme des Amtschefs Truppenamt in Köln lag eine Woche später, am 28.8.1957, vor. Darin stimmte er allen von Oberst Weller vorgebrachten Punkten zu, ließ sich allerdings ebenso wenig in seinem ursprünglichen Urteil umstimmen:

„Ich selbst bleibe bei meiner Zustimmung zu der Ansicht des Generalmajors Siewert, daß unbeschadet aller anerkannten Qualitäten Wellers – als Kommandeur der Infanterie-Schule eine <u>anders</u> geartete Persönlichkeit erwünscht ist.“[427]

Damit wurden Wellers Hoffnungen auf einen positiven Ausgang des Vorgangs vorerst beendet.

---

[426] Vgl. BA-MA. PERS1-2462-B. BMVtg vom 21.8.1957.

[427] BA-MA. PERS1-2462-B. Stellungnahme Amtschef Truppenamt vom 28.8.1957.

Abb. 141: Auf diesem Foto ist die Ordensspange mit den Kriegsauszeichnungen gemäß Ordensgesetz von 1957 gut zu erkennen.

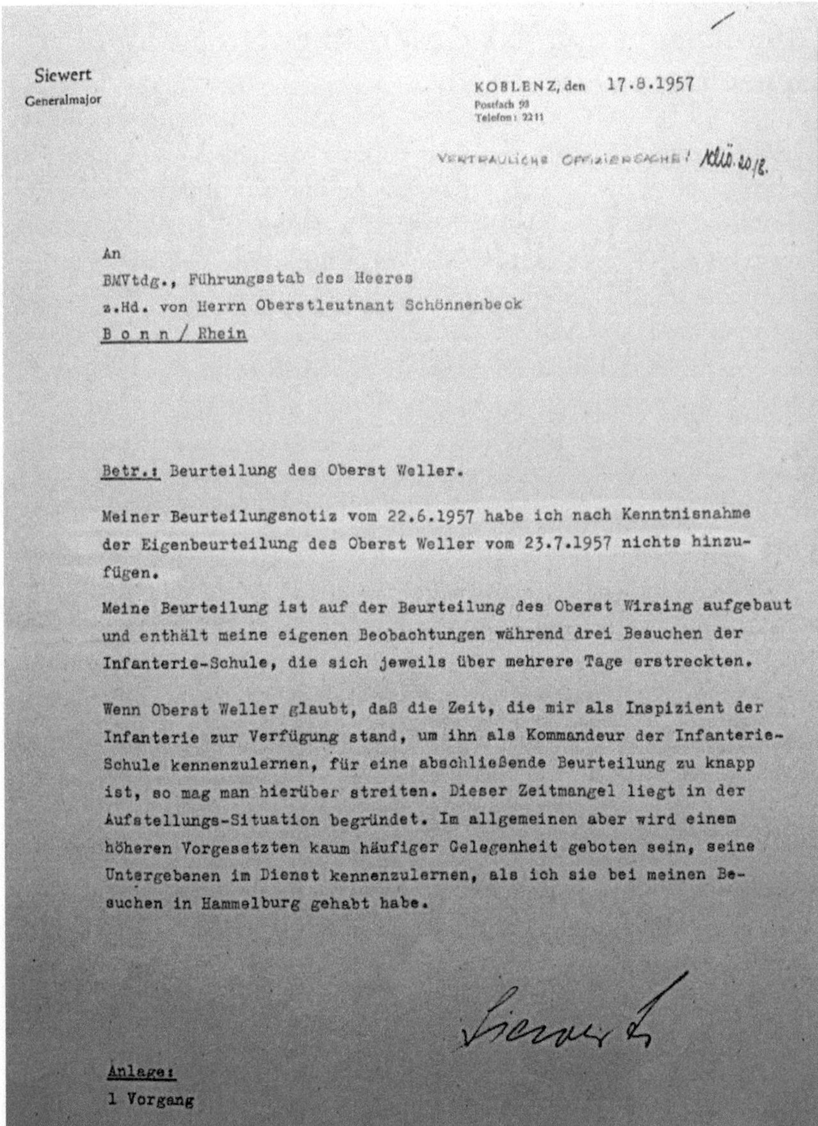

Siewert
Generalmajor

KOBLENZ, den 17.8.1957
Postfach 93
Telefon: 2211

VERTRAULICHE OFFIZIERSACHE!

An
BMVtdg., Führungsstab des Heeres
z.Hd. von Herrn Oberstleutnant Schönnenbeck
Bonn / Rhein

Betr.: Beurteilung des Oberst Weller.

Meiner Beurteilungsnotiz vom 22.6.1957 habe ich nach Kenntnisnahme der Eigenbeurteilung des Oberst Weller vom 23.7.1957 nichts hinzufügen.

Meine Beurteilung ist auf der Beurteilung des Oberst Wirsing aufgebaut und enthält meine eigenen Beobachtungen während drei Besuchen der Infanterie-Schule, die sich jeweils über mehrere Tage erstreckten.

Wenn Oberst Weller glaubt, daß die Zeit, die mir als Inspizient der Infanterie zur Verfügung stand, um ihn als Kommandeur der Infanterie-Schule kennenzulernen, für eine abschließende Beurteilung zu knapp ist, so mag man hierüber streiten. Dieser Zeitmangel liegt in der Aufstellungs-Situation begründet. Im allgemeinen aber wird einem höheren Vorgesetzten kaum häufiger Gelegenheit geboten sein, seine Untergebenen im Dienst kennenzulernen, als ich sie bei meinen Besuchen in Hammelburg gehabt habe.

Siewert

Anlage:
1 Vorgang

Abb. 142: Generalmajor Siewert blieb bei seiner Auffassung.

10.4 Stellv. Divisions-Kommandeur 2. Panzergrenadierdivision und das Gesetz über Orden und Ehrenzeichen (1957-1959)

Mit Wirkung vom 1.11.1957 erfolgte Oberst Wellers Versetzung zum Stab 2. Grenadier-Division als stellvertretender Kommandeur 2. Grenadier-Division. Der Dienstantritt wurde auf den 11.12.1957 geplant, da Franz Weller sich zuvor einer Blinddarmoperation mit anschließendem Erholungsurlaub unterziehen musste.[428] Nur wenige Monate zuvor verabschiedete der Deutsche Bundestag das *„Gesetz über Titel, Orden und Ehrenzeichen"*, das am 26. Juli 1957 in einem Bundesgesetzblatt veröffentlicht wurde. Franz Weller stand für viele deutsche Veteranen, denen es – insbesondere im Hinblick auf die Wiederbewaffnung der Bundesrepublik – wichtig war, für ihre militärischen Leistungen im Krieg auch im neuen Staat Anerkennung zu finden. In beiden deutschen Staaten gab es eine hitzige Debatte um das Ordenswesen. Bis zum Ordensgesetz von 1957 galt für Kriegsauszeichnungen das Gesetz Nr. 7 der Alliierten Hohen Kommission vom 21. September 1949:

„Deutschen Staatsangehörigen ist es verboten, Orden, Ehrenzeichen, Abzeichen oder Rangabzeichen (gleich welchen Formats) der ehemaligen deutschen Wehrmacht und der NSDAP oder deren angegliederten oder unterstellten Organisationen zu tragen."

Die Besatzungsmächte legten diese Bestimmungen sehr weit aus, indem auch die Auszeichnungen des Ersten Weltkrieges unter das Trageverbot fielen. Erst mit dem In-Kraft-Treten der Pariser Verträge 1955[429] erhielt der deutsche Gesetzgeber die Möglichkeit, besatzungsrechtliche Vorschriften aufzuheben. Jetzt konnte auch das Rechtsgebiet des Ordenswesens neu geordnet werden. In der jungen Bundesrepublik wollte man sich verständlicherweise nicht länger auf die Gesetze des nationalsozialistischen Regimes und auf Verordnungen des *„Führers und Reichskanzlers"* abstützen. Mit dem Aufbau westdeutscher

---

[428] Vgl. BA-MA. PERS1-A. Versetzungsverfügung vom 3.12.1957.

[429] Volle Souveränität für die Bundesrepublik Deutschland, die dafür der NATO und der WEU beitrat.

Streitkräfte mussten die bestehenden alliierten Verbote revidiert werden. In der Frage des Ordenswesens und insbesondere des Tragens von Auszeichnungen der Wehrmacht wurde in der Bundesrepublik vor allem in den Jahren 1951 bis 1953 kontrovers diskutiert.[430] Auf Anregung des Bundespräsidenten Theodor Heuss (1884-1963) und im Auftrag der Bundesregierung befasste sich schließlich ein Sachverständigenausschuss mit der Frage der Kriegsauszeichnungen. Geleitet wurde dieses Gremium durch den ehemaligen Reichswehrminister der Weimarer Republik, Otto Geßler (1875-1955). Dem Ausschuss gehörten als unabhängige Sachverständige neben ehemaligen Offizieren und Bundestagsabgeordneten Vertreter aller Kriegsopfer- und Soldatenverbände sowie des Heimkehrer-Verbandes an. Am 22. Oktober 1953 veröffentlichte die Bundesregierung in einem Bulletin das einstimmig beschlossene Gutachten des Ausschusses unter der Überschrift *„Vorschläge zum Tragen der Kriegsorden"*.

Das Gremium kam unter anderem zu dem Ergebnis:

„Kriegs- und Tapferkeitsauszeichnungen sind und bleiben ehrwürdig, die Taten ihrer Träger der Anerkennung wert."[431]

Ferner sprach man sich für die uneingeschränkte Wiederzulassung der Kriegsauszeichnungen des Ersten Weltkrieges, aber auch eine weitgehende Zulassung aller Orden des Zweiten Weltkrieges – nach Entfernen des Hakenkreuzes – aus. Gemäß dem Gutachten wurde zum Beispiel das Hakenkreuz durch ein dreiblättriges Eichenlaub in der Form von 1813 ersetzt. Das Gutachten fand weitgehend Eingang in das Ordensgesetz von 1957.[432]

---

430 Siehe hierzu Hochstetter, Dorothee/Kollmer, Dieter H. im Auftrag des ZMSBw (Hrsg.): Der Bundestagsausschuss für Verteidigung. Der Ausschuss für Fragen der europäischen Sicherheit/Ausschuss für Verteidigung. Juli 1955 bis Januar 1956. Düsseldorf 2017. S. 574.

431 Gutachten des Ausschusses *„Vorschläge zum Tragen der Kriegsorden"* vom 22.10.1953. Zitiert nach Brammer, Uwe: Beitrag zu Orden. In: MILITÄRGESHICHTE – ZEITSCHRIFT FÜR HISTORISCHE BILDUNG. Ausgabe 2/2017. S. 22-23.

432 Vgl. Brammer, Uwe: Beitrag zu Orden. In: MILITÄRGESHICHTE – ZEITSCHRIFT FÜR HISTORISCHE BILDUNG. Ausgabe 2/2017. S. 22-23. Siehe

Abb. 143: Ritterkreuz in der 1957er Version der Firma Steinhauer & Lück, Lüdenscheid.

An diesem Beispiel lässt sich gut nachvollziehen, wie die alte Identität in eine neue überführt werden konnte.[433] Dazu stellt Neitzel weiter fest:

„Neun Millionen Bundesbürger hatten selbst in der Wehrmacht gekämpft, […] Eine Ächtung der Wehrmacht gab es nicht, das wäre letztlich auf eine Selbstverleugnung der Bevölkerung hinausgelaufen.“[434]

Im Dezember 1957 trat Franz Weller seinen Dienst in der 2. Grenadier-Division in Gießen an. Er absolvierte einen Atom-Sonderlehrgang an der Heeresakademie Bad Ems im Zeitraum 6. bis 11. Januar 1958. Darüber hinaus hatte er in der Stabskompanie 2. Grenadier-Division in Marburg eine Kraftfahr-Ausbildung (Nachschulung) auf dem Lkw 3to

---

hierzu auch Bundesgesetzblatt. Jahrgang 1957. Teil I. Gesetz über Titel, Orden und Ehrenzeichen vom 26. Juli 1957. S. 844-846.

433 Vgl. Neitzel, Sönke: Deutsche Krieger. Vom Kaiserreich zur Berliner Republik – eine Militärgeschichte. Berlin 2020. S. 254.

434 Ebenda. S. 255.

gl zu absolvieren, die ihm am 26.11.1958 nach bestandener theoretischer und praktischer Prüfung durch den Division-Feldzeugmeister bestätigt wurde.[435] Auch Oberst Weller, der stellv. Divisions-Kommandeur 2. Grenadier-Division, musste also sechs verschiedene Prüfungen bestehen, um weiterhin ein Dienstfahrzeug der Klasse C bewegen zu dürfen. Aus heutiger Sicht erscheint das eher ungewöhnlich, aber in den Anfangsjahren der Bundeswehr wirkten sicher noch die Erfahrungen des Krieges nach, die auch für höhere Dienstgrade keine Ausnahmen zuließen. Eine erste aussagekräftige Beurteilung aus der Gießener Zeit wurde Weller am 16. Juni 1958 ausgestellt. Beurteilender war der Divisionskommandeur, Generalmajor Friedrich Foertsch (1900-1976), der später von April 1961 bis Dezember 1963 der zweite Generalinspekteur der Bundeswehr werden sollte.[436] Diese Beurteilung bezog sich auf den Zeitraum November 1957 bis Juni 1958 und enthält die Merkmale, die sich seit Reichswehrzeiten in Franz Wellers Beurteilungen wiederfinden. Exemplarisch seien hier einige Charakteristika genannt:

- *„ausgeglichener, reifer Mensch mit viel Lebenserfahrung"*,
- *„strahlt Ruhe und Vertrauen aus"*,
- *„maßvoll und bescheiden"*,
- *„besonnene und väterliche Art"*,
- *„viel Sinn für Kameradschaft und Humor […]."*[437]

Während Weller dafür kritisiert wurde, als Kommandeur der Infanterieschule nicht mit der *„nötigen kritischen Härte"* geführt zu haben, wurde ihm nunmehr geraten, sich noch mehr vom rein infanteristischen Denken freizumachen. Generalmajor Foertsch schrieb:

[435] Vgl. BA-MA. PERS1-2261.

[436] Siehe auch Range, Clemens: Kriegsgedient. Die Generale und Admirale der Bundeswehr. Müllheim-Britzingen 2013. S. 139-140.

[437] BA-MA. PERS1-2462-B. Beurteilung Divisions-Kommandeur 2. Grenadier-Division vom 16. Juni 1958.

„Bei einer NATO-Übung hat er in meiner Vertretung gutes Urteilsvermögen und Entschlußkraft gezeigt. Muß sich noch etwas mehr vom rein infanteristischen Denken frei machen.“[438]

Der entscheidende Satz wurde unter VII. Zusammenfassende Beurteilung unter Punkt 4.) Eignung zum nächsten Dienstgrad formuliert:

„- ja – Ist meines Erachtens bereits in seiner früheren Stellung als gegeben anzusehen.“[439]

Generalmajor Foertsch sprach sich also eindeutig dafür aus, Oberst Weller zum Brigadegeneral zu befördern. Er untermauerte seine Stellungnahme darüber hinaus mit einem Vorschlag an den Kommandierenden General des III. Korps in Koblenz, wenngleich er Wellers fortgeschrittenes Lebensalter zu bedenken gab, was einer Verwendung als Divisionskommandeur entgegenstünde.

Abb. 144: General Friedrich Foertsch, Wellers Divisionskommandeur.

---

438 Ebenda.
439 Ebenda.

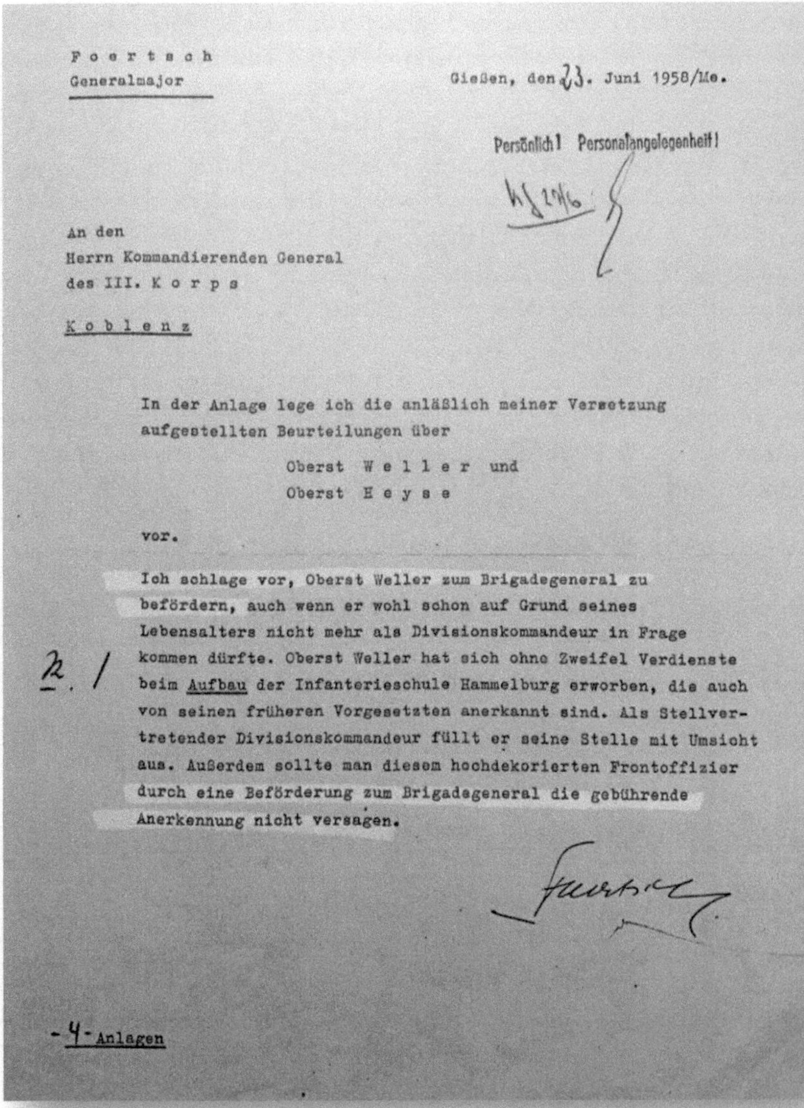

Foertsch
Generalmajor

Gießen, den 23. Juni 1958/Me.

Persönlich! Personalangelegenheit!

An den
Herrn Kommandierenden General
des III. Korps

Koblenz

In der Anlage lege ich die anläßlich meiner Versetzung aufgestellten Beurteilungen über

Oberst Weller und
Oberst Heyse

vor.

Ich schlage vor, Oberst Weller zum Brigadegeneral zu befördern, auch wenn er wohl schon auf Grund seines Lebensalters nicht mehr als Divisionskommandeur in Frage kommen dürfte. Oberst Weller hat sich ohne Zweifel Verdienste beim Aufbau der Infanterieschule Hammelburg erworben, die auch von seinen früheren Vorgesetzten anerkannt sind. Als Stellvertretender Divisionskommandeur füllt er seine Stelle mit Umsicht aus. Außerdem sollte man diesem hochdekorierten Frontoffizier durch eine Beförderung zum Brigadegeneral die gebührende Anerkennung nicht versagen.

-4- Anlagen

Abb. 145: Wird Oberst Weller doch noch befördert?

Die empfundene *„Achterbahnfahrt"* hinsichtlich der erhofften Möglichkeit, doch noch zum Brigadegeneral befördert zu werden, war noch nicht zu Ende. Nach der Befürwortung durch Generalmajor Foertsch, in Funktion Kommandeur 2. Grenadier-Division, wurde am 30. September 1958 über den Inspekteur des Heeres, Generalleutnant Hans Röttiger, an den KG des III. Korps, Generalleutnant Smilo Freiherr von Lüttwitz (1895-1975),[440] der Hinweis zur *„erneuten Überprüfung"* übersandt. Die 2. Grenadier-Division wurde in 2. Panzer-Grenadier-Division umgegliedert, dessen neuer Kommandeur ab Juni 1958 Generalmajor Alfred Zerbel (1904-1987) wurde.[441] Dieser sollte es in seiner Karriere zum Generalleutnant und Inspekteur des Heeres (August 1960 – September 1964) bringen. Zerbel setzte sich ganz im Sinne seines Vorgängers, Generalmajor Foertsch, für Weller ein. Die Beurteilungsnotiz vom 14.11.1958 war ein starkes Plädoyer und bedeutete zugleich eine neue Chance:

„Seit Oberst Weller mir unterstellt ist, hat er im Rahmen der Verbandsausbildung der Division zwei Lehrvorführungen sehr gut vorbereitet, geleitet und besprochen. Seine Vertretung als Divisionsführer während meines Urlaubs im Juli 1958 war einwandfrei. In der Beurteilung schwieriger Disziplinarfälle bewies er klaren und treffsicheren Blick. Bei der Führung der Division – in der Routinearbeit und während der Herbstübungen – war er mir eine wertvolle Hilfe, einsatzfreudig und zuverlässig. […].
Oberst Weller füllt seine Stelle als stellvertretender Divisionskommandeur, die er seit dem 1.11.1957 innehat, gut aus und ist m. E. auch in der Lage, eine Division zu führen."[442]

Nur wenige Tage später, am 17. und 21. November 1958, lagen die Stellungnahme des KG III. Korps sowie des Inspekteurs des Heeres vor. Generalleutnant Freiherr von Lüttwitz stimmte Generalmajor

---

[440] **Generalleutnant Freiherr von Lüttwitz** (1895-1975) war zuletzt KG III. Korps in Koblenz von Juli 1957 bis Dezember 1960. Nach seinem Dienstzeitende, am 31.12.1960, wirkte er als Präsident der Johanniter-Unfallhilfe und als Vorsitzender der Gesellschaft für Wehrkunde. Siehe auch Range, Clemens: Kriegsgedient. Die Generale und Admirale der Bundeswehr. Müllheim-Britzingen 2013. S. 318-319.
[441] Siehe Ebenda. S. 578.
[442] BA-MA. PERS1-2462-B. Beurteilungsnotiz vom 14.11.1958.

Zerbels Beurteilung zwar im Wesentlichen zu und betonte besonders Wellers hervorragende Bewährung im Kriege, konstatierte aber auch, dass er naturgemäß immer etwas im Schatten seiner Divisionskommandeure gestanden und nie Gelegenheit gehabt hätte, längere Zeit die Division zu führen oder größere Vorhaben wie z.B. Kampfgruppenübungen, Divisionsplanspiele usw. selbst anzulegen und zu leiten. Das könne erst im Winterhalbjahr mit einer großen Stabs- und Rahmenübung erfolgen, weshalb er Weller noch nicht die volle Eignung zum Divisionskommandeur und damit zur Beförderung zum Brigadegeneral zusprechen könne. Wieder wurde eine Entscheidung vertagt. Den letzten Nachweis sollte Oberst Weller bei der bevorstehenden Stabs-Rahmenübung erbringen. Generalleutnant Röttiger, der Inspekteur des Heeres, hielt die Bedenken des KG III. Korps, Generalleutnant Freiherr von Lüttwitz, für berechtigt.[443] Hatten sich bis dahin alle beurteilenden Vorgesetzten mit einer endgültigen Beurteilung über die weitere Karriere von Oberst Weller zurückgehalten, verstrich allmählich die Zeit. Nun sollte alles formal an einer Stabs- und Rahmenübung hängen. Doch diese Übung entfiel aus nicht mehr recherchierbaren Gründen. Daher wurde die Beurteilung des KG III. Korps, Generalleutnant Freiherr von Lüttwitz, aufrechterhalten.

Damit platzten alle Hoffnungen Wellers, die verdiente Beförderung zum Brigadegeneral doch noch zu erhalten. Bereits im Dezember 1958 wurde Oberst Weller im Beisein seines Divisionskommandeurs, Generalmajor Zerbel, eröffnet,

„daß voraussichtlich keine Möglichkeit bestünde für seine Beförderung zum General, […].“[444]

[443] BA-MA. PERS1-2462-B. Beurteilungsnotiz KG III. Korps vom 17.11.1958.

[444] BA-MA. PERS1-2462-B. Schreiben KG III. Korps an Ministerialdirektor Gumbel, Personalamt Bonn am 6.1.1959.

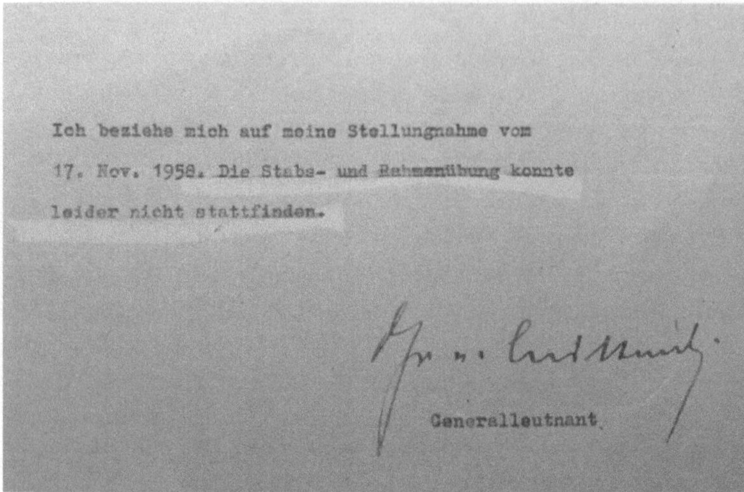

Ich beziehe mich auf meine Stellungnahme vom

17. Nov. 1958. Die Stabs- und Rahmenübung konnte

leider nicht stattfinden.

Generalleutnant

Abb. 146: Formaler Grund der Nichteignung?

Weller nahm diese für ihn negativen Nachrichten soldatisch auf und äußerte, dass er unter diesen Voraussetzungen am liebsten eine Verwendung in Hessen haben würde. Falls aber noch irgendeine Möglichkeit der Beförderung vorläge, zum Beispiel als Kommandeur eines Truppenübungsplatzes oder Ähnliches, ginge er sehr gerne auch woanders hin. Am Ende bleibt festzuhalten, dass Wellers Nichtbeförderung an einer konträren Auffassung seiner Vorgesetzten hinsichtlich Menschenführung bei der Infanterie gelegen hatte. Zugleich lag es an der Unentschlossenheit der beurteilenden Vorgesetzten, einem verdienten Offizier die vollständige Eignung zum Brigadegeneral endgültig zuzusprechen. Ihr Zögern ließ viel Zeit vergehen, und so wurde Wellers vermeintliche Nichteignung letztendlich formal mit einer ausgefallenen Übung sowie seinem fortgeschrittenen Alter begründet. Das war kein Ruhmesblatt der Personalführung in den Anfangsjahren der Bundeswehr. Dass Wellers Divisionskommandeur, Generalmajor Zerbel, in einer Beurteilungsnotiz vom 24. April 1959 seine für Oberst Weller positive Beurteilung aufrechterhielt, hatte für Wellers Karriere keinerlei Bedeutung mehr und blieb Makulatur.

10.5 Inspizient für Unteroffizierausbildung im Heer (1959-1962) – „Für den deutschen Unteroffizier hat er ein warmes Herz."

„Daher sind solche Vorgesetzten gefordert, die menschlich denken und handeln. Menschenführung fällt nicht in die Kompetenz von Spezialisten, sondern ist Herzstück der „Inneren Führung". Damit ist Menschenführung Leitmotiv und Pflichtaufgabe für alle Vorgesetzten der Bundeswehr. Für Menschenführung gibt es kein System formaler Regeln oder Rezepte, wohl aber Grundsätze und Erfahrungen aus der Militärgeschichte, die zeitlos sind."[445]

Mit Wirkung zum 1. April 1959 trat Oberst Weller seine letzte militärische Verwendung in der Inspektion des Erziehungs- und Bildungswesens (EB) im Heer an. Sein Dienstantritt als Stellvertreter und zugleich Inspizient für Unteroffizier-Nachwuchs beim Inspizienten OA/UO[446] im Truppenamt in Köln wurde gemäß Versetzungsverfügung auf den 27. April 1959 angeordnet. Als Nachfolger in der Funktion des stellvertretenden Kommandeurs der 2. Panzer-Grenadier-Division hatte er zuvor den bereits zum Brigadegeneral beförderten Friedrich Berendsen (1904-1974)[447] einzuweisen. In Köln hatte Oberst Weller eine Aufgabe, die er sehr erfüllend und erfreulich empfand. In kürzester Zeit gewann er das Vertrauen seiner Mitarbeiter und Vorgesetzten, die ihn aufgrund seiner ruhigen und ausgeglichenen Art sehr schätzten. Die erlebte berufliche Enttäuschung ließ ihn nicht verbittern, sondern er bewahrte sich seinen ausgeprägten Sinn für Humor und Kameradschaft. In der Beurteilung vom 28. März 1960 schreibt sein Vorgesetzter zutreffend:

„Oberst W. hat seine Aufgabe als Inspizient für Unteroffizierausbildung mit Eifer und Tatkraft angepackt. Aus reicher Diensterfahrung schöpfend, lenkt er die

---

[445] Stockfisch, Dieter: Menschenführung in Frieden, Krise und Krieg. Hamburg 1997. S. 7.

[446] **OA/UO** = Offiziersanwärter/Unteroffizier.

[447] Friedrich Berendsen wurde später stellv. Chef des Stabes CENTAG in Heidelberg, wurde am 15.08.1963 zu Generalmajor befördert und ging am 31.3.1964 in den Ruhestand. Siehe auch Range, Clemens: Kriegsgedient. Die Generale und Admirale der Bundeswehr. Müllheim-Britzingen 2013. S. 61.

[447] Siehe Ebenda. S. 578.

Unteroffizierausbildung mit Umsicht und tritt für die Verbesserung der Grundlagen dieser Ausbildung mit Nachdruck ein.
Für den deutschen Unteroffizier hat er ein warmes Herz."[448]

Es überrascht nicht, dass Oberst Weller besondere Fähigkeiten in der praktischen Menschenführung und Ausbildung, aber weniger in der Arbeit am Schreibtisch attestiert wurden. Der beurteilende Vorgesetzte, Brigadegeneral Arthur Markert (1904-1993),[449] der General des Erziehungs- und Bildungswesens im Heer, schlug folgerichtig den Verbleib Wellers auf dem derzeitigen Dienstposten vor.[450]

Abb. 147: Oberst Franz Weller.

---

[448] BA-MA. PERS1-2462-B. Beurteilung vom 28.3.1960.

[449] Siehe hierzu auch Range, Clemens: Kriegsgedient. Die Generale und Admirale der Bundeswehr. Müllheim-Britzingen 2013. S. 329. **BG Arthur Markert** wurde noch Generalmajor und ging am 30.9.1964 in den Ruhestand.

[450] Siehe hierzu auch Bormann, Kai Uwe: Erziehung in der Bundeswehr. Konzeption und Implementierung militärischer Erziehungsgrundsätze in der Aufbauphase der Bundeswehr 1950-1965. Berlin/Boston 2021. S. 332-341.

Abb. 148: Oberst Weller 1960 im Truppenamt Köln.

Der General des Erziehungs- und Bildungswesens im Heer verfasste am 7. März 1961 eine letzte Beurteilung/Sonderbeurteilung für Oberst Weller. Darin wurde Wellers besondere Eignung für seinen Dienstposten betont und daher vorgeschlagen, ihn bis zum Erreichen der Altersgrenze am 5.12.1961 und dem Ausscheiden aus dem Dienst in seiner derzeitigen Verwendung zu belassen.[451] Damit neigte sich seine über vierzigjährige Dienstzeit, die am 1. April 1922 mit dem Eintritt in das I.R. 9 in Potsdam ihren Anfang genommen hatte, ihrem Ende entgegen. Franz Weller hatte in drei Armeen in wechselvollen Zeiten, in Krieg und Frieden, gedient und dabei Licht und Schatten des Soldatenberufes unmittelbar erlebt. Dabei blieben stets Menschlichkeit, Pflichtbewusstsein und Humor die prägenden Grundlagen seines Lebens.

[451] Vgl. BA-MA. PERS1-2462-B. Sonderbeurteilung vom 7.3.1961.

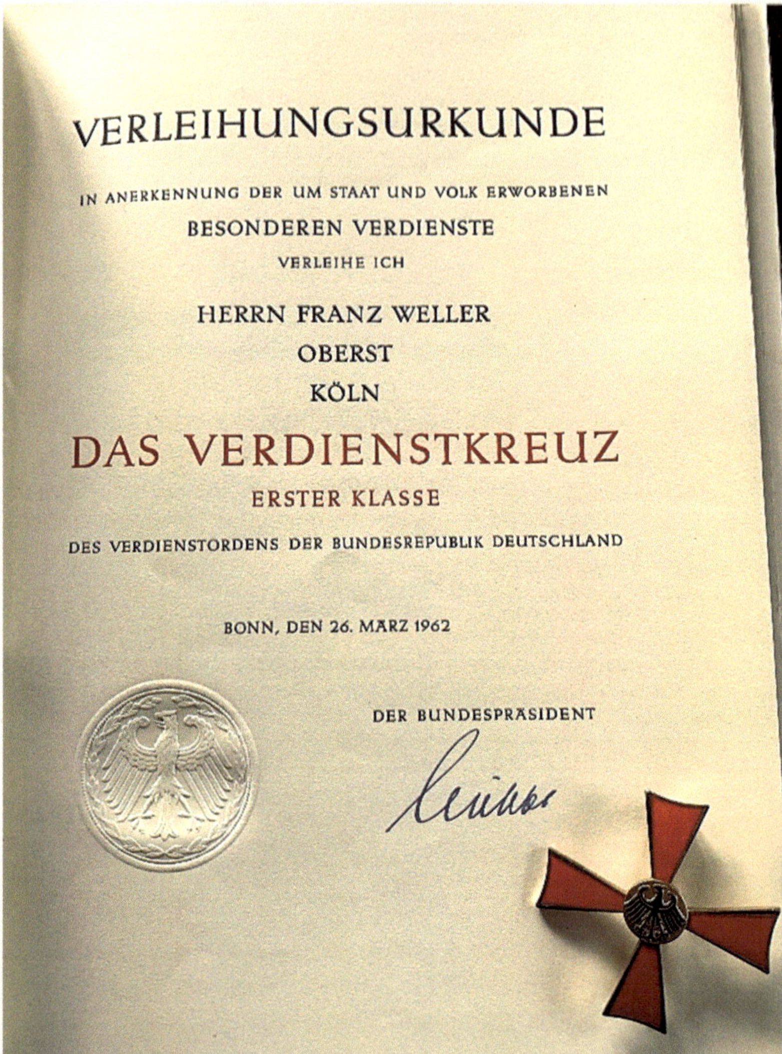
VERLEIHUNGSURKUNDE

IN ANERKENNUNG DER UM STAAT UND VOLK ERWORBENEN
BESONDEREN VERDIENSTE
VERLEIHE ICH
HERRN FRANZ WELLER
OBERST
KÖLN
DAS VERDIENSTKREUZ
ERSTER KLASSE
DES VERDIENSTORDENS DER BUNDESREPUBLIK DEUTSCHLAND

BONN, DEN 26. MARZ 1962

DER BUNDESPRÄSIDENT

Abb. 149: Verdiente Würdigung nach 40 Dienstjahren – das Bundesverdienstkreuz Erster Klasse.

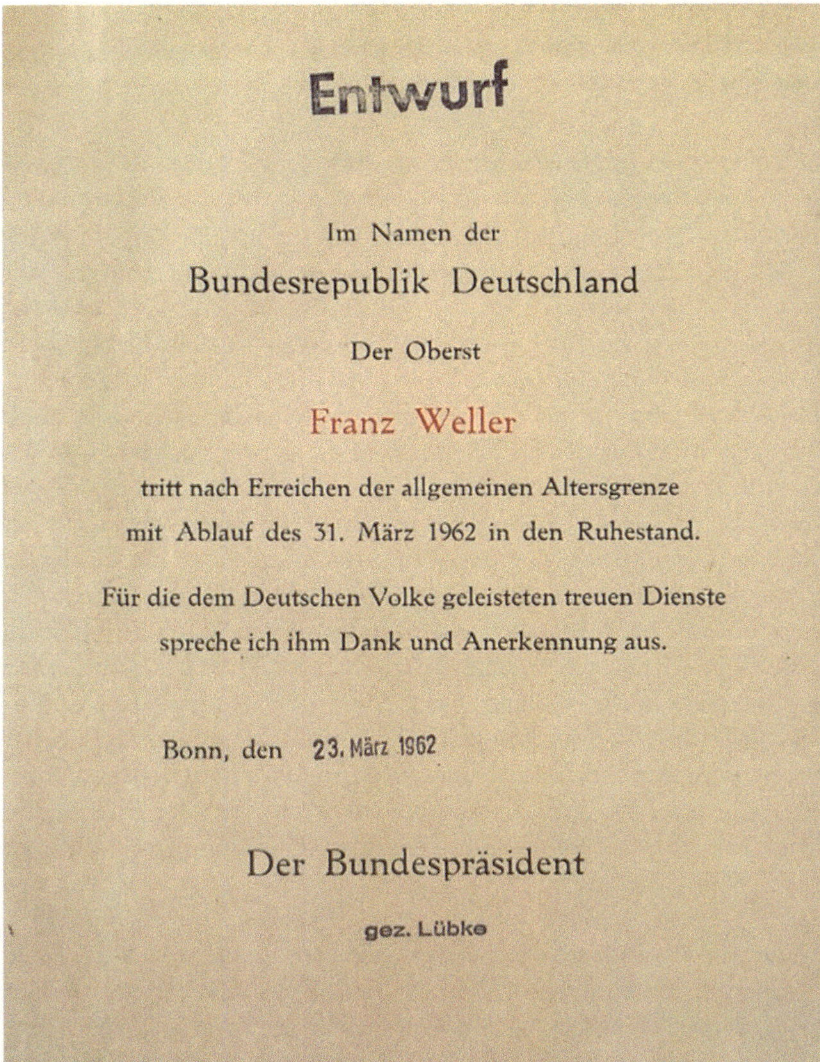

Entwurf

Im Namen der

Bundesrepublik Deutschland

Der Oberst

Franz Weller

tritt nach Erreichen der allgemeinen Altersgrenze
mit Ablauf des 31. März 1962 in den Ruhestand.

Für die dem Deutschen Volke geleisteten treuen Dienste
spreche ich ihm Dank und Anerkennung aus.

Bonn, den 23. März 1962

Der Bundespräsident

gez. Lübke

Abb. 150: Eine 40-jährige Dienstzeit geht zu Ende.

11 Die späten Jahre – „müssen wir unsere Geschichte sehen, mit allem Licht und Schatten.“[452]

Franz Weller war ein konservativer Mensch und Patriot. Er stammte aus einem bürgerlichen Elternhaus in Berlin, das preußische Werte vorlebte; sein Vater war Beamter und Staatsdiener. Seine Kindheit und Jugend, die prägenden frühen Jahre jedes Menschen, hatte er in preußischen Kadettenanstalten verbracht. Diese Sozialisierung bildete die Grundlage für sein ganzes Leben – in und außer Dienst. Dabei sollte nicht unerwähnt bleiben, dass er und seine Familie aus ihrer niederschlesischen Heimat nach 1945 gewaltsam vertrieben wurden. Auch derartige Fluchterfahrungen sind oft prägend für das ganze Leben. Er gehörte, um mit den Worten von Klaus Naumann zu sprechen, zu den *„konservativen Offizieren der reichswehrgeprägten Führungsgeneration“*,[453] in Führungsfunktionen der zweiten Reihe im Dienst der Bundeswehr. Franz Weller war ein typischer Exponent seiner Offiziersgeneration. Seine Lebensauffassung erklärt sich in besonderem Maße durch seine Biografie. Wie Auswertungen der Lehrgänge an der Schule für *„Innere Führung“* zeigten, hatten die zwischen 1900 und 1914 geborenen Offiziere der Anfangsjahre der Bundeswehr zum Teil gravierende Vorbehalte gegenüber den An- und Herausforderungen der neuen westdeutschen Streitkräfte. Die gewollte politische Kontrolle der Streitkräfte wurde nicht selten als zivile oder bürokratische Gängelung wahrgenommen. Viele sahen darin nicht weniger als einen Misstrauensbeweis der Politik gegenüber dem Militär, das – so wurde es empfunden – fachfremd die Grundlagen des Soldatenberufs zu Unrecht in Frage stellte. Keinen Zweifel gab es indes an den antibolschewistischen Grundlagen des Wehrmotivs. Das galt auch nachweislich für Franz Weller. Er war wie viele andere seiner Kameraden bereit, Mühsal und

---

[452] Weller, Franz: Nachwort. In: Traditionsgemeinschaft Jäger-Regiment 54 (Hrsg.): Chronik des Jäger-Regiments 54. Der Weg des Infanterie- und Jäger- Regiments 54. o.O. 1980. S. 270.

[453] Naumann, Klaus: Ein konservativer Offizier der reichswehrgeprägten Führungsgeneration: Generalleutnant Anton Detlef von Plato. In: Hammerich, Helmut R./Schlaffer, Rudolf J. (Hrsg.): Militärische Aufbaugeneration der Bundeswehr 1955 bis 1970. Ausgewählte Biografien. München 2021. S. 267-288.

Engpässe der Aufbauphase der Bundeswehr auf sich zu nehmen. Trotz einiger Skepsis war er gegenüber der Effektivität und Kompetenz der parlamentarischen Ordnung des Bonner Systems dankbar, weil es Stabilität versprach und viele Fragen, die sich in Bezug auf die NS-Vergangenheit stellten, freundlich-pragmatisch hintanstellte.[454] Es ist offensichtlich, dass Weller als hochdekorierter Frontoffizier des Zweiten Weltkriegs Stolz auf seine hohen militärischen Auszeichnungen war. Das Eichenlaub war insgesamt nur 865-mal verliehen worden,[455] Weller erhielt es am 23. Oktober 1944 als 625. Soldat der Wehrmacht für seine militärischen Leistungen als Kommandeur des Jägerregiments 54 in der 100. Jägerdivision. Dass er darauf stolz war, belegt auch seine Mitgliedschaft in der Ordensgemeinschaft der Ritterkreuzträger (OdR), die sich 1955 in Köln gegründet hatte. Noch im Jahre 2011 war Franz Weller im Mitgliederverzeichnis auf Seite 35 verzeichnet. Er verfasste das Vorwort und einige Beiträge sowie die Abschlussworte der 1980 im Kreise der Veteranen und ehemaligen Regimentsangehörigen veröffentlichten Chronik des Jäger-Regiments 54. Diese trug den Titel *„Der Weg des Infanterie- und Jäger*-Regiments *54"*.

[454] Vgl. Ebenda. S. 286-287.

[455] Vgl. Behr, Volker A.: Deutsche Auszeichnungen. Orden und Ehrenzeichen der Wehrmacht 1936-1945. Stuttgart 2012. S. 66-68.

Abb. 151: Auch im Ruhestand setzte sich Franz Weller für die Interessen der alten Soldaten seines Regiments ein. Die Wiedervereinigung Deutschlands lag ihm besonders am Herzen.

Abb. 152: Die Infanterieschule Hammelburg hat Oberst Franz Weller nicht vergessen. Das Schild wurde vermutlich auf Initiative der Veteranen des J.R. 54 angefertigt.

Nach dem Dienstzeitende am 31. März 1962 gehörte er bis zu seinem Tod 1994 als Gründungs- und Beiratsmitglied der Staats- und Wirtschaftspolitischen Gesellschaft (SWG) an.

Franz Weller verstarb am 14. August 1994 mit fast 93 Jahren in seinem Wohnort Köln und wurde auf dem Zentralfriedhof, dem historischen Melaten-Friedhof beigesetzt.

Abb. 153: Grabstätte der Eheleute Weller im März 2023.

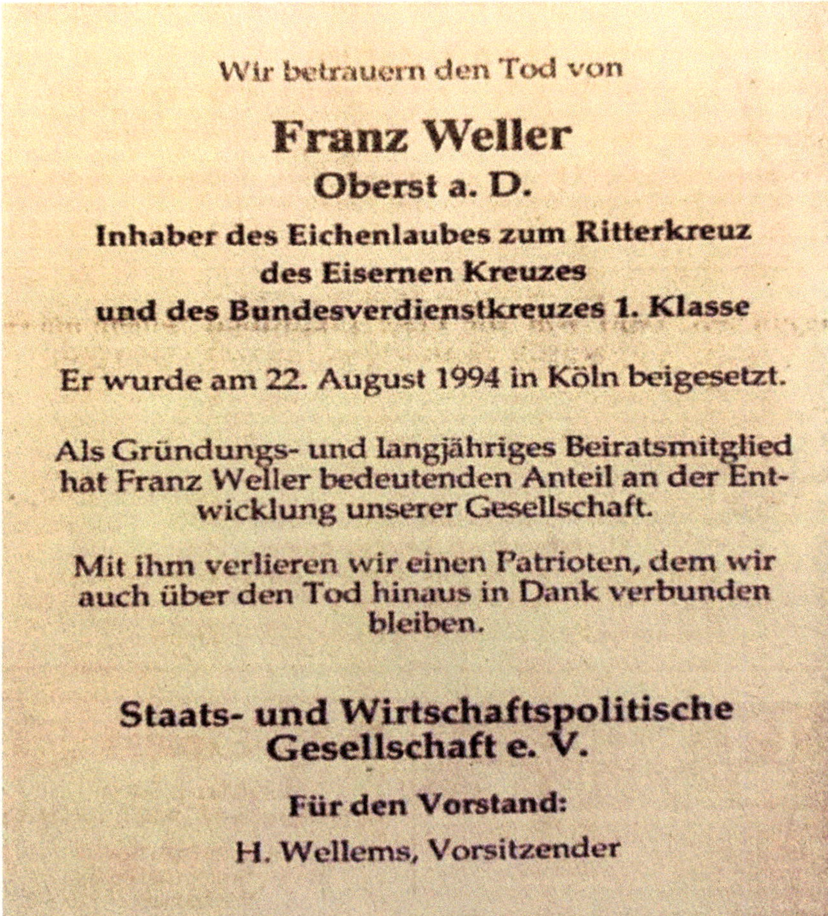

Wir betrauern den Tod von

Franz Weller

Oberst a. D.

Inhaber des Eichenlaubes zum Ritterkreuz des Eisernen Kreuzes und des Bundesverdienstkreuzes 1. Klasse

Er wurde am 22. August 1994 in Köln beigesetzt.

Als Gründungs- und langjähriges Beiratsmitglied hat Franz Weller bedeutenden Anteil an der Entwicklung unserer Gesellschaft.

Mit ihm verlieren wir einen Patrioten, dem wir auch über den Tod hinaus in Dank verbunden bleiben.

Staats- und Wirtschaftspolitische Gesellschaft e. V.

Für den Vorstand:

H. Wellems, Vorsitzender

Abb. 154: Todesanzeige Franz Wellers veröffentlicht im Ostpreußenblatt am 3. September 1994.

12 Umgang mit der Vergangenheit – Traditionspflege in der Bundeswehr am Beispiel der früheren Kadettenanstalten sowie des Obersten Franz Weller

„Solange etwas unangefochten existiert, braucht man nicht darauf hinzuweisen, dass es sich um eine Tradition handelt. In dem Moment, in dem man sich auf Tradition beruft, hat man bereits eine Auswahl getroffen und ein Werturteil gefällt.“[456]

Im Tagesbefehl der Bundesministerin der Verteidigung von der Leyen anlässlich der Zeichnung der überarbeiteten Richtlinie zum Traditionsverständnis und zur Traditionspflege (Traditionserlass) vom 28. März 2018 werden u.a. folgende Fragen gestellt: Was macht uns (die Bundeswehr) eigentlich aus? Was können wir aus der Geschichte lernen? Und was gibt unserem Handeln Sinn? Dabei waren zwei Aspekte von besonderer Bedeutung:

1. eine Betrachtung der deutschen Militärgeschichte <u>in ihrer ganzen Breite</u> in den Blick zu nehmen, um daraus die Inhalte zu schöpfen, die heute vorbildlich und sinnstiftend sein können. Sinn- und traditionsstiftend für die Bundeswehr kann nur ein soldatisches Selbstverständnis sein, das den freiheitlichen und demokratischen Zielsetzungen verpflichtet ist und auf dem Wertefundament des Grundgesetzes ruht.
2. ein weiterer wesentlicher Schwerpunkt ist der Ansatz, die <u>Geschichte der Bundeswehr</u> von 1955/56 bis heute in den Mittelpunkt

[456] **Hans Bohnenkamp** (1893-1977) zitiert nach Abenheim, Donald/Hartmann, Uwe (Hrsg.): Tradition in der Bundeswehr. Zum Erbe des deutschen Soldaten und zur Umsetzung des neuen Traditionserlasses. Berlin 2018. S. 56. Hans Bohnenkamp war deutscher Offizier, Pädagoge und Hochschulprofessor. Er war Sprecher des 1. Beirats für Fragen der Inneren Führung. Der ehemalige deutsche Bundeskanzler Helmut Schmidt (1918-2015) lernte Bohnenkamp in Kriegsgefangenschaft in Ostende (Belgien) kennen und war von dessen aufrichtiger Persönlichkeit und Überzeugungskraft tief beeindruckt. Bohnenkamp wurde für seine Tapferkeit mit dem Ritterkreuz des Eisernen Kreuzes ausgezeichnet. Siehe hierzu auch Scherzer, Veit: Die Ritterkreuzträger. Bayreuth 2021. S. 234.

der Erinnerungskultur zu stellen. Denn mittlerweile leisten die Angehörigen der Bundeswehr seit 70 Jahren einen wichtigen Beitrag für Recht und Freiheit unseres Landes. Sie haben dabei immer wieder Mut, Tapferkeit und eine hohe Einsatzbereitschaft unter Beweis gestellt.

„Ich möchte, dass unsere Bundeswehr stärker ihre eigene stolze Geschichte erzählt mit Respekt vor den Leistungen der Vergangenheit, mit Stolz auf das Erreichte und in der Zuversicht, dass die Bundeswehr auch künftig Frieden und Freiheit verlässlich schützen wird."[457]

Maßstab und Grundlage zur Bewertung der thematisierten Beispiele können dementsprechend einzig der derzeit gültige Erlass *„Die Tradition der Bundeswehr. Richtlinien zum Traditionsverständnis und zur Traditionspflege"* aus dem Jahre 2018 sein. Auf seiner Basis sollen folgende Fragen erörtert werden:

1. Welche Werte/Tugenden des Preußischen Kadettenkorps können noch heute vor dem Hintergrund des aktuellen Traditionserlasses der Bundeswehr von 2018 eine Legitimation haben?

2. Inwiefern kann die Persönlichkeit und das Wirken Franz Wellers in seinem Dienst in Reichswehr, Wehrmacht und Bundeswehr gemessen am aktuellen Traditionserlass von 2018 traditionswürdig sein?

Beide Fragen ergeben sich durch die Auseinandersetzung mit dem Inhalt dieser Arbeit. Dabei ist zunächst zu beleuchten, was nach dem Erlass von 2018 unter *„Tradition der Bundeswehr"* zu verstehen ist. Dazu die Definition unter 1. Grundsätze/1.1 Funktion:

„Die ***Tradition der Bundeswehr*** *ist der Kern ihrer Erinnerungskultur. Sie ist die bewusste Auseinandersetzung mit der Vergangenheit in gewachsenen Ausdrucksformen. Tradition ist damit Bestandteil des werteorientierten*

---

457 von der Leyen, Ursula: Tagesbefehl anlässlich der Zeichnung der überarbeiteten Richtlinien zum Traditionsverständnis und zu Traditionspflege (Traditionserlass). Berlin am 28. März 2018.

Selbstverständnisses der Bundeswehr mit ihren militärischen und zivilen Anteilen. Sie festigt deren Verankerung in der Gesellschaft. Als geistige Brücke zwischen Vergangenheit und Zukunft verbindet Tradition die Generationen und gibt Orientierung für das Führen und Handeln.“[458]

Tradition ist eine Auswahl aus dem ständigen Fluss, sie wird auch durch die Soldaten der Bundeswehr gestiftet und gepflegt. Tradition findet also ständig statt, wird vermittelt und übergibt Erfahrungen und Kompetenzen. Tradition ist daher wertvoll, sie kann die Frage beantworten: *„Wie verhalte ich mich richtig im Gefecht? Wie haben andere Soldatengenerationen vor mir im Kampf bestanden?“*

Die Beantwortung dieser Fragen klärt zugleich, wie sich der Soldat nicht zu verhalten hat. Damit hat Tradition die wichtige Aufgabe, vor allem in lebensbedrohlichen Lagen zu helfen, dass eine Entgrenzung in der Anwendung militärischer Gewalt verhindert wird.[459] Der Traditionserlass in der aktuellen Fassung ermöglicht die Erinnerung an Personen oder auch Institutionen der deutschen Militärgeschichte, sofern sie vorbildlich und richtungsweisend für den heutigen Auftrag der Bundeswehr gewirkt haben.[460] Die Tradition der Bundeswehr versteht sich darüber hinaus als integraler Bestandteil der Konzeption der *„Inneren Führung“*, beinhaltet aber nicht die ganze, undifferenzierte Geschichte, sondern begründet nur eine absichtsvolle und sinnstiftende Auswahl aus ihr. Die entscheidende Voraussetzung für ein werteorientiertes Traditionsverständnis in der Bundeswehr bleibt Geschichtsbewusstsein und die Kenntnis der eigenen Geschichte als Grundlage einer verantwortungsvollen Traditionspflege.[461] Unverzichtbar muss Tradition

[458] Bundesministerium der Verteidigung (BMVg): Die Tradition der Bundeswehr. Richtlinien zum Traditionsverständnis und zur Traditionspflege. Berlin 2018. S. 2.
[459] Vgl. Walther, Marc-André: Tradition und Kampf. In: Abenheim, Donald/Hartmann, Uwe (Hrsg.): Traditionen in der Bundeswehr. Zum Erbe des deutschen Soldaten und zur Umsetzung des neuen Traditionserlasses. Berlin 2018. S. 186-188.
[460] Vgl. Ebenda. Punkt 1.2 Wirkung. S. 2.
[461] Siehe hierzu auch Bundesministerium der Verteidigung (BMVg): Weisung zur Herausgabe der ergänzenden Hinweise zu den Richtlinien zum Traditionsverständnis und zur Traditionspflege der Bundeswehr. Berlin 2024. Anlage 9. S. 5.

gegenwarts- und auftragsbezogen sein, sonst bleibt sie unverstanden und abstrakt.[462]

Die deutsche Militärgeschichte ist geprägt von zahlreichen Brüchen und Zäsuren, das hat die Betrachtung von Franz Wellers beruflichen Lebensphasen deutlich gezeigt. Die nationalsozialistische Gewaltherrschaft hat dazu geführt, dass es keine gradlinige deutsche Militärtradition gibt. Auszuschließen sind jene Teile, die unvereinbar mit den Werten unserer freiheitlichen demokratischen Grundordnung sind,[463] was im Übrigen schon im vorherigen Traditionserlass von 1982 galt.

„Damit wird unzweideutig formuliert, dass nicht traditionswürdig sein kann, was nicht mit der Werteordnung der Verfassung konform geht.“[464]

Die deutsche Wehrmacht, die nach der Wiedereinführung der Wehrpflicht durch die nationalsozialistische Staatsführung 1935 aus der Reichswehr der Weimarer Republik hervorging, diente einem Unrechtsregime und war in dessen Verbrechen schuldhaft verstrickt.[465] Unter *3.4.1 Wehrmacht* steht ferner geschrieben:

„Für die Streitkräfte eines demokratischen Rechtsstaates ist die Wehrmacht als Institution <u>nicht</u> traditionswürdig. […]

Die Aufnahme einzelner Angehöriger der Wehrmacht ist das Traditionsgut der Bundeswehr dagegen <u>grundsätzlich möglich</u>. […]“[466]

---

462 Vgl. Ebenda. 2-3.

463 Vgl. Ebenda. S. 3.

464 Zimmermann, John: Vom Umgang mit der Vergangenheit. Zur historischen Bildung und Traditionspflege in der Bundeswehr. In: Nägler, Frank (Hrsg.): Die Bundeswehr 1955 bis 2005. Rückblenden-Einsichten-Perspektiven. München 2007. S. 116.

465 Die Zahl der **Kriegsverbrecher** unter den über 17 Millionen aktiven Soldaten der Wehrmacht ist umstritten und reicht von unter **5 %** [Rolf-Dieter Müller (2005) bzw. Joachim Käppner (2010) bis hin zu **80%** (Hannes Heer (2005)]. Jedenfalls ist es falsch, die Soldaten der Wehrmacht pauschal zu kriminalisieren oder allgemein als Verbrecher darzustellen.

466 Bundesministerium der Verteidigung (BMVg): Die Tradition der Bundeswehr. Richtlinien zum Traditionsverständnis und zur Traditionspflege. Berlin 2018. S. 6.

Erfahrungen aus der Zeit des Dritten Reiches berücksichtigend, sind die traditionsbegründenden Grundlagen für die Bundeswehr im Traditionserlass formuliert worden. Kennzeichen sind die Bündnisarmee unter parlamentarischer Kontrolle und ihr Selbstverständnis, militärische Leistungsfähigkeit und soldatische Pflichten mit den demokratischen Rechten in Einklang zu bringen. Zentral sind der Anspruch und die Idealvorstellung, dass Soldatinnen und Soldaten der Bundeswehr mündige *„Staatsbürger in Uniform"* sind, woraus sich die *„Innere Führung"* als ziel- und werteorientierte Konzeption für die Stellung der Streitkräfte in Staat und Gesellschaft ableitet. Im Traditionsverständnis der Bundeswehr bleibt daher für die Traditionspflege die Wertebindung vor allem an die Werte und Normen des Grundgesetzes[467] unverzichtbar.[468] Zudem verpflichtet der Traditionserlass alle Angehörigen der Bundeswehr zur Menschlichkeit, ungeachtet der Tatsache, ob sie im Frieden leben oder im Krieg unter Belastungen im Gefecht stehen.

Nachdem die Grundlagen des Traditionserlasses von 2018 nunmehr im Wesentlichen erörtert worden sind, soll es im folgenden Abschnitt um die anfangs gestellten Fragen erstens zu den früheren Kadettenanstalten und zweitens zur Person des Obersten Franz Weller gehen. Was und wer sind für die Bundeswehr heute noch traditionswürdig und warum? Anders formuliert stellt sich die Frage, was wir heute konkret aus der Vergangenheit lernen können.

Für beide Fragen gibt es keine einfachen und pauschalen Antworten. Das System der Kadettenausbildung bzw. Kadettenkorps geht im deutschsprachigen Raum auf die Entwicklung der stehenden Heere zurück. Beginnend mit den sogenannten *„Ritterakademien"* des 17. und 18. Jahrhunderts galt es,

„dem Vaterland verantwortungsbewusste Männer heranzubilden."[469]

---

[467] Achtung der Menschwürde, Wahrung der Rechtsstaatlichkeit, Völkerrecht, Ausschluss von jeder Gewalt- und Willkürherrschaft sowie die Verpflichtung auf Freiheit und Frieden.

[468] Bundesministerium der Verteidigung (BMVg): Die Tradition der Bundeswehr. Richtlinien zum Traditionsverständnis und zur Traditionspflege. Berlin 2018. S. 4.

[469] Freiherr von Brand, Karl-Hermann/Eckert, Helmut: Kadetten. Aus 300 Jahren Kadettenkorps. Band I. München 1981. S. 12.

Dass die monarchisch geprägten Staats- und Gesellschaftssysteme jener Zeiten nur wenig gemein mit dem freiheitlich-demokratischen und sozialen Rechtsstaat unserer Tage haben, ist unbestritten. Gleichwohl gibt es einen gemeinsamen Schnittpunkt für traditionsstiftendes Verhalten. Dazu der Traditionserlass von 2018 im Wortlaut:

„Historische Beispiele für zeitlos gültige soldatische Tugenden, etwa Tapferkeit, Ritterlichkeit, Anstand, Treue, Bescheidenheit, Kameradschaft, Wahrhaftigkeit, Entschlussfreude und gewissenhafte Pflichterfüllung, aber auch Beispiele wie militärische Exzellenz, z.B. herausragende Truppenführung, können in der Bundeswehr Anerkennung finden und in Lehre und Ausbildung genutzt werden. […]“[470]

Das waren exakt die Werte der Preußischen Kadettenanstalten, die dem jungen Franz Weller in Oranienstein und Berlin-Lichterfelde vermittelt wurden. Marc-André Walther schreibt dazu in seinem Beitrag über *„Tradition und Kampf“*:

„Gleichzeitig wird die Entwicklung eines Selbstverständnisses unterstützt, dass sich nicht nur an den soldatischen Kompetenzen (z.B. Führen mit Auftrag, Beherrschen der Ausrüstung und Einsatzgrundsätze, …), sondern auch an für den Soldaten gleichermaßen wichtigen Werten und Tugenden (z.B. Tapferkeit, Kameradschaft, gewissenhafte Pflichterfüllung, …) orientiert.“[471]

Völlig zu Recht werden sie im Traditionserlass von 2018 als *„zeitlos gültig“* bezeichnet.

Der Kommandeur der Offizierschule des Heeres (OSH),[472] Brigadegeneral Olaf Rohde, nahm in seinem Tagesbefehl zum Stauffenberg-Gedenken im neuen Ehrenhain der OSH in Dresden am 14. November 2022 dazu wie folgt Stellung:

---

470 Bundesministerium der Verteidigung (BMVg): Die Tradition der Bundeswehr. Richtlinien zum Traditionsverständnis und zur Traditionspflege. Berlin 2018. S. 5-6.

471 Walther, Marc-André: Tradition und Kampf. In: Abenheim, Donald/ Hartmann, Uwe (Hrsg.): Traditionen in der Bundeswehr. Zum Erbe des deutschen Soldaten und zur Umsetzung des neuen Traditionserlasses. Berlin 2018. S. 188.

472 Siehe hierzu auch Behrendt, Hans-Günther (Hrsg.): Erinnerungsorte der Bundeswehr. Personen, Ereignisse und Institutionen der soldatischen Traditionspflege. Berlin 2020. S. 158-159.

„Wir treten heute erstmals in unserem neu gestalteten Ehrenhain an. Ein Ort, an dem nun die Stauffenberg-Stele sowie die bisher in beiden Kasernenteilen verteilten und teilweise ‚vergessenen' Gedenksteine der OSH und der früheren Kadettenanstalten zusammengeführt sind. […] In unserem Ehrenhain wird das Gedenken an den Militärischen Widerstand, die Tradition der Bundeswehr sowie die wechselvolle Geschichte der Offizierausbildung erlebbar. […] Der Ehrenhain steht für unsere Erinnerungskultur und ist ein Ankerpunkt für eine wertorientierte Ausbildung, Erziehung und Prägung von Offizieren an der OSH. […].“[473]

Abb. 155: Ehrenhain der Graf-Stauffenberg-Kaserne der OSH in Dresden. Abgebildet sind die Gedenksteine der drei Königlichen Kadettenkorps Bayern, Preußen und Sachsen.

---

473 Rohde, Olaf: Tagesbefehl zum Stauffenberg Gedenken im neuen Ehrenhain der OSH vom 14.11.2022.

Abb. 156: Gedenkstein zu Ehren des Preußischen Kadettenkorps in der Graf-Stauffenberg-Kaserne der OSH in Dresden.

Die zweite für dieses Kapitel relevante Fragestellung berührt die Schlüsselfigur dieser Arbeit, Oberst Franz Weller. Inwiefern kann die Persönlichkeit und das Wirken Franz Wellers in Reichswehr, Wehrmacht und Bundeswehr gemessen am aktuellen Traditionserlass von 2018 für uns heute traditionswürdig sein?

Der derzeit gültige Traditionserlass gibt auch hierzu eine Antwort unter Punkt 3.4.1 Wehrmacht:

„Die Aufnahme einzelner Angehöriger der Wehrmacht in das Traditionsgut der Bundeswehr dagegen grundsätzlich möglich. […]

Dieses Abwägen muss die Frage persönlicher Schuld berücksichtigen und eine Leistung zur Bedingung machen, die vorbildlich und sinnstiftend in die Gegenwart wirkt, etwa die Beteiligung am militärischen Widerstand gegen das NS-Regime oder besondere Verdienste um den Aufbau der Bundeswehr.

Dieser besonderen Verdienste um den Aufbau der Bundeswehr hat sich Oberst Franz Weller eindeutig mit seinem Wirken in Sonthofen und Hammelburg als würdig erwiesen. Daher kann er, was seine zum Teil improvisierte und innovative Aufbauarbeit als Praktiker und Menschenführer in den Anfangsjahren der Bundeswehr betrifft, völlig zu Recht und dem Traditionserlass entsprechend als traditionswürdig betrachtet werden.

Die Frage nach persönlicher Schuld während der Zeit des Zweiten Weltkrieges und davor hat der Personalgutachterausschuss (PGA) zu seinen Gunsten beantwortet. Die Mitglieder des PGA haben mit Augenmaß und Verantwortungsbewusstsein erkannt, dass Weller eine Entwicklung vollzogen hat. Aus dem jungen patriotisch motivierten Offizieranwärter der Münchener Kriegsschulzeit wurde ein tapferer und überaus sittlich handelnder Offizier, der auch in schwersten Kriegszeiten sowie den Monaten der entbehrungsreichen Kriegsgefangenschaft seine Menschlichkeit nie verlor und eben nicht im Sinne der NS-Ideologie handelte.

Die dem Verfasser vorliegenden umfangreichen Quellen lassen den Schluss zu, dass Oberst Franz Weller nachweislich an keinen Kriegsverbrechen beteiligt und im Gegenteil auch im Krieg den preußischen Tugenden wie Aufrichtigkeit, Gerechtigkeit sowie Redlichkeit und Toleranz treu geblieben ist. Seine ausgeprägte soziale Kompetenz, seine Mitmenschlichkeit, auch oder gerade als militärischer Führer, machten ihn zu einem hochangesehenen Offizier. Damit kann er auch heute den Soldaten der Bundeswehr etwas sagen und als Vorbild dienen.

13 Zusammenfassung

„Die Wahrheit ist eine Tochter der Zeit."

Sophokles (497/496 – 406/405 v. Chr.)

Franz Weller war ein monarchisch, in preußischen Kadettenhäusern sozialisierter Mensch, der in der Reichswehr der Weimarer Republik aufgrund der hochwertigen Ausbildungsqualität eine besonders nachhaltige militärische Prägung erhielt. Der sowohl wirtschaftlich als auch gesellschaftlich eher schwierige Rahmen seiner Ausbildungs- und Lehrjahre im 100.000-Mann Heer der Reichswehr, aber noch mehr die danach folgenden Kriegsjahre als Infanterieoffizier auf verschiedenen Kriegsschauplätzen und Führungsebenen, gaben ihm vielfältige Lebenserfahrungen mit auf den Weg. Diese beeinflussten unwillkürlich Wellers Denken und Handeln als Soldat der Bundeswehr. Dass er die Grundlagen der *„Inneren Führung"* verinnerlicht hatte und erfolgreich umsetzte, zeigen zahllose Beispiele seiner vorbildlichen Menschenführung. Ein besonderes Kriterium, das durch den Personalgutachterausschuss überprüft wurde, war die Einstellung des Bewerbers zu den Ereignissen des 20. Juli 1944 und dem militärischen Widerstand gegen Hitler. In einer Veröffentlichung der Nachkriegszeit äußerte sich Franz Weller deutlich gegen das NS-Regime und für den militärischen Widerstand. Dabei war für ihn die Kenntnis der Lage, er spricht von *„Überblick"*, wesentliche Voraussetzung zum Handeln.

„Feststeht, […], daß deutsche Soldaten […], in der Masse unwissend, was Hitler an unmenschlichen Methoden anwandte, was uns beim Zusammenbruch bevorstand. Nur einige wenige, wie die Männer des 20. Juli, hatten einen Überblick, der ein Handeln ermöglichte. Unser Regiment hat, vom Polenfeldzug angefangen, auf allen Kriegsschauplätzen bis zum Ende seine soldatische Ehre bewahrt, hat überall in Freundes- oder Feindesland in kurzer Zeit mit der jeweiligen Bevölkerung guten Kontakt gehabt, sich überall, auch in schwersten Situationen, nichts vergeben, […], als Soldat auch Mensch sein können."[474]

[474] Traditionsgemeinschaft Jäger-Regiment 54 (Hrsg.): Chronik des Jäger-Regiments 54. Der Weg des Infanterie- und Jäger- Regiments 54. o.O. 1980. S. 271.

Franz Wellers Erlebnisse im Kontext der schweren Kämpfe als Infanterieoffizier an der Ostfront haben ihn für sein Leben geprägt. Er empfand tiefe Dankbarkeit und Demut, Krieg und Gefangenschaft weitestgehend gesund überstanden zu haben. Die überlebenden Veteranen des Infanterie- und Jäger-Regiments 54 wurden durch das Kriegsgeschehen zu einer festen Schicksalsgemeinschaft *„zusammengeschweißt"*. Diese bewährte sich auch in der nicht weniger fordernden Zeit nach 1945 und den schwierigen Jahren des Wiederaufbaus der Bundesrepublik. Man half und unterstützte sich, wo immer es notwendig war. Dabei fühlte sich Franz Weller stets den gefallenen Kameraden verbunden und hielt ihr Andenken in Ehren. Er betonte stets, dass das Überleben kein Verdienst, sondern lediglich ein glücklicheres Schicksal gewesen war. Die Verbundenheit zu den toten Kameraden blieb allgegenwärtig:

„Und unsere gebliebenen Kameraden leben auch heute noch bei uns in jedem Gespräch mit, tauchen in der Erinnerung immer wieder auf. Sind auch heute noch unsere Kameraden, wie sie lebten und wirkten, mit ihren menschlichen Eigenarten."[475]

Seit 1949 traf sich der Traditionsverband des I.R. 54 alljährlich hauptsächlich in Hammelburg und Andorf in Oberösterreich. Anlässlich dieser Veranstaltungen war es Franz Weller im Rahmen des Totengedenkens besonders wichtig, die Worte eines jungen, später auch gefallenen Soldaten zu zitieren, die er einst betend am Grab seines Kameraden sprach:

„Alle, die gefallen in Meer und Land,
Sind gefallen in deine Hand.
Alle, die kämpfen in weitem Feld,
Sind auf deine Gnade gestellt.
Alle, die weinen in dunkler Nacht,
Sind von deiner Güte bewacht.
Gib uns Augen, daß wir es sehen,

---

[475] Ebenda. S. 272.

Wie deine Hände mit uns gehen.
Gib uns Herzen, die deine Gnad'
Gläubig ergreifen früh und spat.
Gib uns das Leben durch deinen Sohn,
uns – und den Toten vor deinem Thron."[476]

Abb. 157: Franz Weller beim Totengedenken am Stein der Infanterie in Hammelburg. Undatiert.

[476] Zitiert nach Ebenda: S. 272.

Abb. 158: Stein der Infanterieschule Hammelburg 2023.

14 Beförderungen

Dienstgrad	Datum	Truppenteil
Fähnrich	15.10.1924	I.R. 9
Oberfähnrich	15.10.1925	I.R. 9
Leutnant	01.12.1925	I.R. 9
Oberleutnant	01.01.1929	I.R. 9
Hauptmann	01.10.1934	Kriegsakademie
Major	01.06.1940	I.R. 54
Oberstleutnant	01.03.1942	J.R. 54
Oberst	01.12.1943	J.R. 54

15 Auszeichnungen (Auswahl)

Ehrenzeichen vom 9. November 1923	1934?
Dienstauszeichnung IV. u. III. Klasse	02.10.1936
Eisernes Kreuz II. Klasse	26.09.1939
Eisernes Kreuz I. Klasse	22.05.1940
Ritterkreuz des Eisernen Kreuzes 1939	04.09.1941
Infanteriesturmabzeichen	15.01.1942
Verwundetenabzeichen Silber	16.08.1944
Eichenlaub zum RK des EK 1940	23.10.1944
Bundesverdienstkreuz 1. Klasse	26.03.1962

16 Literaturverzeichnis

16.1 Populärwissenschaftliche Literatur, Biographien, Vorschriften und Gesetze

Augstein, Rudolf (Hrsg.): DER SPIEGEL. 11. Jahrgang. Heft 29. 17. Juli 1957.

Bamm, Peter: Die unsichtbare Flagge. Ein Bericht. München 1952.

Behr, Volker A.: Deutsche Auszeichnungen. Orden und Ehrenzeichen der Wehrmacht 1936-1945. Stuttgart 2012.

Freiherr von Brand, Karl-Hermann/Eckert, Helmut: Kadetten. Aus 300 Jahren Kadettenkorps. Band I. München 1981.

Bradley, Dermot: Walther Wenck. General der Panzertruppe. Osnabrück 1981.

Bradley, Dermot/Hildebrand, Karl-Friedrich/Rövekamp, Markus: Die Generale des Heeres 1921-1945. Osnabrück 1996.

Brammer, Uwe: Hintergrund – Personalgutachterausschuss. In: if - Spezial. Zeitschrift für die Innere Führung. Tradition. Woher wir kommen, wohin wir gehen, wer wir sind. Berlin. Nr. 2/2018. S. 54.

Brinkmann, Jürgen: Die Ritter des Ordens *„Pour le Mérite"* 1914-1918. Bückeburg 1982.

Bundesarchiv: Daten zur Geschichte der Liegenschaft Finckensteinallee 63 – 12205 Berlin. 2018.

Bundesgesetzblatt. Jahrgang 1957. Teil I. Gesetz über Titel, Orden und Ehrenzeichen vom 26. Juli 1957. S. 844-846.

Bundesministerium der Verteidigung. Führungsstab der Streitkräfte I 3 (Hrsg.): Adolf Heusinger. Ein deutscher Soldat im 20. Jahrhundert. Schriftenreihe Innere Führung. Beiheft 3/ 87 zur Information für die Truppe. Koblenz 1987.

Bundesministerium der Verteidigung (BMVg): Die Tradition der Bundeswehr. Richtlinien zum Traditionsverständnis und zur Traditionspflege. Berlin 2018.

Bundesministerium der Verteidigung (BMVg): Weisung zur Herausgabe der ergänzenden Hinweise zu den Richtlinien zum Traditionsverständnis und zur Traditionspflege der Bundeswehr. Berlin 2024.

DER LANDSER. Nr. 964.

D.V.E. Nr. 130: Das Exerzierreglement für die Infanterie von 1906.

Ehemalige Königlich Preußische und Königlich Sächsische Kadetten. Mitteilungsblatt Nr. 51. November 1982.

Eidg. Kadettenverband (Hrsg.): Jubiläumsschrift: 1936-1986. 50 Jahre Eidg. Kadettenverband. o.O. 1986.

Evangelischer Militärbischof (Hrsg.): De officio. Zu den ethischen Herausforderungen des Offizierberufs. Leipzig 2000.

Felkel, Alain: Hintergrund Schwarze Reichswehr. In: Militär & Geschichte. Nr. 2/2018. S. 18-21.

Friedensvertrag von Versailles. Artikel 159 bis 213. Bestimmungen über das Landheer, Seemacht und Luftfahrt (28. Juni 1919). In: documentArchiv.de (Hrsg.). URL: http://www.documnetArchiv.de/wr/vv05.html. Stand: 03.01.2004.

Gaedcke, Heinz: Wege eines Soldaten – Heinz Gaedcke – Norderstedt 2005.

Glauche, Wolfgang: Pro gloria et patria? Die totale Institution Militär am Beispiel der brandenburgisch-preußischen Armee. Norderstedt 2004.

Goblirsch, Josef (Oberst a.D.): Zur Erinnerung Oberst a.D. Franz Weller. Vereinigung Infanterieschule e.V. (1994).

Hartmann, Werner: Geist und Haltung des deutschen Soldaten im Wandel der Gesellschaft. Vom Kaiserheer zur Bundeswehr. Eine Dokumentation. Limburg a. d. Lahn 1998.

H. Dv. 300/1. von Hammerstein-Equord, Kurt Freiherr (Hrsg.): Truppenführung (T.F.), I. Teil. Berlin 1936.

Heckner, Erwin/Graf Bossi Fedrigotti, Anton: Kadetten. Aus 300 Jahren deutscher Kadettenkorps. Band II. München 1989.

Heuss, Theodor: Soldatentum in unserer Zeit. Sonderdruck aus dem Bulletin des Presse- und Informationsamtes der Bundesregierung Nr. 51/1959.

Hill, Jens: Es begann in Andernach…1956-1958. Eine Bilderreise durch die frühen Jahre der Bundeswehr. Herne 2012.

Hocke, Erich (Hrsg.): Krieg und Armee. Philosophisch-soziologischer Abriss. Berlin 1979.

Infanterieschule der Bundeswehr (Hrsg.): Chronik der Infanterieschule Hammelburg 1956 bis 2006 – ehemals Truppenschule Grenadiere. Hammelburg 2006.

Keller, Peter: Im Dienst der Republik. In: Militär & Geschichte. Nr. 2/2018. S. 8-17.

Kellerhoff, Sven Felix: Schon Adenauer wollte Atomwaffen für die Bundeswehr. In: DIE WELT vom 30.07.2018.

Kießling, Günter: Versäumter Widerspruch. Mainz 1993.

Kohlhaas, Wilhelm: Eberhard Wildermuth. Ein aufrechter Bürger. Bonn 1960.

Kratzer, Hans: *„Maria Heimsuchung"*. In: Süddeutsche Zeitung. 30. Mai 2017.

Kurowski, Franz: Verleugnete Vaterschaft. Wehrmachtsoffiziere schufen die Bundeswehr. Selent 2000.

Lenfeld, Erwin/Thomas, Franz: Die Eichenlaubträger 1940-1945. Wiener Neustadt 1983.

von der Leyen, Ursula: Tagesbefehl anlässlich der Zeichnung der überarbeiteten Richtlinien zum Traditionsverständnis und zu Traditionspflege (Traditionserlass). Berlin am 28. März 2018.

Maak, Niklas: Die Waldstadt Wünsdorf. faz.net. 19. August 2015.

de Maizière, Ulrich: Persönliche Erfahrungen zu Fragen der Menschenführung im Frieden, in Krisen und im Kriege. In: Truppenpraxis Heft 10/83. S. 709.

de Maizière, Ulrich: In der Pflicht. Lebensbericht eines deutschen Soldaten im 20. Jahrhundert. Hamburg 1997.

Marcks, Otto: Die Bundeswehr im Aufbau. Bonn 1957,

Neidhardt, Hanns: Mit Tanne und Eichenlaub. Kriegschronik der 100. Jäger-Division vormals 100. Leichte Infanterie-Division. Graz-Stuttgart 1981.

Ordensgemeinschaft der Ritterkreuzträger (OdR) – Traditionsgemeinschaft des Eisernen Kreuzes (Hrsg.): Mitgliederverzeichnis 2011. Hemmingen 2011.

Patzwall, Klaus/Scherzer, Veit: Das Deutsche Kreuz 1941-1945. Geschichte und Inhaber. Band II. Norderstedt 2001.

Paul, Wolfgang: Das Potsdamer Inf.Rgt 9 von 1918-1945. Osnabrück 1983.

Pechmann, Josef: Die RAD-Infanterie-Division *„Friedrich Ludwig Jahn“*. Aufstellung und Einsatz beim Kampf um Berlin April/Mai 1945. Wien 1993.

Podzun, H.-H. (Hrsg.): Das Deutsche Heer 1939. Gliederung, Standorte, Stellenbesetzung und Verzeichnis sämtlicher Offiziere am 3.1.1939. Bad Nauheim 1953.

von Poten, Bernhard: Geschichte des Militär-Erziehungs- und Bildungswesens in den Landen deutscher Zunge. Band 4. Neudruck der Ausgabe Berlin 1896. Osnabrück 1982.

Range, Clemens: Die Generale und Admirale der Bundeswehr. Herford 1990.

Range, Clemens/Düfel, Andreas: Die Ritterkreuzträger in der Bundeswehr. o.O. 2000.

Range, Clemens: Die geduldete Armee. 50 Jahre Bundeswehr. o.O. 2005.

Range, Clemens: Kriegsgedient. Die Generale und Admirale der Bundeswehr. Müllheim-Britzingen 2013.

Reichhelm, Günther: Verantwortung und Gewissensnot. Erinnerungen. Würzburg 2003.

von Reitzenstein, Hans-Joachim Freiherr: Vergitterte Jugend. Geschichten aus dem Kadettenkorps. Berlin 1920.

Rendulic, Lothar: Glasenbach-Nürnberg-Landsberg. Ein Soldatenschicksal nach dem Krieg. Graz 1953.

Rendulic, Lothar: Der Partisanenkrieg. In: Verlag Gerhard Stalling (Hrsg.): Bilanz des Zweiten Weltkrieges. Erkenntnisse und Verpflichtungen für die Zukunft. Oldenburg (Oldb)/Hamburg 1953. S. 99-114.

Sanft, Wolfgang: Teil II: Im Rußlandfeldzug 1941 und 1942. Weiden 1992.

von Salomon, Ernst (Hrsg.): Das Buch vom deutschen Freikorpskämpfer. Berlin 1938.

von Salomon, Ernst: Der Fragebogen. Hamburg 1951.

von Salomon, Ernst: Die Kadetten. Roman (1933). Hamburg 1957.

von Salomon, Ernst: Freikorps. Die Geächteten. Salenstein 2011.

Scherzer, Veit: Ritterkreuzträger in Adenauers Schwarzer Wehrmacht. Unter der Ägide des CIA stellte die junge Bundesrepublik unter strengster Geheimhaltung vier Divisionen der Wehrmacht gekadert wieder auf. In: Ritterkreuz Archiv. Vierteljahresheft über Archivalien, Dokumente und neue Nachrichten über Ritterkreuzträger. Ausgabe Nr. IV/2019. S. 20-30.

Schlicht, Adolf/Angolia, John R.: Die deutsche Wehrmacht. Uniformierung und Ausrüstung 1933-1945. Band 1: Das Heer. Stuttgart. 1992.

von Schmidt-Pauli, Edgar: Geschichte der Freikorps 1918-1924. Stuttgart 1936.

Schraml, F.: Aus unserer Infanterieschulzeit 1923. Tagebuchnotizen d. Fhj.-Gefr. F. Schraml. 19. (bayer.) Inf.Rgt. S. 1-12. o.D.

Schröder, Günter: Sonderausgabe Nachrichtenblatt des Traditionsverbandes Jäger-Regiment 54 – Unser Kommandeur Oberst a.D. Franz Weller. S. 1-8. Bad Hersfeld 1991.

Schubert, Theodor: Die deutschen Kadettenkorps. Hannover 1963.

Schüddekopf, Otto-Ernst: Das Heer und die Republik. Quellen zur Politik der Reichswehrführung 1918 bis 1933. Hannover und Frankfurt am Main 1955.

von Schweppenburg, Leo Geyr: Erinnerungen eines Militärattachés. London 1933-1937. Stuttgart 1949.

Siewert, Curt: Schuldig? Die Generale unter Hitler. Stellung und Einfluß der hohen militärischen Führer im nationalsozialistischen Staat. Das Maß ihrer Verantwortung und Schuld. Bad Nauheim. 1968.

Speidel, Hans: Aus unserer Zeit. Erinnerungen. Berlin 1977.

DER SPIEGEL 26/1957 vom 25.06.1957.

DER SPIEGEL. 11. Jahrgang Nr. 29 vom 17. Juli 1957.

Thoms, Robert/Pochanke, Stefan: Handbuch zur Geschichte der deutschen Freikorps. o.O. 2001.

Traditionsgemeinschaft Jäger-Regiment 54 (Hrsg.): Chronik des Jäger-Regiments 54. Der Weg des Infanterie- und Jäger- Regiments 54. o.O. 1980.

Transfeldt, Walter/Quenstedt, Otto: Wort und Brauch im deutschen Heer. Allerlei Militärisches, was mancher nicht weiß. Hamburg 1976.

von Unruh, Friedrich Franz: Ehe die Stunde schlug. Eine Jugend im Kaiserreich. Novelle. Bodman/Bodensee 1967.

Voss, Klaus/Kehlenbeck, Paul: Die Panzerdivision Clausewitz. Letzte Divisionen 1945. Die Infanteriedivision Schill. Nürnberg 2004.

Weller, Franz: Nachlass des militärischen Werdegangs. Bilder & Dokumente (Familienbesitz).

Weller, Franz: Pampels Jugend-Lebensbericht – auch seiner Altvorderen. Seite 1-3. o.D.

Weller, Franz: 35. Rundbrief. Kameradschaft des ehem. Reserve-Infanterie-Regiments 203 e.V. vom 1.6.1976.

Graf von Westarp, E.-J. (Hrsg.): Oertzscher Taschenkalender für die Offiziere des Heeres. 63. Ausgabe. 1943.

Weymar, Paul: Konrad Adenauer. Die autorisierte Biographie. München 1955.

von Wiese, Leopold: Kadettenjahre. Mit einer Einführung von Hartmut von Hentig. Ebenhausen bei München 1978.

16.2 Wissenschaftliche Fachliteratur

Abenheim, Donald/Hartmann, Uwe (Hrsg.): Tradition in der Bundeswehr. Zum Erbe des deutschen Soldaten und zur Umsetzung des neuen Traditionserlasses. Berlin 2018.

Abenheim, Donald Hartmann, Uwe: Einführung in die Tradition der Bundeswehr. Das soldatische Erbe in dem besten Deutschland, das es je gab. Berlin 2019.

Arendt, Hannah: Elemente und Ursprünge totaler Herrschaft. Frankfurt a. M. 1955.

Assmann, Dirk: Subordination und Selbständigkeit. Ausbildung, Erziehung und Bildung im preußisch-deutschen Heer von 1861-1890. Frankfurt/Main 1994.

Bald, Detlef: Alte Kameraden. Offizierskader der Bundeswehr. In: Breymayer, Ursula/Ulrich, Bernd/Wieland, Karin (Hrsg.): Willensmenschen. Über deutsche Offiziere. Frankfurt am Main 1999. S. 50-64.

Bald, Detlef: Sozialgeschichte der Rekrutierung des deutschen Offizierkorps von Reichgründung bis zur Gegenwart. In: Bundesministerium der Verteidigung (Hrsg.): Zur sozialen Herkunft des Offiziers. Schriftenreihe Innere Führung. Reihe Ausbildung und Bildung. Heft 29. München 1977. S. 9-47.

Bald, Detlef: Vom Kaiserheer zur Bundeswehr. Sozialstruktur des Militärs: Politik der Rekrutierung von Offizieren und Unteroffizieren. Frankfurt a.M. 1981.

Bald, Detlef: Die Bundeswehr. Eine kritische Geschichte 1955-2005. München 2005.

Bald, Detlef/Klotz, Johannes/Wette, Wolfram: Mythos Wehrmacht. Nachkriegsdebatten und Traditionspflege. Berlin 2001.

Bauer, Karl: Deutsche Verteidigungspolitik 1945-1963. Dokumente und Kommentare (Eine Auswahl). Boppard am Rhein 1964.

Behrendt, Hans-Günther (Hrsg.): Erinnerungsorte der Bundeswehr. Personen, Ereignisse und Institutionen der soldatischen Traditionspflege. Berlin 2020.

Bergien, Rüdiger: Republikschützer oder Terroristen? Die Freikorpsbewegung in Deutschland nach dem Ersten Weltkrieg. In: Militärgeschichte. Zeitschrift für historische Bildung. Ausgabe 3/2008. S. 14-17.

Boog, Horst/Förster, Jürgen/Hoffmann, Joachim/Klink, Ernst/Müller, Rolf-Dieter/Ueberschär, Gerd R. (Hrsg.): Der Angriff auf die Sowjetunion. Frankfurt am Main 1991.

Böhm, Winfried (Hrsg.): Wörterbuch der Pädagogik. Stuttgart 1994.

Bormann, Kai Uwe: Erziehung in der Bundeswehr. Konzeption und Implementierung militärischer Erziehungsgrundsätze in der Aufbauphase der Bundeswehr 1950-1965. Berlin/Boston 2021.

Brammer, Uwe: Beitrag zu Orden. In: MILITÄRGESHICHTE – ZEITSCHRIFT FÜR HISTORISCHE BILDUNG. Ausgabe 2/2017. S. 22-23.

Broszat, Martin/Henke, Klaus-Dietmar/Woller, Hans: Von Stalingrad zur Währungsreform. Zur Sozialgeschichte des Umbruchs in Deutschland. München 1990.

Clark, Christopher: Die Schlafwandler. Wie Europa in den Ersten Weltkrieg zog. München 2014.

Demeter, Karl: Das Deutsche Offizierkorps. In Gesellschaft und Staat 1650-1945. Frankfurt/a.M. 1965.

Deutscher Bundestag: Plenarprotokoll 13/163 vom 13. März 1997.

Di Fabio, Udo: Die Weimarer Verfassung. Aufbruch und Scheitern. München 2018.

Driftmann, Hans Heinrich: Grundzüge des militärischen Erziehungs- und Bildungswesens in der Zeit 1871-1939. Regensburg 1980.

Duden. Deutsches Universalwörterbuch. Mannheim 2016.

Dupuy, Trevor Nevitt: Der Genius des Krieges. Das deutsche Heer und der Generalstab 1807-1945. Graz 2009.

Epkenhans, Michael/Hagemann, Frank (Hrsg.): Militärgeschichte. Von der Frühen Neuzeit bis in die Gegenwart. Braunschweig 2021.

Erlich, Horst: Die Kadettenanstalten. Strukturen und Ausgestaltung militärischer Pädagogik im Kurfürstentum Bayern im späteren 18. Jahrhundert. München 2007.

Fiedler, Siegfried: Militärgeschichte im Zeitalter des Absolutismus 1648 bis 1789. Von Söldnerheeren und Miliz zum stehenden Heer. In: Neugebauer, Karl-Volker (Hrsg.): Grundzüge der deutschen Militärgeschichte. Band 1. Historischer Überblick. Freiburg im Breisgau 1993. S. 40-75.

Fischer, Johannes: Militärpolitische Lage und militärische Planung bei Aufstellungsbeginn der Bundeswehr. In: Militärgeschichtliches Forschungsamt (Hrsg.): Militärgeschichte. Probleme – Thesen – Wege. Beiträge zur Militär- und Kriegsgeschichte. Band 25. Stuttgart 1982. S. 452-477.

Gareis, Sven Bernhard/Klein, Paul (Hrsg.): Handbuch Militär und Sozialwissenschaft. Wiesbaden 2006.

Gellermann, Günther W.: Die Armee Wenck – Hitlers letzte Hoffnung. Aufstellung, Einsatz und Ende der 12. deutschen Armee im Frühjahr 1945. Bonn 2007.

Gesetz zur Aufhebung des Personalgutachterausschuß-Gesetzes vom 4. September 1967. BGB. I. S. 965.

Grau, Andreas/Würz, Markus: Europäische Verteidigungsgemeinschaft. In: Lebendiges Museum Online. Stiftung Haus der Geschichte der Bundesrepublik Deutschland. URL: http:/www.hdg.de/lemo/kapitel/geteiltes-deutschland-gruenderjahre/weg-nach-westen/europäische verteidigungsgemeinschaft.html.

Grevelhörster, Ludger: Kleine Geschichte der Weimarer Republik 1918-1933. Ein problemgeschichtlicher Überblick. Münster 2000.

Hafeneger, Benno/Fritz, Michael: Wehrerziehung und Kriegsgedanke in der Weimarer Republik. Ein Lesebuch zur Kriegsbegeisterung junger Männer. Band 2: Jugendverbände und -bünde. Frankfurt a. M. 1992.

Hafeneger, Benno/Buddrus, Michael: Militärische Erziehung in Ost und West. Ein Lesebuch zur Kriegsbegeisterung junger Männer. Band 4: Nachkriegszeit und Fünfziger Jahre. Frankfurt a. M. 1994.

Hamburger Institut für Sozialforschung (Hrsg.): Verbrechen der Wehrmacht. Dimensionen des Vernichtungskrieges 1941-1944. Hamburg 2002.

Hammerich, Helmut R./Kollmer, Dieter H./Rink, Martin/Schlaffer, Rudolf J. (Hrsg.): Das Heer 1950 bis 1970. Konzeption, Organisation, Aufstellung. München 2006.

Hammerich, Helmut R./Schlaffer Rudolf J./Militärgeschichtliches Forschungsamt (Hrsg.): Militärische Aufbaugenerationen der Bundeswehr 1955 bis 1970. Ausgewählte Biografien. München 2011.

Hartmann, Uwe/Janke, Reinhold/von Rosen, Claus (Hrsg.): Jahrbuch Innere Führung 2022/23. Berlin 2023.

Heer, Hannes/Naumann, Klaus (Hrsg.): Vernichtungskrieg. Verbrechen der Wehrmacht 1941-1944. Hamburg 1995.

Hochstetter, Dorothee/Kollmer, Dieter H. im Auftrag des Zentrums für Militärgeschichte und Sozialwissenschaften der Bundeswehr (ZMSBw) (Hrsg.): Der Bundestagsausschuss für Verteidigung. Der Ausschuss für Fragen der europäischen Sicherheit. Der Ausschuss für Verteidigung. Juli 1955 bis Januar 1956. Potsdam 2017.

Jäckel, Eberhard: Das deutsche Jahrhundert. Eine historische Bilanz. Stuttgart 1996.

Keßelring, Agilolf/Loch, Thorsten: Der *„Besprechungsplan"* vom 5. Januar 1950 Gründungsdokument der Bundeswehr? Eine Dokumentation zu den Anfängen westdeutscher Sicherheitspolitik. In: Konrad-Adenauer-Stiftung (Hrsg.): Historisch-Politische Mitteilungen 22 (2015). S. 199-229.

Keßelring, Agilolf/Loch, Thorsten: Himmerod war nicht der Anfang. Bundesminister Eberhardt Wildermuth und die Anfänge westdeutscher Sicherheitspolitik. In: MGZ. Militärgeschichtliche Zeitschrift. 2015. Jahrgang 74. Heft 1-2. S. 60-96.

Keßelring, Agilolf: Die Organisation Gehlen und die Neuformierung des Militärs in der Bundesrepublik. Berlin 2017.

Kittel, Helmuth/Wetterling, Horst: Behauptung der Person. Festschrift für Prof. Hans Bohnenkamp zum siebzigsten Geburtstag am 17. April 1963. Weinheim 1963.

Knoll, Werner: Zur Geschichte einer frühen militärischen preußischen Bildungseinrichtung. In: Deutsche Gesellschaft für Heereskunde e.V. (Hrsg.): Zeitschrift für Heereskunde. Nr. 466. Oktober/Dezember 2017. S. 170-176.

Koch, Hannsjoachim W.: Die deutschen Armeen im 19. und 20. Jahrhundert. Berg/Stanberger See 1999.

Koch, Hannsjoachim W.: Der deutsche Bürgerkrieg. Eine Geschichte der deutschen und österreichischen Freikorps 1918-1923. Schnellroda 2002.

Langewiesche, Dieter/Tenorth, Heinz Elmar (Hrsg.): Handbuch der deutschen Bildungsgeschichte. Band 5. 1918-1945. Die Weimarer Republik und die Nationalsozialistische Diktatur. München. 1989.

Loch, Thorsten: Das Gesicht der Bundeswehr. Kommunikationsstrategien in der Freiwilligenwerbung der Bundeswehr 1956-1989. Sicherheitspolitik und Streitkräfte der Bundesrepublik Deutschland. Band 8. München 2008.

Loch, Thorsten: Deutsche Generale 1945-1990. Profession – Karriere – Herkunft. Berlin 2021.

Maerz, Dietrich: Das Ritterkreuz des Eisernen Kreuzes und seine Höheren Stufen. Richmond (USA) 2007.

Maerz, Dietrich: The Knights Cross of the Iron Cross and higher grades. Volume I. Richmond (USA) 2023.

Maerz, Dietrich: The Knight Cross of the Iron Cross and higher grades. Volume II. Richmond (USA) 2023.

Meyer, Georg: Zur inneren Entwicklung der Bundeswehr bis 1960/61. Band 3/MGFA (Hrsg.): Anfänge westdeutscher Sicherheitspolitik 1945-1956. München 1993.

Militärgeschichtliches Forschungsamt (Hrsg.): Anfänge westdeutscher Sicherheitspolitik. Band 3. München 1982.

Militärgeschichtliches Forschungsamt (Hrsg.): Deutsche Militärgeschichte 1648-1939. Band VI. München 1983.

Molt, Matthias: Von der Wehrmacht zur Bundeswehr. Personelle Kontinuität und Diskontinuität beim Aufbau der deutschen Streitkräfte 1955-1966. Heidelberg 2007.

Nägler, Frank. Im Auftrag des MGFA (Hrsg.): Die Bundeswehr 1955 bis 2005. Rückblenden – Einsichten – Perspektiven. München 2007.

Naumann, Klaus: Generale in der Demokratie. Generationsgeschichtliche Studien zur Bundeswehrelite. Hamburg 2007.

Neitzel, Sönke: Weltkrieg und Revolution. 1914-1918/19. Berlin 2008.

Neitzel, Sönke: Abgehört. Deutsche Generäle in britischer Kriegsgefangenschaft 1942-1945. Berlin 2009.

Neitzel, Sönke: Deutsche Krieger. Vom Kaiserreich zur Berliner Republik – eine Militärgeschichte. Berlin 2020.

Neitzel, Sönke/Hartmann, Uwe: Krieger-Ethos. Gefahr für die Innere Führung? In: if Zeitschrift für Innere Führung. 1/22. S. 28-35.

Neugebauer, Karl-Volker (Hrsg.): Grundzüge der deutschen Militärgeschichte. Band 1. Historischer Überblick. Freiburg im Breisgau 1993.

Niess, Wolfgang: Der Hitlerputsch 1923. Nur die Spitze des Eisbergs. In: Sabrow, Martin (Hrsg.): Gewalt gegen Weimar. Zerreißproben der frühen Republik 1918-1923. Göttingen 2024. S. 205-220.

Nimmergut, Jörg und Anke: Deutsche Orden und Ehrenzeichen 1800-1945. Regenstauf 2014.

Nohlen, Dieter/Grotz, Florian (Hrsg.): Kleines Lexikon der Politik. München 2015.

Ottmer, Hans-Martin: Militärgeschichte zwischen Französischer Revolution und Freiheitskriegen 1789 bis 1815. Vom Berufskriegerheer zur allgemeinen Wehrpflicht. In: Neugebauer, Karl-Volker (Hrsg.): Grundzüge der deutschen Militärgeschichte. Band 1. Historischer Überblick. Freiburg im Breisgau 1993.

Patzwall, Klaus D.: Der Blutorden der NSDAP. Hamburg 1985.

Pauli, Frank: Wehrmachtsoffiziere in der Bundeswehr. Das kriegsgediente Offizierkorps der Bundeswehr und die Innere Führung 1955-1970. Paderborn 2010.

Pechmann, Josef: Die RAD-Infanterie-Division *„Friedrich Ludwig Jahn"*. Aufstellung und Einsatz beim Kampf um Berlin April/Mai 1945. Wien 1993.

Poeppel, Hans/Prinz v. Preußen, Wilhelm-Karl/v. Hase, Karl-Günther (Hrsg.): Die Soldaten der Wehrmacht. München 1999.

Quadflieg, Peter M.: Gerhard Graf von Schwerin (1899-1980). Wehrmachtgeneral, Kanzlerberater, Lobbyist. Paderborn 2016.

Rass, Christoph/Rohrkamp, René/Quadflieg, Peter M.: Gerhard Graf von Schwerin und das Kriegsende in Aachen – Ereignis, Mythos, Analyse. Aachen 2007.

Rebenich, Stefan: Alter Wein in neuen Schläuchen? Das Spartabild in der deutschen Geschichtsschreibung nach 1945. In: Pothou, Vassiliki/Powell, Anton (Hrsg.): Das antike Sparta. Stuttgart 2017. S. 111-132.

Reeb, Hans-Joachim: Die Himmeroder Denkschrift von 1950 und ihre Lehren für die Bundeswehr der Zukunft. In: Europäische Sicherheit: Politik, Streitkräfte, Wirtschaft, Technik. 59 (2010). Heft 10. S. 17-20.

Rink, Martin: Die Bundeswehr 1950/55-1989. Berlin 2015.

Rönnau, Olaf: Eine totale Institution als Zwischenspiel. Die Kadettenschule der NVA von ihrer Gründung 1956 bis zu ihrer Auflösung 1961. Berlin 2022.

Rönnau, Olaf: Drei Ritterkreuzträger in einer Lehrgruppe. Soldatenschicksale. In: Verlag Veit Scherzer (Hrsg.): Ritterkreuz Archiv. Vierteljahresheft für Archivalien, Dokumente und neue Nachrichten über Ritterkreuzträger. Ausgabe Nr. III/2022. S. 6-9.

Rürup, Reinhard: Der Krieg gegen die Sowjetunion 1941-1945. Eine Dokumentation. Berlin 1991.

Salewski, Michael: Die bewaffnete Macht im Dritten Reich 1933-1939. In: Wehrmacht und Nationalsozialismus. München 1983.

Scherzer, Veit: Die Ritterkreuzträger. Die Inhaber des Ritterkreuzes des Eisernen Kreuzes 1939-1945. Ranis/Jena 2005.

Scherzer, Veit: Das Auszeichnungssystem der Wehrmacht. Bayreuth 2015.

Scherzer, Veit: Die Ritterkreuzträger. Die Inhaber des Ritterkreuzes des Eisernen Kreuzes 1939 von Heer, Luftwaffe, Kriegsmarine, Waffen-SS, Volkssturm sowie mit Deutschland verbündeter Streitkräfte nach den Unterlagen des Bundesarchivs. Bayreuth 2021.

Schlaffer, Rudolf J./Schmidt, Wolfgang (Hrsg.): Wolf Graf von Baudissin. 1907-1993. Modernisierer zwischen totalitärer Herrschaft und freiheitlicher Ordnung. München 2007.

Schlaffer, Rudolf J./Sandig, Marina: Die Bundeswehr 1955 bis 2015: Sicherheitspolitik und Streitkräfte in der Demokratie. Berlin 2015.

Schlicht, Adolf/Kraus, Jürgen: Die deutsche Reichswehr. Die Uniformierung und Ausrüstung des deutschen Reichsheeres von 1919 bis 1932. Wien 2005.

Schlochauer, Hans-Jürgen (Hrsg.): Wörterbuch des Völkerrechts. Band 3. Berlin 1962.

Schneider, Gerd/Toyka-Seid, Christiane: Das junge Politik-Lexikon. Bonn 2018.

Schramm, Percy Ernst (Hrsg.): Kriegstagebuch des Oberkommandos der Wehrmacht 1940-1941. Teilband I-IV. München 1982.

Schulze, Henrik: 19 Tage Krieg. Die RAD-Infanteriedivision „Friedrich Ludwig Jahn“ in der Lücke zwischen 9. und 12. Armee. Die Mark Brandenburg im Frühjahr 1945. Hoppegarten 2011.

Schwarz, Hans-Peter: Anmerkungen zu Adenauer. Stuttgart 2004.

Sigg, Marco: Der Unterführer als Feldherr im Taschenformat. Theorie und Praxis der Auftragstaktik im deutschen Heer 1869 bis 1945. Paderborn 2014.

Stein, Hans-Peter: Symbole und Zeremoniell in deutschen Streitkräften vom 18. bis zum 20. Jahrhundert. Augsburg 1991.

Stockfisch, Dieter: Menschenführung in Frieden, Krise und Krieg. Hamburg. Berlin. Bonn 1997.

Stübig, Heinz: Mars und Minerva. Militär und Bildung in Deutschland seit dem ausgehenden 18. Jahrhundert. Marburg 2015.

Stumpf, Reinhard: Die Wiederverwendung von Generalen und die Neubildung militärischer Eliten in Deutschland und Österreich nach 1945. In: Militärgeschichtliches Forschungsamt (Hrsg.): Militärgeschichte. Probleme – Thesen – Wege. Beiträge zur Militär- und Kriegsgeschichte. Band 25. Stuttgart 1982. S. 478-497.

Stürmer, Michael (Hrsg.): Die Weimarer Republik. Belagerte Civitas. Königstein/Ts. 1980.

Tapken, Kai-Uwe: Die Reichswehr in Bayern von 1919 bis 1924. Hamburg 2002.

Tauber, Peter: Der Hitlerputsch 1923. Stuttgart 2023.

Thoms, Robert: Bibliographie zur Geschichte der deutschen Freikorps 1918-1923. Berlin 1997.

Thoms, Robert/Pochanke, Stefan: Handbuch zur Geschichte der deutschen Freikorps. Bad Soden-Salmünster 2001.

Venner, Dominique: Söldner ohne Sold. Die Deutschen Freikorps 1918-1923. Wien/Berlin 1974.

Verhandlungen des Deutschen Bundestages. 1. Wahlperiode. Anlage 2 zur Drucksache Nr. 3501. S. 1-38. In: Außenpolitik der Bundesrepublik Deutschland. Dokumente von 1949 bis 1994. Köln 1995. S. 198-200.

Vierecke, Andreas/Mayerhofer, Bernd/Kohout, Franz: dtv-Atlas Politik. München 2013.

Vogelsang, Thilo: Reichswehr, Staat und NSDAP. Beiträge zur deutschen Geschichte 1930-1932. Stuttgart 1962.

Wissenschaftlicher Rat der Dudenredaktion (Hrsg.): Duden. Fremdwörterbuch. Band 5. Mannheim/Leipzig/Wien/Zürich 1997. S. 94.

Zabel, Jürgen-Konrad: Das preußische Kadettenkorps. Militärische Jugenderziehung als Herrschaftsmittel im preußischen Militärsystem. Frankfurt/Main 1978.

Zentrum Innere Führung (ZInFü) (Hrsg.): Werte und Normen der Bundeswehr. Euskirchen 2017.

17 Ungedruckte Quellen

Landesarchiv Berlin. Berlin. Deutschland. Personenstandsregister. Geburtsregister. Laufende Nummer 333.

Reichsgesetzblatt (RGBl.) I 1919.

Hauptstaatsarchiv Stuttgart: M 707 Nr. 1634. 1 Foto. Bild 2. Heeres-Verordnungsblatt (HV) 21.

Weller, Franz: Nachlass zum militärischen Werdegang (Bilder & Dokumente).

17.1 Bundesarchiv – Militärarchiv (BA-MA)

BA-MA. BW 27/11.

BA-MA. BWD 13/106.

BA-MA. Personalakte Oberst Weller. PERS1 (2261) und PERS2 (2462).

17.2 Infanterieschule Hammelburg (Archiv)

Fotomaterial

17.3 Abbildungsnachweis

Beck, Johannes: 152

Bildarchiv Preußischer Kulturbesitz: 34

Bundesarchiv-Militärarchiv (BA-MA), Freiburg i. Breisgau: 10, 14, 18, 20, 23, 25, 33, 50, 54, 57, 96-101, 103, 105, 107, 108, 109, 119, 135-138, 141, 144, 145, 147, 149

Bundesarchiv Bildarchiv (BA-BA), Koblenz: 32, 59, 79

Bundeswehr Bilddatenbank: 102, 139

Familie Franz Weller: 2, 5, 15-19, 22, 24, 38-40, 41-47, 61-66, 69-75, 78, 80, 82-95, 114, 115, 130-134, 140, 150, 151, 156

Hauptstaatsarchiv Stuttgart: 21

H.Dv. 300/1. Truppenführung (T.F.), I. Teil. Berlin 1936: 36

Infanterieschule Hammelburg (Archiv): 106, 110-113, 116-118, 120-128, 146

18 Abkürzungsverzeichnis

AA.	Aufklärungs-Abteilung
Abt.	Abteilung
a.D.	außer Dienst
AFCENT	Allied Forces Central Europe (Brunssum/ NLD)
A.K.	Armeekorps
A.K.O.	Allerhöchste Kabinetts-Order
A.O.K./AOK	Armeeoberkommando
Artl.-Fhr.	Artillerie-Führer
ArtKdr	Artillerie-Kommandeur
A.R.	Artillerie-Regiment
Aufl.	Auflage
Az	Aktenzeichen
B/A	Bekleidung und Ausrüstung
BA	Bundesarchiv (Berlin-Lichterfelde)
BA-MA	Bundesarchiv-Militärarchiv (Freiburg i. Br.)
Batl.	Bataillon
BBesO	Bundesbesoldungsordnung
Bd	Band
BDO	Bund Deutscher Offiziere
Bef.	Befehl
Berlin (W)	Berlin (West)
BG	Brigadegeneral
BGS	Bundesgrenzschutz
Bl.	Blatt
BMVtdg	Bundesministerium für Verteidigung (bis 1965)
BMVg	Bundesministerium für Verteidigung (ab 1965)
BO	Berufsoffizier
BRD	Bundesrepublik Deutschland
Brig.	Brigade
BtlAdj	Bataillons-Adjutant
Btl	Bataillon
BtlGefSt	Bataillonsgefechtsstand
BtlKdr	Bataillonskommandeur
BU	Berufsunteroffizier

BV	Besonderes Vorkommnis
Bw	Bundeswehr
bzw.	beziehungsweise
CDU	Christlich Demokratische Union Deutschlands
ChdGenSt	Chef des Generalstabs
DAK	Deutsches Afrikakorps
Div.	Division
DivKdr	Divisionskommandeur
DLO	Dienstlaufbahnordnung
DM	Deutsche Mark
DNS-(Analyse)	Desoxyribo(se)nukleinsäure-(Analyse)
DRK	Deutsches Rotes Kreuz
d. R./d. Res.	der Reserve
Dtld.	Deutschland
DV	Dienstvorschrift
EK	Eisernes Kreuz
EU	Erholungsurlaub
EVG	Europäische Verteidigungsgemeinschaft
Fd	Feind
FDP	Freie Demokratische Partei
FK	Fregattenkapitän
Flak	Flugabwehr
Frhr.	Freiherr
FROKH	Führerreserve Oberkommando Heer
FS	Fernschreiben
Gen.Lt.	Generalleutnant
Gestapo	Geheime Staatspolizei
GFM	Generalfeldmarschall
GI	Generalinspekteur
GL	Generalleutnant
GM	Generalmajor
GO	Generaloberst

GrenLehrBtl	Grenadierlehrbataillon
GrpTrpFachLhr	Gruppe Truppenfachlehrer
GS	Grenzschutz
GVS	Geheime Verschlusssache
GWD	Grundwehrdienst
GWDL	Grundwehrdienstleistender
Hbf	Hauptbahnhof
H.Dv.	Heeres-Druckvorschrift
HKA	Hauptkadettenanstalt
Hrsg.	Herausgeber
HJ	Hitlerjugend
H.K.L.	Hauptkampflinie
Hptm.	Hauptmann
Hptwm.	Hauptwachtmeister
H.Qu.O.K.H.	Hauptquartier Oberkommando des Heeres
HV	Heeres-Verordnungsblatt
I.D.	Infanterie-Division
I.E.R.	Infanterie-Ersatz-Regiment
i.G.	im Generalstab
InfS	Infanterieschule
InFü	Innere Führung
I.R.	Infanterie-Regiment
IS Bw	Infanterieschule Bw (Hammelburg)
Jan.	Januar
JG	Jagdgeschwader
Jg.	Jahrgang
KAdm	Konteradmiral
KpChef	Kompaniechef
Kd, Kdo, Kdo	Kommando
Kdr., Kdr	Kommandeur
Kdr.	Kader
Kdt.	Kommandant
KG	Kommandierender General

Kgl.	Königlich
KOM	Kraftomnibus
KpChef	Kompaniechef
KptLt	Kapitänleutnant
k. u. k.	kaiserlich und königlich (Österreichisch-Ungarische Monarchie)
KTB	Kriegstagebuch
KwK	Kampfwagenkanone
LA	Landesarchiv
lat.	lateinisch
LehrGrpKdr	Lehrgruppen-Kommandeur
Lkw	Lastkraftwagen
Ltr.	Leiter
M 1	Mark 1
mdFb	mit der Führung beauftragt
mech.	Mechanisiert
MFR	Militärischer Führungsrat
MG	Maschinengewehr
MGFA	Militärgeschichtliches Forschungsamt
MGK	Maschinengewehrkompanie
mil.	militärisch
Mio.	Millionen
Mob.	Mobilmachung
mot.	Motorisiert
MP	Militärpolizei
MPi	Maschinenpistole
MTW	Mannschaftstransportwagen
NATO	North Atlantic Treaty Organisation
NfD	Nur für den Dienstgebrauch
NKFD	Nationalkomitee „*Freies Deutschland*“
NS	Nationalsozialismus/ Nationalsozialistisch
NSDAP	Nationalsozialistische Deutsche Arbeiterpartei
NSFK	Nationalsozialistisches Fliegerkorps
NSFO	Nationalsozialistischer Führungsoffizier

NSKK	Nationalsozialistisches Kraftfahrkorps
NW	Nordwesten
OA	Offiziersanwärter
OaZ	Offizier auf Zeit
OB	Oberbefehlshaber
Ob. d. E.	Oberbefehlshaber des Ersatzheeres
ObdH	Oberbefehlshaber des Heeres
o.D.	ohne Datum
OdR	Ordensgemeinschaft der Ritterkreuzträger
Offz.	Offizier
OHL	Oberste Heeresleitung
OKH	Oberkommando des Heeres
OKW	Oberkommando der Wehrmacht
OLt	Oberleutnant
OSH	Offizierschule des Heeres (Bundeswehr)
OTL	Oberstleutnant (Bundeswehr)
O.U.	Ortsunterkunft
OvD	Offizier vom Dienst
Org.	Organisation
o.S.	ohne Seitenangabe
O.S.	Oberschlesien
PD	Panzer-Division
PGA	Personalgutachterausschuss
Pi	Pionier
PiBtl	Pionierbataillon
PR	Panzerregiment
Preuss.	Preußisch
Prof.	Professor/ in
PzGrenBtl	Panzergrenadierbataillon
RAD	Reichsarbeitsdienst
R.D.A.	Rangdienstalter
Reg., Rgt.	Regiment
RGBl.	Reichsgesetzblatt
RgtAdj	Regiments-Adjutant

RgtKdr	Regimentskommandeur
RK	Ritterkreuz des Eisernen Kreuzes (1939-1945)
RLB	Reichsluftschutzbund
RLM	Reichsluftfahrtministerium
RM	Reichsmark
SA	Sturmabteilung
SFL	Selbstfahrlafette
SHAPE	Supreme Headquarters Allied Powers Europe (Mons/BEL)
SKKD	Sowjetische Kontrollkommission in Deutschland
SMAD	Sowjetische Militäradministration in Deutschland
SPD	Sozialdemokratische Partei Deutschlands
SPW	Schützenpanzerwagen
SPz	Schützenpanzer
SS	Schutzstaffel
Stabila	Staatliche Bildungsanstalten
Stalag	Stammlager
StG	Stukageschwader
Stukas	Sturzkampfbomber
Stv., Stellv.	Stellvertreter, stellvertretender
SU	Sowjetunion
SW	Südwesten
SWP	Staats- und Wirtschaftspolitische Gesellschaft
TrÜbPl	Truppenübungsplatz
TSK	Teilstreitkraft
TT	Truppenteil
TZH	Taktikzentrum des Heeres (Bundeswehr)
u.a.	unter anderem
UAbtLtr	Unterabteilungsleiter
UE	Unerlaubte Entfernung
Uffz.	Unteroffizier
UO	Unteroffizier
USA	United States of America
USPD	Unabhängige Sozialdemokratische Partei Deutschlands
UvD	Unteroffizier vom Dienst

v.a.	vor allem
VA.	Vorausabteilung
VdS	Verband deutscher Soldaten
VMBl	Ministerialblatt des Bundesministeriums für Verteidigung
VN	Vereinte Nationen
VO	Verordnung
VS	Verschlusssache
WBK	Wehrbereichskommando
WBZ	Westdeutsche Besatzungszone
WEU	Westeuropäische Union
WH	Wehrmacht Heer
wiss.	Wissenschaftlich
WKK	Wehrkreiskommando
Wm	Wehrmacht
WRV	Weimarer Reichsverfassung
ZA	Zentralarchiv
z.b.V.	zur besonderen Verwendung
ZfH	Zentrale für Heimatdienst
ZgFhr	Zugführer
ZMSBw	Zentrum für Militärgeschichte und Sozialwissenschaften der Bundeswehr
z.S.	zur See
z.T.	zum Teil
ZV	Zivilverteidigung

19 Dienstgrade (Heer) in Wehrmacht[477] und Bundeswehr[478]

Wehrmacht (1935-1945)		Bundeswehr (1955-1962)
1.	Schütze, Jäger, Reiter, Kanonier, Funker usw.	Panzerschütze, Grenadier, Jäger, Panzerjäger, Kanonier, Pionier, Funker usw.
2.	Oberschütze	/
3.	Gefreiter	Gefreiter
4.	Obergefreiter	Obergefreiter, Hauptgefreiter
5.	Unteroffizier	Unteroffizier, Stabsunteroffizier
6.	Unterfeldwebel	/
7.	Fähnrich	Fähnrich
8.	Feldwebel, Wachtmeister	Feldwebel
9.	Oberfähnrich, Oberfeldwebel	Oberfeldwebel
10.	Hauptfeldwebel	Oberfähnrich, Hauptfeldwebel
11.	Stabsfeldwebel	Stabsfeldwebel, Oberstabsfeldwebel
12.	Leutnant	Leutnant
13.	Oberleutnant	Oberleutnant
14.	Hauptmann, Rittmeister	Hauptmann
15.	Major	Major
16.	Oberstleutnant	Oberstleutnant
17.	Oberst	Oberst
18.	Generalmajor	Brigadegeneral
19.	Generalleutnant	Generalmajor
20.	General der Infanterie, Kavallerie, Artillerie, Pioniere usw.	Generalleutnant
21.	Generaloberst	/
22.	Generalfeldmarschall	/

[477] Vgl. Ruhl, Julius Moritz. Olt a.D. (Hrsg.): Uniformen Abzeichen. Heer. Kriegsmarine. Luftwaffe. Polizei und Gendarmerie. SS. SA. RAD. NSFK. NSKK. RLB. PL. HJ. DJ. BDM. Leipzig 1940. Dienstgrad-Übersicht der Wehrmacht.

[478] Vgl. Range, Clemens: Die geduldete Armee. 50 Jahre Bundeswehr. o.O. 2005. S. 234.

20 Danksagung

„Man muss die Zukunft abwarten und die Gegenwart genießen oder ertragen."

Wilhelm von Humboldt (1767-1835)

Mein erster Dank gilt den Damen und Herren des Bundesarchiv-Militärarchivs (BA-MA) in Freiburg/Breisgau sowie dem Bundesarchiv in Koblenz, die in schnellstmöglicher Zeit meine ungeduldigen Fragen beantworten, aber vor allem Akten, Dokumente und Bildmaterial auf den Spuren von Oberst Franz Weller bereitstellen konnten. Die Personalakte Wellers aus seinen vier militärischen Zeiten vom Kaiserreich bis zur Bundeswehr stellt einen unschätzbaren Wert als Quelle für diese Arbeit dar. Daher richtet sich mein Dank stellvertretend an Herrn Enrico Litschko vom Bundesarchiv Referat FA 5 in Koblenz. Außerdem wäre diese Arbeit ohne Herrn Dr. Niklas Napp und sein Recherche-Team so schnell und unkompliziert nicht möglich gewesen.

Ich bin sehr stolz und dankbar dafür, dass mein ehemaliger Kommandeur der Offizierschule des Heeres (OSH) in Hannover im Jahre 1994, Herr Generalmajor a.D. Friedrich Freiherr von Senden, gerne bereit war, die passenden Geleitworte für diese Arbeit zu finden. Dafür sage ich herzlichen Dank!

Besonders danken möchte ich darüber hinaus meinen Kameraden der Infanterieschule der Bundeswehr in Hammelburg. Der Leiter der GrpTrFachLhr, Herr Oberstleutnant i.G. Simon Leidner, unterstützte meine Anfrage von Anfang an mit all seinen Möglichkeiten und Kräften. Dabei halfen mir die Kameraden Stabsfeldwebel Marc Schubert, Stabsfeldwebel Frank Schwientek und Stabsunteroffizier Jochen Rössert in vorbildlicher Weise, indem sie u.a. historisches Bildmaterial aus dem Archiv der Infanterieschule vorsortierten und mich in jeder Hinsicht hervorragend unterstützten. Es hat mich sehr beeindruckt zu sehen, mit viel Engagement, Fachkenntnis und Herzblut die Lehrsammlung im *„Generalsbau"* aufbereitet wurde. Ich komme gerne wieder nach Hammelburg, wo ich bereits 1994 meine Einzelkämpferausbildung (Teil 1 und 2) erfolgreich absolvieren konnte.

Herzlich danken möchte ich zudem meinem besten Freund Carsten Reuß, M.A., der als Historiker und langjähriger Leiter des Mindener

Preußenmuseums seinen großen Erfahrungsschatz zum Gelingen dieses Buches einbrachte, indem er mir wertvolle Hinweise und Ideen gab. Der „*überzeugte Wahl-Bückeburger*“ hat eine ganz besondere Gabe, Geschichte mit Fachkompetenz und rhetorischem Geschick humorvoll lebendig zu machen.

Unterstützung erhielt ich auch von meinem alten Kameraden und Freund Johannes Beck aus Arnsberg/Herdringen, der mir dankenswerter Weise Fotomaterial für diese Arbeit zur Verfügung stellte. Mein „*kleiner*“ Bruder, Thore Rönnau, der sich seit Jahren mit Ahnenforschung beschäftigt, erstellte mir die Stammtafel der Familie Weller, wofür ich ihm an dieser Stelle herzlich danken möchte.

Ohne meine liebe Frau Susanne und meine Kinder wäre diese Arbeit jedoch von Anfang an zum Scheitern verurteilt gewesen. Sie zeigten mir gegenüber einmal mehr viel Verständnis und Großzügigkeit, wenn ich oft Abend für Abend am Schreibtisch saß und über Franz Weller nachdachte. Das war gewiss nicht selbstverständlich!

Olaf Rönnau Dresden, im September 2023

21 Register

Carola Hartmann Miles-Verlag

Schriften zur Tradition

Eberhard Birk, Winfried Heinemann, Sven Lange (Hrsg.), *Tradition für die Bundeswehr. Neue Aspekte einer alten Debatte,* Berlin 2012.

Donald Abenheim, Uwe Hartmann (Hrsg.), *Tradition in der Bundeswehr. Zum Erbe des deutschen Soldaten und zur Umsetzung des neuen Traditionserlasses,* Berlin 2018.

Joachim Welz, *Vom Kontingentsheer zum Reichsheer: Militärkonventionen als Motor der Wehrverfassung,* Berlin 2018.

Donald Abenheim, Uwe Hartmann, *Einführung in die Tradition der Bundeswehr. Das soldatische Erbe in dem besten Deutschland, das es je gab,* Berlin 2019.

Eberhard Birk, Heiner Möllers (Hrsg.), *Die Luftwaffe und ihre Traditionen (aus der Reihe Schriften zur Geschichte der Deutschen Luftwaffe, Band 10),* Berlin 2019.

Hans-Günter Behrendt (Hrsg.): *Erinnerungsorte der Bundeswehr – Personen, Ereignisse und Institutionen der soldatischen Traditionspflege,* Berlin 2020.

Dirk Drews, Stefan Gruhl (Hrsg.): *Oberst Reinhard Hauschild 1921–2005. Traditionsstifter für die Bundeswehr? Gedenkschrift zum 100. Geburtstag,* Berlin 2021.

Dieter Krüger, *Verständigung mit Frankreich. Das vergebliche Plädoyer des Oberst Dr. Hans Speidel. Paris 1940–1942,* Berlin 2021.

Martin Kutz, *Besuch im Soldatenhimmel. Ein wissenschaftlicher Reisebericht aus einer anderen Welt,* Berlin 2022.

Militärgeschichte

Eberhard Kliem, Kathrin Orth, *"Wir wurden wie blödsinnig vom Feind beschossen". Menschen und Schiffe in der Skagerrakschlacht 1916,* Berlin 2016.

Hans Frank, Norbert Rath, *Kommodore Rudolf Petersen. Führer der Schnellboote 1942–1945. Ein Leben in Licht und Schatten unteilbarer Verantwortung,* Berlin 2016.

Joachim Welz, *Erfolgsstory oder Trauma – die Übernahme von Armeen. Lehren aus der Übernahme des österreichischen Bundesheeres in die Wehrmacht 1938 und der Reste der NVA in die Bundeswehr 1990,* Berlin 2018.

Joachim Hoppe, Manfred Wilde (Hrsg.), *Die Unteroffizierschule des Heeres, Die militärische Meisterschule,* Berlin 2016.

Georg Neuhaus, *Am Anfang war ein Speer. Eine Chronographie der Kriegs- und Militärtechnologien,* Berlin 2018.

Hans-Werner Ahrens, *Die Transportflieger der Luftwaffe 1956 bis 1971. Konzeption – Aufbau – Einsatz, (Reihe Schriften zur Geschichte der Deutschen Luftwaffe, Band 8),* Berlin 2019.

Jobst Reller, *Die Anfänge der evangelischen Militärseelsorge,* Berlin [2]2020.

Eberhard Frhr. v. Senden, Friedrich Frhr. v. Senden, *Der Erste Weltkrieg 1914–1918. Erlebnisse eines jungen Leutnants,* Berlin 2020.

Hans-Günter Behrendt, *Flugabwehr in Deutschland. Stationierungsorte und Systeme 1956-2012,* Berlin 2021.

Harald Fritz Potempa, *Balkan 1914-1945. Raum und Kleiner Krieg als militärhistorische Kategorien in der Wahrnehmung deutscher Streitkräfte,* Berlin 2021.

Stephan Horn, *Französische und wallonische Freiwilligenverbände im Zweiten Weltkrieg. Politische Implikationen militärischer Kollaboration,* Berlin 2021.

Jörg Beining, *Streng geheim! Elektronische Kampfführung im Kalten Krieg. Die EloKa der Bundeswehr und NATO aus östlicher Perspektive,* Berlin 2021.

Martin Kutz, *Die Schlacht als Männerballett oder Mythos und Militär,* Berlin 2022.

Olaf Rönnau, *Eine totale Institution als Zwischenspiel. Die Kadettenschule der NVA von ihrer Gründung 1956 bis zu ihrer Auflösung 1961,* Berlin 2022.

Stephan Maninger, *Für einige Morgen aus Eis und Schnee – Großbritanniens Kampf um Nordamerika 1754-1763,* Berlin 2022.

Frank Ganseuer, Heinrich Walle, *Die Parlamentsmarine. Geschichte(n) und Porträts zur ersten deutschen Flotte von 1848, Beiträge zur Schifffahrts- und Marinegeschichte Band 21,* Berlin 2023.

Eberhard Birk, *Die Deutschen und ihr Militär. Ein Streifzug mit Variationen und Reflexionen über ein einfach schwieriges Thema,* Berlin 2023.

Gerd Bolik, *NATO-Planungen für die Verteidigung der Bundesrepublik Deutschland im Kalten Krieg,* Berlin [2]2023.

Petra Fischer, *Propaganda im III. Reich – Front und Heimat im Gleichschritt,* Berlin 2024.

Frank Ganseuer, Heinrich Walle, *Griff nach dem Dreizack – Geschichte(n) von Wilhelm II., Weltmacht und Marine,* Berlin 2025.

Konstantin Knoll, *"Politisch von Leitung gewünscht" - Das Bundesministerium der Verteidigung und die Entstehung des Multi Role Combat Aircraft (MRCA),* Berlin 2024.

Erinnerungen

Blue Braun, *Erinnerungen an die Marine 1956–1996,* Berlin 2012.

Klaus Grot, *So war's, damals. Dienstchronik eines Pionieroffiziers im Kalten Krieg 1954–1991,* Berlin 2014.

Gustav Lünenborg, *Bürger und Soldat. Innere Führung hautnah 1956–1993, 1993–2015,* Berlin 2015.

Adolf Brüggemann, *Als Offizier der Bundeswehr im Auswärtigen Dienst. Meine Erinnerungen als Militärattaché in Seoul (Republik Korea) 1978–83 und in Prag (Tschechoslowakei/Tschechien) 1988–1993,* Berlin 2015.

Rainer Buske, *Eine Reise ins Innere der Bundeswehr. Wundersame Geschichten aus einer anderen Welt,* Berlin 2016.

Heinz Laube, *Duell am Himmel,* Berlin 2016.

Viktor Toyka, *Dienst in Zeiten des Wandels. Erinnerungen aus 40 Jahren Dienst als Marineoffizier 1966-2000,* Berlin 2017.

Hans-Eckhard Tribess (Hrsg.), *Im Leben unterwegs – für den Frieden. Festschrift für Wolfgang Altenburg zum 90. Geburtstag am 22. Juni 2018,* Berlin 2019.

Kurt Graf v. Schweinitz, *Notizen im Transit von Krieg und Frieden,* Berlin 2020.

Karl-Otto Behrendt, *Der kurze Bericht über eine lange Zeit. Kriegsgefangenschaft 1945–1953, herausgegeben und kommentiert von Hans-Günter Behrendt,* Berlin 2021.

Hans Peter von Kirchbach, *Herz an der Angel,* Berlin 2021.

Dieter Wolf, *Erlebnisse eines MAD-Offiziers und Leistungssportlers,* Berlin 2022.

Klaus Beckmann, *Dienstweg –kein Durchgang? Als Pfarrer und Staatsbürger in der Bundeswehr,* Berlin 2022.

Bernhard R. Kroener, *Lebensscherben – Hoffnungsspuren. Eine Familie aus Schlesien in den Stürmen des 20. Jahrhundert. In zwei Bänden. Eine dokumentarische Erzählung. Mit einer Familienstammfolge von Peter Bahl,* Berlin 2023.

Jahrbuch Innere Führung (seit 2009)

Uwe Hartmann, Claus von Rosen (Hrsg.), *Jahrbuch Innere Führung 2019. Bundeswehr im Aufbruch. Hindernisse von den verteidigungspolitischen Vorstellungen der AFD bis zu den sicherheitspolitischen Meinungen in der Zivilgesellschaft,* Berlin 2019.

Uwe Hartmann, Reinhold Janke, Claus von Rosen (Hrsg.), *Jahrbuch Innere Führung 2020. Zur Weiterentwicklung der Inneren Führung: Themen und Inhalte,* Berlin 2020.

Uwe Hartmann, Reinhold Janke, Claus von Rosen (Hrsg.), *Jahrbuch Innere Führung 2021/22. Ein neues Mindset Landes- und Bündnisverteidigung?,* Berlin 2022.

Uwe Hartmann, Reinhold Janke, Claus von Rosen (Hrsg.), *Jahrbuch Innere Führung 2022/23. Zeitenwende und Kriegsbilder,* Berlin 2023.

Uwe Hartmann, Reinhold Janke, Claus von Rosen (Hrsg.), *Jahrbuch Innere Führung 2023/24. Der Krieg in der Ukraine,* Berlin 2024.

Sicherheitspolitik

Wolf Graf v. Baudissin, *Grundwert: Frieden in Politik – Strategie – Führung von Streitkräften, herausgegeben von Claus von Rosen,* Berlin 2014.

Oliver Schmidt, *Deutsche Außenpolitik und die Zukunft der nuklearen Teilhabe in der NATO,* Berlin 2017.

Dirk Freudenberg, *Theorie des Irregulären – Erscheinungen und Abgrenzungen von Partisanen, Guerillas und Terroristen im Modernen Kleinkrieg sowie Entwicklungstendenzen der Reaktion, (3 Bände),* Berlin 2017.

Markus Reisner, *Robotic Wars – Legitimatorische Grundlagen und Grenzen des Einsatzes von Military Unmanned Systems in modernen Konfliktszenarien,* Berlin 2018.

Helmut Fiedler, *Military Assistance – eine moderne Einsatzart zwischen Anspruch und Wirklichkeit,* Berlin 2019.

Pascal Riemer, *Von der russischen Kriegskunst. Eine Untersuchung der dialektischen Zusammenhänge von Staatsidee und Militärwesen am Beispiel der Sowjetunion und der Russischen Föderation,* Berlin 2021.

Georg Kunovjanek, *Cyber – Die Domäne der vernetzten Unsicherheit. Eine kritische interdisziplinäre Analyse des Krieges der Zukunft und seiner normativen Grundlagen,* Berlin 2021.

Joachim Weber (Hrsg.), *Konfliktraum Arktis. Die Großmächte und der Hohe Norden,* Berlin 2021.

Thomas Jäger, Ralph Thiele (Hrsg.), *Der Politische Islamismus als hybrider Akteur globaler Reichweite. Die liberale demokratische Ordnung muss ihre Resilienz stärken,* Berlin 2021.

Uwe Hartmann, *Die Nato. Mächte und Menschen in der transatlantischen Allianz,* Berlin 2021.

Dirk Freudenberg, *Wehrhaftigkeit der Medienordnung – Rechtliche und rechts-politische Probleme vor dem Hintergrund der Konzeption Zivile Verteidigung (KZV),* Berlin 2022.

Carsten Rechtien, *Trumps Amerika – Eine geopolitische Revolution? Tradition und Neuausrichtung der US-Außenpolitik in der beginnenden Ära Trump, Berlin 2022.*

Hans-Peter Weinheimer, *Bevölkerungsschutz 2030 –Anleitung zur Überwindung eines "bewährten" Systems,* Berlin 2022.

Militär und Gesellschaft

Hans-Christian Beck, Christian Singer (Hrsg.), *Entscheiden – Führen – Verantworten. Soldatsein im 21. Jahrhundert,* Berlin 2011.

Marcel Bohnert, Lukas J. Reitstetter (Hrsg.), *Armee im Aufbruch. Zur Gedankenwelt junger Offiziere in den Kampftruppen der Bundeswehr,* Berlin 2014.

Eberhard Birk, Peter Andreas Popp (Hrsg.), *Luftwaffenoffizier 21. Das Selbstverständnis des Luftwaffenoffiziers zu Beginn des 21. Jahrhunderts, (aus der Reihe Schriften zur Geschichte der Deutschen Luftwaffe, Band 5),* Berlin 2016.

Alois Bach, Walter Sauer (Hrsg.), *Schützen.Retten.Kämpfen. Dienen für Deutschland,* Berlin 2016.

Marcel Bohnert, Björn Schreiber (Hrsg.), *Die unsichtbaren Veteranen. Kriegsheimkehrer in der deutschen Gesellschaft,* Berlin 2016.

Angelika Dörfler-Dierken (Hrsg.), *Hinschauen! Geschlecht, Rechtspopulismus, Rituale: Systemische Probleme oder individuelles Fehlverhalten?,* Berlin 2019.

Marcel Bohnert, *Vom Schatten ins Licht. Zeitenwende in der deutschen Veteranenkultur,* Berlin 2024.

Einsatzerfahrungen

Artur Schwitalla, *Afghanistan, jetzt weiß ich erst...*, Berlin 2010.

Sascha Brinkmann, Joachim Hoppe (Hg.), *Generation Einsatz. Fallschirmjäger berichten ihre Erfahrungen aus Afghanistan,* Berlin 2010.

Rainer Buske, *KUNDUZ. Ein Erlebnisbericht über einen militärischen Einsatz der Bundeswehr in Afghanistan im Jahre 2008,* Berlin 2015.

Marcel Bohnert, Andy Neumann, *German Mechanized Infantry on Combat Operations in Afghanistan,* Berlin 2016.

Alois Bach, Carola Hartmann (Hrsg.), *Unbekannte Helden des Alltags. Soldaten und Ehefrauen berichten über Verantwortung, Humanität und Belastung im Auslandseinsatz,* Berlin 2020.

Kurt Helmut Schiebold, *99 Tage in Afghanistan. Wie der deutsche Einsatz 2003 im Nordosten Afghanistans begann. Aus meinem Tagebuch,* Berlin 2022.

Christian Gerstner, *Unter dem Schwert. 15 Jahre im Kommando Spezialkräfte,* Berlin 2023.

Hagen Vockerodt, *1638 Tage im Krieg. Die Kehrseite der Einsatzmedaille,* Berl 2024.

Bishan Shayan, *Brückenbauer in Uniform: Mein Weg vom afghanischen Flüchtling zum deutschen Soldaten,* Berlin 2025.